Structure et dynamique des organisations

DU MÊME AUTEUR
CHEZ LE MÊME ÉDITEUR

Le manager au quotidien : les dix rôles du cadre
Le pouvoir dans les organisations

*Cet ouvrage est une traduction du livre publié par Prentice-Hall, Inc.
sous le titre : « The structuring of organizations : a synthesis of the research ».*

Henry MINTZBERG

Structure et dynamique des organisations

Traduit de l'américain par Pierre Romelaer

les éditions d'organisation

5, rue Rousselet,
75007 PARIS

Les éditions
Agence d'ARC Inc.

6872 est, rue Jarry,
Montréal, Canada
H1P 3C1

ISBN Américain 0-13-855270-3
ISBN Français 2-7081-0463-2

Table des matières

AVANT PROPOS

La genèse des organisations

J'écris d'abord pour moi-même. C'est comme cela que j'apprends. J'ai écrit ce livre parce que je m'intéressais à la manière dont les organisations s'y prennent pour formuler leur stratégie, et parce que je pensais qu'il me fallait d'abord apprendre comment elles se structurent elles-mêmes. J'ai ainsi commencé à rassembler la littérature touchant à ce domaine, autant qu'il m'a été possible de le faire, puis j'ai cherché à expliquer comment les organisations se structurent.

La tâche ne s'est pas avérée aisée. C'est parce qu'elle est linéaire que l'écriture est si difficile; ce livre contient environ 140 000 mots mis bout à bout en une suite linéaire unique. Mais le monde n'est pas linéaire, en particulier le monde des organisations. Il est la résultante complexe de flux qui se mêlent les uns aux autres — parallèles, circulaires, réciproques.

J'ai commencé avec deux pleines boîtes, contenant plus de deux cents articles et extraits d'ouvrages. Si j'avais voulu en faire un « manuel » de forme traditionnelle, je me serais contenté de passer en revue cette littérature, en regroupant ces articles par « écoles de pensée » et en exposant ce que chacune d'elles a à dire, sans beaucoup me préoccuper des incohérences. Mais telle n'était pas mon intention. Ce que je voulais, c'est répondre à la question : comment les organisations se structurent elles-mêmes ? Il me fallait donc prendre dans les articles et ouvrages les pièces et les morceaux utiles, puis les fondre en une réponse unique. En d'autres termes, c'est une *synthèse* à laquelle je voulais parvenir, de façon précise, une synthèse de la littérature qui décrive ce que les organisations font réellement et qui soit fondée sur la recherche empirique.

J'ai donc commencé à lire et à accumuler des notes sur des fiches, jusqu'à ce que la pile de fiches atteigne plus de 30 centimètres d'épaisseur. Puis, j'ai essayé de rassembler tous ces éléments en un tout cohérent qui soit un premier jet du livre — cette suite linéaire unique. Aucun travail ne m'a jamais plus frustré que celui-là, comme peuvent l'attester ceux qui se sont aventurés dans mon sous-sol pendant ces sombres mois. (Une bonne partie de cette frustration peut être attribuée à la masse considérable des recherches qui compliquent inutilement un sujet déjà complexe — des études faites de très loin, qui confondent des perceptions vagues de dimensions vagues avec le monde réel des organisations, et qui mélangent les organisations de façon telle qu'on est incapable d'en comprendre le contexte). Mais, graduellement, je suis parvenu à mettre l'ensemble sous la forme d'un premier jet de presque deux cents pages. Pas mal pour ce qui, au départ, ne devait être qu'un chapitre d'un autre livre !

En y repensant, j'ai l'impression d'avoir travaillé sur un puzzle géant auquel manquaient de nombreuses pièces. Quelques-unes des pièces que j'avais, paraissaient avoir une place évidente, et quand il y en avait un nombre suffisant, une image commençait d'émerger dans mon esprit. Par la suite, chaque nouvelle pièce clarifiait cette image. Quand j'eus fini, j'eus l'impression d'avoir trouvé la place logique de toutes les pièces dont je disposais. En fait, l'image était devenue si nette que je pensais pouvoir avec confiance décrire quelques-unes des pièces manquantes. (Et décrire aussi d'autres images : en écrivant sur la formation des organisations, comme on le verra, j'ai beaucoup appris sur la formulation des stratégies, sur la démocratie et l'aliénation dans les organisations, et sur d'autres sujets. La structure paraît être à la base de nombreuses questions qu'on se pose sur les organisations). De cette façon, si aucun travail ne m'a apporté plus de frustration, aucun résultat ne me donnera vraisemblablement jamais autant de satisfaction. L'image est peut-être trop nette — le monde réel n'est pas aussi limpide que celui qui est décrit dans ce livre. Mais l'image est présentée telle qu'elle est apparue. Par ailleurs, qui voudrait d'une théorie qui n'est pas limpide !

La lecture et la rédaction du premier jet ont été faites environ en six mois de travail à plein temps (si je peux faire confiance à ma mauvaise mémoire). C'était la partie la plus difficile. Restait à rédiger, à préparer les diagrammes, à insérer les citations, à préparer la bibliographie, à réécrire, à dactylographier, à réviser, à faire circuler un manuscrit, à lire encore (quatre-vingt-douze articles supplémentaires), à réécrire, à redactylographier, à re-réécrire, à re-redactylographier avant que le manuscrit ne soit prêt pour l'éditeur (puis il a fallu obtenir les permissions de citer, revoir, réviser, relire les épreuves et préparer l'index). Tout ceci a demandé vingt-quatre mois (plus douze mois pour la production). Et, dans cette seconde étape, ont été impliquées un certain nombre de personnes, que je voudrais remercier.

La moitié du travail a été faite à Aix-en-Provence où j'ai passé une année sabbatique prolongée. Aix n'est pas un endroit où écrire un livre. C'est une des plus agréables villes au monde — en partie entourée de montagnes rudes, avec les Alpes à quelques heures au nord, la mer à une heure au sud, l'Italie à trois heures à l'est et l'Espagne à six heures à l'ouest. Il n'est pas facile d'écrire à Aix. Pour toutes ces distractions et deux années merveilleuses à Aix, je dois remercier Maurice Saias et son équipe du Centre d'Etudes et de Recherches sur les Organisations et la Gestion de l'Université d'Aix-Marseille, ainsi que le doyen Stan Shapiro de McGill, dont le soutien et la tolérance ont été magnifiques au cours de ces années.

Entre un ordinateur à Montréal et un professeur à Aix-en-Provence, reliés par deux systèmes postaux qui n'ont pas toujours fonctionné comme les machines bureaucratiques qu'ils étaient supposés être, il y avait Donna Jensen. Que les vingt-neuf heures d'enregistrement et les quelques deux cents citations aient pu être dactylographiées est un exploit; qu'elles aient pu être dactylographiées rapidement et avec exactitude est à mettre au compte du talent de Donna. L'erreur que Donna a commise en quittant McGill pour d'autres activités a été de laisser son numéro de téléphone derrière elle. Elle a accepté de faire les petites corrections, et a fini virtuellement par redactylographier le manuscrit deux fois. Donna a passé de longues soirées à son domicile, penchée sur sa machine à écrire, elle ne s'est jamais plainte (en tout cas jamais à moi) et a fini le manuscrit en un temps record. Je lui en suis pour toujours reconnaissant.

Les fonctionnels de support logistique furent, à Aix, Sylvia Niquet pour de très nombreuses petites contributions, Nina Craig qui, à Montréal, se chargea d'obtenir les autorisations de citation pendant que Cynthia Mulherin assurait avec efficacité le flux régulier du travail que j'avais par ailleurs. Récemment, Esther Koehn a rejoint cette équipe en tant que responsable, agréable et efficace, de la publication du livre pour Prentice-Hall.

Un certain nombre de collègues, d'amis et d'autres personnes, m'ont fait part de nombreux commentaires utiles. Mon frère Léon a lu très soigneusement le premier jet dont il a résolu de nombreux problèmes. Roger Gosselin a donné beaucoup de son temps et de son aide. D'autres ont influencé des parties du livre grâce à leurs commentaires constructifs et parmi eux Jim Waters, Don Armstrong, Maurice Boisvert, John Hunt, Derek Shannon, Rosemary Stewart, Pierre Romelaer, Rich Livesley, ainsi que Gerry Susman, Craig Lundberg et Herb Simon qui ont commenté le premier jet à la demande de Prentice-Hall. Herb Simon est aussi la personne qui, dans ses propres publications, a élaboré l'armature conceptuelle sans laquelle cet ouvrage n'aurait pas pu être écrit. Je veux également remercier Mattio Diorio pour le symbolisme des cinq, Carson Eoyang pour la suggestion d'un sixième et Bye Wynn pour m'avoir aidé à réviser la géométrie (bien que je préfère toujours l'hexagone). Finalement, à Yvette, à qui ce livre est dédié, et à Susie et Lisa qui sont mes véritables patrons (et qui continuent de m'interrompre quand j'écris dans mon sous-sol), j'adresse le témoignage de ma gratitude, nécessairement inadéquat, pour une vie de famille riche et chaleureuse qui influence un livre tel que celui-ci de façons nombreuses, profondes mais inexplicables.

Henry MINTZBERG

Note au lecteur

Ce livre n'est ni un sandwich américain, ni un smörgasbord suédois mais un banquet français. Ce que je veux dire, c'est que ce livre n'est pas fait pour être englouti à la hâte, et que ses nombreux plats ne sont pas faits pour être dégustés au hasard. Ils sont faits pour être pris dans l'ordre où ils sont présentés. Pour répéter un point sur lequel nous avons insisté dans la préface, ce livre n'est pas une revue de la littérature mais une synthèse de résultats de recherche.

Ce livre a été écrit pour tous ceux qui s'intéressent à la façon dont les organisations se structurent : les cadres qui agissent dans ce domaine, les spécialistes qui les conseillent, les professeurs qui y consacrent leurs recherches, et les étudiants qui veulent l'apprendre. J'ai écrit ce livre en pensant que même les points les plus difficiles peuvent être exposés de façon compréhensible pour le novice sans perdre de leur richesse pour l'expert. Cela ne veut pas dire nécessairement que tous les lecteurs ont les mêmes goûts et les mêmes appétits. C'est pour tenir compte de ces différences que j'ai écrit cette note.

Faisons d'abord un bref passage en revue. Le banquet est composé de vingt-deux chapitres, en quatre parties. La première partie est l'introduction — les hors-d'œuvres — composée des chapitres 1 à 3, le premier sur les cinq mécanismes fondamentaux utilisés pour coordonner le travail dans les organisations, le second sur les cinq parties fondamentales dont les organisations sont composées, le troisième sur les cinq systèmes fondamentaux de flux qui parcourent les organisations.

Ces trois chapitres sont suivis par la partie « analyse » du livre, comprenant les chapitres 4 à 16 des seconde et troisième parties. Le phénomène de la genèse des organisations y est considéré à part, élément par élément. En fait, le lecteur y est exposé à toutes les saveurs dont est composé un banquet sur la manière dont les organisations se structurent. Les chapitres 4 à 11 exposent les neuf paramètres qui interviennent dans la conception des organisations. Les quatre premiers — la spécialisation du travail (chapitre 4), la formalisation du comportement (chapitre 5), la formation et la socialisation (chapitre 6) et le groupement en unités (chapitre 7) — sont des plats classiques servis de façon plus ou moins classique. La taille des unités (qu'on appelle aussi « surface de contrôle ») est discutée dans le chapitre 8; c'est aussi un plat classique mais nous l'avons préparé de façon moderne. C'est dans ce chapitre que le goût de la synthèse est pour la première fois perceptible. Le chapitre 9 sert les systèmes de planification et de contrôle avec une sauce légère et nouvelle, et le chapitre 10, sur les mécanismes de liaison, sera nouveau pour tous ceux qui n'ont pas déjà goûté au banquet de Jay Galbraith. Le chapitre 11 présente un plat substantiel appelé décentralisation avec une sauce nouvelle mais nécessairement épaisse. Les chapitres 12 à 16 qui composent la troisième partie de ce livre traitent des facteurs de contingence, ces éléments qui ont une influence évidente sur le choix que l'organisation fait des paramètres de conception. Le chapitre 12 sur l'efficacité en matière de conception d'organisation, constitue une transition importante entre les paramètres de conception et les facteurs de contingence; et les quatre chapitres suivants exposent, respectivement, l'influence sur la structure, de l'âge et de la taille de l'organisation, de son système technique, de son environnement et de son système de pouvoir. Saveurs nouvelles et saveurs anciennes sont mélangées dans toute cette partie.

Les plats de résistance du banquet sont placés dans la quatrième partie — la synthèse — qui comprend les chapitres 17 à 22. Les saveurs déjà présentées y sont mariées dans cinq nouveaux plats, appelés « configurations structurelles » — la Structure Simple, la Bureaucratie Mécaniste, la Bureaucratie Professionnelle, la Structure Divisionnalisée et l'Adhocratie. En un sens, les seize premiers chapitres préparent le palais à la dégustation des six derniers qui sont réellement l'objectif de ce banquet. Les chapitres 17 à 21 discutent de chacune de ces configurations alors que le chapitre 22 — le digestif — jette un regard sur les relations qui existent entre ces configurations.

Certaines personnes arrivent à un repas ayant plus d'appétit que d'autres, et certaines qui connaissent déjà la cuisine désirent se réserver pour les plats nouveaux, et ne veulent goûter aux plats classiques que pour voir comment le chef les prépare. Mais personne ne doit commencer sans les hors-d'œuvres ou finir sans le digestif. De plus, ceux qui vont trop vite aux plats de résistance, risquent de se brûler la langue à des plats épicés et de gâcher ainsi ce qui aurait pu être un bon repas. Je voudrais ici faire quelques suggestions au lecteur déjà familiarisé avec la cuisine de la structure des organisations.

Les chapitres 1 et 2 doivent être lus complètement parce qu'ils constituent l'armature de ce qui suit. Il faut lire aussi l'essentiel des chapitres 17 à 21 qui en constituent l'essence, la synthèse. Plus précisément, cette synthèse est contenue dans les deux premières sections de chacun de ces chapitres sur « la description de la structure de base » et sur ses « conditions ». La dernière section de chacun de ces chapitres porte sur quelques questions relatives à la configuration structurelle étudiée : elle peut être considérée comme une garniture dont on peut se servir en fonction de son goût. Et le chapitre 22 sert de digestif; je pense qu'il est nécessaire pour assurer la bonne digestion de ce repas substantiel.

En ce qui concerne les chapitres situés entre l'introduction et la synthèse, je suggère au lecteur ou à la lectrice déjà familiarisé(e) avec le sujet, de lire complètement les chapitres 11 et 12, de se focaliser sur tout ce qui peut lui paraître nouveau dans les chapitres 8 à 10 et 13 à 16, et de lire rapidement le reste du livre. **Cette lecture rapide est facilitée par l'emploi de caractères gras (comme celui-ci) pour les phrases clés qui, prises ensemble, résument tous les points essentiels du livre.** La lecture de toutes les phrases clés des seize premiers chapitres sera pour la personne connaissant le domaine, le minimum indispensable lui permettant de percevoir le développement des arguments et le vocabulaire qui sont nécessaires pour apprécier les six derniers chapitres. Parcourir les pages pour lire ces phrases permettra aussi au lecteur de prendre connaissance des figures que nous avons placées en grand nombre pour aider la compréhension de ces phénomènes très fortement non linéaires, et lui donnera la possibilité, s'il rencontre un élément nouveau ou inattendu, d'explorer les paragraphes correspondants. Ces phrases, cependant, ne suffiront pas au lecteur qui débute dans le domaine. Pour lui, elles serviront plutôt à mettre en relief les points clés (aucun autre résumé ne figure dans le livre), et permettront peut-être à certains de laisser de côté leurs marqueurs jaunes.

Et maintenant, bon appétit !

1

L'ESSENCE DE LA STRUCTURE

Mme Raku faisait de la poterie dans son atelier aménagé dans le sous-sol de sa maison. Cette activité était composée d'un certain nombre de tâches distinctes : préparation de l'argile, mise en forme, finition, application de vernis et cuisson au four. La coordination entre ces tâches ne présentait aucun problème : Mme Raku faisait tout elle-même.

Mais l'ambition et le succès des poteries de Mme Raku étaient la cause d'un problème : le volume des commandes dépassait sa capacité de production. Elle fut ainsi conduite à embaucher Mlle Bisque qui avait un vif désir d'apprendre la poterie, et il fallut diviser le travail entre elles deux. Comme les boutiques d'artisanat voulaient des poteries faites par Mme Raku, il fut décidé que Mlle Bisque préparerait l'argile et les vernis, Mme Raku se réservant le reste. Et ceci demandait une certaine coordination du travail, en fait un problème mineur pour deux personnes travaillant dans un atelier de poterie : il leur suffisait de communiquer entre elles de façon informelle.

Cette façon de faire donna de bons résultats, tellement bons d'ailleurs, que Mme Raku fut rapidement à nouveau submergée de commandes. Il fallait d'autres assistants; mais cette fois, Mme Raku décida d'embaucher des personnes qui sortaient de l'école de poterie, prévoyant qu'il leur faudrait un jour faire la mise en forme elles-mêmes. Ainsi, alors qu'il avait fallu quelque temps pour former Mlle Bisque, les trois nouveaux assistants savaient d'emblée ce qu'il fallait faire, et s'intégrèrent très rapidement; même avec cinq personnes la coordination ne présentait aucun problème.

Cependant, avec l'arrivée de deux nouveaux assistants, des problèmes de coordination commencèrent à apparaître. Un jour, Mlle Bisque trébucha sur un seau de vernis et cassa cinq poteries; un autre jour, Mme Raku s'aperçut en ouvrant le four que les suspensions pour plantes avaient été vernies par erreur de couleur fuchsia. A ce moment, elle comprit que la coordination entre les sept personnes de son petit atelier de poterie ne pouvait plus être uniquement faite de façon informelle. (Dans un groupe de sept personnes, si on prend les membres deux à deux, il y a 21 paires différentes, donc 21 « canaux de communication ».) A cette difficulté s'ajoutait le fait que Mme Raku, qui se faisait appeler présidente de la Société des Céramiques, devait consacrer de plus en plus de son temps aux clients; de fait, on la voyait moins souvent en blue jeans qu'habillée d'une robe élégante. Elle dut alors nommer Mlle Bisque responsable de l'atelier, chargée à plein temps de la supervision et de la coordination des cinq personnes qui fabriquaient la poterie.

L'entreprise continua à croître. Des changements très importants se produisirent après qu'on eût fait intervenir un consultant en organisation. Sur ses conseils, l'atelier fut réorganisé en quatre lignes de produit — pots, cendriers, suspensions et animaux en céramique — chaque opérateur était spécialisé dans l'une d'elles : le premier préparait l'argile, le second faisait la mise en forme, etc. La production se fit ainsi sous la forme de quatre chaînes de fabrication. Chacun travaillait en suivant des normes précises, à un rythme qui permettait la coordination de l'ensemble. Bien entendu, la Société des Céramiques ne vendait plus aux boutiques d'artisanat; Mme Raku n'acceptait que les grosses commandes et la plupart des ventes se faisait à des chaînes de magasins.

Les ambitions de Mme Raku étaient sans limites, et quand l'occasion se présenta de diversifier son activité, elle la saisit : tuiles de céramique, garnitures de salle de bain, et enfin briques d'argile. L'entreprise fut par la suite organisée en trois divisions : produits de consommation, produits pour la construction, et produits industriels. De son bureau situé au cinquante-cinquième étage de la Tour de la Poterie, elle coordonnait les activités des divisions, analysant leurs performances chaque trimestre, et prenant les choses en mains lorsque les taux de profit et de croissance n'atteignaient pas les objectifs prévus. Un jour qu'elle était assise à son bureau, examinant ces budgets, Mme Raku regarda autour d'elle le paysage des gratte-ciel qui l'entourait, et décida de rebaptiser son entreprise « Ceramico ».

Toute activité humaine organisée — de la poterie à l'envoi d'un homme sur la lune — doit répondre à deux exigences fondamentales et contradictoires : *la division du travail* entre les différentes tâches à accomplir et *la coordination de ces tâches* pour l'accomplissement du travail. **La structure d'une organisation peut être définie simplement comme la somme totale des moyens employés pour diviser le travail entre tâches distinctes et pour ensuite assurer la coordination nécessaire entre ces tâches.**

Dans l'entreprise Ceramico, la division du travail — préparation, mise en forme, finition, vernissage, cuisson — était largement dictée par le travail à faire et par la technique employée pour le faire. La coordination était, par contre, une affaire plus compliquée et faisait appel à plusieurs moyens. On peut nommer ces moyens *les mécanismes de coordination,* tout en se souvenant qu'il s'agit autant de communication et de contrôle que de coordination [1].

Cinq mécanismes de coordination paraissent suffisants pour expliquer les moyens fondamentaux par lesquels les organisations coordonnent leur travail : l'ajustement mutuel, la supervision directe, la standardisation des procédés, la standardisation des produits et la standardisation des qualifications [2]. On peut les considérer comme les éléments fondamentaux de la structure, la colle qui maintient ensemble les parties de l'organisation. Tout procède de là : la structure des organisations aussi bien que les thèmes traités dans ce livre. Aussi, allons-nous les présenter brièvement avant de voir où nous conduit le présent ouvrage.

L'AJUSTEMENT MUTUEL

L'ajustement mutuel réalise la coordination du travail par simple communication informelle. Grâce à l'ajustement mutuel, le contrôle du travail reste entre les mains de l'opérateur, comme indiqué dans la Figure 1.1. (a). A cause de sa simplicité, l'ajustement est naturellement utilisé dans les organisations les plus simples : par exemple, les deux rameurs d'un canoë ou les quelques personnes d'un atelier de poterie. Paradoxalement, il est aussi utilisé dans les organisations les plus complexes parce qu'il est, comme nous le verrons plus loin, le seul qui marche dans des circonstances extrêmement difficiles. Considérez par exemple l'organisation chargée d'envoyer un homme sur la lune pour la première fois. Une telle activité requiert une division du travail incroyablement élaborée entre des milliers de spécialistes de toutes disciplines. Mais au départ, personne ne sait exactement ce qu'il faudra faire. Cette connaissance se développe à mesure que le travail avance. Malgré le recours à d'autres mécanismes de coordination, le succès de l'entreprise dépend essentiellement de la capacité qu'ont les spécialistes de s'adapter les uns aux autres le long d'un chemin qu'ils découvrent à mesure, ce qui n'est en somme pas très différent de la situation des deux rameurs dans le canoë [3].

LA SUPERVISION DIRECTE

A mesure qu'une organisation croît et quitte l'état de simplicité primitive

---

1. « Des travaux récents dans le domaine du contrôle, ou cybernétique, ont montré (que le contrôle et la coordination) sont de même essence » (*Litterer*, 1965, p. 233).
2. Cette typologie reflète en partie les conclusions de Simon (1957), March et Simon (1958) et Galbraith (1973).
3. Pour un exposé théorique détaillé sur les diverses manières utilisées par des décideurs indépendants pour coordonner leurs actions, voir Lindblom (1965, chapitres 2-5).

dans lequel elle se trouvait au départ (quand il y avait cinq ou six personnes dans l'atelier de poterie par exemple), on voit apparaître un second mécanisme de coordination. **La supervision directe est le mécanisme de coordination par lequel une personne se trouve investie de la responsabiilté du travail des autres.** Le responsable leur donne des instructions et contrôle leur travail, comme indiqué dans la Figure 1.1. (b). On a, en fait, un cerveau qui contrôle plusieurs mains.

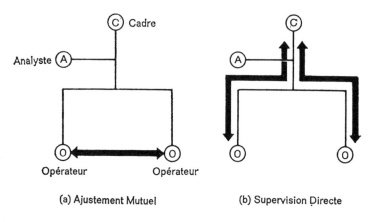

(a) Ajustement Mutuel   (b) Supervision Directe

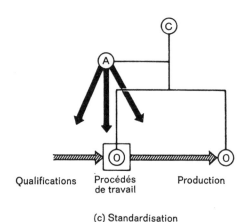

(c) Standardisation

Figure 1.1. — *Les Cinq Mécanismes de Coordination.*

LA STANDARDISATION

Le travail peut être coordonné par d'autres moyens que l'ajustement mutuel ou la supervision directe : il peut y avoir *standardisation :* « La coordination des diverses parties est incorporée dans le programme (de travail) dès la conception, et le besoin de communication continue s'en trouve réduit » (March et Simon, 1958, p. 162). En quelque sorte, la coordination est faite dès le stade de la planche à dessin, avant même que le travail ne commence.

Les ouvriers qui travaillent sur une chaîne de montage, et les chirurgiens dans une salle d'opération, n'ont nul besoin de se préoccuper de la coordination avec leurs collègues dans la plupart des circonstances : ils savent exactement à quoi ils peuvent s'attendre de la part des autres et font leur travail en tenant compte de cette connaissance.

La Figure 1.1. (c) montre quels sont les trois types fondamentaux de standardisation. Le procédé de travail, les produits, ainsi que les qualifications des opérateurs peuvent chacun être conçus de façon à respecter des normes préétablies.

LA STANDARDISATION DES PROCÉDÉS

Les procédés de travail sont standardisés lorsque le contenu du travail est spécifié ou programmé. Qu'on pense, par exemple, à ces jouets qui sont livrés en pièces détachées, accompagnés d'une notice de montage. Dans ce cas, le fabricant du jouet standardise le procédé de travail des parents : « Prenez la vis Parker n° 4 et placez-la dans le trou BX de façon à y attacher la pièce XB à l'aide de la rondelle crantée et du boulon hexagonal, tout en maintenant de l'autre main... »

La standardisation peut être très développée dans les organisations, comme dans le cas des quatre chaînes de production de la Société des Céramiques; ou encore comme le garnisseur de tarte que j'ai vu un jour dans un atelier de pâtisserie : les fonds de tarte passaient devant lui sur un tapis roulant, et il remplissait chacun d'eux d'une louche de garniture qu'il puisait dans un grand bac, répétant le même geste littéralement des milliers de fois par jour. Pour lui, qu'il s'agisse d'une garniture à la cerise, à la pomme ou aux myrtilles ne faisait aucune différence. Son travail ne nécessitait aucune supervision et aucune communication informelle avec ses collègues de travail (sauf pour lui permettre de conserver son équilibre mental). La coordination était réalisée par celui qui avait conçu le tapis roulant. Le garnisseur de tartes n'avait qu'à suivre les consignes sans se préoccuper des autres personnes.

Bien entendu, il existe des postes de travail standardisés qui laissent une marge de manœuvre plus importante : un acheteur peut se voir imposer d'obtenir au moins trois propositions pour tout achat excédant 50 000 F, tout en restant libre de travailler comme il l'entend par ailleurs.

LA STANDARDISATION DES RÉSULTATS

Il est également possible de **standardiser les résultats du travail (par exemple en spécifiant à l'avance les dimensions du produit, ou la performance à atteindre).** Les conducteurs de taxis n'ont aucune instruction à suivre pour ce qui est de la route à suivre ou de la manière de conduire : ils n'ont qu'une chose qui leur soit imposée, la destination indiquée par le client. Le préparateur, dans un atelier de poterie, ne reçoit pas d'instruction sur la méthode à utiliser pour préparer l'argile : on lui demande seulement de préparer des pains d'argile de deux kilos. A sa suite, celui qui fait la mise en forme sait qu'avec une telle quantité d'argile, il pourra faire un pot dont les dimensions, spécifiées, constituent les normes de sa propre production.

Lorsque les résultats sont standardisés, les interfaces entre les tâches sont prédéterminées, comme par exemple dans le cas du relieur qui sait que les pages imprimées qu'il reçoit d'un collègue et la couverture qu'il reçoit d'un autre, s'assembleront parfaitement les unes à l'autre. Pareillement, l'interface entre les directeurs de division et la direction générale de l'entreprise Ceramico était constituée par des normes de performance. Il était demandé aux responsables de divisions d'atteindre chaque trimestre des taux de profits et de croissance spécifiée : c'était leur affaire de savoir comment y parvenir.

LA STANDARDISATION DES QUALIFICATIONS

Il arrive que ni le procédé ni les résultats ne puissent être standardisés et qu'une certaine coordination soit néanmoins nécessaire. Anthony Jay (1970) nous a montré comment le problème se pose et a été résolu dans les empires coloniaux. Comment les rois pouvaient-ils contrôler et coordonner les activités des gouverneurs de leurs lointaines colonies, à une époque où la supervision directe était rendue impossible par la lenteur des communications — il fallait plusieurs mois pour un aller et retour — alors que ni le procédé ni les résultats du travail ne pouvaient être standardisés ? La solution qu'ils adoptèrent consista à standardiser ceux qui faisaient le travail — tout comme Mme Raku lorsqu'elle embauchait des assistants pour son atelier de poterie. **La qualification et le savoir sont standardisés lorsqu'est spécifiée la formation de celui qui exécute le travail.** Les rois pouvaient avoir confiance dans les gouverneurs parce qu'ils les avaient formés eux-mêmes. Plus couramment d'ailleurs, l'individu reçoit sa formation avant même d'entrer dans l'organisation. Mme Raku embauchait des assistants à leur sortie de l'école, tout comme les hôpitaux lorsqu'ils engagent des médecins. Les institutions de formation introduisent les programmes de travail et les bases de la coordination parmi les futurs salariés. Lorsqu'ils travaillent, ces derniers paraissent agir de façon autonome, tout comme les bons acteurs qui, lorsqu'ils sont sur scène, semblent s'exprimer de façon spontanée. La standardisation des qualifications parvient indirectement au résultat qui est obtenu de façon directe par la standardisation des procédés ou des résultats : le contrôle et la coordination du travail. Lorsqu'un chirurgien et un anesthésiste se trouvent dans une salle d'opération pour une ablation de l'appendice, ils ont à peine besoin de communiquer; grâce à la formation que chacun d'eux a reçue, il sait exactement à quoi s'attendre de la part de l'autre. La standardisation de leurs qualifications assure l'essentiel de la coordination [4].

---

4. On peut apparemment dire la même chose à propos d'opérations beaucoup plus complexes, comme une opération à cœur ouvert qui dure cinq heures observée de bout en bout par Gosselin (1978).

UN CONTINUUM ENTRE LES MÉCANISMES DE COORDINATION

Il existe une solution de continuité entre nos cinq mécanismes de coordination. **A mesure que le travail d'organisation devient plus difficile, les moyens de coordination employés de façon préférentielle semblent passer successivement comme indiqué dans la Figure 1.2., de l'ajustement à la supervision directe, puis à la standardisation des procédés, à celle des résultats, à celle des qualifications et enfin retourner à l'ajustement mutuel dans les situations les plus complexes.**

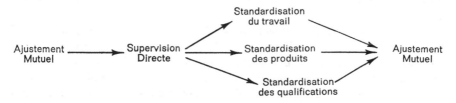

Figure 1.2. — *Les Mécanismes de Coordination : un Continuum. Approximatif de Complexité.*

Un individu qui travaille seul n'a pas grand besoin de coordination — tout se fait simplement, dans son propre cerveau. Il suffit d'ajouter une personne pour que la situation change de façon significative. La coordination doit se faire entre des personnes. Généralement, les gens qui travaillent côte à côte dans des petits groupes, s'adaptent les uns aux autres de façon informelle : l'ajustement mutuel est alors le principal mécanisme de coordination.

Par contre, lorsque le groupe devient plus important, il devient plus difficile à coordonner de façon informelle. Miller (1959) note l'existence de groupes de mineurs de charbon qui fonctionnent de façon efficace et qui comprennent jusqu'à 41 personnes. Mais la supervision devient une nécessité dès que la taille du groupe augmente ou dès qu'on introduit une division du travail :

> Différer l'apparition d'une fonction de direction lorsqu'on a passé l'optimum... conduit à une diminution de l'efficacité du système... L'énergie des membres du groupe, au lieu d'être consacrée à l'exécution du travail proprement dit, est de plus en plus consacrée au maintien de la cohésion du groupe... (p. 88).

Il existe ainsi un besoin de commandement. Le contrôle du travail est transféré à un seul cerveau qui coordonne les autres : la supervision directe devient le mécanisme de coordination préféré.

A mesure que le travail devient plus complexe, une autre transition se fait jour. Alors que dans la précédente, une partie du contrôle du travail passait de l'opérateur au superviseur, c'est maintenant la standardisation qui prend la relève. Comme nous l'avons noté plus haut, l'organisation a ici trois possibilités. Lorsque les tâches sont simples et routinières, elle peut standardiser les procédés de travail eux-mêmes. Mais c'est impossible pour un travail plus complexe, et l'organisation est alors forcée de standardiser les résultats, laissant à l'opérateur le choix de la méthode. Dans les cas encore plus complexes, même le résultat ne peut être standardisé et l'organisation doit alors se contenter de standardiser les qualifications de l'opérateur, lorsque c'est possible.

Mais, si les tâches à accomplir ne peuvent même pas être standardisées, l'organisation sera forcée de retourner au point de départ, et d'utiliser le mécanisme de coordination qui est à la fois le plus simple et le plus adaptable : l'ajustement mutuel. Comme nous l'avons noté plus haut, des décideurs qui sont face à des situations extrêmement compliquées doivent communiquer directement et de façon informelle s'ils veulent accomplir leur travail.

A ce stade de notre discussion, il est clair que, dans chaque situation spécifique, une organisation préférera l'un des mécanismes de coordination aux quatre autres, et que, dans une certaine mesure, ces mécanismes de coordination sont substituables les uns aux autres. Ceci ne signifie nullement qu'une organisation peut s'appuyer sur l'un des mécanismes à l'exclusion des autres. La plupart d'entre elles utilisent à la fois les cinq à des degrés divers. Par exemple, quel que soit le niveau de standardisation, il y a toujours besoin d'un minimum d'ajustement mutuel et de supervision. De nos jours, les organisations ne peuvent pas exister sans leadership et sans communication informelle, à tout le moins pour compenser les rigidités de la standardisation [5]. Dans les usines les plus automatisées (standardisées), il arrive que des machines tombent en panne, que des employés tombent malades, et que le planning doive être modifié à la dernière minute. L'encadrement doit intervenir et les employés doivent avoir une marge de manœuvre suffisante pour faire face à l'imprévu. Wren (1967) nous donne un exemple remarquable de ce qui se passe lorsqu'on a à la fois automatisation totale et absence complète de flexibilité; l'organisation qu'il décrit assure la distribution de l'électricité dans le nord-est américain : « Les divers systèmes étaient reliés techniquement pour des raisons d'économie, mais il n'y avait pas de liens organisationnels : il n'y avait pratiquement rien de prévu pour relier les parties de l'ensemble. Or ces parties, bien qu'autonomes, dépendaient les unes des autres » (p. 73). Le résultat fut la grande panne de 1965, qui est restée dans toutes les mémoires.

En général, au-delà d'une taille minimale, les organisations paraissent utiliser à fond la standardisation quand elles le peuvent. Dans les autres cas, elles utilisent de façon partiellement interchangeable la supervision directe et l'ajustement mutuel. Le premier de ces mécanismes rencontre ses limites lorsque le travail d'organisation devient trop important pour un seul cerveau. Et le second lorsqu'il y a désaccord trop important entre ceux qui doivent coordonner leur activité par ajustement mutuel [6].

---

5. Emery et Trist (1960) soutiennent qu'un groupe de travail n'est efficace que s'il gère sa propre coordination interne, en utilisant l'ajustement mutuel (p. 93). Ma position est ici différente : selon moi, si certaines unités doivent s'appuyer sur l'ajustement mutuel, aucune n'existe sans un minimum de supervision directe.

6. Ces conclusions s'inspirent de Galbraith (1973).

AU-DELA DES MÉCANISMES DE COORDINATION

Les films commencent parfois par la scène la plus importante avant de donner le titre et le générique. En quelque sorte, les mécanismes de coordination sont notre scène la plus importante. Comme nous l'avons noté, ils sont la colle de la structure, l'élément fondamental qui maintient ensemble les parties de l'organisation. Ils sont aussi le lien essentiel entre les parties de ce livre et la base de ce qui va suivre. Passons donc maintenant au générique : d'abord une brève revue de la littérature et l'exposé d'un défaut essentiel qui la marque, ensuite la présentation du plan de l'ouvrage.

La littérature. Les premiers ouvrages sur notre sujet ont tous mis l'accent sur la *structure formelle,* c'est-à-dire sur les relations officielles et prescrites entre les membres de l'organisation. Deux écoles de pensée ont dominé la littérature jusqu'aux années cinquante, l'une consacrée à la supervision directe, l'autre à la standardisation.

L'école des « principes de direction », fondée par Henri Fayol dès 1916 et diffusée dans la communauté anglophone par Luther Gulick et Lyndall Urwick (1937) s'est essentiellement consacrée à l'autorité formelle et au rôle de la supervision directe dans l'organisation. Ces auteurs ont créé les concepts *d'unité de commandement* (un « subordonné » ne doit avoir qu'un seul « supérieur »), de *chaîne de commandement* (la ligne directe qui va du supérieur de niveau le plus élevé à chaque subordonné de niveau le plus bas en passant par tous les échelons intermédiaires), et *de surface de contrôle* (le nombre des subordonnés d'un même supérieur hiérarchique).

La seconde école de pensée comprend en réalité deux groupes distincts qui se sont consacrés à ce qui est, de notre point de vue, le même thème : la standardisation du travail dans toute l'organisation. Chacun de ces deux groupes a été fondé au début du siècle par un chercheur remarquable. Aux Etats-Unis, Frederick Taylor (1949) a lancé la « Direction Scientifique », dont l'idée essentielle est la programmation du travail des opérateurs — ouvriers sidérurgistes, pelleteurs de charbon, etc. En Allemagne, Max Weber (Gheert et Mills, 1958) traita des organisations mécanistes, ou « bureaucratiques », où les activités sont formalisées par des règlements, des descriptions de poste, et par la formation des employés.

Ainsi, pendant près d'un demi-siècle, quand on parlait de structure d'organisation, on pensait à un ensemble de relations de travail prescrites et standardisées couplées à un système strict d'autorité formelle.

On commença à comprendre qu'il se passait aussi autre chose dans les structures d'organisation quand Rœthlisberger et Dickson publièrent en 1939 leur interprétation d'une série d'expériences conduites dans l'entreprise Western Electric, à l'usine Hawthorne. Les résultats obtenus les amenèrent à comprendre l'importance de *la structure informelle,* c'est-à-dire des relations non prescrites entre les membres des groupes de travail. C'est dire qu'en fait ils comprirent que l'ajustement mutuel est un mécanisme de coordination important dans toutes les organisations. Ce fut, dans les années cinquante et soixante, le point de départ d'une école initialement nommée « école des relations humaines » dont les partisans cherchaient à démontrer expérimentalement qu'il était au mieux inadéquat (et au pis dangereux pour la santé mentale des salariés) de s'appuyer sur la structure formelle, constiuée par la standardisation et la supervision directe (voir par exemple Likert, 1961).

Les recherches plus récentes ont pris du recul vis-à-vis de ces positions extrêmes. Dans les dix dernières années par exemple, on a eu tendance à considérer la structure de façon plus globale, à étudier les liens entre structure formelle et structure informelle, entre standardisation et supervision d'un côté et ajustement mutuel de l'autre. Le ton est donné par les travaux intéressants réalisés par le Tavistock Institute au début des années cinquante. Trist et Bamforth (1951), dans une recherche dont l'acuité et le niveau de détail sont restés inégalés, ont étudié l'effet d'un changement de technologie dans une mine de charbon, et leur conclusion est que le système social et le système technique sont liés de façon inextricable. Plus tard, Michel Crozier, dans *Le Phénomène Bureaucratique* (1962), a montré que la standardisation et le système d'autorité formelle influencent les relations de pouvoir non officielles et sont en retour influencés par ces dernières. Plus récemment, Jay Galbraith (1973), a étudié la structure de l'entreprise Boeing et construit un système conceptuel permettant de décrire les relations entre les divers mécanismes de coordination. C'est vraiment Galbraith qui, le premier, a clairement expliqué le rôle des mécanismes d'ajustement mutuel modernes — tels que les groupes de projet et l'organisation matricielle — dans la structure formelle.

Les travaux cités, et d'autres d'ailleurs, ont démontré que les **structures formelles et informelles sont mêlées au point d'être indissociables.** Il a été prouvé, par exemple, que la standardisation et la supervision directe ont parfois été utilisées comme moyens *informels* pour acquérir du pouvoir et, dans l'autre sens, que des moyens initialement conçus pour renforcer l'ajustement mutuel ont été ultérieurement formalisés et inclus dans la structure *formelle*. Dans un autre ordre d'idée, il apparaît que la structure formelle est souvent la reconnaissance officielle de ce que sont en fait les comportements naturels. Les structures formelles se développent dans les organisations tout à fait comme les routes dans les forêts : en suivant des sentiers bien établis.

Sous le nom de « théorie de la contingence », un autre groupe de chercheurs s'est penché sur la relation entre la structure et la situation. Ils se sont opposés à l'idée qu'il puisse exister une forme structurelle meilleure dans tous les cas; et ont cherché à identifier quelle est la forme structurelle la meilleure pour une organisation placée dans des conditions spécifiques données. Dans ce domaine, les premiers travaux marquants furent ceux de Joan Woodward (1965) qui étudia dans les années cinquante les établissements industriels d'une région anglaise, et trouva des preuves concluantes indiquant que la structure d'une entreprise est étroitement liée à son système technique de production. Les entreprises produisant en grande série, paraissent devoir adopter le type de structure formelle élaboré par les premières écoles de pensées; les entreprises produisant à l'unité ou très automatisées, paraissent avoir besoin d'une structure plus souple qui utilise plus d'ajustement mutuel. Par la suite, deux chercheurs de Harvard, Paul Lawrence et Jay Lorsch (1967) ont trouvé que l'environnement de l'organisation affecte de façon significative le choix de la structure, à la suite d'une étude comparative d'entreprises d'emballage, d'alimentation et de matières plastiques. Opérant dans un environnement assez simple et stable, les premières utilisaient de préférence la supervision directe et la standardisation; par contre, les entreprises fabriquant des matières plastiques, placées dans un environnement plus dynamique et plus complexe, utilisaient plus volontiers l'ajustement mutuel; et les entreprises d'alimentation se situaient de façon intermédiaire.

Un autre groupe, mené par Derek Pugh à l'Université d'Aston en Angleterre, découvrit que la taille est le facteur qui explique le mieux nombre des caractéristiques de la structure (Pugh et al., 1963-1964, 1968, 1969 a, b; Hickson et al., 1969). Par exemple, la standardisation est un mécanisme de coordination d'autant plus important que la taille de l'organisation est grande. Les résultats du « groupe d'Aston » sont fondés sur l'étude d'échantillons importants d'organisations diverses. Ils ont été régulièrement confirmés (voir entre autres Inkson et al., 1970; Child, 1972) et ont stimulé d'autres recherches sur les relations entre la structure et divers facteurs de contingence. Par exemple, Khandwalla (1973 a, b; 1974 a) a recueilli des données sur soixante-dix-neuf entreprises américaines et cent trois entreprises canadiennes, et découvert que les relations entre structure, technologie, taille et environnement sont plus complexes que les études précédentes ne l'indiquent.

En résumé, nous avons une littérature qui est fondée sur l'observation empirique, qui est importante et en croissance rapide, et dont une grande partie est récente. Cette littérature porte aussi la marque d'une construction progressive dans laquelle chacun des travaux est fondé sur la compréhension que permettent ceux qui le précèdent. Potentiellement, cette littérature a beaucoup à nous dire sur la façon dont les entreprises se structurent elles-mêmes. Elle manque, par contre, d'une synthèse qui permette de rassembler les découvertes éparses en un ensemble cohérent. Pour reprendre une vieille expression hongroise, chacun s'est occupé de son propre moulin, conscient de ce que les autres s'occupaient du leur, personne n'acceptant de quitter son moulin pour fondre ensemble les travaux de ses collègues. On dispose de quelques revues de la littérature, qui se limitent à passer « d'un sujet à l'autre sans une vue claire de ce que sont les organisations » ou qui rassemblent des travaux divers « en laissant le lecteur se débrouiller pour faire la synthèse » (Perrow, 1973, p. 7).

Le présent livre a été écrit en partant de l'idée que, pour ce qui concerne la structure des organisations, la littérature a pris un retard notable sur la recherche : le besoin se fait sentir de prendre du recul par rapport à la recherche, de l'analyser dans son contexte et d'en tirer une synthèse utilisable. L'objectif de ce livre est de donner cette synthèse.

Un défaut. Ce livre ne commence pas en abordant directement la littérature sur la stratégie des organisations. Et ceci parce qu'elle souffre d'un défaut majeur : **la plus grande partie de la littérature contemporaine ne fait pas le lien entre la structure d'une organisation et son fonctionnement.** On n'y dit pas souvent au lecteur ce qui se passe réellement à l'intérieur de la structure, comment le travail, l'information, et les processus de décision fonctionnent vraiment. Ainsi Conrath (1973) peut-il conclure, après avoir consacré d'importants efforts à chercher de la littérature reliant structure et flux de communication :

> « On peut trouver dans la littérature de nombreux concepts décrivant ce qu'est la structure d'une organisation... Malheureusement, peu d'entre eux peuvent être reliés aux propriétés de la communication, et ceux qui le peuvent traitent pour l'essentiel des petits groupes... Les données sur les communications n'ont, dans aucun cas, été utilisées pour mettre en évidence les propriétés de la structure » (p. 592).

Le défaut dont nous parlons a pour l'essentiel sa source dans la recherche « à distance », recherche qui utilise la perception des cadres dirigeants recueillie par questionnaire au lieu de leurs comportements réels, recherche synchronique qui ne prend des mesures qu'une seule fois, qui applique des mesures abstraites à des organisations trop diverses (la décentralisation dans les écoles paroissiales et dans le système postal). Aucune de ces recherches ne s'est révélée capable de traiter sérieusement de la complexité du fonctionnement réel des organisations. On peut tirer quelques informations de ces recherches lorsqu'on dispose d'un système conceptuel. Mais il faut reconnaître qu'elles sont d'une utilité restreinte lorsqu'il s'agit d'élaborer un tel système conceptuel.

La littérature souffre aussi d'un défaut qui est corrolaire du premier : des conclusions sont souvent formulées pour des organisations dans leur totalité alors qu'elles ne sont valables que pour des parties de ces organisations. Par exemple, il est complètement impossible de dire qu'une entreprise est « décentralisée » uniquement parce qu'une partie des pouvoirs de décision passe du P-DG aux directeurs de division : il faut également examiner ce qui se passe en dessous de ce niveau pour pouvoir dire à quel point l'entreprise est décentralisée. Parallèlement, trouver qu'une entreprise utilise un groupe de travail *ad hoc* pour introduire les nouveaux produits, ce n'est pas décrire toute la structure mais seulement une partie très limitée de celle-ci.

Tout ceci revient à dire que les conclusions des recherches manquent souvent de référence au « contexte » (de quel type d'organisation il s'agit, de quelle partie de l'organisation) ainsi qu'aux relations entre structure et fonctionnement de l'organisation. En fin de course, ces conclusions apparaissent souvent au lecteur comme déconnectées de la réalité, et vides de substance. Après avoir lu plus de deux cents livres et articles sur le sujet, je n'étais pas très sûr de ce qu'était la structure. Il me fallait un cadre de référence. Finalement, avant que je puisse développer mes propres conclusions, il m'a fallu rassembler une série d'organigrammes décrivant des organisations dont je connaissais la plupart de façon intime, afin de créer un contexte auquel je puisse relier tous les matériaux conceptuels que je lisais.

Plan de l'ouvrage. Ce livre a été écrit de façon à éviter le problème dont il vient d'être fait mention, en s'assurant que le lecteur puisse replacer dans un contexte ce qu'il lit à propos de la structure. C'est pourquoi la première partie ne traite pas de la structure mais du fonctionnement des organisations. La littérature, dans ce domaine, n'est pas très riche, mais il est important de mettre par écrit tout ce dont on dispose de façon à jeter les bases de la théorie qui suit.

Cette première partie comprend deux chapitres. Le premier est consacré aux cinq éléments de base des organisations contemporaines (le centre opérationnel, le sommet stratégique, la ligne hiérarchique, la technostructure et les fonctions logistiques) et expose les relations entre ces éléments. Le chapitre 2 décrit cinq systèmes de flux traversant ces éléments de base : système d'autorité formelle, système d'information formalisé, système de communications informelles, système de travail, et système des processus de décision *ad hoc*. Chacun de ces systèmes de flux est en fait une théorie du fonctionnement de l'organisation, et décrit une partie de ce qui s'y passe réellement. Pris ensemble, ils donnent une idée de la complexité du système total.

Ces deux chapitres (chapitres 2 et 3) forment avec la présente introduction la base de l'ouvrage. C'est ainsi qu'ils sont présentés dans la Figure 1.3. par laquelle nous voulons donner au lecteur une vue synthétique du livre. Cette base est composée des cinq mécanismes de coordination, des cinq éléments de l'organisation, et des cinq systèmes de flux traversant l'organisation. C'est sur cette base que sont construites les parties II et III qui sont le cœur de ce livre. Dans ces deux parties, nous examinons d'abord les composantes de la structure, une par une, puis nous traitons des facteurs qui les affectent. en les prenant aussi un par un.

Dans les chapitres de la seconde partie, nous discutons des neuf *paramètres de conception,* c'est-à-dire des éléments dont on se sert pour concevoir les organisations. On traitera successivement de : 1) la spécialisation du travail, 2) la formalisation du comportement, 3) la formation et la socialisation, trois éléments qui entrent dans la conception des postes de travail; 4) le regroupement en unités et 5) la taille des unités, qui constituent ensemble la « superstructure »; 6) les systèmes de contrôle et de planification et 7) les mécanismes de liaison, qui permettent d'assurer les liens latéraux; et finalement, 8) la décentralisation verticale et 9) horizontale, qui constituent le système de décision. Un chapitre est consacré à chacun de ces paramètres (sauf pour les décentralisations horizontale et verticale qui sont traitées ensemble au chapitre 11). Chaque chapitre comporte une discussion du paramètre dans chacune des cinq parties de l'organisation et des liens entre le paramètre étudié et ceux qui ont déjà été vus. Pour l'essentiel, la Partie II est une analyse, non une synthèse; elle est plus consacrée aux parties qu'à l'ensemble.

Dans la partie III, on replace les paramètres de conception dans leur contexte, en cherchant à discuter, un par un, des divers « facteurs de contin-

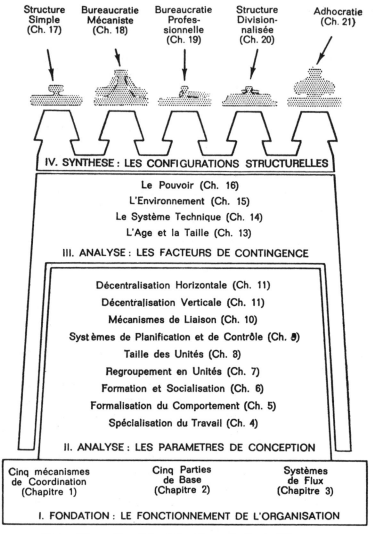

Figure 1.3. — *Une Présentation Conceptuelle de l'Ouvrage.*

gence » qui les affectent. C'est là qu'on trouve la plus grande partie des recherches contemporaines. Nous commençons par traiter, au chapitre 12, de l'efficacité organisationnelle. Ce qui est établi avec quelque certitude sur ce sujet suggère que les choix de structure sont dictés à un degré majeur d'abord par la situation de l'organisation, ensuite par la nécessité du maintien d'une certaine cohérence interne entre les paramètres de conception. A partir de ce point de vue, nous formulons seize hypothèses qui résument la majeure partie de ce qui est connu sur les relations entre structure et situation. Le chapitre 13 traite de l'influence de l'âge et de la taille sur la structure. Le chapitre 14 traite de la technologie, le chapitre 15 de l'environnement et le chapitre 16 du pouvoir. Bien qu'on avance vers la synthèse, on est encore ici au stade de l'analyse. Les hypothèses paraissent indépendantes les unes des autres, elles paraissent même se contredire. Ce qui est accompli dans la partie III est néanmoins une étape nécessaire sur la route qui nous mène au but.

Ce but est la synthèse de l'ensemble, et nous y arrivons dans la quatrième partie. Nous avons noté plus haut que les organisations efficaces paraissent avoir une cohérence interne entre leurs paramètres de conception; et aussi que différentes structures sont associées à différentes situations. Dans la partie IV, nous montrons que les paramètres de conception et les facteurs de contingence peuvent être regroupés en types ou « configurations ». Cinq d'entre elles sont particulièrement importantes : prises ensemble comme une typologie, elles permettent d'expliquer une proportion surprenante des résultats de recherche, et même beaucoup de contradictions; de plus, chacune est associée à l'un des mécanismes de coordination, et voit l'un des éléments de base de l'organisation prendre le pas sur les autres. Il y a là plus qu'une coïncidence. Ces cinq configurations sont les suivantes : Structure simple (supervision directe, sommet stratégique), Bureaucratie mécaniste (standardisation des procédés, technostructure), Bureaucratie professionnelle (standardisation des qualifications, centre opérationnel), Structure divisionnelle (standardisation des résultats, ligne hiérarchique) et Adhocratie (ajustement mutuel, fonctions logistiques). Chacune de ces configurations fait l'objet d'un des chapitres de la partie IV, et j'ai pris la liberté d'y inclure quelques-uns des problèmes majeurs qui se posent à elles. Le dernier chapitre du livre présente des exemples, des hybrides et des transitions entre les cinq configurations, et traite de l'existence possible d'une sixième.

1ère partie

LE FONCTIONNEMENT DE L'ORGANISATION

Pour comprendre comment les organisations se structurent, il faut d'abord savoir comment elles fonctionnent : connaître les parties dont elles sont faites, les fonctions qu'elles remplissent et la façon dont ces fonctions sont reliées les unes aux autres; de façon précise, il faut savoir comment les flux de travail, d'autorité, d'information et de décisions irriguent les organisations.

On ne peut pas dire qu'actuellement on comprenne bien ces flux qui parcourent l'organisation, et la raison en est simple : il y a eu trop peu de recherches sur le fonctionnement réel des organisations. Il est néanmoins important de mettre sur papier tout ce que nous en savons, de façon à jeter les bases de notre étude de la structure.

Dans le premier chapitre de cette partie, on décrit les cinq éléments de base de l'organisation. Ensuite, dans le second, nous exposons le fonctionnement de l'organisation de cinq points de vue différents : comme système d'autorité formelle, de flux d'information formalisée, de communication informelle, de travail, et de processus de décision *ad hoc*. Ces différents regards nous donneront de l'organisation des images différentes, contrastées, voire contradictoires, mais, comme nous le verrons partout dans la suite de cet ouvrage, toute organisation réelle fonctionne en fait comme un composé complexe de ces cinq systèmes.

2

LES CINQ ÉLÉMENTS DE BASE DE L'ORGANISATION

Dans le chapitre 1, nous avons axé notre description des organisations sur les mécanismes de coordination qu'elles utilisent. Nous avons noté qu'en théorie, les organisations les plus simples peuvent se contenter de l'ajustement mutuel pour coordonner leurs activités. Leurs *opérateurs* — ceux qui effectuent le travail de base — sont pour l'essentiel autosuffisants.

Cependant, à mesure que l'organisation croît et adopte une division du travail plus importante entre les opérateurs, le besoin de supervision se fait sentir avec une intensité croissante : il faut l'aide d'un autre cerveau — celui d'un *cadre* — pour coordonner le travail. A la division technique du travail entre opérateurs s'ajoute maintenant une division *administrative* du travail — entre ceux qui font le travail et ceux qui le supervisent. Si la croissance se poursuit, d'autres managers apparaissent dans la structure; et naturellement, au-delà de ceux qui encadrent les opérateurs, il devient nécessaire d'introduire, à un niveau différent, des managers qui encadrent d'autres managers. C'est ainsi qu'une *hiérarchie* d'autorité apparaît.

A mesure que l'organisation continue de se construire, elle utilise, de plus en plus, la standardisation pour coordonner le travail de ses opérateurs.

Et on assiste à l'émergence d'un groupe de spécialistes en standardisation : *les analystes*. Par exemple, les analyses du travail et les ingénieurs de méthodes standardisent les procédés; d'autres standardisent les produits : ingénieurs du contrôle-qualité, comptables, planificateurs, agents de planning; et le département du personnel standardise les qualifications (en fait, pour l'essentiel, la standardisation des qualifications s'obtient à l'extérieur de l'entreprise, avant même que les opérateurs ne soient recrutés). La présence de ces analystes introduit une seconde division administrative du travail dans l'organisation. On a d'un côté ceux qui font et qui supervisent le travail, et de l'autre ceux qui le standardisent.

Ce qu'on vient de décrire comme transformation progressive de la structure est aussi une transformation de la coordination et du contrôle :

— les managers substituent en partie la supervision directe à l'ajustement mutuel, puis les analystes interviennent, introduisant la standardisation à la place des deux mécanismes de coordination précédents;

— le contrôle du travail passe progressivement des opérateurs aux managers, puis aux analystes.

En résumé, les analystes « institutionnalisent » le travail du manager.

L'organisation à laquelle on aboutit est décrite dans la Figure 2.1. Nous utiliserons cette représentation tout au long de ce livre, parfois pour montrer comment les différents flux parcourent l'organisation, parfois, en la déformant, pour représenter certaines structures particulières d'organisations. Cette forme est en quelque sorte le symbole de ce livre.

Si on « lit » la Figure 2.1. de bas en haut, on voit d'abord le *centre opérationnel* où les opérateurs accomplissent le travail qui est la raison d'être de l'organisation. Au-dessus d'eux, on a la partie administrative de l'organisation, que nous divisons en trois parties. D'abord les managers — ceux du *sommet stratégique* (avec leurs assistants) et ceux de la *ligne hiérarchique*. A leur gauche, on a la *technostructure;* les analystes qui standardisent le travail des autres et qui, grâce à leurs techniques, aident l'organisation à s'adapter à son environnement. A la droite des managers, nous plaçons le cinquième et le dernier groupe, celui des *fonctions logistiques* qui intervient, indirectement et de façon extérieure, dans le flux de travail. La littérature n'en traite pratiquement jamais, et pourtant il suffit de jeter un coup d'œil à l'organigramme de pratiquement toute organisation d'une certaine taille pour se convaincre de leur importance.

Comme exemples typiques de fonctions logistiques, on peut citer : la recherche, le restaurant d'entreprise, les départements juridique, paye, relations publiques et courrier.

Dans la Figure 3.1., on voit un sommet stratégique de petite taille relié par une puissante ligne hiérarchique à un centre opérationnel long et plat. Ces trois parties sont reliées les unes aux autres pour former une ligne (d'autorité) hiérarchique unique et continue. La technostructure et les fonctions logistiques figurent à droite et à gauche de la ligne d'autorité dont elles sont

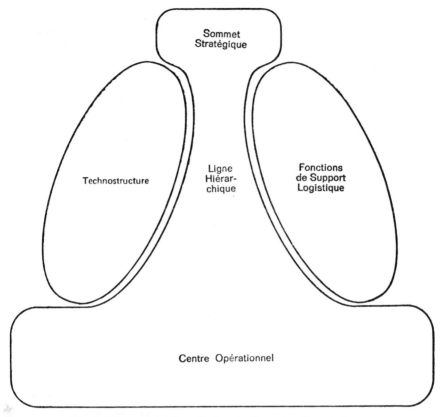

Figure 2.1. — *Les Cinq Parties de Base des Organisations.*

distinctes, séparées du centre opérationnel qu'elles n'influencent qu'indirectement.

Au point où nous en sommes, il paraît utile d'interpréter à la lumière de notre schéma quelques expressions couramment utilisées dans les organisations. Le terme« encadrement », par exemple, bien que rarement défini de façon précise, paraît inclure en général tous les membres de l'organisation qui ne sont ni au sommet stratégique ni dans le centre opérationnel. Dans notre schéma, ce groupe est composé de trois parties distinctes : la ligne hiérarchique, la technostructure et les fonctions logistiques. Pour éviter toute confusion, nous appellerons ce groupe le *niveau intermédiaire* réservant le terme d'encadrement à la ligne hiérarchique et au sommet stratégique. Le terme « staff » ou « fonctionnel », dans la tradition la plus ancienne, est employé par contraste avec ceux de « line » ou « opérationnel » ou encore « hiérarchique »; en théorie, les postes opérationnels sont investis d'une partie d'autorité et de pouvoir de décision, par les postes fonctionnels — ces derniers ne font que conseiller ceux qui prennent des décisions. Pour compliquer les choses, il est parfois fait mention de « l'autorité fonctionnelle » par contraste avec « l'autorité hiérarchique ». Pour Allen (1955) par exemple, les activités principales des fonctionnels, sont : 1) donner des avis, des conseils, des suggestions, intervenir pour guider la planification des objectifs, des politiques et des procédures qui s'appliquent aux opérations centrales de l'organisation (fabrication et/ou vente de produits et/ou de services), intervenir comme conseil dans la mise en œuvre des décisions; et 2) accomplir pour les opérationnels des activités de service, par exemple mettre en place un système budgétaire, recruter du personnel, « ce qui peut impliquer de prendre des décisions par délégation des hiérarchiques » (p. 348). Comme nous le verrons plus loin, la distinction entre « staff » et « line » a un sens dans certaines structures et en est dépourvu dans d'autres. Cependant, cette distinction nous sera d'une certaine utilité et nous la retiendrons d'une façon un peu modifiée. On utilisera le terme *fonctionnel* ou staff pour désigner la technostructure *et* les fonctions logistiques. Le terme *opérationnel* ou line s'appliquera à la partie centrale de la Figure 2.1., celle qui va du sommet stratégique au centre opérationnel en passant par la ligne hiérarchique. On notera que cette définition n'indique pas qui décide et qui conseille. Comme nous le verrons, les départements logistiques n'ont pas pour activité principale le conseil; ils accomplissent des tâches et prennent des décisions, bien que leur activité ne soit reliée que de façon indirecte à celle du centre opérationnel : le chef de cuisine du restaurant d'entreprise est partie prenante d'un processus de production, mais ce processus n'a rien à voir avec l'activité centrale de l'entreprise. Parallèlement, les conseils de la technostructure sont, en fait, parfois des décisions, mais elles sont prises en dehors du flux d'autorité formelle qui contrôle et dirige le centre opérationnel [1].

Quelques idées et concepts de James D. Thompson.

Avant de passer à la description détaillée des cinq parties de l'organisation, il nous paraît utile d'exposer quelques-unes des idées de James D. Thompson (1967). Pour cet auteur, « l'incertitude est le problème fondamental des organisations complexes, et affronter l'incertitude est l'essence du processus administratif » (p. 159). Pour Thompson, l'organisation est constituée d'un « centre technique » équivalent à notre centre opérationnel, et d'un groupe « d'unités de traitement de l'environnement ». Dans notre langage, l'organisation réduit l'incertitude en isolant le centre opérationnel de l'environnement de façon à protéger les activités qui y sont conduites. Les unités de traitement de l'environnement sont, par contre, directement en contact avec les incertitudes externes. Par exemple, le département de recherche interprète l'envi-

---

1. Nous avons ici introduit la distinction entre « opérationnels » et « fonctionnels » seulement pour distinguer ceux qui sont directement impliqués dans le travail opérationnel de l'organisation de ceux qui ont vis-à-vis de ce travail une position périphérique. Selon notre définition, les fonctions de production et de vente sont, dans une entreprise industrielle typique, clairement opérationnelles; les études de marché et les relations publiques sont, par contre, clairement fonctionnelles. Le caractère opérationnel ou fonctionnel d'une activité particulière dépend de l'importance qu'on attache à cette activité dans l'entreprise étudiée. Il existe une zone floue entre les domaines opérationnel et fonctionnel : là où cette zone est étroite, c'est-à-dire pour la plupart des organisations, nous conserverons la distinction entre les deux; là où cette zone est large, nous supprimerons totalement la distinction.

ronnement scientifique qui est confus, et le département de relations publiques apaise un environnement social hostile.

Thompson, et d'autres auteurs qui se sont fondés sur ses travaux, ont décrit diverses méthodes que les organisations utilisent pour protéger leur centre opérationnel. Au premier rang, bien sûr, on a la standardisation des procédés de travail. D'autres méthodes utilisent diverses formes de prévision : planification, constitution de stocks, entretien préventif, régulation de la production, recueil d'informations, etc. Les organisations cherchent aussi à dominer leurs environnements, et ainsi à réduire l'incertitude, en pratiquant l'entente sur les prix, en créant des cartels, en réalisant l'intégration verticale (c'est-à-dire en devenant leurs propres fournisseurs et leurs propres clients).

Thompson a aussi créé un système conceptuel pour expliquer les *interdépendances* entre les membres de l'organisation. Il identifie trois types principaux d'interdépendances, qu'on montre dans la Figure 2.2. On a d'abord le *couplage de communauté* dans laquelle les membres partagent des ressources communes mais sont, pour le reste, indépendants les uns des autres. La Figure 2.2. (a) pourrait représenter des professeurs qui partagent les mêmes bâtiments et le même budget mais qui, chacun, travaillent seuls avec leurs élèves. Dans le *couplage séquentiel* les membres travaillent à la suite les uns des autres, comme dans une course de relais où le bâton passe de main en main. La Figure 2.2. (b) pourrait représenter une usine de fabrication de masse dans laquelle les matières premières entrent à une extrémité, font l'objet de diverses opérations successives d'usinage qui les transforment en pièces qui sont introduites aux divers postes d'une chaîne de montage, pour enfin émerger à l'autre extrémité sous la forme de produits finis. Dans le *couplage réciproque,* les membres se donnent du travail les uns aux autres : c'est le cas par exemple « des compagnies aériennes dans lesquelles on a à la fois le trafic passager et la maintenance; la production d'une unité de maintenance contribue au trafic passagers en lui fournissant des avions en état de marche; dans l'autre sens, le trafic passagers a comme sous-produit des avions qui ont besoin d'entretien et qui servent de « matière première » au département de maintenance » (Thompson, 1967, p. 55). La Figure 2.2. (c) pourrait servir à illustrer cet exemple, ou celui d'un hôpital où l'infirmière « prépare » le patient, le chirurgien l'opère, puis l'infirmière s'occupe des soins post-opératoires.

Il est clair que l'interdépendance entre les membres est minimale dans le cas du couplage de communauté. Chaque membre peut être retiré sans que le travail des autres en soit affecté tant qu'il n'y a pas de grand changement dans les ressources disponibles. Par contre, retirer un membre lorsqu'il y a un couplage séquentiel équivaut à casser une chaîne : toute l'activité s'arrête. Le couplage réciproque représente bien entendu une interdépendance encore plus forte, puisque le changement en un point affecte non seulement l'aval, mais aussi l'amont du flux de travail.

Passons maintenant à l'étude des cinq parties de l'organisation.

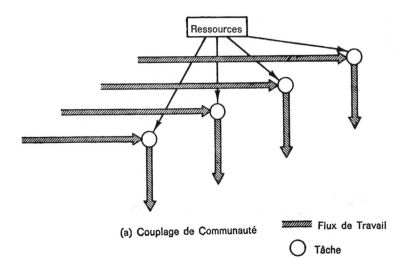

(a) Couplage de Communauté

Flux de Travail

Tâche

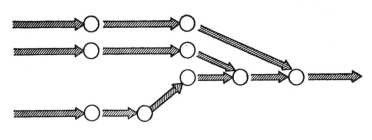

(b) Couplage Séquentiel

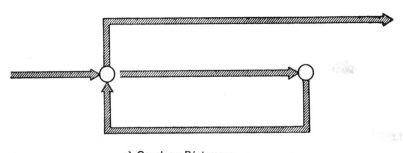

c) Couplage Réciproque

Figure 2.2. — *Couplage de Communauté, Réciproque, et Séquentiel du Travail.*

LE CENTRE OPÉRATIONNEL

Le centre opérationnel est composé des membres de l'organisation — les opérateurs — dont le travail est directement lié à la production des biens et des services. Les opérateurs accomplissent quatre tâches essentielles : 1) *ils se procurent ce qui est nécessaire à la production.* Par exemple, dans une entreprise industrielle, le département des achats se procure les matières premières, et il peut y avoir un autre département qui les réceptionne. 2) *Ils assurent la fabrication proprement dite.* Pour certaines organisations, il s'agit de couper des arbres et de les transformer en pâte puis en papier. Pour d'autres, il s'agit de prendre des pièces et d'en faire des ensembles complets, par exemple des machines à écrire. Pour d'autres encore, il s'agit de transformer des informations ou des individus, comme le font le consultant, l'enseignant, le coiffeur ou le médecin. 3) *Ils distribuent les produits et les services;* 4) *ils assurent les fonctions de support direct* aux divers stades de la production, comme la maintenance des machines et la tenue des stocks de matières premières.

Le centre opérationnel étant la partie la plus protégée de l'organisation, c'est là que la standardisation est généralement la plus poussée; le degré dépend évidemment du type de travail à faire : les ouvriers d'assemblage dans une usine automobile et le professeur d'université sont tous deux des opérateurs, bien que le travail de l'un soit beaucoup plus standardisé que le travail de l'autre.

Le centre opérationnel est le cœur de chaque organisation, la partie qui permet à l'ensemble de survivre. Mais toutes les organisations, à l'exception des plus petites, ont aussi besoin de composantes *administratives :* le sommet stratégique, la ligne hiérarchique et la technostructure.

LE SOMMET STRATÉGIQUE

Au sommet stratégique de l'organisation, on trouve ceux qui sont chargés des responsabilités les plus larges — le directeur général (qu'on l'appelle président, directeur, ou pape, importe peu), et les autres cadres dirigeants dont les fonctions sont globales. On inclut dans ce groupe leurs secrétaires, leurs assistants, etc. [2]. Dans certaines organisations, le sommet stratégique comprend le comité directeur (parce que sa fonction est globale, même si ses membres représentent des intérêts particuliers); dans d'autres, il comprend le conseil de direction — deux ou trois individus qui se partagent le travail de directeur général.

La fonction du sommet stratégique est de faire en sorte que l'organisation remplisse sa mission de façon efficace, et qu'elle serve les besoins de ceux qui contrôlent l'organisation ou qui ont sur elle du pouvoir (comme

---

2. La discussion qui suit ne portera que sur les cadres du sommet stratégique; le travail du second groupe de personnes est considéré comme en étant partie intégrante.

les propriétaires, les administrations, les syndicats, les groupes de pression). Ceci lui impose trois ensembles de devoirs. Le premier, dont nous avons déjà discuté, est celui de la supervision directe, qui est du ressort des cadres du sommet stratégique et de la ligne hiérarchique. Parmi les rôles d'encadrement (Mintzberg, 1973, a) associés à la supervision directe, on a l'allocation des ressources qui inclut la conception de la structure, l'affectation des hommes et des ressources aux diverses tâches, le commandement et l'autorisation des décisions importantes; le traitement des perturbations, qui implique la résolution des conflits, le traitement des exceptions et des problèmes qui remontent la ligne hiérarchique; le contrôle, qui implique l'appréciation des activités des salariés; la dissémination, qui implique la transmission des informations du haut vers le bas; et la direction, qui implique le recrutement et l'affectation du personnel, la rémunération et la motivation. Pour le sommet stratégique, l'essence de la supervision directe consiste à faire en sorte que l'ensemble de l'organisation fonctionne de façon intégrée et sans à coups.

Mais la gestion d'une organisation ne se limite pas à la supervision directe; le sommet stratégique doit aussi gérer les conditions de frontière de l'organisation, ses relations avec l'environnement. Les cadres du sommet stratégique doivent consacrer une partie appréciable de leur temps à remplir le rôle de porte-parole, informant des personnes clés de l'environnement des activités de l'entreprise; de liaison, développant des contacts à haut niveau pour l'organisation; et de contrôleur, servant de point de contact entre l'organisation et ceux qui cherchent à en influencer les buts; de négociateur, quand des accords importants doivent être conclus avec l'extérieur, et parfois même de symbole, remplissant des fonctions cérémoniales, comme recevoir un client important. (Quelqu'un a défini un jour le directeur comme étant la personne qui reçoit les visiteurs pour permettre aux autres de travailler — et il ne plaisantait qu'à demi).

Le troisième ensemble de devoirs du sommet stratégique est le développement de la stratégie de l'organisation. On peut concevoir la stratégie comme une force médiatrice entre l'organisation et son environnement. Formuler la stratégie consiste alors à interpréter l'environnement, et à développer dans les flux de décisions organisationnelles des formes cohérentes (les « stratégies ») pour faire face à l'environnement. Ainsi, en gérant les conditions de frontière de l'organisation, les cadres du sommet stratégique développent leur compréhension de l'environnement; et en remplissant leur rôle de supervision directe, ils cherchent à adapter la stratégie aux forces et aux besoins de l'organisation, maintenant un rythme de changement qui réponde à l'évolution de l'environnement et de la stratégie sans être insupportable à l'organisation. Dans leur rôle d'entrepreneurs, les cadres dirigeants cherchent les moyens les plus efficaces pour que l'organisation remplisse sa « mission » (la production des biens et des services) et même parfois cherchent à changer cette mission. Dans une entreprise industrielle par exemple, la direction peut décider de la technologie qui est la mieux appropriée pour le centre opérationnel, des canaux de distributions les meilleurs pour la commercialisation des produits, des marchés sur lesquels il faut être présent et, enfin, des produits qu'il faut fabriquer. Les cadres dirigeants consacrent une grande partie de leur temps à des projets d'améliorations, par lesquels ils cherchent à imposer des changements stratégiques à leur organisation. Bien sûr, comme nous le verrons plus loin, le processus de formulation de la stratégie n'est pas aussi clair et net que ce que nous venons de décrire : d'abord, les autres parties de l'organisation, parfois même le centre opérationnel, peuvent jouer un rôle actif dans la formulation de la stratégie; ensuite, les stratégies apparaissent parfois d'elles-mêmes, sans qu'on y prenne garde, au fil des décisions prises par les cadres dirigeants en réponse aux pressions de l'environnement. Mais il est un point qu'il faut souligner : le sommet *stratégique* est, parmi les cinq parties de l'organisation, celle qui joue d'habitude le rôle le plus important dans la formulation de la stratégie [3].

En général, le sommet stratégique a la vision la plus large, et donc la plus abstraite, de l'organisation. Le travail à ce niveau est généralement caractérisé par un minimum de répétitivité et de standardisation, une latitude d'action considérable et un horizon décisionnel relativement long. L'ajustement mutuel est le mécanisme de coordination le plus répandu entre cadres dirigeants du sommet stratégique.

LA LIGNE HIÉRARCHIQUE

Le sommet stratégique est joint au centre opérationnel par la ligne hiérarchique. Cette ligne va des cadres situés immédiatement au-dessus du sommet stratégique jusqu'à *l'encadrement de premier niveau* (par exemple les agents de maîtrise) qui ont autorité directe sur les opérateurs et qui incarnent ce mécanisme de coordination que nous avons appelé la supervision directe. La Figure 2.3. montre une ligne hiérarchique, celle de l'armée américaine, qui va du général quatre étoiles (au sommet stratégique) au sergent — qui est le cadre de premier niveau. Cette ligne d'autorité est *scalaire,* c'est-à-dire qu'elle est une ligne unique allant de haut en bas. Mais, nous le verrons plus loin, il n'y a là rien de nécessaire; les lignes peuvent se diviser et se rejoindre; un « subordonné » peut avoir plus d'un « supérieur ».

Que font tous ces cadres ? Si le sommet stratégique donne la direction d'ensemble et si le centre opérationnel produit les biens et les services, pourquoi l'organisation a-t-elle besoin de toute cette ligne de cadres intermédiaires ? Une première réponse est évidente. Quand l'organisation est de grande taille et utilise la supervision directe comme mécanisme de coordination, elle a besoin de cadres de niveau intermédiaire. En théorie, un cadre — le directeur général au sommet stratégique — peut superviser tous les opérateurs. En pratique, cependant, la supervision directe requiert un contact étroit entre cadre et opérateur, et il y a donc une limite au nombre d'opérateurs qu'un cadre peut superviser. Les petites organisations peuvent se conten-

---

3. La discussion sur les rôles du cadre est tirée de Mintzberg (1973a); celle sur la formulation des stratégies de Mintzberg (1978).

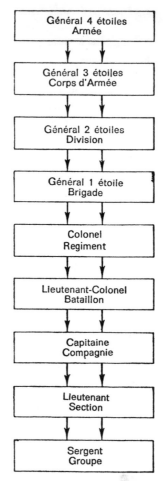

Figure 2.3. — *La Chaîne Scalaire du Commandement dans l'Armée Américaine.*

ter d'un seul cadre (au sommet stratégique); les plus grandes ont besoin d'une ligne hiérarchique. Comme Moïse l'entendit dans le désert :

> Parmi le peuple, tu choisiras des hommes avisés, craignant Dieu, intègres, désintéressés, et tu les établiras à la tête du peuple, comme chefs de milliers, chefs de centaines, chefs de cinquantaines et chefs de dizaines. Ils jugeront le peuple en temps ordinaire. Ils porteront devant toi les litiges importants, mais trancheront eux-mêmes les causes de minime importance. Ainsi allègeront-ils ta charge en la portant avec toi. Si tu fais cela, et que Dieu te donne ses ordres, tu pourras suffire à la tâche et tous ces gens retourneront en paix chez eux » **(Exode, 18, 21-24).**

Ainsi la *hiérarchie* est créée d'abord en donnant à un cadre la responsabilité d'un groupe d'opérateurs, formant ainsi un groupe de base; puis, on confie à un cadre la responsabilité d'un ensemble de ces groupes pour former une unité de niveau plus élevé, et ainsi de suite jusqu'à ce que les unités regroupées forment l'organisation dans son ensemble, sous la direction d'un seul cadre du sommet stratégique, le directeur général.

Dans cette ligne hiérarchique, chaque cadre accomplit un certain nombre de tâches liées à la supervision directe au-dessus et en dessous de lui. Il collecte des informations sur les performances de sa propre unité et en passe au cadre qui lui est immédiatement supérieur, souvent de façon agrégée. Le responsable local des ventes peut avoir des informations sur chaque vente mais il ne transmettra au directeur régional qu'un total mensuel. Il intervient aussi dans le flux des décisions. Il doit traiter les problèmes qui surgissent dans l'unité, les propositions de changement, les décisions qui nécessitent son autorisation. Il traite certaines de ces questions lui-même, et passe le reste au niveau supérieur de la hiérarchie. Il doit décider de l'allocation des ressources aux différentes parties de son unité, élaborer des règles et des plans, mettre en œuvre des projets.

Mais, tout comme le cadre dirigeant, le cadre intermédiaire a un rôle qui ne se limite pas à la supervision directe. Lui aussi doit gérer des conditions de frontière, entre son unité et le reste de l'organisation, et entre son unité et l'environnement de l'organisation. Le responsable local des ventes doit coordonner son activité avec celles de la production et de la recherche, et il doit visiter des clients. Le responsable de production doit passer beaucoup de temps avec les ingénieurs de méthodes pour standardiser les processus de fabrication, et avec le fournisseur pour l'installation d'une nouvelle machine. Le directeur d'usine consacre son temps au responsable de l'ordonnancement et à l'architecte qui fait les plans des nouveau bâtiments. Chaque cadre de niveau intermédiaire assure la liaison avec d'autres cadres, avec des analystes, des cadres des départements de support logistique, et avec des personnes étrangères à l'organisation dont le travail concerne leur unité. De plus, comme le directeur général, le cadre de niveau intermédiaire s'occupe de la formulation de la stratégie pour sa propre unité, bien que cette stratégie soit, évidemment, très influencée par la stratégie de l'organisation dans son ensemble.

En règle générale, le cadre de niveau intermédiaire a tous les rôles du cadre dirigeant, mais dans le contexte de la gestion de sa propre unité (Mintzberg, 1973, a). Il doit servir de symbole pour son unité et en être le leader; développer un réseau de contacts; contrôler l'environnement et les activités de son unité; transmettre certaines de ces informations à sa propre unité, aux niveaux supérieurs de la hiérarchie, et à l'extérieur de la ligne hiérarchique; réaliser l'allocation des ressources à l'intérieur de leur propre unité; négocier avec des parties prenantes extérieures; prendre l'initiative de changements stratégiques; et traiter des exceptions et des conflits.

Cependant, le travail du cadre change d'orientation à mesure qu'on descend de niveau hiérarchique. Il devient, c'est prouvé, moins abstrait et agrégé, plus proche du flux de travail lui-même. C'est ainsi que les rôles du cadre dont l'horizon temporel est très court — en particulier négociation et traitement des perturbations — deviennent particulièrement importants aux niveaux les plus bas de la hiérarchie (Mintzberg, 1973 a, pp. 110-113). Martin (1956), étudiant les décisions prises à quatre niveaux de la hiérarchie dans la fonction production a pu conclure que moins le niveau était élevé, plus les décisions étaient fréquentes et de courte durée, moins elles étaient élastiques, ambiguës et abstraites; les solutions avaient tendance à être prédéterminées; la signification des événements et des relations était plus claire; en général, la prise de décision aux niveaux moins élevés était plus structurée.

La Figure 2.4. montre le cadre opérationnel au milieu d'un champ de forces. Ces forces sont parfois tellement puissantes — en particulier celles des analystes qui standardisent son travail en imposant à son unité de nouvelles règles de fonctionnement — que le titulaire du poste peut difficilement être considéré comme un cadre qui a réellement la responsabilité de son unité. Cette situation est courante pour l'encadrement de premier niveau : par exemple, les agents de maîtrise dans certaines entreprises de fabrication en grande série (voir Figure 18.1.) et les directeurs de succursales dans les grandes banques.

LA TECHNOSTRUCTURE

Dans la technostructure on trouve les analystes (et les employés qui les aident) qui servent l'organisation en agissant sur le travail des autres. Ces analystes sont dissociés du flux direct de travail : ils peuvent le concevoir, le planifier, le changer ou assurer la formation des opérateurs, mais ils

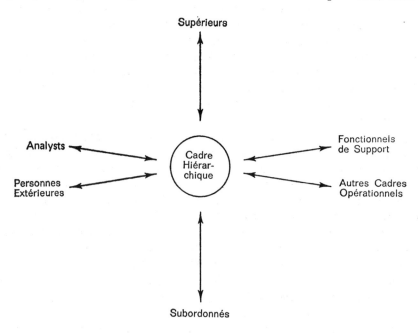

Figure 2.4. — *Le Cadre Hiérarchique et son Environnement.*

ne font pas le travail eux-mêmes. Ainsi la technostructure est efficace quand elle utilise des techniques analytiques pour rendre le travail des autres plus efficaces [4].

Qui trouve-t-on dans la technostructure ? On trouve les analystes préoccupés du contrôle et ceux qui s'occupent de l'adaptation : contrôle par stabilisation et standardisation des activités, adaptation permettant à l'organisation de faire face aux changements de l'environnement (Katz et Kahn, 1966). Dans cet ouvrage, nous traiterons essentiellement des analystes-contrôleurs, ceux qui se consacrent directement à la conception et au fonctionnement de la structure. **Ce sont eux qui sont les moteurs de la standardisation dans l'organisation.** Ceci ne veut pas dire que les opérateurs ne peuvent pas standardiser eux-mêmes leur travail, ou le voir standardisé par leur supérieur hiérarchique. Mais, en général, plus une organisation utilise la standardisation et plus la technostructure y est importante. Une telle standardisation permet à un employé de faire un travail qui requérait les compétences d'un cadre.

Aux trois types de standardisation correspondent trois sortes d'analystes de contrôle : les analystes du travail (tels les spécialistes de méthodes) qui standardisent les procédés de travail; les analystes de planification et de contrôle (planification à long terme, budget, comptabilité) qui standardisent les résultats; et les analystes du personnel (recrutement, formation, etc.) qui standardisent les qualifications.

Dans une organisation complètement développée, la technostructure élargit son action à tous les niveaux de la hiérarchie. Au niveau le plus bas d'une entreprise de production, des analystes standardisent le flux de travail par l'ordonnancement, l'analyse des méthodes de travail des opérateurs et le contrôle de qualité. Aux niveaux intermédiaires, ils standardisent le travail intellectuel de l'organisation (par exemple en formant des cadres moyens) et conduisent des études de recherche opérationnelle. Au niveau le plus élevé, ils conçoivent des systèmes de planification et développent des systèmes financiers permettant le contrôle des objectifs des unités les plus importantes.

Paradoxalement, alors que les analystes sont là pour standardiser le travail des autres, ils coordonnent leur travail, celui des autres, essentiellement par ajustement mutuel (et un peu par standardisation des qualifications, dans la mesure où les analystes sont en général des spécialistes qui ont reçu une formation avancée). Ainsi, les analystes consacrent une partie importante de leur temps à la communication informelle. Guetzkow (1965, p. 537) note, par exemple, que les fonctionnels ont un réseau de contacts plus large que les opérationnels, et ma propre revue de la littérature sur le travail des cadres (Mintzberg, 1973 a, pp. 116-118) montre que les fonctionnels prêtent plus d'attention que les opérationnels aux rôles qui touchent à l'information.

---

4. Ceci soulève une question intéressante : la volonté de changement et d'amélioration continuelle est inhérente à la technostructure. L'obsession de l'organisation moderne pour le changement, vient au moins, en partie, de l'existence d'une technostructure importante et ambitieuse qui cherche à assurer sa propre survie. L'organisation parfaitement stable n'a pas besoin de technostructure.

LES FONCTIONNELS DE SUPPORT LOGISTIQUE

Il suffit de jeter un coup d'œil à l'organigramme d'une grande organisation contemporaine pour constater l'existence d'un grand nombre d'unités spécialisées qui, en dehors du flux de travail, ont vis-à-vis de ce dernier une fonction de support. Ce sont les unités fonctionnelles logistiques. Par exemple, dans une université [5], on trouve une fondation, les départements immobilier et entretien, un musée, les éditions universitaires, service postal, une librairie, une imprimerie, le service de paye, le concierge, un office de placement des étudiants, une résidence universitaire, le club des enseignants, un service de conseil aux étudiants et une chapelle. Aucun de ces départements ne fait partie du centre opérationnel, c'est-à-dire qu'aucun ne fait d'enseignement ou de recherche, ou même ne sert de support direct à ces activités (comme le font par exemple la bibliothèque et le centre de calcul). Chacun est là pour servir de support indirect à ces missions de base. Dans l'entreprise de production, ces unités vont du conseil juridique au restaurant d'entreprise.

Il est surprenant de voir que ces unités de support logistique sont pratiquement ignorées par la littérature qui traite de la conception des organisations. La plupart du temps, elles sont mélangées avec les départements « fonctionnels » qui conseillent l'encadrement. Mais elles sont en fait très différentes de la technostructure — elles ne se préoccupent pas de standardisation, et leur fonction essentielle n'est pas le conseil (bien qu'elles puissent en donner). Il faut plutôt les voir comme des unités ayant chacune une fonction particulière à remplir. La presse universitaire publie des livres, le club des enseignants est un cadre pour des activités sociales des professeurs, la fondation apporte de l'argent.

Pourquoi les grandes organisations ont-elles un si grand nombre de ces unités de support logistique ? L'organisation peut se procurer la plupart de leurs services à l'extérieur et elle choisit pourtant de les produire elle-même. Pourquoi ? En suivant la logique de Thompson, on peut dire que l'existence de ces fonctions de support logistique reflète, dans l'organisation, le désir d'intégrer un nombre de plus en plus grand de ses activités marginales de façon à réduire l'incertitude et avoir le contrôle de ses propres affaires. En publiant ses propres livres, l'université évite les incertitudes du marché du livre; en ayant son conseil juridique, l'entreprise industrielle maintient un contrôle étroit sur les juristes dont elle utilise les compétences; en ayant une cantine, elle raccourcit la durée des repas et même aide à déterminer leur valeur nutritionnelle.

Beaucoup des unités de support sont, en fait, de petites organisations relativement complètes, avec leur propre centre opérationnel, comme dans le cas de l'imprimerie d'une université. Ces unités tirent leurs ressources de l'organisation dont elles font partie, et, en retour, lui rendent des services, mais elles fonctionnent de façon indépendante du centre opérationnel principal, avec lequel elles n'ont qu'un couplage de communauté. Comparez, par exemple, dans une usine, le département entretien et la cantine. Le premier est un service *direct,* associé au centre opérationnel par un couplage réciproque, le second en est relativement distant, lié au reste dans le partage d'espace et de ressources financières. Il existe cependant d'autres unités de support logistique, qui sont couplées de façon séquentielle ou réciproque avec des unités de l'organisation situées au-dessus du centre opérationnel.

On peut trouver des unités de support situées à différents niveaux de la hiérarchie (en fonction du niveau de ceux auxquels ils apportent un service). Dans la plupart des entreprises industrielles, les relations publiques et le conseil juridique sont situés près du sommet, car c'est au sommet stratégique qu'ils servent essentiellement. Au niveau intermédiaire, on trouve des unités auxquelles les décideurs font appel : recherche et développement, relations sociales, tarification. Et au niveau le plus bas, on trouve les unités dont le travail est le plus standardisé — au point qu'il ressemble à celui du centre opérationnel : cantine, courrier, réception, paye. Nous avons fait figurer toutes ces unités sur notre schéma de la Figure 2.5., aux côtés d'unités organisationnelles que l'on trouve dans les quatre autres parties d'une entreprise industrielle.

Ces unités sont diverses et les mécanismes de coordination qui y sont à l'œuvre sont eux aussi divers : standardisation des compétences dans le département juridique, ajustement mutuel dans le laboratoire de recherche,

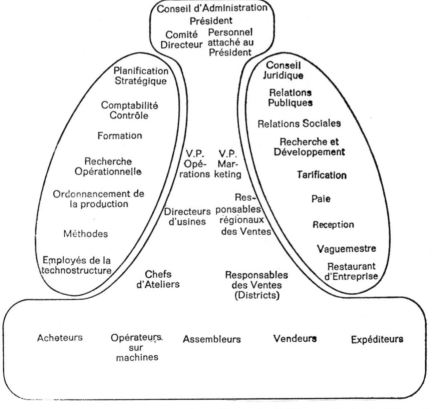

Figure 2.5. — *Quelques Membres et Quelques Unités des Différentes Parties de l'Entreprise Industrielle.*

standardisation des méthodes de travail pour la cafétéria, etc. La standardisation des compétences y est peut-être cependant le mécanisme le plus répandu dans cet ensemble où beaucoup d'unités sont étroitement spécialisées et emploient des professionnels.

Comment les unités fonctionnelles — technocratiques et logistiques — sont-elles regroupées ? Dans une étude portant sur vingt-cinq organisations (Kaufman et Seidman, 1970), on constate que la ligne hiérarchique a, en général; une structure pyramidale, et que ce n'est pas du tout le cas pour les unités fonctionnelles. Leur structure est « extrêmement irrégulière », plus proche d'une pyramide inversée que d'autre chose (p. 446). C'est la raison pour laquelle, dans la Figure 2.1., nous avons représenté la technostructure et les unités logistiques sous forme d'ellipses. Nous verrons plus loin qu'en fait la forme réelle de ces parties dépend du type de structure adopté par l'organisation.

Ces unités fonctionnelles ont connu une croissance très importante. Litterer (1973, pp. 584-585), dans une étude portant sur trente entreprises, a noté la création de 292 unités fonctionnelles entre 1920 et 1960, pratiquement dix unités par entreprise. De fait, plus de la moitié de ces unités ont été créées entre 1950 et 1960.

Il y a toujours eu dans les organisations des opérateurs et des cadres dirigeants, des gens qui font le travail et des gens qui maintiennent la cohérence de l'ensemble. Au fil de leur croissance, elles ont généralement commencé par développer la ligne hiérarchique, croyant, comme les premiers textes l'indiquaient, que la coordination devait être faite par le biais de la supervision directe. Puis on admit progressivement la standardisation comme mécanisme de coordination, et la technostructure se développa. Les travaux de Frederick Taylor donnèrent naissance dans les années vingt au mouvement dit de « gestion scientifique », qui vit le recrutement de nombreux spécialistes de l'analyse du travail. Juste après la Seconde Guerre mondiale, le développement de la recherche opérationnelle et des ordinateurs créa une poussée de la technostructure aux niveaux intermédiaires de l'organisation; avec le développement récent de techniques comme la planification stratégique et le contrôle financier élaboré, la technostructure se trouve maintenant fermement implantée au niveau le plus élevé. Le développement des fonctions logistiques a été encore plus prononcé, avec toutes les nouvelles spécialités développées au cours du siècle : recherche scientifique dans un grand nombre de domaines, relations sociales, relations publiques, et bien d'autres encore. Les organisations ont cherché toujours davantage à assurer ces fonctions elles-mêmes, les nouvelles comme les plus traditionnelles, telles la maintenance et le restaurant d'entreprise. Les ellipses situées à gauche et à droite sur notre schéma sont ainsi devenues volumineuses dans beaucoup d'organisations. Joan Woodward (1965, p. 60) a pu constater que dans les entreprises de fabrication en continu (comme les raffineries de pétrole), il y avait en moyenne un fonctionnel pour trois opérateurs, et que dans certains cas, les fonctionnels étaient bien plus nombreux que les opérateurs [5].

---

5. Les données de Woodward sur ce point sont, en fait, assez confuses.

3

L'ORGANISATION COMME UN SYSTÈME DE FLUX

Nous connaissons maintenant les cinq parties de l'organisation — centre opérationnel, sommet stratégique, ligne hiérarchique, technostructure, et fonctions logistiques. La question qui se pose est alors de savoir comment elles fonctionnent ensemble. En fait, on ne peut pas décrire ce fonctionnement par un seul concept car la recherche nous apprend que les relations entre ces parties sont diverses et complexes.

Les parties de l'organisation sont liées les unes aux autres par différents flux : *d'autorité, de matériel, d'information* et de *processus de décision* (eux-mêmes de nature informationnelle). Dans ce chapitre, nous examinons ces différents flux à la lumière de plusieurs écoles de pensée en théorie des organisations. Nous commençons par considérer l'organisation comme un système d'autorité formelle, puis comme un système de flux régulés. Chacun représente une vision traditionnelle du fonctionnement de l'organisation : la première a été popularisée par les premiers théoriciens du management, la seconde par les partisans de la gestion scientifique et, plus récemment, par les théoriciens des systèmes de contrôle. Aujourd'hui, ces deux visions sont encore utilisées, dans les théories de la bureaucratie, et des systèmes de planification et d'information. Puis nous considérons l'organisation comme un système de communication informelle, une vision popularisée par les théories des relations humaines et adoptée aujourd'hui par de nombreux spécialistes des sciences du comportement. Les deux derniers regards portés sur l'organisation — l'organisation comme constellation de travaux et comme système de processus de décision *ad hoc* — sont encore peu développés dans la littérature. Ils représentent des tendances de la recherche en théorie des organisations, en partie parce qu'ils intègrent les aspects formels et informels du fonctionnement des organisations.

Chacune de ces visions est représentée par une « strate » recouvrant notre schéma de base. Ce concept de strate est emprunté à Pfiffner et Sherwood (1960) qui écrivent à ce propos : « La superposition de ces strates peut être si complexe qu'elle en devient opaque... » (p. 19), mais en les traitant une par une, on parvient plus facilement à comprendre la complexité du système total [1].

L'ORGANISATION COMME SYSTÈME D'AUTORITÉ FORMELLE

Traditionnellement, on décrit une organisation par son *organigramme*. L'organigramme de la Figure 3.1. représente la première de nos strates. C'est en fait un organigramme très simple, qui représente une toute petite organisation.

L'organigramme est une description discutable de la structure. La plupart des organisations le trouvent toujours indispensable, et, inévitablement, le donnent avant tout autre élément quand elles veulent décrire la structure. Mais de nombreux spécialistes d'organisation le rejettent, le considérant comme une description inexacte de ce qui se passe à l'intérieur de l'organisation. Il est clair que, dans chaque organisation, il y a des relations de pouvoir et de communication qui sont importantes et qui ne font pas l'objet d'un document écrit. Il ne faut pourtant pas rejeter l'organigramme; il faut plutôt le considérer avec un peu de recul, comme un document qui donne des informations utiles, même s'il omet d'autres informations également valables. L'organigramme est un peu comme une carte; une carte est en effet précieuse pour repérer les villes et les routes qui les relient, mais elle ne dit rien des relations économiques et sociales de la région. Parallèlement, **même si l'organigramme ne décrit pas les relations informelles, ils donne une image exacte de la division du travail et indique au premier coup d'œil : 1) quels postes existent dans l'organisation; 2) comment ils sont groupés en unités et 3) comment l'autorité formelle circule entre eux** (selon quels canaux s'exerce la supervision directe). Van de Ven (1976 a, p. 70) parle très justement de l'organigramme comme du « squelette » de l'organisation.

---

1. Pfiffner et Sherwood présentent cinq niveaux successifs venant se superposer à ce qui est notre niveau d'autorité formelle : le réseau sociométrique, le système de contacts fonctionnels, la grille des centres de décision, la structure du pouvoir, et les canaux de communication.

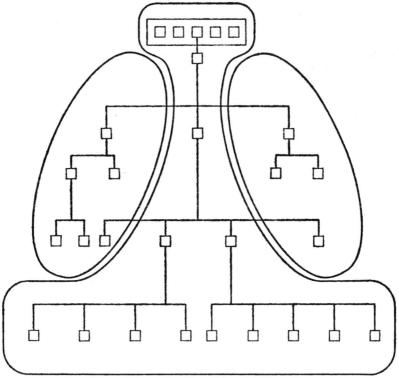

Figure 3.1. — *Le Flux d'Autorité Formelle.*

L'autorité formelle représente certes seulement une partie de l'organisation, mais il faut l'étudier et la comprendre si on veut comprendre le fonctionnement de l'organisation. Comme Melville Dalton (1959) le note dans son étude très perspicace des relations informelles dans une usine américaine, la structure formelle conditionne la structure informelle de trois façons différentes : « D'abord, le système informel emprunte les lignes de forces créées par le système formel. Ensuite, le système informel est influencé par le système formel parce qu'il est en partie créé en réaction à ce dernier. Enfin, le système formel, qu'il soit pesant ou non, exige au moins une conformité de façade à son endroit » (p. 237).

L'ORGANISATION COMME SYSTÈME
DE FLUX RÉGULÉS

La Figure 3.2. représente l'organisation comme un système de flux régulés : c'est la seconde vision de l'organisation dont nous traiterons, la seconde strate sur notre schéma de base; l'organisation y est vue comme un système bien ordonné de flux fonctionnant sans heurts. On a ici la vision favorite des premiers spécialistes en organisation, qui reste aujourd'hui la vision la plus répandue dans la littérature traitant des systèmes de planification et de contrôle. La Figure 3.3. en donne une version élaborée tirée de l'ouvrage de Stafford Beer : *Neurologie de l'organisation* (1972).

Cette seconde strate représente le flux des matières premières, des informations et des processus de décision : en fait, seulement la partie de ces flux qui est *régulée,* c'est-à-dire contrôlée de façon explicite et systématique. Ainsi, alors que la première vision représentait la mise en œuvre de la super-vision directe, celle-ci décrit l'usage de la standardisation comme mécanisme de coordination.

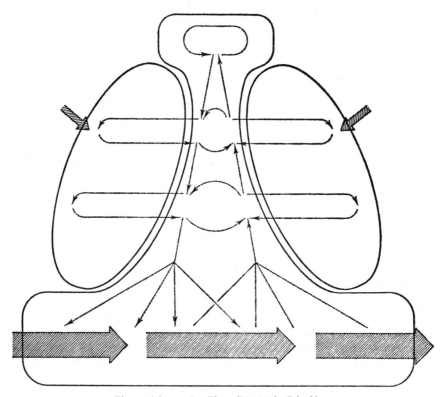

Figure 3.2. — *Le Flux d'Activités Régulées.*

Dans le système régulé, on peut distinguer trois flux : celui du travail opérationnel, celui des informations et des décisions de contrôle, et le flux des informations fonctionnelles.

Le flux du travail opérationnel. Le flux du travail traversant le centre opérationnel est représenté de façon schématique au bas de la Figure 3.2., par trois flèches qui symbolisent les fonctions de réception, de transformation et d'expédition. Dans les flux de travail, on trouve les mouvements de matériels et d'information dans une variété de combinaisons. Dans une entreprise industrielle, on part des matériaux qui sont transformés — par exemple les pièces qui se déplacent le long de la chaîne de montage — et des flux d'information,

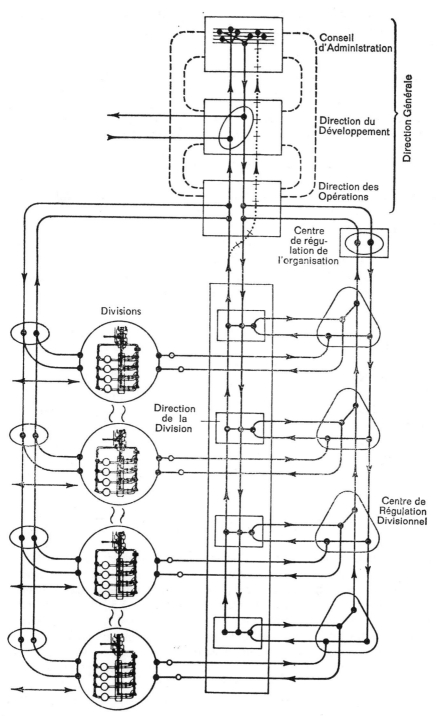

Figure 3.3. — *Une Représentation de l'Organisation comme un Système de Flux Régulés (d'après Beer, 1972, p. 199).*

comme les bons de travaux et les normes de production. Par contraste, beaucoup d'entreprises de service transforment des informations, qui circulent sous forme de documents :

> Dans une compagnie d'assurance, par exemple, les demandes de contrats sont reçues, examinées, acceptées ou rejetées, les polices d'assurance sont conclues, les factures envoyées aux assurés pour la collecte des primes, les chèques encaissés et les sinistres réglés. Le dossier représentant une police d'assurance est au centre du travail de l'organisation. (Simon, 1957, p. 159.)

Dans un commerce de détail, circulent à la fois et dans des systèmes parallèles, des informations et des matériels : marchandises, argent, données sur les clients, etc. Dans un journal, par contre, matériels et informations circulent dans des systèmes séparés : le flux d'information aboutit à la rédaction du journal et nourrit le flux de travail matériel (le papier et l'encre) dans l'imprimerie. Parfois, le client est lui-même l'objet du flux de travail, comme dans les hôpitaux et les échoppes de barbiers [2].

La régulation du flux de travail varie d'une organisation à l'autre. La Figure 3.4. montre cette régulation dans une chaîne de montage, avec

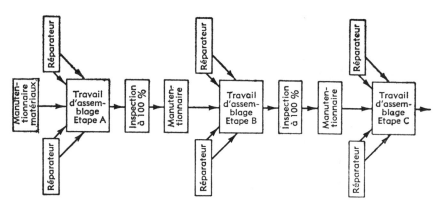

Figure 3.4. — *Un système de Flux de Travail Très Régulé (d'après Chapple et Sayles, 1961, p. 30).*

couplage séquentiel. Par contre, les observations de Holstein et Berry (1970), montrent qu'il y a moins de régulation dans un atelier où plusieurs produits sont fabriqués sur plusieurs machines et où les transferts de machine à machine sont nombreux et complexes. Dans la Figure 3.5., on notera qu'aucun des transferts ne représente plus de 4,4 % du total. Les objets passent d'un poste de travail à l'autre en fonction des opérations qui sont nécessaires à leur fabrication, comme les automobiles dans un garage ou les clients dans un supermarché. En général, il en résulte un couplage complexe, à la fois de communauté, séquentiel et réciproque. On peut voir sur la Figure 3.5. une des découvertes intéressantes de Holstein et Berry : l'émergence d'une

---

2. Voir Argyris (1966) pour une bonne description de l'influence du client sur le rythme du travail.

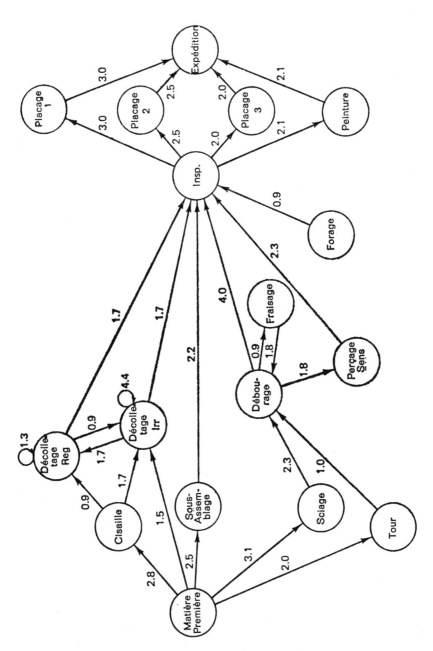

Note. — Les nombres figurant sur les flèches représentent les pourcentages de transfert (seuls les pourcentages supérieurs ou égaux à 0,9 sont indiqués).

Figure 3.5. — *Flux de Travail dans un Atelier Multiposte* (*d'après Holstein et Berry, 1970, p. 328*).

« très forte structure de travail » (p. B 325), c'est-à-dire d'un certain ordre des travaux suivis par la plupart des pièces. En d'autres termes, et comme nous le verrons à plusieurs reprises dans cet ouvrage, des régularités apparaissent naturellement dans les flux et les structures organisationnels.

Finalement, nous devons remarquer que les flux régulés de travail, bien qu'ils soient caractéristiques du centre opérationnel, peuvent exister aussi à d'autres niveaux de la hiérarchie. La Figure 3.6. montre les flux régulés par lesquels se fait l'échange d'information entre les groupes financiers et de production à quatre niveaux de la hiérarchie dans une entreprise industrielle.

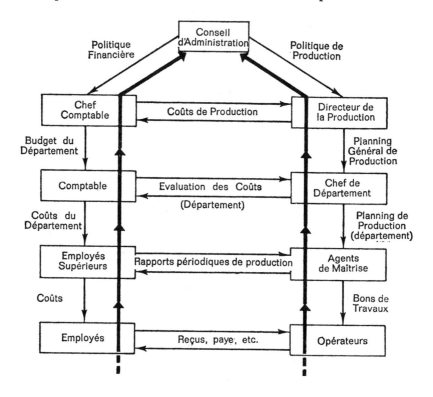

Figure 3.6. — *Une Illustration des Flux Régulés de Contrôle (d'après Paterson, 1969, p. 49).*

Les flux régulés de contrôle. Officiellement, le système de contrôle formel assure la régulation des flux verticaux d'information de décision qui vont du centre opérationnel à la ligne hiérarchique. Les flux régulés de contrôle sont représentés dans la Figure 3.2. par les flèches qui montent et qui descendent le long de la ligne hiérarchique. Les informations sur l'exécution du travail montent, et les ordres et les instructions descendent. De plus, à chaque niveau de la hiérarchie, on trouve des flèches circulaires qui représentent le rôle de décision qu'a l'encadrement dans le système de contrôle. Nous traitons maintenant de chacun de ces aspects.

Les ordres et les instructions, venant du sommet stratégique ou d'un niveau intermédiaire, descendent le long de la ligne hiérarchique, en devenant de plus en plus précis. Dans le processus de planification par exemple, des plans « stratégiques » de nature générale sont élaborés au sommet stratégique; puis ils se transforment progressivement en programmes, en plans de financement, en budgets et en plans opérationnels (par exemple, campagnes de publicité et programmes de recrutement) et atteignent finalement le centre opérationnel sous la forme d'instructions détaillées. En fait, dans le système régulé, les décisions prises au sommet stratégique ont pour effet de créer des vagues de décisions de mise en œuvre qui vont s'élargissant à mesure qu'elles descendent la ligne hiérarchique.

Dans le sens ascendant, on a le système d'information par lequel sont recueillies et codifiées des informations sur les performances en commençant par le centre opérationnel. Ces informations sont progressivement agrégées à mesure qu'elles remontent la hiérarchie, jusqu'à ce qu'elles atteignent le sommet stratégique sous la forme d'indicateurs synthétiques du fonctionnement d'ensemble de l'organisation. La Figure 3.6. montre quelques aspects des flux régulés de contrôle dans une entreprise industrielle : le système de planification — amplificateur et descendant — et le système d'information financier et de production — agrégateur et ascendant.

Dans le système régulé de contrôle, on trouve aussi spécifiés les types de décisions qui peuvent être prises à chaque niveau de la hiérarchie, ce qui représente la dimension verticale du travail de décision. Par exemple, la limite d'engagement des dépenses peut être fixée à 5 000 F pour l'agent de maîtrise, 50 000 F pour les directeurs régionaux, et ainsi de suite jusqu'au P-DG qui peut autoriser des dépenses d'un montant maximal de 500 000 F sans avoir à demander l'autorisation du conseil d'administration. La Figure 3.7. montre un exemple plus complexe de système régulé de décision.

Quand on combine ce concept de division verticale du travail de décision avec les flux d'information (agrégés, ascendants) et de directives (descendants et progressivement plus détaillés), on voit que les cadres des différents niveaux peuvent interrompre ces flux pour prendre les décisions qui sont de leur ressort au niveau où ils se trouvent; c'est là la signification des flèches circulaires figurant sur la ligne hiérarchique dans la Figure 3.2. Les ordres qui viennent d'en haut peuvent être stoppés à un certain niveau de la hiérarchie, et traités à ce niveau, comme par exemple lorsque le PDG reçoit une plainte d'un consommateur et l'envoie au directeur régional des ventes pour qu'il prenne les dispositions nécessaires. Et les informations sur les « exceptions » (c'est-à-dire sur les situations rencontrées à un certain niveau et qui exigent une décision qui ne peut être prise à ce niveau), remontent la hiérarchie jusqu'à ce qu'elles parviennent à un décideur investi de l'autorité nécessaire. T.T. Paterson (1969) nous donne quelques exemples intéressants de ce système régulé de décision, et nous citons ci-dessous l'un d'entre eux qui lui vient de son expérience personnelle :

J'ai eu, un jour, à résoudre un problème concernant mon impôt sur le revenu, car je tire mon revenu de publications et d'émissions de radio et de télévision

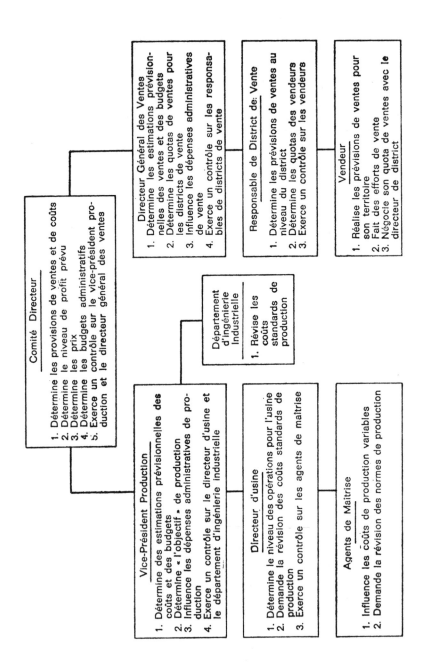

Figure 3.7. — *Un Système de Décision Régulé* (*d'après Bonini, 1967, p. 31*).

en plus de mon salaire. Je décide d'aller exposer mon problème au bureau local de l'administration des impôts. Une jeune employée me voit arriver... et vient m'accueillir au guichet. Je lui dis que j'ai un problème et je lui montre le formulaire de déclaration. Elle me répond immédiatement : « Vous inscrivez telle chose ici et telle autre là... » Mais ceci ne résoud pas mon problème; et comme elle ne connaît pas la solution, elle sort de derrière le guichet et me conduit à un bureau où est assise une personne qui doit être un employé supérieur (il a un bureau de chêne et un mètre carré de moquette). Il examine ma situation et se plonge dans un gros volume de réglementation fiscale. Je devrais rédiger ma déclaration en suivant le paragraphe A de la section 23, mais, malheureusement, mon cas ne tombe pas tout à fait dans le cadre de ce paragraphe...

On m'amène alors dans un bureau qui appartient à une personne qui doit être un inspecteur chef à cause de son bureau d'acajou dont le sol est entièrement couvert de moquette. Il voit que mon cas est unique et que la réponse est située entre les paragraphes A et B; alors il décide (parce qu'il en a le droit) que je dois répondre entre les deux... il prend une décision dans le cadre des limites fixées par les règles. De telles règles ont été élaborées par les services centraux qui fixent les limites à l'intérieur desquelles les inspecteurs chefs peuvent prendre des décisions nouvelles et uniques, et qui rédigent les règlements que les employés doivent suivre à la lettre (pp. 28-29).

Le système d'information fonctionnel. Un troisième aspect du système de régulation est le flux d'information entre opérationnels et fonctionnels, par lequel ces derniers apportent informations et conseils qui servent aux décisions. Ces flux sont représentés dans la Figure 3.2. par des lignes horizontales qui joignent la ligne hiérarchique, située au milieu, aux unités fonctionnelles techniques et logistiques, à droite et à gauche. Par exemple, une des unités de la technostructure peut aider un cadre à élaborer un plan, et une unité logistique peut aider un autre cadre à traiter une exception qui a remonté la ligne hiérarchique. La figure 3.6. montre ces types de contacts à différents niveaux de la hiérarchie, entre les comptables de la technostructure et les opérationnels.

C'est la plupart du temps la technostructure — en particulier les comptables — qui conçoit et gère le système d'informations utilisé par les opérationnels. En outre, certaines unités fonctionnelles sont spécialisées dans la collecte d'informations à l'extérieur de l'organisation pour les opérationnels. Une unité d'analyse économique peut collecter des informations sur l'état de l'économie pour les cadres dirigeants du sommet stratégique, et une unité de recherche-marketing peut donner au service des ventes des informations sur les habitudes d'achat des consommateurs. Les flèches épaisses situées dans la partie supérieure de la Figure 3.2. représentent la collecte de ces informations extérieures [8].

---

3. Boulding (1962) note que le recueil d'information peut également être une fonction interne, mais non officielle, dont l'objectif est de vérifier les informations formelles qui remontent en étant filtrées par la hiérarchie. March et Simon (1958, p. 167), notent aussi d'autres tâches routinières liées à l'information : la transmission d'informations, la préparation des rapports et la conservation des informations.

Pour conclure, la seconde strate montre l'organisation comme un système régulé formé des flux harmonieux de matériels, d'informations et de processus de décision. Ceux-ci comprennent les flux horizontaux de travail, dans le centre opérationnel et ailleurs, les flux montants et progressivement agrégés des informations sur les performances et les exceptions, les flux descendants et progressivement détaillés des instructions, ces deux flux étant interrompus en fonction des impératifs du système régulé de décision; et les flux horizontaux d'informations entre fonctionnels et opérationnels.

L'ORGANISATION COMME SYSTÈME DE COMMUNICATION INFORMELLE

Depuis l'expérience d'Hawthorne, on a pris conscience de ce que les organisations fonctionnent de façon beaucoup plus complexe que ne l'indiquent les strates 1 et 2 : entre l'autorité formelle et les flux régulés, il existe dans l'organisation une quantité considérable d'activités, que les recherches ont mises en évidence. **Il existe des centres de pouvoir qui ne sont pas officiellement reconnus; un riche réseau de communication informelle vient s'ajouter aux circuits réguliers et parfois les contournent; et des processus de décision fonctionnent indépendamment du système régulé.**

Les observateurs font, depuis des siècles, la distinction entre le fonctionnement attendu et le fonctionnement inattendu dans l'organisation. Que cette distinction soit faite, encore et toujours, sous une variété de nom différents, suggère qu'il y a là un phénomène universel déjà identifié à l'époque de Jules César, comme l'atteste l'emploi des termes **de jure** (de droit, **légal, officiel**), par opposition à **de facto** (de fait, **réel, mais non officiel**). Dans l'industrie et les affaires, on entend aujourd'hui des expressions qui ont le même sens, et qui contrastent « l'administratif et le politique », « la théorie et la pratique », etc. (Dalton, 1959, p. 219).

Dalton définit le formel ou l'officiel comme « ce qui est planifié et qui fait l'objet d'un accord » et l'informel et le non-officiel comme « les liens spontanés et flexibles établis entre les membres de l'organisation sur la base de sentiments et d'intérêts personnels indispensables au fonctionnement de la partie formelle de l'organisation, mais qui sont trop fluides pour être contenus dans le cadre formel » (p. 219). Ainsi, alors que les deux premiers regards que nous avons portés sur l'organisation sont centrés sur l'usage formel de la supervision directe et de la standardisation, ce dont nous traitons maintenant est l'ajustement mutuel comme mécanisme de coordination.

Notre troisième « strate » est présentée dans la Figure 3.8. Elle montre le flux des communications informelles dans une municipalité, en reflétant très fidèlement les observations de Pfiffner et Sherwood (1960, p. 291), que nous avons pu replacer dans le cadre de notre schéma de base en cinq parties : les deux éléments du sommet stratégique représentent le conseil municipal et le chef des services municipaux; l'élément contenu dans la ligne hiérarchique est l'adjoint de ce dernier; les quatre unités du centre opérationnel sont le département construction, celui des parcs, la police municipale et les pompiers; les quatre unités fonctionnelles techniques figurant sur la gauche sont la commission de service public, le département de service public, l'ingénieur et la cellule de planification; et les trois unités fonctionnelles situées sur la droite sont le service juridique, la bibliothèque, et les services financiers.

Pfiffner et Sherwood parlent de leur diagramme comme de la « description sociométrique des deux contacts (les plus fréquents) du chef des services, de son adjoint, et des chefs de département » (p. 291), ce qui implique qu'en matière de communication informelle, ils ne décrivent que la partie émergée de l'iceberg. Un « sociogramme » est tout simplement une carte décrivant qui communique avec qui dans l'organisation, indépendamment des circuits formels. Le sociogramme de la Figure 3.8. nous révèle nombre de choses intéressantes. En premier lieu, le chef des services, qui est comme on peut s'y attendre un point central dans le flux de communications, ne craint pas d'établir des relations en dehors des canaux formels. Ensuite, un coup d'œil aux contacts de l'adjoint nous suggère que le niveau qu'il occupe dans l'organisation est peut-être illusoire. Aucun contact n'apparaît entre lui et les unités du centre opérationnel, bien que l'organigramme indique qu'il en a

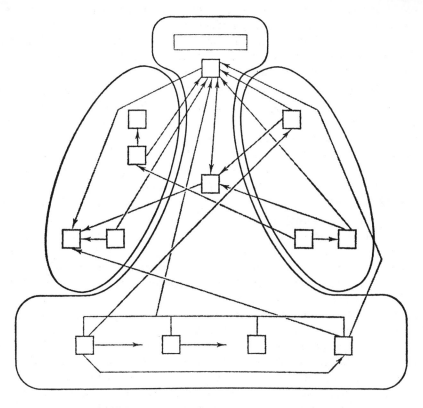

Figure 3.8. — *Le Flux de Communication Informelle*
(*adapté de Pfiffner et Sherwood, 1960, p. 291*).

formellement la responsabilité. Troisièmement, l'ingénieur qui est à la base de la technostructure « est dans une position vitale et influence les communications organisationnelles » (p. 291). On a ici l'indication supplémentaire d'une faille dans l'organisation — un fonctionnel, situé en marge de l'organisation, occupe une position majeure de pouvoir.

> ... Le statut hiérarchique n'est pas le seul élément qui compte. L'ingénieur est considéré comme une personne de statut élevé dans les services municipaux à cause de son identité professionnelle, de son appartenance à une sous-culture professionnelle... son statut élevé vient aussi du caractère central de son rôle fonctionnel dans le travail de beaucoup d'autres départements (pp. 290-291).

Les travaux de Trist et Bamforth sur l'organisation d'une mine de charbon. Avant d'essayer d'expliquer pourquoi la communication informelle est si importante dans le fonctionnement d'une organisation, il nous paraît utile de présenter une des études fondamentales sur les relations complexes entre communication formelle et communication informelle. Trist et Bamforth (1951), du Tavistock Institute, ont analysé en détail l'organisation du travail dans les mines de charbon, en Grande-Bretagne, avant et après la mécanisation. Dans la période située avant la mécanisation, l'ensemble des tâches était confié à des groupes informels, qui réalisaient l'abattage du charbon en utilisant leur propre méthode du début à la fin; les communications étaient informelles et pour l'essentiel situées à l'intérieur du groupe. De fait, le mécanisme de coordination dominant était l'ajustement mutuel.

L'introduction d'une technique nouvelle formalisa la division du travail. Les ouvriers furent séparés, non seulement en fonction des tâches spécialisées qui étaient maintenant les leurs, mais aussi en fonction de l'équipe à laquelle ils appartiennent et de leur position le long de la veine de charbon. Les moyens informels de communication et de coordination furent supprimés. En outre, l'ouvrier n'effectuait plus une tâche complète; il n'accomplissait plus qu'une opération isolée dans le temps et dans l'espace.

Malheureusement, aucun mécanisme de coordination ne pouvait remplacer l'ajustement mutuel. On créa des postes d'encadrement, mais la supervision directe était inefficace à cause de la distance séparant les ouvriers, de l'obscurité et du caractère dangereux de l'environnement de travail. La standardisation du processus de travail, partie intégrante du nouveau système technique, était insuffisante pour assurer la coordination, et la standardisation des résultats n'était pas possible, parce que le produit ne pouvait être obtenu que par les efforts coordonnés des membres du groupe. C'est ainsi que le nouveau système a détruit le système de communication informelle sans créer à sa place de système formel. Les conséquences en furent une faible productivité et une alinénation considérable des ouvriers. Trist et Bamforth décrivent quatre mécanismes de défense utilisés par les mineurs pour faire face à la nouvelle situation : la création de petits groupes informels de travail; à défaut, « le développement, par réaction, d'un individualisme par lequel pouvait être maintenue une zone personnelle et secrète » (p. 31); des accusations mutuelles portées entre eux par les ouvriers d'équipes successives au cas où des problèmes apparaissaient; et l'absentéisme.

Trist et Bamforth proposèrent une solution qui prenait en compte à la fois le système social informel et le système technique formel. (Dans un article de recherche écrit plus tard, Emery et Trist parlèrent du système « sociotechnique ».) Les tâches à accomplir furent réorganisées de façon à permettre au nouveau système technique de fonctionner avec des mineurs travaillant dans le cadre des groupes petits, informels, et autogérés. Une flexibilité apparut dans l'allocation des postes de travail, la communication informelle fut restaurée, on assista naturellement à l'émergence, dans les groupes, de leaders quand c'était nécessaire, et la performance put être mesurée et donc standardisée. En fait, le système formel et le système informel furent remis en phase l'un avec l'autre [4].

L'importance de la communication informelle. Il y a deux raisons essentielles à l'existence de la communication informelle et toutes deux sont apparentes dans la recherche concernant la mine de charbon. L'une est directement liée au travail, l'autre est sociale.

Dans une étude, Conrath (1973), a trouvé que 60 % de la communication de face à face dans les organisations étudiées étaient directement liés au travail. **Pour la plus grande partie du travail, l'exécution est tout simplement impossible sans un minimum de communication informelle.** La vie est tout simplement trop complexe pour être complètement régulée. La standardisation doit être accompagnée d'ajustement mutuel, ne serait-ce que pour faire face à l'imprévu. Nous en avons un bon exemple récent, dans la grande panne qui a affecté le système de distribution électrique dans les Nord-Est américain. Même dans les systèmes très simples et très stables, on ne peut pas utiliser des normes et des standards pour tous les aspects du travail. La meilleure illustration en est fournie par la grève du zèle, une des méthodes favorites utilisées par les salariés dont le travail est très standardisé (par exemple les douaniers, les aiguilleurs du ciel). Dans ce cas, ils suivent les standards à la lettre, et il en résulte le chaos. Le message est le suivant : il est pratiquement impossible à un système totalement régulé de fonctionner, faute de pouvoir recourir à la communication informelle. Il est tout simplement impossible à une organisation humaine de fonctionner comme une mécanique. (Nous avons vu plus haut l'exemple des instructions de montage pour un jouet d'enfant. Il est remarquable de voir à quel point il est difficile d'expliquer par écrit et de façon compréhensible une tâche aussi simple, alors qu'on peut se la faire expliquer sans problème par une personne qui la connaît et qui est juste à côté.)

Au niveau de l'encadrement, toutes les études montrent que les managers préfèrent les circuits informels et la communication directe aux documents du système formel (ils passent de 65 à 80 % de leur temps en contacts

---

4. Voir dans la même veine les travaux de Rice (1953) et de Miller (1975) sur la même filature indienne. Ces travaux du Tavistock Institute sont d'excellents exemples « d'action-recherche » dans lesquels les chercheurs ont à la fois pour objectif de décrire le système et de le changer.

verbaux), et qu'ils consacrent à peu près autant de temps (environ 45 % en moyenne) en contacts hors hiérarchie qu'ils ne passent en contacts à l'intérieur de la ligne hiérarchique. Les circuits régulés sont souvent lents et peu fiables et les informations qu'ils transmettent sont souvent trop limitées. L'information ténue, intangible et de nature spéculative est tout simplement ignorée par le système formel d'information, bien qu'il soit certain que les cadres dépendent d'informations de cette nature. Et le système formel, parce qu'il doit recueillir et agréger des données factuelles, est souvent trop lent pour le cadre : il indique que la porte de l'étable est ouverte quand le troupeau s'est déjà sauvé. De plus, l'agrégation progressive des informations fait que ce qui atteint le sommet stratégique est si abstrait et si vague qu'il en devient peu utilisable comme base de données sur laquelle asseoir des décisions spécifiques. Contrastant avec les informations fades du système formel, les informations verbales reçues par un cadre en dehors des flux régulés sont très riches de signification.

Le cadre peut « lire » les expressions faciales, les gestes, le ton de la voix et il peut immédiatement pousser la recherche d'information dans les directions suggérées par ces indices.

Il en résulte que les cadres vont au-delà du système formel pour obtenir la plupart de leurs informations. Ils créent leur propre réseau de contacts informels qui constitue leur véritable système d'information. Dans son étude des informations externes utilisées par les cadres, Aguilar (1967) note que les sources personnelles sont perçues comme étant beaucoup plus importantes que les sources impersonnelles — 71 % contre 29 %. Pour un dirigeant d'une banque d'affaire, cité par Aguilar, la source d'information externe la plus importante pour un bon dirigeant d'une grande entreprise « est le réseau informel de contacts qu'il a en dehors de l'entreprise » (p. 76) [5].

La seconde raison pour l'existence de communication informelle dans les organisations, est de nature *sociale.* Les gens ont besoin d'avoir des relations avec d'autres êtres humains, pour l'amitié ou pour « décompresser ».

Une grande partie de la communication informelle peut être totalement indépendante du travail, comme dans le cas de l'entretien social (« Bonjour, comment allez-vous ? »; « Bien, merci ») dont Desmond Morris (1967) parle dans *Le Singe Nu.* D'autres communications informelles sont nettement « dysfonctionnelles » et interfèrent dans l'exécution du travail. Dans beaucoup d'organisations, des gens contournent le système régulé pour satisfaire leurs propres besoins. Ils laissent sciemment transpirer des informations importantes à l'extérieur et pratiquent la rétention d'information vis-à-vis de leur supérieur hiérarchique. Mais ces derniers, eux aussi, utilisent l'information de façon « dysfonctionnelle ». Dans son ouvrage *Organizational Intelligence,* Wilensky (1967) note l'existence de systèmes d'information clandestins par lesquels les leaders recueillent des informations de nature politique et idéologique sur leurs subordonnés pour maintenir leur autorité. (Paradoxalement,

---

5. L'usage fait par les cadres des informations formelles et informelles est développé en détail dans Mintzberg (1973a, chapitres 3 et 4), Mintzberg (1975) et Aguilar (1967).

il trouve que ces systèmes sont les plus utilisés dans les organisations démocratiques, simplement parce que les leaders doivent connaître l'état d'esprit de ceux qui les ont élus) [6].

Dans de nombreux cas, cependant, la communication sociale apparaît comme essentielle au succès de l'organisation. L'étude de Trist et Bamforth montre que la communication sociale dans la mine de charbon est nécessaire : nécessaire au travail pour rassurer les ouvriers dans un environnement dangereux, nécessaire au café pour assurer la coordination entre les équipes.

Dans son étude, Dalton (1959) décrit de façon vivante les intrigues, les pressions et les distorsions qui existent dans l'organisation en dehors du systhème régulé d'une usine. Le thème de Dalton est le suivant : les niveaux les plus élevés de l'organisation ne peuvent pas imposer des règlements aux groupes de niveau inférieur contre leur volonté. Même les agents de maîtrise aidaient parfois les ouvriers à résister aux règlements imposés d'en haut.

Les changements ne pouvaient être faits que par la persuasion et la négociation — essentiellement par la reconnaissance des relations entre le système régulé et le système social.

Le réseau des communications informelles. Le système de communications informelles dans l'organisation est varié et à circuits multiples, un point que Pfiffner (1960) exprime avec justesse :

> Au lieu du flux d'informations bien ordonné qui remonte la hiérarchie pas à pas et que nous acceptons généralement comme modèle, l'information suit en réalité une grille de canaux enchevêtrés, souvent contradictoires et déconcertants, qui ne sont pas d'ailleurs des canaux au sens propre du terme. Les messages se compensent mutuellement et forment une galaxie (pp. 129-130).

Le réseau de communication informelle peut être conçu comme un ensemble de canaux informels reliés par des « centres nerveux » — les individus qui sont aux carrefours des canaux, et qui communiquent directement, en dehors du système d'autorité formel. La Figure 3.9. en montre trois cas possibles. Dans le premier cas, deux pairs communiquent directement plutôt que de passer par leur supérieur hiérarchique commun, remplaçant ainsi la supervision directe du système d'autorité formel par l'ajustement mutuel du système informel. Dans le second cas, qui est diagonal, un individu à un niveau de la hiérarchie, communique directement avec le subordonné d'un de ses pairs. Dans le troisième cas, un cadre est « court-circuité » quand son supérieur communique directement avec un de ses subordonnés pour éviter que l'information transmise ne soit agrégée ou distordue. L'usage de ces canaux directs est très répandu à tous les niveaux de la hiérarchie. Burns (1957), par exemple, dans son étude portant sur soixante-seize cadres de niveau moyen et élevé, conclut :

---

6. Quelques dysfonctions des systèmes de flux régulés seront présentés dans les chapitres 5 et 18.

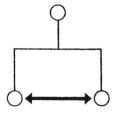

(a) Contact Direct entre Pairs

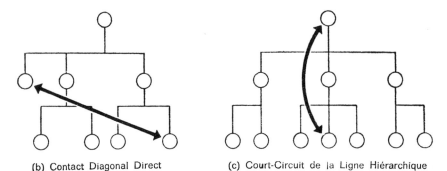

(b) Contact Diagonal Direct   (c) Court-Circuit de la Ligne Hiérarchique

Figure 3.9. — *Quelques Canaux Irréguliers de Communication.*

Considérer l'encadrement comme une hiérarchie respectant l'organigramme, peut conduire à des mécomptes. En fait, le fonctionnement réel n'est pas constitué par la remontée d'informations passant par des filtres successifs et la descente de décisions et d'instructions passant par des amplificateurs successifs (p. 60).

Strauss (1962-1963), après avoir étudié les agents d'approvisionnement du centre opérationnel, a écrit un article détaillé sur leurs « tactiques de relations latérales ». Il a constaté que les acteurs efficaces et de statut élevé préféraient l'ajustement mutuel à la supervision directe et à la standardisation : pour résoudre les conflits qu'ils avaient avec d'autres départements (en particulier l'engineering), ils évitaient d'en référer à leur patron, d'appliquer la règle à la lettre ou d'exiger une acceptation écrite; au lieu de cela, « pour huiler les rouages de la bureaucratie formelle » (p. 173), ils s'appuyaient sur l'amitié, l'échange de services mutuels, et sur leur propre pouvoir politique informel [7].

Il existe un important réseau de communication fait d'une toile de relations directes : la rumeur. Une étude faite par Caplow (1966) des rumeurs dans la guerre, a montré que ce processus était remarquablement rapide, exact et complet, et Davis (1953, 1968) l'a trouvé rapide, sélectif et discriminant dans une entreprise de 600 personnes. Dans le cas d'un problème de contrôle de qualité soulevé par un client, il observa que 68 % des dirigeants avaient

---

7. Voir aussi Landsberger (1961-1962) pour une discussion détaillée de « la dimension horizontale dans la bureaucratie ».

reçu l'information, mais que seules trois des quatorze communications étaient passées par la hiérarchie (Davis, 1953, p. 48).

Aux carrefours, ou « nœuds » des canaux de communication informelle, sont situés les « centres nerveux », les individus qui recueillent l'information de différentes sources et qui la transmettent de façon sélective. Certains fonctionnels sont particulièrement importants dans ce domaine, à cause de leurs grandes possibilités de contact avec des membres de l'encadrement, nombreux et variés, à différents niveaux de la hiérarchie. (Davis, 1953, Strauss, 1962-1963.) D'autres aussi sont importants parce que, situés à la « frontière », ils contrôlent les flux d'informations externes importantes pour l'organisation et jouent le rôle de « relais ». Allen et Cohen (1969) ont trouvé dans les laboratoires de recherche des « relais techniques » contrôlant l'apport d'informations scientifiques et Strauss (1962-1963) a analysé le rôle de relais joué par les agents d'approvisionnement vis-à-vis des informations sur les fournisseurs. Il existe d'autres centres nerveux fonctionnels situés entre les départements et les reliant les uns aux autres, comme les ingénieurs qui transmettent l'information entre les départements de recherche et de marketing.

Finalement, les cadres eux-mêmes servent de centre nerveux et de relais puisque, comme nous l'avons vu dans la Figure 2.4. et dans les données citées dans ce chapitre, ils sont situés non seulement dans le flux vertical d'information formelle, mais aussi dans les flux horizontaux, entre les analystes, les fonctionnels logistiques, les autres cadres et des personnes extérieures à l'organisation. Ainsi, Sutton et Porter (1968), dans une étude portant sur des administrations, ont trouvé que tous les cadres — et 10 % des non-cadres — étaient des centres nerveux ou, pour reprendre leur terme, des « agents de liaison ».

Pour conclure, nous voyons que par contraste avec l'ordre et la hiérarchie des deux premières strates, la troisième suggère l'existence dans l'organisation de processus et de flux beaucoup moins ordonnés et beaucoup plus fluides. Mais il ne faut pas opposer entre elles ces trois visions du fonctionnement de l'organisation, ou séparer le formel de l'informel; le juste terme est plutôt celui d'interdépendance : le formel conditionne l'informel, et l'informel a une grande influence sur ce qui marche dans le formel (il est parfois même l'image de ce que sera le formel dans l'avenir). On peut donc passer maintenant à deux visions de l'organisation qui mélangent formel et informel.

L'ORGANISATION COMME UN SYSTÈME DE CONSTELLATIONS DE TRAVAUX

Dans la dernière strate, nous avons vu l'organisation comme un ensemble assez aléatoire de canaux de communication reliés par des centres nerveux. Nous allons voir maintenant qu'il existe dans ce réseau informel certaines structures qui sont reliées au système formel d'autorité.

Pour découvrir certaines de ces structures, voyons d'abord quelques éléments complémentaires sur les communications informelles. Scott (1961), dans sa revue de la recherche en théorie des organisations, a noté que là où les gens travaillent côte à côte et ont des intérêts communs, ils communiquent beaucoup entre eux de façon informelle à l'intérieur de « coteries ». On trouve souvent de telles coteries dans des départements qui ont une spécialité fonctionnelle et dans les flux de travail qui amènent les gens à être proches les uns des autres physiquement. Parallèlement, dans leur étude d'une administration fiscale américaine, Sutton et Porter (1968) ont constaté que 64 % des rumeurs circulant parmi les salariés (la plupart d'entre eux non-cadres) étaient contenues à l'intérieur d'un groupe fonctionnel. Par contraste, Davis (1953), a trouvé que pour les *cadres,* l'essentiel de la communication se fait entre fonctions et non pas à l'intérieur d'une fonction. Mais Burns (1957) a quand même observé l'existence de coteries chez les managers — ils passent la plus grande partie de leur temps avec un petit groupe de pairs :

> Le résultat le plus surprenant peut-être... est l'existence, dans toutes les organisations, d'un groupe séparé de trois (parfois quatre) cadres dirigeants. Sur l'ensemble du temps passé en conversations à l'intérieur de l'établissement (par exemple, l'usine), le directeur peut passer la moitié du temps avec les deux autres membres de son groupe (p. 60).

Ces observations suggèrent que, dans les organisations, les individus ont tendance à travailler au sein de petits groupes de pairs, ou coteries, constitués sur des bases de relations horizontales et non verticales : aux niveaux les plus bas, ces groupes reflètent la spécialisation fonctionnelle ou la relation de proximité dans le flux de travail; aux niveaux plus élevés, ils dépassent les clivages créés par les spécialités et les fonctions.

Dans une série d'études, Thomason (1966, 1967) corrobore cette conclusion en établissant que l'organisation consiste en un agrégat de réseaux de communication *distincts,* ou coteries, situés à différents niveaux de la hiérarchie. De plus, Thomason montre que chacun de ces réseaux véhicule des informations de nature particulière et que, donc, chaque réseau, est en quelque sorte spécialisé : « ...l'ensemble de la hiérarchie devient la somme de réseaux de communication différents et spécialisés par sujets, le centre du réseau étant situé au niveau de la hiérarchie où le sujet peut ou doit pénétrer » (Thomason, 1967, p. 29).

C'est alors une nouvelle image qui émerge : les membres de l'organisation à un certain niveau de la hiérarchie ont affaire à des informations qui sont d'une *nature différente* de celles traitées à d'autres niveaux. Le contraste est important entre cette vision des choses et celle qui se dégageait du système régulé, dans lequel tous les niveaux traitent le *même* type d'informations, dans une forme qui est plus ou moins élaborée ou agrégée en fonction du niveau : le vendeur, le directeur régional des ventes et le vice-président chargé du marketing; elle concerne pour le premier chaque vente, pour le second les ventes hebdomadaires, pour le troisième les ventes trimestrielles. Mais les découvertes que nous venons d'examiner suggèrent qu'il en va tout autrement, et qu'en fait, les questions traitées à différents niveaux sont fondamentalement différentes. En fait, **l'organisation peut être considérée comme un ensemble de constellations de travaux, qui sont autant de coteries quasi-indépendantes d'individus travaillant sur des questions qui sont de leur ressort au niveau de la hiérarchie où ils se trouvent.** Ainsi, Landsberger (1961-1962), peut-il conclure de la façon suivante, son étude sur les flux de communication horizontale dans les organisations :

> ... ces flux, qui sont les uns sur les autres pourrait-on dire, peuvent être relativement indépendants et qualitativement différents les uns des autres. Un cadre de niveau supérieur peut bien sûr consacrer un peu de son temps à jouer le rôle d'arbitre entre ses subordonnés; mais au moins aussi important pour lui est le temps qu'il passe avec des collègues qui sont sensiblement de son niveau pour résoudre des problèmes du ressort de ce niveau (p. 305).

Dans le langage de Weick (1976), il existe un « couplage lâche » entre ces constellations de travaux : « L'image est celle d'agrégats d'événements à l'intérieur de chacun desquels le couplage est fort et entre lesquels le couplage est faible » (p. 14). En fait, chaque constellation de travaux a la responsabilité d'une zone décisionnelle dans l'organisation : introduire une nouvelle ligne de produits, traiter de problèmes financiers, soumissionner pour des contrats, établir un programme de production, ou autre chose. On s'attend à trouver la plus grande partie de la communication informelle et de l'activité de décision contenue dans ces constellations de travaux, avec les centres nerveux assurant une grande partie de la communication entre elles et les relais qui recueillent l'essentiel des informations externes.

Une fois qu'on a reconnu ce point, on en trouve de nombreuses illustrations dans la littérature. L'exemple le plus clair est peut-être celui donné par Lawrence et Lorsch (1967, pp. 55-56), qui ont trouvé que dans les entreprises de fabrication de matières plastiques, les problèmes de production sont traités au niveau du directeur d'usine, que les problèmes scientifiques sont traités par les chercheurs eux-mêmes ou leurs supérieurs (les chefs de groupes), et que les problèmes de marketing sont intermédiaires, traités par des chefs de produit situés au milieu de la ligne hiérarchique des ventes. De la même veine, on trouve les résultats de Sills (1957) sur le partage de l'activité décisionnelle entre le siège et les établissements locaux dans la Fondation Nationale de la Paralysie Infantile : les établissements étaient chargés du recueil des fonds et de l'assistance financière aux victimes de la poliomyélite, et le siège se consacrait directement à l'aide financière à la recherche scientifique. L'objectif poursuivi était d'assurer la coordination des activités de recherche sur une base nationale et aussi d'éviter que « les établissements ne négligent l'activité de recherche au profit de l'assistance aux malades » (p. 73). Autre exemple, celui donné par Gustaven (1975), qui montre que même les conseils d'administration fonctionnent comme des constellations de travail : « Les conseils paraissent... faire porter leur action dans certains domaines et non pas agir comme un groupe dirigeant situé au sommet de

l'entreprise » (p. 36), notamment dans des domaines comme les investissements et les fusions d'entreprises.

Les constellations de travail vont du formel à l'informel, des groupes de
travail qui apparaissent dans l'organigramme comme unités distinctes (par
exemple le département « paye ») à ceux dans lesquels des individus appartenant à des unités différentes ont des contacts informels sur certaines décisions; comme lorsque des chercheurs, des ingénieurs, des gens de la production et des vendeurs se rencontrent pour planifier l'introduction de nouveaux
produits. (Bien sûr, un tel groupe peut aussi être quasi formel, institué comme
comité de décision dans ce domaine.) En fait, on peut s'attendre à ce que la
plupart des constellations de travail situées dans le centre opérationnel correspondent au flux de travail et apparaissent comme unités formelles sur
l'organigramme. Par exemple, comme l'indique la Figure 3.10., un journal

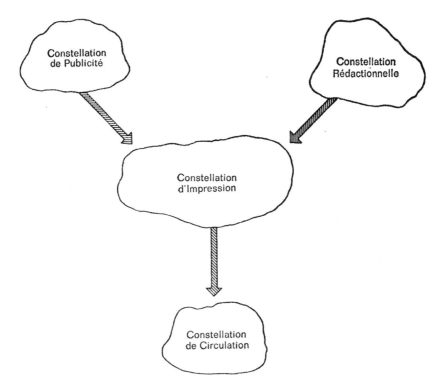

Figure 3.10. — *Quatre Constellations de Travaux dans le Centre Opérationnel d'un Journal.*

comprend quatre constellations de travail opérationnelles distinctes, chacune
d'entre elles fonctionnant de façon relativement indépendante au sein d'un
système couplé de façon séquentielle. La constellation publicité vend l'espace
publicitaire et la constellation éditoriale produit les articles; les deux combinent leurs produits et les envoient à la constellation imprimerie qui réalise
le journal, qui est à son tour envoyé dans une constellation de circulation qui
le distribue (cet exemple vient d'une étude réalisée sous la direction de l'auteur

par des étudiants en gestion de l'université McGill [8]. Un certain nombre d'exemples de cette nature seront utilisés dans ce livre).

De façon analogue, on peut s'attendre, pour les fonctions logistiques, à une correspondance exacte entre les unités formelles et les constellations de travail. Chacune de ces unités constitue en fait une constellation avec couplage interne fort, et couplage lâche avec le reste de l'organisation. Par exemple, le restaurant d'entreprise et le département de relations publiques offrent chacun un service distinct et complet en soi.

Pour la technostructure et la ligne hiérarchique, par contre, en se fondant sur les travaux déjà cités de Davis, Burns et Thomason, on peut s'attendre à ce que les constellations de travail soient moins formelles et chevauchent les lignes officielles des départements. Les analystes, par exemple, ont pour travail de changer celui des autres, et on peut donc s'attendre à ce qu'ils forment avec d'autres, et en particulier des cadres opérationnels, des constellations de travail pour la mise en œuvre de ces changements. Et les cadres opérationnels, comme nous l'avons vu plus haut, sont impliqués dans des réseaux complexes de relations — c'est-à-dire des constellations de travail — non seulement avec des analystes mais aussi avec des fonctionnels logistiques et avec d'autres cadres.

La Figure 3.11., qui sera notre quatrième strate, illustre quelques-uns des points que nous avons soulevés à propos des constellations de travail. Elle décrit une organisation industrielle sous la forme de dix constellations de travail. Dans le centre opérationnel, il y a trois constellations couplées séquentiellement au sein du flux de travail et correspondant aux unités de l'organigramme : un atelier de fabrication, un atelier d'assemblage et un département distribution. Au-dessus et à gauche du centre opérationnel, on trouve la constellation « administration de la production », qui s'occupe de la planification et de la standardisation du travail de base et qui traite les problèmes qui surgissent directement dans l'atelier. Dans cette constellation, on trouve les agents de maîtrise et des analystes — ingénieurs, agents de planning, etc. Juste au-dessus, on trouve la constellation « nouveaux produits », avec des cadres de marketing de la ligne hiérarchique, des cadres d'étude de marché dans la technostructure et des ingénieurs de recherche et développement qui sont des fonctionnels logistiques. A droite, maintenant et totalement inclus dans la partie logistique de l'organisation, on trouve en haut les relations publiques, en bas le restaurant d'entreprise et au milieu, le département de recherche et développement (ce dernier appartient aussi à la constellation « nouveaux produits »). Enfin, on trouve dans la Figure 3.11. deux constellations reliées au sommet stratégique, la constellation « finance » qui associe des cadres dirigeants et des fonctionnels logistiques spécialistes en finance, et la constellation « planification à long terme » qui associe des cadres dirigeants, quelques membres du conseil d'administration et quelques analystes de haut niveau de la technostructure.

---

8. D'après une étude soumise à l'auteur par Arthur Aron, Mike Glazer, Daniel Lichtenfeld et Dave Saltzman dans le cadre du cours Management 420, Université de McGill, 1970.

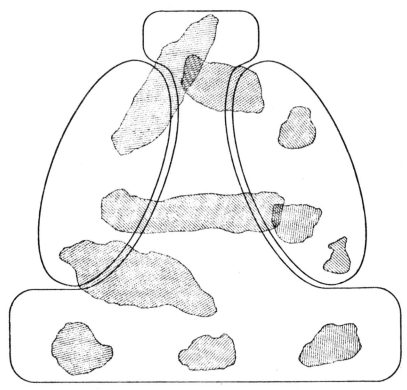

Figure 3.11. — *L'Ensemble de Constellations de Travaux.*

Bien entendu cette strate est, comme les autres, très simplifiée. Elle ne montre que quelques-unes des nombreuses constellations de travail que l'on peut trouver dans toute entreprise d'une certaine taille, et elle ne montre pas les nombreux centres nerveux qui assurent le couplage nécessaire — même faible — entre les différentes constellations, ni les relais qui lient chacune à l'environnement. Pour conclure, alors que les systèmes d'autorité formelle et de flux régulés décrivent l'organisation comme une sorte de ressort en spirale fait d'un seul matériau, et qui s'amenuise vers le sommet, le système de communication informelle la décrit comme un gâteau marbré dans tous les sens, le système de constellations de travail le décrit comme un gâteau à plusieurs couches, moins ordonné que le ressort en spirale, mais plus ordonné que le gâteau marbré.

L'ORGANISATION COMME SYSTÈME DE PROCESSUS DE DÉCISIONS AD HOC

L'autorité et la communication dans les organisations ne sont pas des objectifs en soi; ce sont des flux qui ont pour objectif de faciliter d'autres flux : nommément la prise de décision, et la fabrication des biens et des services. Dans notre discussion du système régulé, nous avons traité du flux de travail opérationnel et du flux des processus de décision régulés. Nous allons maintenant examiner la prise de décision sous un autre angle : celui d'un flux flexible de processus de décision **ad hoc.** Et nous verrons comment les aspects formel et informel de l'organisation — l'autorité formelle, le flux régulé d'information, et le flux de communication informelle — se fondent les uns dans les autres pour déterminer le comportement de l'organisation.

Qu'est-ce qu'une décision ? On peut la définir comme *un engagement dans une action,* ordinairement un engagement de ressources. En d'autres termes une décision est le signal d'une intention explicite d'agir.

Et qu'en est-il d'un processus de décision ? On peut d'abord dire que ce n'est *pas* limité au choix d'une conduite d'action. Notre recherche (Mintzberg, Raisinghani, Théoret, 1976) montre que le choix en lui-même est souvent comme le glaçage sur un gâteau : l'une des étapes qui mène à la décision, pas nécessairement la plus importante. Le processus de décision, lui, comprend toutes les étapes, depuis le moment où le stimulus, l'incitation à l'action, est perçu, jusqu'au moment où l'engagement est pris. Cette recherche suggère que chaque processus de décision peut être décrit au moyen de sept types d'activités fondamentalement différentes, ou « routines », regroupées en trois « phases ». Dans la prise d'une décision, il y a d'abord la phase *d'identification,* avec la routine de *prise de conscience* au cours de laquelle est perçu le besoin d'entamer le processus de décision, et la routine de *diagnostic* au cours de laquelle la situation décisionnelle est évaluée. Il y a ensuite la phase de *développement* des solutions, avec la routine *de recherche,* pour trouver des solutions toutes faites, et la routine de *conception,* pour développer des solutions faites à mesure. Enfin, il y a la phase de *sélection,* avec trois routines : *le passage au crible* pour les solutions toutes faites, *l'évaluation-choix* pour une solution, et *l'autorisation* de la solution par des personnes qui n'ont pas été autrement impliquées dans le processus de décision. Un processus de décision donné peut comprendre une ou plusieurs de ces routines, voire toutes, chacune d'entre elles pouvant être répétée plusieurs fois.

Les différentes catégories de processus de décision. Il n'y a, pour les processus de décision dans les organisations, aucune typologie généralement acceptée et fondée sur des recherches empiriques. On dispose cependant de quelques typologies d'origine conceptuelle. Les processus de décision ont été rangés, par exemple, en processus programmés et processus non programmés, ou encore en processus de routine et processus **ad hoc.**

A un extrême, on a les décisions très standardisées prises à intervalles réguliers, et à l'autre extrême, on a les décisions très peu structurées prises à intervalles irréguliers. Les processus de décision ont aussi été rangés en fonction de leur domaine fonctionnel : décisions de nouveau produit en marketing, décisions d'investissement en finance, décisions de recrutement en gestion du personnel, etc.

Les processus de décision ont aussi été rangés par ordre d'importance dans

l'organisation : décisions opératoires, managériales ou stratégiques. Les décisions *opératoires* sont prises de façon routinière dans des processus qui sont
généralement programmés; elles sont exécutées rapidement, de façon quasi
automatique, par des opérateurs ou par des fonctionnels logistiques subalternes agissant individuellement. Une opérateur sur tour prend une décision
opératoire lorsqu'il démarre ou arrête sa machine, un bibliothécaire aussi
lorsqu'il cherche la référence d'un ouvrage. De tels processus de décision
appartiennent généralement au système régulé. Dans ces processus, la routine
de prise de conscience est définie de façon très claire, un peu comme dans
le cas du pigeon qui va chercher sa nourriture lorsque l'expérimentateur fait
retentir une sonnerie. Le diagnostic et l'élaboration de solutions à mesure
sont pratiquement inexistants; il n'y a qu'une recherche rapide de solutions
toutes faites. En fait, toutes les phases d'une décision opératoire (identification, développement et sélection) sont pour une large part prédéterminées,
en des termes tels que : « dans le cas A, faites X »; « dans le cas B, faites Y ».

2. Les décisions *managériales* sont de deux sortes : des décisions de
coordination, et les décisions d'exception. Les décisions de *coordination* ont
pour but de guider les décisions opératoires. Un grand nombre des décisions
administratives du système régulé tombent dans cette catégorie : planning,
ordonnancement, budget. Ces décisions sont généralement prises de façon
routinière à des dates prévues; elles sont même parfois programmées, moins
programmées toutefois que les décisions opératoires. Certaines appartiennent
à des catégories fonctionnelles déterminées : le budget marketing, le plan de
recrutement, le programme de production. Elles sont prises par des cadres
opérationnels, ou des analystes fonctionnels, ou par les deux ensembles, bien
que les plus programmées d'entre elles puissent être prises par un simple
employé de la technostructure, ou même par un ordinateur. Les décisions
d'exception sont prises *ad hoc,* de façon non routinière, mais elles n'ont pas,
à la différence des décisions stratégiques, de conséquences d'ensemble très
importantes. Elles sont moins routinières et moins programmées que les deux
sortes de décision que nous avons examinées jusqu'ici. En tant que telles,
elles comportent une étape distincte de prise de conscience, et leurs étapes
de diagnostic, de recherche et de sélection sont typiquement plus élaborées
que celles des décisions opératoires et de beaucoup des décisions de coordination. Elles peuvent aussi inclure la conception d'une solution faite sur
mesure. Par ailleurs, les décisions d'exceptions chevauchent souvent les limites entre fonctions, comme par exemple quand des cadres de marketing et
de production entrent en conflit sur une question de qualité du produit. On
peut considérer qu'il y a trois sortes de décisions d'exception : a) la décision
peut surgir à un niveau donné de la hiérarchie et y être prise, par exemple lorsqu'un fournisseur régulier tombe en faillite et que le département achat doit
entamer un processus de décision pour trouver un nouveau fournisseur; b) la
décision peut remonter la hiérarchie, comme lorsque la réclamation faite par
un client à un vendeur remonte jusqu'au responsable des ventes pour qu'une
action puisse être prise; c) la décision peut descendre la hiérarchie, comme
lorsqu'une décision de nouveau produit prise au sommet stratégique implique

l'achat d'une nouvelle machine par le directeur d'usine et le recrutement de vendeurs par le responsable des ventes. En fait, les décisions de type a) sont prises à l'intérieur d'une même constellation de travail, alors que les types b) et c) appartiennent au système de décision régulé. Il faut noter, cependant, qu'une décision d'exception donnée peut correspondre à chacun des trois modes que nous avons identifiés : un responsable des ventes peut recruter un vendeur a) parce qu'un vendeur a démissionné, le forçant à prendre une décision à son niveau, b) parce que ses subordonnés se plaignent de la surcharge de travail, ou c) parce que ses supérieurs ont décidé de lancer une nouvelle ligne de produit.

3. Les décisions *stratégiques* sont aussi des décisions d'exception, mais, par définition, elles ont un impact important sur l'organisation. Nous avons dans notre recherche (Mintzberg, Raisinghani et Théoret, 1976) quelques exemples de décisions stratégiques : une entreprise de conseil contrainte à la fusion après la perte de son plus important client, un aéroport décidant de construire une nouvelle piste d'envol, un agent de change décidant d'étendre ses activités à une nouvelle place financière. Il faut noter qu'aucune décision n'est stratégique en soi : tout dépend du contexte. L'introduction d'un nouveau produit est un événement majeur dans une brasserie, mais pratiquement insignifiant pour un fabricant de jouets. En fait, la même décision peut être de caractère stratégique, d'exception ou opératoire selon le contexte : décider du prix des produits est une décision stratégique pour un chantier naval; c'est, pour un restaurant, une décision d'exception prise en cas d'augmentation des coûts; pour une imprimerie, c'est une décision opératoire prise plusieurs fois par jour, par un employé, au vu d'une liste de prix standards. Les processus de décision stratégique sont les moins routiniers et les moins programmés de tous; ils prennent souvent des années et impliquent de nombreux membres de l'organisation, au sommet stratégique et ailleurs. Notre recherche montre que les processus de décision stratégique ont une structure très complexe associant les sept routines dont nous parlions plus haut; la plupart d'entre eux sont d'interprétation difficile. Le diagnostic y est une routine clé, mais il n'est pas conduit de façon très systématique; de gros efforts sont consacrés au développement de solutions, en particulier au niveau de la conception, puisque les solutions doivent souvent être faites à mesure; la sélection est elle aussi un processus complexe, qui se déroule en plusieurs étapes. Pour ajouter à la complexité, chaque décision stratégique est d'ordinaire composée d'un grand nombre de décisions plus petites, au sein d'un processus continuellement interrompu, bloqué par des facteurs politiques et autres, ralenti ou accéléré par les décideurs eux-mêmes, et marqué par de fréquents retours en arrière. Une décision stratégique peut être suscitée par un changement dans l'environnement (par exemple quand la plainte d'un client indique l'existence d'un problème majeur pour un nouveau produit), ou par une initiative individuelle (par exemple lorsqu'un cadre décide simplement qu'il est temps de lancer une nouvelle ligne de produit). En général, les décisions stratégiques créent, par vagues successives, d'autres décisions dans la hiérarchie. De nombreuses décisions d'exception et de coordination

doivent être prises pour les mettre en œuvre, comme lorsqu'une nouvelle ligne de produits requiert le recrutement de personnel, l'achat de nouvelles machines, et la préparation de nouveaux plans et de nouveaux budgets. Et, en fin de course, il en résulte une foule de changements dans les processus de décision opératoires : c'est la raison pour laquelle elles sont stratégiques.

Il est plus important de comprendre comment les flux de processus de décision parcourent l'organisation que d'élaborer une typologie des décisions. De façon précise, **nous avons besoin de comprendre comment les décisions opératoires, managériales et stratégiques sont liées les unes aux autres et quels rôles jouent les différents participants — opérateurs, cadres dirigeants, cadres moyens, fonctionnels techniques et logistiques — dans les phases des différents processus de décision.** Il nous faut savoir qui perçoit le besoin de prendre une décision donnée, qui fait le diagnostic de la situation, qui développe la solution, qui l'autorise, etc. Sur ces points, il y a peu de données et trop peu de recherches, bien qu'il s'agisse là d'une question importante. Vers la fin de ce livre, nous émettrons quelques hypothèses concernant la réponse à ces différentes questions dans différents types de structures d'organisations. Mais, pour l'instant, nous nous contenterons de donner ci-dessous un exemple illustratif du fonctionnement de l'organisation comme système de processus de décision *ad hoc.*

Un processus de décision ad hoc. La cinquième strate sur notre schéma de base est illustrée par la Figure 3.12. qui présente un exemple de processus de décision *ad hoc* contenant les divers types de décision dont nous avons discuté. L'exemple commence avec un vendeur, situé au point 1 dans le centre opérationnel.

Il rencontre un client insatisfait du produit de l'entreprise et suggérant qu'une modification y soit apportée. Le vendeur, qui trouve la suggestion intéressante mais n'a pas autorité pour en traiter, la transmet au responsable des ventes (2). Celui-ci, à son tour, la transmet au vice-président marketing (3) qui évoque le problème au comité de direction (4). De fait, le stimulus a pris naissance dans ce centre opérationnel et a parcouru l'entreprise en tant *qu'exception,* porté par le système régulé, le long de la ligne hiérarchique, jusqu'au sommet stratégique. On a, à ce moment, la prise de conscience formelle, et le président donne au directeur du département de la recherche opérationnelle (5) l'ordre de créer un groupe de travail pour faire le diagnostic de la situation et élaborer une solution. Le responsable de la recherche opérationnelle compose le groupe de travail avec des personnes appartenant à plusieurs unités, et de niveaux différents : le responsable des ventes (qui est un opérationnel), un fonctionnel du département recherche-marketing et un comptable de la technostructure. Tous ensembles ils conçoivent le nouveau produit, chacun d'entre eux retournant dans son unité pour traiter de points particuliers, comme par exemple une estimation des coûts (6a) et du marché potentiel (6b). Peu après, le responsable de la recherche opérationnelle présente les résultats obtenus au comité de direction (7), qui approuve la recommandation et autorise ainsi la décision *stratégique.* Maintenant la mise en œuvre commence avec des vagues successives de décisions *d'excep-*

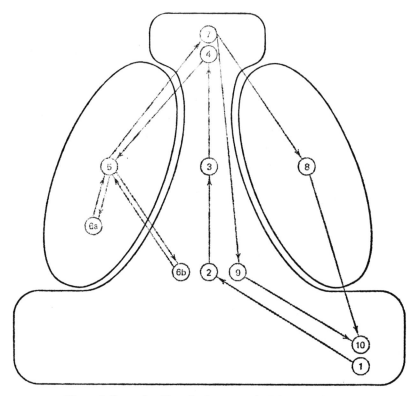

Figure 3.12. — *Le Flux de Processus de Décision Ad Hoc.*

tion et de *coordination* qui affectent chaque recoin de l'entreprise. Par exemple, le département publicité développe une campagne pour le nouveau produit (8); le responsable des ventes, aidé par des analystes, prépare les nouveaux plans et budgets, et spécifie les besoins en personnel (9). Et un beau jour, dix-huit mois après le début du processus, le vendeur prend une décision *opérationnelle :* retourner chez son client pour lui présenter le nouveau produit (10).

Deux commentaires doivent être faits sur cet exemple. D'abord, notre récit représente le squelette de ce qui se passe en réalité lorsqu'une organisation conçoit un nouveau produit. Si nous avions voulu donner une image raisonnablement fidèle de la phase de mise en œuvre par exemple, la Figure 3.12. aurait été totalement embrouillée. La description complète d'un processus de décision stratégique prend des pages et des pages. On a dit peu de choses ici de la masse des communications informelles que comporte un tel processus de décision stratégique, des processus politiques mis en œuvre lors d'un tel changement de l'organisation, des retours en arrière, des interruptions, et des délais rencontrés en chemin. De même, notre cinquième strate ne fait que suggérer les relations entre constellations de travail et processus de décision. En fait, ces relations sont riches; il existe des parties du processus toutes entières contenues dans une contellation et d'autres qui représentent une interaction complexe entre les constellations. En général, on s'attend à ce que la phase de décision soit marquée par l'interaction entre les constellations de travail, et que par contre la phase de mise en œuvre soit plus nettement divisée entre les différentes constellations.

Notre seconde remarque maintenant : la Figure 3.12. montre un processus qui va « de haut en bas », où le pouvoir de décision reste confiné au sommet de l'organisation. Le processus de décision stratégique a été guidé d'en haut puis mis en œuvre du haut vers le bas de la hiérachie. Comme nous le verrons plus loin, ce n'est là qu'une des nombreuses formes que peut revêtir un processus de décision *ad hoc*. Les décisions stratégiques peuvent surgir de n'importe où dans l'organisation, par exemple du centre opérationnel lorsque, dans un hôpital psychiatrique, une équipe décide de changer la méthode de traitement. De plus, il est dans certains cas assez difficile de faire la différence entre décision stratégique et décision de mise en œuvre : nous verrons plus loin des structures dans lesquelles des décisions qui paraissent être opérationnelles conduisent en fait à des changements stratégiques.

Malgré ces remarques, la cinquième strate que nous mettons sur le schéma de base nous permet de mettre en évidence un point important qui servira de conclusion à notre discussion du fonctionnement des organisations. Elle montre la complexité des interactions entre les flux formels et informels

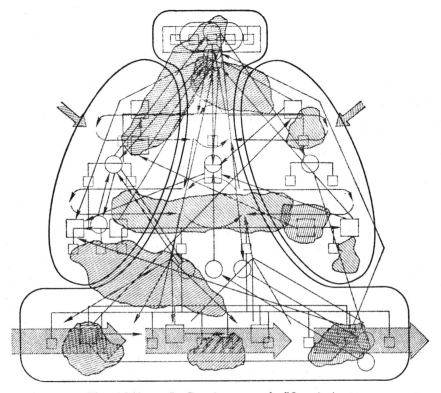

Figure 3.13. — *Le Fonctionnement de l'Organisation.*

d'autorité, de communication et de processus de décision. **On ne peut commencer à comprendre comment une organisation fonctionne qu'en considérant ces flux,** et il faut commencer par là pour comprendre la structure des organisations.

Pour conclure, nous répéterons que chacune des cinq strates, chacun des cinq systèmes, ne donne du fonctionnement de l'organisation qu'une image incomplète. Mais chacune de ces images est importante. Et en les mettant toutes ensembles — ce qui est fait dans la Figure 3.13. — on voit toute la complexité du fonctionnement réel de l'organisation. C'est sur cette base que nous pouvons maintenant construire notre description de la conception de l'organisation.

2ème partie

LES PARAMÈTRES DE CONCEPTION

Dans son ouvrage *Les sciences de l'artificiel,* Herbert Simon (1969), discute des sciences créées par l'homme comme les sciences de l'ingénieur, la médecine et le management. Pour lui la tâche essentielle de ces sciences est la *conception :*

> Chacun conçoit dès lors qu'il élabore le projet d'une action dont le but est de changer une situation existante en une situation préférable. L'activité intellectuelle qui aboutit à la production d'une machine n'est pas fondamentalement différente de celle qui consiste à prescrire un médicament à un malade, de l'élaboration d'un programme de vente pour une entreprise ou d'une politique d'aide sociale pour un état. La conception, ainsi considérée, est au cœur de toute formation professionnelle; elle est la différence principale entre l'activité professionnelle et l'activité scientifique. Les écoles d'ingénieurs, tout comme les écoles d'architecture, de gestion, d'éducation, de droit et de médecine ont un élément commun au centre de leurs préoccupations : la conception (p. 55-56).

La conception suppose l'existence d'une marge de manœuvre, d'une possibilité de changer un système. Dans le cas d'une structure d'organisation, concevoir c'est peser sur les leviers qui influencent la division du travail et les mécanismes de coordination, affectant ainsi le fonctionnement de l'organisation, les flux de matériaux, d'autorité, d'information et de processus de décision qui la parcourent. Cette partie de l'ouvrage traite de ces leviers — les paramètres essentiels de la structure organisationnelle — et de leur utilisation.

Considérons, par exemple, les questions suivantes :

— Combien de tâches distinctes un poste donné doit-il contenir, et quel doit être le degré de spécialisation de chacune de ces tâches ?

— A quel point le contenu du travail de chaque poste doit-il être standardisé ?

— Quelles sont les aptitudes et les connaissances requises pour chaque poste ?

— Sur quelle base les postes doivent-ils être regroupés en unités et ces unités en unités plus grandes ?

— Quelle doit être la taille de chaque unité; combien chaque supérieur doit-il avoir de subordonnés ?

— A quel point le produit de chaque poste ou de chaque unité doit-il être standardisé ?

— Quels mécanismes faut-il créer pour faciliter l'ajustement entre les postes et entre les unités ?

— Quel pouvoir de décision doit être délégué aux cadres responsables des différentes unités ?

— Quel pouvoir de décision doit passer des opérationnels aux fonctionnels et aux opérateurs ?

Telles sont les questions de base pour la conception d'une structure que nous allons discuter dans cette section. Elles suggèrent l'existence de neuf *paramètres de conception* — les éléments de base de la structure organisationnelle — qui forment quatre groupes. Nous en faisons la liste en les mettant en relation avec les concepts discutés dans les chapitres 1 à 3.

Deux remarques sont nécessaires avant de passer à la discussion des paramètres de conception. D'abord, nous avons inclus des paramètres de nature formelle et des paramètres de nature semi-formelle. Alors que, par exemple, le regroupement des positions et des unités construit le système d'autorité formelle, et que la formalisation du comportement est le pilier du système de flux régulés, l'utilisation de mécanismes de liaison et le recours à la décentralisation horizontale encouragent le flux de communication informelle et la création de constellations de travail non officielles dans l'organisation. En d'autres termes, et pour reprendre avec plus de précision la définition que nous avons donnée dans le chapitre 1 de cet ouvrage, **la structure organisationnelle comprend les moyens formels et semi-formels — nos neuf paramètres de conception — que les organisations utilisent pour diviser et coordonner leur travail de façon à créer des comportements stables.**

Seconde remarque : on suppose parfois qu'un changement de structure est une affaire relativement simple, peut être limité au changement de quel-

Groupe	Paramètre de conception	Concepts associés
Conception des postes	Spécialisation du travail	Division de base du travail
	Formalisation du comportement	Standardisation du contenu du travail
		Système de flux régulés
	Formation et socialisation	Formalisation des qualifications
Conception de la superstructure	Regroupement en unités	Supervision directe
		Division administrative du travail
		Système d'autorité formelle, de flux régulés, de communication informelle, et de constellations de travaux
		Organigramme
	Taille des Unités	Système de communication informelle
		Supervision directe
		Surface de contrôle
Conception des liens latéraux	Systèmes de planification et de contrôle	Standardisation des productions
		Systèmes de flux régulés
	Mécanismes de liaison	Ajustement mutuel
		Systèmes de communication informelle, de constellations de travaux et de processus de décision ad hoc
Conception du système de prise de décision	Décentralisation verticale	Division administrative du travail
		Système d'autorité formelle, de flux régulés, de constellations de travaux et de processus de décision ad hoc
	Décentralisation horizontale	Division administrative du travail
		Systèmes de communication informelle, de constellations de travaux, et de processus de décision ad hoc

ques positions sur un organigramme. Je me souviens de la recommandation faite par un groupe d'étudiants à une entreprise de transport à propos du faible prestige de son département sécurité : remonter la position du département dans l'organigramme. Comme si un tel changement sur une feuille de papier pouvait donner un nouveau souffle au programme de sécurité dans l'organisation ! La conception d'une structure est une affaire difficile, car la structure représente les forces bien établies de l'habitude, de la tradition, et aussi du pouvoir. Toucher à ces forces suscite souvent de fortes résistances. Il existe des cas, bien sûr, où la structure formelle est si déphasée par rapport aux flux naturels de travail et de communication, ou avec les besoins sociaux des salariés, que le changement de structure est facilement accepté. Par exemple, Rice (1953) décrit une usine textile indienne où les ouvriers adoptèrent un changement de structure proposé pour se débarraser d'une structure qui était beaucoup trop rigide.

Il est plus habituel cependant, de voir la structure refléter les flux naturels de travail et de communication. La plupart des structures représentent les besoins d'organisation réels, à tout le moins ceux du passé récent. Peu de structures sont imposées de façon artificielle sur une organisation. Mais les conditions changent et par voie de conséquence les besoins organisationnels changent aussi. Et changer la structure c'est inévitablement interférer avec des comportements établis. Paul Lawrence (1958) décrit ainsi la réorganisation d'une chaîne d'alimentation, qui prit des années :

> Le chercheur peut porter témoignage de ce que la réalisation de ces changements n'a pas été facile pour les personnes clés qui y ont été impliquées. Il a vu les efforts consciencieux qu'elles faisaient pour repenser leur pratique quotidienne et changer des habitudes de longue date... Quand on considère la persistance des comportements habituels, qui en est une partie intégrante et auto-entretenue, on trouve remarquable qu'un changement quelconque ait pu se produire (p. 204).

En conservant ceci à l'esprit, nous pouvons maintenant passer à l'exposé des neuf paramètres de conception. Chacun d'entre eux fait l'objet d'un chapitre (sauf pour les deux formes de décentralisation, dont nous traitons dans le seul chapitre final). Nous commençons par l'élément le plus petit de la structure, la conception des postes individuels, discutant de la spécialisation du travail, de la formalisation du comportement, et de la formation dans les chapitres 4, 5, 6 successivement. Puis nous discutons de la superstructure avec, au chapitre 7, la logique qui préside au regroupement en unités et au chapitre 8 la taille des unités. Puis, nous passons à la question des liens latéraux utilisés pour relier entre eux les éléments de la superstructure : le système de planification et de contrôle au chapitre 9, et les mécanismes de liaison au chapitre 10. Enfin, au chapitre 11, nous voyons comment l'ensemble est intégré dans un système de décision par la décentralisation horizontale et verticale.

La Section II de ce livre est plus analytique que synthétique, elle cherche à décomposer la structure en ses parties essentielles plus qu'elle ne cherche à les rassembler en un tout cohérent. Chaque chapitre décrit l'utilisation qui peut être faite d'un levier d'action particulier dans chacune des cinq parties de l'organisation, et relie ce levier d'action à ceux qui sont déjà discutés. La véritable synthèse vient ensuite. Il faut d'abord comprendre les éléments de base de la structure avant de replacer chacun d'entre eux dans le contexte particulier d'une organisation (ce que nous ferons dans la Section III) et, enfin, de voir comment ces éléments interviennent pour créer différents types de structure (ce que nous ferons dans la Section IV).

4

CONCEPTION DES POSTES
DE TRAVAIL :
LA SPÉCIALISATION DU TRAVAIL

Trois paramètres interviennent dans la conception des postes de travail individuels d'une organisation : la spécialisation du travail, la formalisation du comportement nécessaire à son accomplissement, la formation et la socialisation qui sont requises. Nous traiterons ici du premier de ces paramètres.

Le travail peut être spécialisé de deux façons différentes, dans deux « dimensions » différentes. D'abord, il y a la « largeur » du poste : le nombre des tâches qu'il contient, leur largeur ou leur étroitesse. A un extrême, on a des postes qui exigent le passage incessant d'une tâche à une autre au sein d'une très grande variété; à l'autre extrême on a des postes qui ne comportent qu'une seule tâche extrêmement spécialisée que l'ouvrier accomplit répétitivement heure après heure, jour après jour. La seconde dimension est la « profondeur du travail », le contrôle qui s'exerce sur le travail. A un extrême, l'ouvrier se contente de faire le travail sans réfléchir au comment ou au pourquoi; à l'autre extrême, celui qui fait le travail a sur son travail un contrôle total. On peut appeler la première dimension *la spécialisation horizontale* et la seconde la *spécialisation verticale* et utiliser pour parler de leurs contraires respectifs *les termes d'élargissement* et *d'enrichissement du travail*.

LA SPÉCIALISATION HORIZONTALE

La spécialisation horizontale du travail est la forme prédominante de division du travail; elle est présente dans toutes les organisations, et même dans toute activité humaine. Par exemple, Filley (1976, p. 337) note qu'au xᵉ siècle, dans l'industrie textile en Angleterre, le travail était divisé en plusieurs opérations : filage, tissage, teinture et impression; Udy (1959, p. 91) note que chez les esquimaux Gilyak, le travail de pêche au phoque est divisé entre les rameurs, le barreur et le harponneur. En fait, le terme « division du travail » a été forgé en 1776 par Adam Smith dans *La Richesse des Nations.* C'est dans cet ouvrage qu'on trouve son exemple célèbre sur la division du travail de fabrication des épingles :

> Un homme tire le fil, un autre le redresse, un troisième le coupe, un quatrième l'époincte; un cinquième en meule l'extrémité qui doit recevoir la tête; la fabrication de la tête requiert deux ou trois opérations distinctes, sa pose est un travail particulier, ainsi que le blanchiment des épingles; l'emballage est même un travail en soi; et la fabrication des épingles, tâche importante, est ainsi divisée en environ dix-huit opérations distinctes qui, dans certaines usines, sont chacune accomplies par des personnes différentes bien que, dans d'autres usines, une même personne puisse réaliser deux ou trois de ces tâches (Smith, 1910, p. 5).

Les organisations divisent ainsi le travail (le spécialisent) pour accroître la productivité. Adam Smith note que dans une usine, dix personnes spécialisées sont capables de fabriquer environ 5 kilogrammes d'épingles par jour, soit environ 4 800 épingles par personne. « Mais s'ils avaient travaillé de façon séparée et indépendante, sans qu'aucun d'entre eux ait reçu une formation particulière pour ce travail, ils n'auraient certainement pas fait chacun plus de vingt épingles par jour, peut-être même pas une seule... » (p. 5).

Quelles sont les raisons d'un tel accroissement de productivité ? Smith en note trois : l'amélioration de la dextérité de l'ouvrier qui est spécialisé dans une tâche, le gain de temps (l'ouvrier ne perd plus de temps à passer d'une tâche à une autre), et le développement de nouvelles méthodes et de nouvelles machines permis par la spécialisation. Chacune de ces trois raisons nous mène à un facteur clé qui relie spécialisation et productivité : la répétition. La spécialisation horizontale accroît la répétitivité du travail, ce qui facilite sa standardisation. Les produits peuvent être fabriqués de façon plus uniforme et plus efficace. La spécialisation horizontale a aussi pour effet de concentrer l'attention de l'ouvrier, ce qui facilite l'apprentissage.

> En donnant à chacun de ses membres une tâche particulière à accomplir, l'organisation dirige et limite leur attention à cette tâche. Le responsable de personnel s'occupe de recrutement, de formation, de classification et des autres questions de personnel. Il n'a pas besoin de s'occuper de comptabilité, d'achats, de planification ou de fabrication, toutes tâches essentielles au fonctionnement de l'organisation, car il sait que quelqu'un d'autre s'en occupe, ailleurs dans la structure (Simon, 1957, p. 102).

Cet argument est corroboré par Charns et al. (1977), qui ont trouvé que, dans un centre hospitalier universitaire, les docteurs qui ont à la fois un travail clinique, d'enseignement et de recherche ont tendance à « brouiller » ces tâches au détriment de leur performance [1].

Une dernière raison en faveur de la spécialisation est qu'elle permet de mettre l'homme qu'il faut à la place qu'il faut. Dans une équipe de rugby, on met les joueurs massifs à l'avant et les joueurs rapides en trois quart. De même, Udy note que les esquimaux Gilyak mettent leurs meilleurs rameurs à la poupe et leurs meilleurs tireurs à la proue. Même les fourmis trouvent approprié de diviser ainsi le travail :

> ... les fourmis adultes qui diffèrent par leur taille et par leur structure ont aussi des comportements qui sont différents, et il en résulte une division du travail à l'intérieur de la colonie. Les fourmis les plus petites... passent la plupart de leur temps dans le nid à nourrir les larves; les fourmis de taille intermédiaire, qui sont la majorité, sortent pour des expéditions. Les fourmis les plus grosses... ont une tête grosse et longue, et des mâchoires puissantes. Ces individus sont ce que Verrill appelle les soldats; ils ne transportent pas de nourriture mais passent leur temps à courir le long des colonnes de fourmis qui sont en expédition ou qui émigrent (Topoff, 1972, p. 82).

LA SPÉCIALISATION VERTICALE.

La spécialisation verticale sépare la réalisation du travail de son administration. Litterer (1965) nous donne une méthode utile pour décrire ce phénomène. La Figure 4.1. nous montre son cycle de travail de base, avec la réalisation du travail en bas à gauche et l'administration du travail — le système de rétroaction et de contrôle — en haut à droite. Dans un poste de travail spécialisé verticalement, l'ouvrier ne fait que le travail; à mesure que le travail est enrichi, l'ouvrier a de plus en plus de contrôle sur l'activité, sur les décisions à prendre et même sur les buts et les standards qui guident ces décisions.

L'enseignement nous offre un bon exemple. Les étudiants qui utilisent un manuel ou qui copient leurs leçons mot à mot, ont un travail verticalement spécialisé : ils ne font que le travail lui-même. Par contraste, si les étudiants sont engagés dans des projets, leur « poste de travail » est enrichi et ils passent d'une situation de répondeur passif à une situation de participant actif. Dans le cas du garnisseur de tartes dont nous avons discuté au chapitre 1, le travail est spécialisé verticalement (et horizontalement aussi d'ailleurs). Par contre, si on lui avait demandé de faire une tarte qui se vende 10 F, il aurait eu la responsabilité de détection, de discrimination et de décision en plus du travail d'exécution lui-même; et si la boulangerie

---

1. Les études de Trist et Bamforth (1951) et de Rice (1953) et Miller (1975), discutées au chapitre 3, sont des exceptions notables.

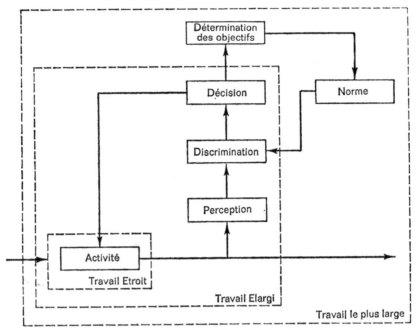

Figure 4.1. — *Cycle Fondamental de Contrôle du Travail* (*adapté de Litterer, 1965, p. 237 ff*).

avait été à lui, il aurait pu décider du prix et déterminer s'il voulait faire des tartes plutôt que, par exemple, du pain ou des bicyclettes.

Les organisations spécialisent le travail verticalement parce qu'elles croient qu'il faut un point de vue différent pour faire le travail et pour déterminer comment il doit être fait. En particulier, si un poste de travail est spélisé horizontalement, la perspective de l'ouvrier est très étroite et il lui devient difficile de relier son travail à celui des autres. Le contrôle du travail est alors confié à un cadre qui peut coordonner en utilisant la supervision directe ou à un analyste qui utilise la standardisation. Ainsi, **les postes de travail doivent souvent être spécialisés verticalement parce qu'ils sont spécialisés horizontalement;** beaucoup de postes de travail (mais pas tous comme nous le verrons bientôt) sont spécialisés dans les deux dimensions ou pas du tout.

L'ÉLARGISSEMENT DU TRAVAIL.

Dans la conception des postes de travail, la spécialisation n'est pas une panacée, loin s'en faut; au contraire, **la spécialisation du travail est la source de nombreux problèmes, notamment de communication et de coordination.** En médecine par exemple, la spécialisation n'a pas que des conséquences heureuses. Les grands progrès — par exemple la chirurgie à cœur ouvert, le contrôle de la tuberculose, les greffes d'organes — ont été permis par la spécialisation du travail de recherche et du travail clinique, mais la spécialisation a aussi créé toutes sortes de barrières artificielles : peu de médecins traitent le corps comme un tout; ils traitent plutôt les artères bouchées, les tensions psychologiques ou les déséquilibres du régime alimentaire.

Si la spécialisation horizontale est poussée, l'organisation voit apparaître des problèmes d'équilibrage. Si, chez un coiffeur, les ouvriers sont spécialisés dans la coiffure des enfants, des hommes ou des femmes, on peut rencontrer une situation où un adulte est forcé d'attendre alors qu'un coiffeur d'enfants reste inactif. Evidemment, la taille est ici un facteur important : un volume de travail élevé facilite la spécialisation horizontale.

Un autre problème sérieux, tout particulièrement dans le centre opérationnel, est celui des effets que la spécialisation poussée dans les deux dimensions peut avoir sur l'opérateur, sur les sentiments qu'il peut avoir envers son travail, sur la motivation qu'il a à bien faire son travail. Avec le développement du mouvement de gestion scientifique de Taylor après la Première Guerre mondiale, l'industrie américaine est devenue obsédée par la spécialisation (l'industrie soviétique aussi d'ailleurs). James Worthy, un des dirigeants de Sears et Rœbuck, écrivait en 1950 : « On a l'impression que la division du travail est devenue effrénée, dépassant tout ce qui est nécessaire pour l'efficacité de la production » (p. 174). Par exemple, au milieu des années cinquante, Davis et al. (1955), demandèrent aux ingénieurs de méthode de sept entreprises industrielles quels étaient les facteurs dont ils tenaient normalement compte dans le regroupement des tâches en postes de travail et dans l'allocation des tâches aux ouvriers. Dans toutes les entreprises les ingénieurs considéraient les facteurs suivants comme importants :

1. Décomposer le travail en éléments les plus petits possibles de façon à réduire la qualification requise.
2. Faire en sorte que le travail soit le plus répétitif possible.
3. Minimiser les durées de manipulation et de transport.
4. Créer des conditions de travail convenables.
5. Augmenter la spécialisation.
6. Stabiliser la production et réduire les changements de poste au minimum.
7. Développer l'influence des ingénieurs dans l'allocation des tâches et des postes (p. 6).

Dans un ouvrage ultérieur, *Big Business and Free Men,* Worthy (1959), retrace l'histoire du développement de cette mentalité. Il remonte à la naissance de l'usine où il note que la spécialisation a été en partie la conséquence de la pénurie de main-d'œuvre : « Cette pénurie a encouragé la décomposition de travaux complexes en éléments simples qui pouvaient être appris plus rapidement par les ouvriers inexpérimentés et non qualifiés que l'industrie devait, par nécessité, employer » (cette citation et les suivantes sont tirées de Worthy, 1959, p. 64-71). Mais cette spécialisation étroite a créé des problèmes « cruciaux » de coordination et de contrôle, qui ont mené à « la gestion telle que nous la connaissons aujourd'hui ». Worthy en attribue le crédit à Taylor (1956-1915), « l'un des plus précoces et des plus créatifs parmi ceux qui se sont préoccupés des problèmes d'organisation et de contrôle ». Le travail de Taylor va de la standardisation des matières premières à la programmation minutieuse des procédés de travail; il couvre en fait la planification du processus de production dans le détail du début à la fin; Taylor « a beaucoup fait pour tirer la production de l'état de confusion dans lequel il l'a trouvée et, ce faisant, il a jeté les bases d'un accroissement phénoménal de productivité de l'industrie américaine ».

Mais tout n'était pas rose dans l'usine qui se dessinait. Les exhortations de Taylor en faveur de la spécialisation — « il faut retirer tout le travail intellectuel possible de l'atelier et le faire passer dans les départements de planification et d'ordonnancement » — ont abouti à créer des postes de travail ressemblant le plus possible à des machines, à mesure que les ingénieurs cherchaient à « minimiser les caractéristiques qui différenciaient le plus les ouvriers des machines ». Taylor lui-même, « comparaît souvent les ouvriers à des enfants et utilisait fréquemment l'analogie avec la salle de classe ».

Tout ceci, soutient Worthy, « a été la source d'un gaspillage fantastique pour l'industrie et pour la société », parce qu'on n'a pas utilisé convenablement « la ressource la plus précieuse de l'entreprise : l'ensemble des capacités multiples et complexes des individus ». Les personnes ne pouvaient plus être traitées que comme des moyens parce que « le sens du travail lui-même avait été détruit »; ils ne pouvaient plus prendre d'initiative. Au lieu de la motivation intrinsèque, les ouvriers devaient être « attirés par des récompenses et menacés de punitions ».

Charlie Chaplin a popularisé la condition de ces robots humains dans son film *Les Temps Modernes* qui date d'avant la Seconde Guerre mondiale. Mais le problème subsiste aujourd'hui. Voici par exemple comment un ouvrier poseur de feutre dans une usine de fabrication de valises décrit son travail :

> En quarante secondes il faut prendre le feutre mouillé de la machine à feutre, mettre dessus la couverture — une feuille de caoutchouc — pour éponger l'excès d'humidité, attendre deux ou trois secondes, retirer la couverture, prendre le feutre humide, le jeter sur votre épaule — il n'y a pas moyen de le tenir en main sans qu'il se déchire... — se déplacer, prendre le tuyau, arroser l'intérieur de cet écran de cuivre pour l'empêcher de se boucher, se retourner, aller jusqu'à la teinture sèche et chaude qui est derrière vous, retirer la pièce chaude avec l'autre main, la mettre par terre — en ayant toujours cette chose humide sur votre épaule —, mettre la pièce de feutre humide sur la teinture sèche, pousser ce bouton qui fait descendre la presse, inspecter la pièce que l'on vient de retirer, la pièce chaude, l'empiler avec les autres — quand vous avez une pile de dix, vous la poussez et vous recommencez une autre pile de dix — puis retourner et mettre la couverture sur la pièce humide qui sort du réservoir... et tout recommencer. Quarante secondes. (Cité par Teckel, 1972, p. 289-290.)

Ce n'est que récemment, l'accroissement de l'aliénation ouvrière menaçant la productivité elle-même, qu'on a vu apparaître un réel mouvement visant à changer cette situation. Ce mouvement a été fait sous le nom « d'élargissement du travail » pour la dé-spécialisation horizontale, et « d'enrichissement du travail » pour la dé-spécialisation horizontale et verticale (Herzberg, 1968); plus récemment, on parle du mouvement pour la Qualité de Vie au Travail, suffisamment large pour mériter l'acronyme QVT; ici, par simplicité et par contraste avec la spécialisation du travail, nous utiliserons le terme « élargissement du travail » pour parler de dé-spécialisation horizontale aussi bien que verticale.

Dans l'élargissement horizontal, l'ouvrier a des tâches d'exécution diverses liées à la production des biens et des services. Il faut soit avoir à faire plusieurs tâches à la suite, soit par exemple rester spécialisé dans une tâche mais alterner périodiquement avec des collègues de façon à ce que son travail devienne plus varié. Par exemple, dans le montage d'un petit moteur, on peut supprimer complètement la chaîne de montage et demander à chaque ouvrier de réaliser l'ensemble de l'assemblage, ou garder la chaîne de montage mais changer chaque ouvrier de poste périodiquement.

Dans l'élargissement vertical, ou « enrichissement » du travail, l'ouvrier est sur un poste comportant non seulement plus de tâches, mais où il acquiert également plus de contrôle sur son travail. Par exemple, un groupe d'ouvriers peut se voir confier la responsabilité du montage complet d'un moteur, ce qui représente une unité de travail naturelle, avec toute latitude pour décider de la méthode et du partage du travail. Dans l'atelier de montage des moteurs de l'entreprise SAAB en Suède :

> Sept équipes de quatre ouvriers sont réparties le long d'un tapis roulant. Chacune effectue l'ensemble de l'assemblage d'un moteur à l'exception d'une partie de travail de préassemblage. L'ensemble de l'opération dure trente minutes. Chaque groupe peut s'organiser comme il l'entend : ou bien chaque ouvrier monte l'ensemble du moteur, ou bien il travaille en moyenne sept minutes et demi sur chaque moteur (Wild, 1976, p. 36).

L'élargissement du travail est-il payant ? Les partisans répondent par l'affirmative, et appuient leur conclusion sur des rapports d'expériences véritablement enthousiastes. Reprenons, par exemple, ce que dit Worthy (1959) :

> (Dans un hôpital californien pour enfants attardés), la moitié des patients étaient maintenus attachés à leur berceau, pour éviter qu'ils ne se blessent. Les patients plus âgés et capables d'accomplir des travaux simples aidaient au soin des autres. Leur travail était organisé sur le modèle d'une chaîne de montage; certains avaient pour seule fonction le récurage des planchers, d'autres encore aidaient ceux qui mangeaient difficilement. Un nouveau psychiatre, affecté au service d'une maison d'une centaine d'enfants, changea l'organisation du tout au tout. Elle détacha les enfants, supprima la chaîne de montage, et donna, à chaque enfant capable d'aider, la responsabilité de toutes les tâches concernant trois enfants. « C'est comme cela que l'on fait dans les familles », dit-elle, « il n'y a pas une personne qui lave les couches et une autre qui donne à manger à bébé ».
>
> Ce changement d'organisation modifia complètement l'atmosphère de la maison, et aussi les personnes elles-mêmes. Ceux qui aidaient prirent beaucoup plus d'intérêt à leur tâche et devinrent fiers de leurs responsabilités. Par

ailleurs, les patients les plus jeunes et les plus désemparés réagirent très favorablement au surcroît de liberté dont ils disposaient, ainsi qu'aux relations plus chaleureuses, plus sympathiques, plus humaines qui se développèrent entre eux et ceux qui les aidaient (p. 86-87).

Mais des observateurs plus détachés parlent aussi d'échecs; et lorsqu'on passe en revue les recherches récentes, les résultats de l'élargissement du travail paraissent être variés, bien que les succès l'emportent probablement sur les échecs (Pierce et Dunham, 1976; Filley et al., 1976, pp. 343-357; Melcher, 1976, pp. 72-83).

Par ailleurs, deux problèmes se posent clairement à propos de la plupart de ces recherches. D'abord, le résultat d'un élargissement du travail dépend du travail dont il est question. Pour prendre deux exemples extrêmes, élargir le travail d'une secrétaire qui dactylographie la même lettre à longueur de journée chaque jour ne peut qu'améliorer les choses; à l'autre extrême, élargir le travail d'un médecin généraliste (en y intégrant le travail de l'infirmière et du pharmacien par exemple) ne peut avoir pour résultat que de frustrer le médecin et de nuire au patient. En d'autres termes, nous avons vu que le travail peut être trop étroit, et nous voyons maintenant qu'il peut aussi être trop large. Ainsi, le succès d'un changement de la conception du travail dépend clairement de la nature de celui-ci, et de son degré de spécialisation. Dans ce domaine, il y a eu naturellement une tendance à agir sur les postes les plus étroits, les plus monotones, ceux qui sont spécialisés à un degré presque pathologique, et qui ne sont pas rares, loin s'en faut, dans ce monde industriel que nous ont laissés les successeurs de Frederick Taylor. Dans ces conditions, on n'est pas surpris de constater que l'élargissement du travail conduit à plus de succès que d'échecs. Ceci, cependant, ne doit pas nous amener à conclure que l'élargissement du travail est en soi un bien.

En second lieu se pose la question des coûts et bénéfices inhérents à toute opération de reconception du travail. Les écrits de personnes comme Worthy ont introduit le facteur humain dans l'équation de performance, à côté des concepts purement techniques qui entrent dans l'analyse des temps et des mouvements. Ceci a changé l'équation : **l'élargissement du travail est payant dans la mesure où les bénéfices provenant d'une meilleure motivation des ouvriers dépassent les pertes dues à une moindre spécialisation.** (Il arrive qu'un élargissement du travail change la performance à la fois en mieux et en pis : Dessler (1976, p. 80-81) cite le cas d'une modification du travail qui a eu pour conséquences une diminution de la productivité mais aussi une augmentation de la qualité.)

Ainsi, pour déterminer si l'élargissement du travail est payant, il faut d'abord examiner, **pour chaque poste,** l'efficacité technique et la motivation de l'ouvrier, puis voir comment ces deux facteurs s'équilibrent dans la modification envisagée. Et cet examen requiert pour chaque poste un travail important dont il est rarement fait mention dans les comptes rendus de recherches. Les études fondées sur un exemple unique ne permettent pas d'établir les corrélations exigées par la publication dans les journaux scientifiques [8]. Et on peut ainsi émettre des doutes sur nombre d'études publiées. Par ailleurs, comparer les valeurs que prennent des indicateurs de performances avant et après le changement donne peu d'information si l'on ne dispose pas également de données sur les ouvriers et les postes de travail dont il est question, ainsi que sur les changements effectués. L'élargissement du travail n'est donc pas plus une panacée que la spécialisation : c'est l'un des nombreux paramètres dont il faut tenir compte dans la conception des postes de travail, parmi d'autres facteurs comme par exemple son propre contraire, la spécialisation.

Jusqu'ici, nous n'avons examiné le bénéfice de l'élargissement du travail que du seul point de vue de l'organisation. Mais l'ouvrier compte aussi; c'est un être humain qui mérite souvent mieux qu'un travail monotone. Et les recherches montrent que **certains ouvriers préfèrent les postes de travail spécialisés et répétitifs.** Par exemple, « Turner et Miclette ont interrogé, en deux ans, 115 opérateurs sur chaîne de montage. Ils ont trouvé que moins de 20 % d'entre eux estimaient leur travail monotone et ennuyeux... » (Dessler, 1976, p. 83). Ce point n'est établi nulle part de façon plus claire que dans l'ouvrage fascinant de Stud Terkel : *Travailler* (1972); dans ce livre, toutes sortes de travailleurs parlent de leur travail et des sentiments qu'ils ont à son égard. Le message est clair : ce qui est bon pour l'un est mauvais pour un autre. De temps à autre, Terkel juxtapose les commentaires de deux ouvriers qui ont le même travail, et l'un des deux l'adore alors que l'autre le déteste. Nous citerons souvent dans cet ouvrage les ouvriers interrogés par Terkel.

Le même travail routinier motive un ouvrier et en aliène un autre : comment est-ce possible ? Les recherches suggèrent un certain nombre de raisons. Les ouvriers les plus âgés et ceux qui ont le plus d'ancienneté montrent plus de tolérance pour les travaux de routine (Dessler, 1976, p. 83; Pierce et Dunham, 1976, p. 85, 91), probablement parce qu'on apprécie plus les habitudes à mesure qu'on vieillit. Tout le monde cite les résultats de Hulin et Blood (1968) : les ouvriers des milieux urbains acceptent plus facilement ce genre de travail; ils acceptent en tout cas moins facilement l'élargissement du travail. Pour expliquer ce phénomène, Hulin et Blood suggèrent que les ouvriers qui ont grandi dans les villes ont plus que d'autres tendance à rejeter l'éthique protestante du travail — ils ont tendance à être moins consciencieux, et préfèrent s'impliquer le moins possible dans leur travail. Un travail monotone s'accorde magnifiquement avec une telle optique.

Mais peut-être est-ce la personnalité qui explique le mieux les différences entre ouvriers, et notamment une dimension que les psychologues appellent « la tolérance de l'ambiguïté ». Quelques données présentées par Dessler (1976), suggèrent que « l'ambiguïté est fréquemment associée à la tension, la pression, l'insatisfaction; les individus sont très différents quant à leur tolérance pour cette ambiguïté »; certaines personnes ont « un besoin élevé de structure et de clarté » (p. 84). Ceci peut s'interpréter à la lumière de la « Théorie de la hiérarchie des besoins », d'Abraham Maslow (1954), qui range en cinq niveaux successifs les besoins de l'individu : physiologiques, de sécurité, d'appartenance, d'estime et de statut, et d'actualisation (créer, s'accomplir). D'après cette théorie, les besoins d'un certain niveau ne commencent à jouer un rôle qu'à partir du moment où les besoins de niveaux inférieurs sont largement satisfaits. Cette théorie s'applique à la conception des postes de travail : les individus qui sont à l'extrémité basse de l'échelle de Maslow (ceux dont les besoins essentiels sont physiologiques et de sécurité) préfèrent un travail spécialisé, et ceux qui sont à l'autre extrémité (et en particulier ceux pour lesquels les besoins de réalisation sont essentiels), répondent favorablement à l'élargissement du travail (Pierce et Dunham, 1976, p. 90). Et ceci explique pourquoi la qualité de la vie au travail est devenue récemment une question importante : avec l'élévation du niveau de vie et la croissance du niveau moyen d'éducation, les citoyens des pays les plus industrialisés ont gravi les degrés de la hiérarchie de Maslow. Ils éprouvent de plus en plus le besoin de se réaliser, ce qui ne peut être fait que dans un travail élargi. L'équation continue à changer.

5

LA CONCEPTION DES POSTES : LA FORMALISATION DU COMPORTEMENT

Dans un article intitulé « Une convergence en théorie de l'organisation », D.J. Hickson (1966-1967), remarque que des théoriciens de l'organisation se sont intéressés à un paramètre de la structure qu'il appelle « la spécificité du rôle » [1]. Il présente une liste de ces théoriciens, qui est un véritable gotha des grands auteurs du management : « Taylor, Fayol, McGregor, Argyris, Simon, Whyte, Crozier, Thompson, etc. A un point de son article, pour mettre en évidence la diversité des appellations données par les différents auteurs à ce même paramètre, Hickson parle d'une structure qui, située à une extrémité sur cette dimension, pourrait être qualifiée de « bureaucratique-mécanique-fermée-formaliste-routinière-spécifique-dominante-bien définie-programmée-perceptuellement structurée-d'habitude-scientifique-autoritaire-rationnelle » (page 235). Ici, nous nommerons ce paramètre *la formalisation du comportement,* en notant qu'il représente la façon qu'a l'organisation de *limiter* la marge de manœuvre de ses membres. La formalisation du comportement est le para-

1. Plus exactement « le degré de spécificité des prescriptions de rôle » et son contraire « la marge de manœuvre légitime ».

mètre de conception par lequel les processus de travail de l'organisation sont standardisés. Le comportement peut être formalisé de trois façons différentes :

1. *La formalisation liée au poste.* Dans ce cas, l'organisation spécifie le travail lui-même, d'habitude sous la forme d'une description de poste. On indique au titulaire du poste quelles sont les phases du travail, leur ordre, leur durée, etc. March et Simon (1958) nous donnent un exemple :

> 1. Quand du matériel est retiré du stock, notez si la quantité qui reste est supérieure au minimum requis. Sinon.
> 2. Déterminez le volume des ventes prévu pour les k prochains mois par le département des ventes.
> 3. Inscrivez ce volume dans la « formule de quantité à commander » et rédigez un bon de commande pour la quantité obtenue par la formule (p. 147).

2. *La formalisation liée au flux de travail.* Au lieu d'attacher les spécifications au poste, l'organisation peut les faire porter sur le travail lui-même. Les opérateurs de presses d'imprimerie reçoivent avec chaque commande une liasse d'instructions, et les musiciens d'un orchestre travaillent à partir de partitions qui spécifient pour chacun le rôle qu'il a dans une symphonie donnée.

3. *La formalisation par règlement.* Enfin, plutôt que de formaliser le poste ou le flux de travail, l'organisation peut créer des règlements valables pour toutes les situations — tous les postes, tous les flux de travail, tous les salariés. Ces règlements peuvent spécifier qui peut ou ne peut pas faire quoi, quand, où, avec qui et avec la permission de qui. « Les salariés de cette agence de publicité doivent venir au travail en costume et cravate. » « Les réclamations doivent être adressées au département des relations sociales sur le formulaire 94 X Z, dactylographiées en simple interligne. » « Les dépenses excédant 5 000 F doivent être approuvées par le responsable de district ». De tels règlements peuvent régir toutes sorte de comportements, des salaires à l'épaisseur des moquettes. Ils sont généralement écrits et peuvent être rassemblés en un « manuel de procédure », la bible de l'organisation formelle.

Quel que soit le moyen utilisé pour la formalisation — par poste, par flux de travail ou par règlement — l'effet sur la personne qui fait le travail est le même : son comportement est régulé. Pour ce qui concerne la façon de faire le travail, le pouvoir passe de l'opérateur à celui qui conçoit les spécifications, souvent un analyste de la technostructure. Ainsi, la formalisation du comportement conduit à la division verticale du travail. Il est clair aussi que la formalisation est liée à la division horizontale du travail : les travaux les plus étroits et les moins qualifiés sont aussi les plus simples, les plus répétitifs, les plus susceptibles d'être très formalisés. Björk (1975) montre clairement ce lien lorsqu'il discute des trois principales « navrances de la production de masse » :

> Les principes sont la simplification du travail, la répétition et le contrôle étroit. L'ouvrier est considéré comme un élément interchangeable parmi d'autres, programmé pour accomplir une petite tâche définie avec précision par des études de temps et de mouvements. Il est supposé être un élément passif

du processus de production... Pour dynamiser et coordonner des douzaines ou des centaines de « parties » humaines atomisées dans une usine, on a recours à un système de contrôle rigoureux et très détaillé... (p. 17).

POURQUOI LE COMPORTEMENT EST-IL FORMALISÉ ?

Comme Björk le suggère, **les organisations formalisent le comportement pour en réduire la variabilité, et en fin de compte pour le prédire et le contrôler.** La raison essentielle d'une telle opération est la coordination des activités. Comme nous l'avons noté plus haut, la standardisation du contenu du travail est un mécanisme de coordination très puissant. Le paramètre de conception correspondant — la formalisation du comportement — est utilisé lorsque les tâches requièrent une coordination précise et soigneusement prévue à l'avance. Les pompiers ne peuvent pas se permettre, chaque fois qu'ils arrivent sur le lieu d'un incendie, de s'arrêter pour décider qui attachera le tuyau à la borne d'incendie et qui montera à l'échelle; de la même façon les pilotes de ligne doivent être absolument certains de leurs procédures d'atterrissage bien avant la descente.

L'organisation totalement formalisée, autant qu'il est possible, est l'organisation précise. Rien n'y est confus. Tout le monde sait exactement ce qu'il faut faire dans chaque cas. Quelques organisations approchent en fait d'assez près ce niveau de fiabilité : le train suisse quitte la gare à la seconde prévue, et la poste distribue chaque jour des millions de lettres virtuellement sans aucune perte. Ce sont les organisations qui correspondent le plus près à la description de James Thompson : leur centre opérationnel a été presque parfaitement isolé, et il fonctionne dans des conditions qui sont aussi proches de la certitude qu'il est humainement possible de le concevoir.

La formalisation du comportement est aussi utilisée pour assurer une stabilité qui conduit à une production efficace, comme dans l'usine automobile décrite par Björk. On institue une spécialisation horizontale pour permettre la répétition, puis la formalisation pour imposer les procédures les plus efficaces.

La formalisation sert aussi à garantir l'équité aux clients. Les services fiscaux doivent traiter tout le monde de la même façon, et c'est pourquoi Petterson y a trouvé tant de formalisation. Les organismes gouvernementaux sont particulièrement sensibles aux accusations de favoritisme, et donc on a tendance à y voir proliférer règlements et spécifications. Certaines de ces règles sont créées pour protéger les clients, d'autres pour protéger les salariés. Par exemple, la promotion à l'ancienneté a pour fonction de faire obstacle à l'arbitraire de l'encadrement (Crozier, 1962).

Les organisations formalisent aussi le comportement pour d'autres raisons d'une validité plus discutable. Un tel mouvement peut refléter une préférence arbitraire pour l'ordre. Par exemple, certains responsables de courts de tennis exigent que les joueurs portent une tenue blanche. Et pourtant, il paraît difficile de voir quelle serait la différence si certains portaient des vêtements mauves. La structure très formalisée est avant tout celle qui est nette; elle réchauffe le cœur de ceux qui aiment voir les choses bien en ordre : chaque personne à sa place dans l'organigramme, tous les processus de travail prédéterminés, toutes les éventualités prévues, tout le monde en blanc.

FORMES BUREAUCRATIQUES ET ORGANIQUES DE STRUCTURE.

Les organisations qui utilisent essentiellement la formalisation du comportement pour réaliser la coordination sont généralement appelées des *bureaucraties*. Au point où nous en sommes, il paraît approprié d'examiner de près ce concept important qui est au centre d'une grande partie des discussions sur la structure des organisations.

Le mot « bureaucratie » a une origine très simple : il vient de bureau au sens de pièce, ou du meuble qui s'y trouve, ou de la fonction qui est assurée par les personnes qui travaillent dans la pièce. Mais ce mot a eu une existence tumultueuse, depuis que Max Weber, le grand sociologue, l'a utilisé pour décrire un type particulier de structure. Pour Weber, c'était un terme technique, et il a conservé ce sens aujourd'hui dans la littérature en théorie de l'organisation et en sociologie. Mais le mot a pris ailleurs un sens nettement péjoratif :

> « Bureaucratie » est un mot obscène... il fait penser à des règles rigides... à quelque chose d'impersonnel, à la résistance au changement. Et pourtant toute organisation d'une certaine taille est bureaucratisée à un certain point, ou, pour employer une expression différente, on y observe des comportements plus ou moins stables fondés une structure de rôle et des tâches spécialisées (Perrow, 1970, p. 50).

Nous demanderons ici au lecteur d'écarter le sens péjoratif du terme et de n'en retenir que le sens technique; c'est ainsi que nous utiliserons le terme dans cet ouvrage. Weber décrit la bureaucratie comme un type « idéal » de structure, idéal ne signifiant pas parfait mais pur. Et il décrit ainsi les caractéristiques de cette structure pure :

> I. — Il y a le principe du caractère fixe et officiel des zones juridictionnelles, qui sont généralement déterminées par des règles, c'est-à-dire par des lois ou des règlements administratifs.
>
> 1. Les activités régulières requises dans une structure bureaucratique sont distribuées de façon fixe sous forme de devoirs officiels.
> 2. L'autorité de donner les ordres nécessaires à l'exécution du travail est distribuée d'une façon stable et strictement délimitée par des règles définissant les moyens coercitifs, physiques, sacerdotaux ou autres qui peuvent être placés à la disposition des personnes investies d'une autorité.
> 3. Toute précaution est prise, de façon méthodique, pour assurer l'exécution régulière et continue de ces droits et de ces devoirs; seules sont employées des personnes possédant les qualifications réglementaires.

II. — Les principes de la hiérarchie des offices et des niveaux d'autorité signi-fient qu'il existe un système fermement ordonné de supérieurs et de subor-donnés dans lequel les postes plus élevés supervisent les postes qui leur sont subalternes.

III. — La gestion de bureau moderne est fondée sur des documents écrits (« les dossiers ») qui sont conservés sous leur forme originale ou sous une forme abrégée.

IV. — La gestion d'un bureau, au moins pour un bureau spécialisé — et cette gestion est tout à fait moderne — requiert en général une formation appro-fondie et une expertise.

V. — La gestion du bureau suit des règles générales qui sont plus ou moins stables, plus ou moins exhaustives, et qui peuvent être apprises. La connais-sance de ces règles représente un savoir technique spécial qu'ont les membres de l'encadrement. Ce savoir est la jurisprudence, ou la gestion administrative ou la gestion des entreprises (Gerth et Mills, 1958, p. 196-198).

La description de Weber inclut un certain nombre de concepts dont nous avons déjà discuté : la division du travail, la spécialisation, la formalisa-tion du comportement, la hiérarchie d'autorité, la chaîne de commandement, la communication régulée, la standardisation des processus de travail et des qualifications. Mais ces caractéristiques inclues dans la définition vont-elles bien ensemble dans les organisations réelles ? En d'autres termes, est-ce que le « type idéal » de Weber existe, ou y a-t-il en fait différents types de struc-tures bureaucratiques, chacune d'entre elles ayant quelques-unes de ces carac-téristiques mais pas toutes ?

Ce n'est que dans les années 1960 que cette question commença d'être étudiée. Le travail fut commencé par Derek Pugh et ses collègues dans une série d'études réalisées à l'Université d'Aston en Grande-Bretagne (Pugh et al., 1963, 1968, 1969 a, b; Inkson et al., 1970; Child, 1972 b). Dans l'étude principale, Pugh et al. (1963-1964) ont mesuré sur une variété de dimensions, quarante-six organisations de la région de Birmingham, « un échantillon aléatoire stratifié par taille et par produit ou objectif » incluant « des fabricants d'automobiles et de barres de chocolat, des organisations municipales réparant les routes et enseignant l'arithmétique, de grands maga-sins de détail et de petites compagnies d'assurance, etc. » (p. 67). Trois des dimensions utilisées étaient proches de celles de Weber :

— la *spécialisation,* définie comme « la division du travail à l'intérieur de l'organisation, la distribution des devoirs officiels entre un certain nombre de positions différentes » (p. 72-73);

— la *standardisation,* liée à l'existence de procédures, d'événements reve-nant régulièrement et légitimes dans l'organisation;

— la *formalisation* définie, de façon plus étroite que dans le présent chapitre, comme « la proportion des règles, procédures, instructions et communications qui sont écrites » (p. 75).

Pugh et al. ont trouvé des corrélations significatives entre certaines mesu-res de ces trois dimensions, corroborant ainsi, au moins partiellement, la description de Weber. La corrélation entre spécification de rôle et standardisation globale était de 0,80, elle était de 0,68 entre spécialisation du rôle et formalisation globale, et de 0,83 entre standardisation globale et formalisation globale. Pugh et al. furent, par conséquent, capables d'agréger les trois dimensions en un seul facteur, pratiquement identique à celui que nous appelons ici la formalisation du comportement, et qu'ils ont nommé « la structuration des activités » :

> Une organisation qui a un score élevé en spécialisation, standardisation et formalisation... a déjà parcouru un long chemin dans la voie de la régulation du travail de ses employés... Leur comportement a été structuré par les spécifications attachées à leur rôle, par les procédures qu'ils doivent suivre pour faire leur travail et par les documents précisant ce qu'ils doivent faire (p. 84).

Ces découvertes furent confirmées par une réplique de l'étude originale d'Aston (Inkson et al., 1970; Child, 1972b). Cependant, Pugh et al., mesurèrent aussi le degré de concentration de l'autorité (c'est-à-dire le degré de centralisation), et ils trouvèrent des corrélations beaucoup plus faibles (et négatives) avec les trois autres dimensions, ce qui les amena (1965 b), à conclure qu'il existe plusieurs sortes de structures bureaucratiques : l'une où le pouvoir de décision est centralisé, et l'autre où il ne l'est pas [2]. Quoi qu'il en soit et pour ce qui nous occupe maintenant, **nous dirons qu'une structure est bureaucratique (centralisée ou pas) si son comportement est prédéterminé et prévisible, c'est-à-dire standardisé.** Là semble se trouver le principal fil conducteur dans la description de Weber.

Nous n'avons parlé jusqu'ici que des structures bureaucratiques. Mais, si certaines organisations ont un score élevé sur la dimension « structuration des activités » d'Aston, il est évident qu'il en existe d'autres qui ont un score faible, et où les comportements ne sont ni très spécialisés, ni très formalisés. En d'autres termes, il existe une structure qui est l'inverse de la structure bureaucratique. En 1966, Burns et Stalker ont trouvé que les structures de type bureaucratique conviennent aux organisations qui opèrent dans des circonstances stables, mais que les organisations qui ont besoin d'une capacité d'innovation à un environnement changeant, requièrent un type de structure très différent. Ils ont qualifié ce type de structure d'*organique* et décrivent comme suit ses caractéristiques :

> a) l'importance d'un savoir et d'une expérience spécialisés pour l'accomplissement de la tâche de l'organisation;
> b) la nature « réaliste » de la tâche individuelle, qui est perçue comme déterminée par la situation d'ensemble de l'organisation;

---

2. En réalité, la centralisation n'apparaît pas nommément parmi les cinq caractéristiques de la bureaucratie selon Weber. De fait, savoir si ces deux types de bureaucratie existent bien et même si Weber concevait la bureaucratie comme étant centralisée ou décentralisée, ont été sources de débats qui ont fait rage dans la littérature. Une réplication de l'étude d'Aston, faite par Child (1972 b) sur un échantillon d'organisations plus homogènes a montré l'existence d'une relation négative, plus forte, entre centralisation et structuration des activités, ce qui a conduit Child à conclure qu'on peut valablement soutenir qu'il existe un type idéal de bureaucratie, et qu'il s'agit d'une bureaucratie *décentralisée*. Nous retournerons à ce débat dans le chapitre 11.

c) l'ajustement et la re-définition continuelle des tâches individuelles par interaction entre les membres de l'organisation;

d) la suppression de la « responsabilité » conçue comme un champ limité de droits, d'obligations et de méthodes. (On n'a pas le droit d'évacuer les problèmes vers le haut ou le bas ou sur le côté en disant qu'ils sont de la responsabilité de quelqu'un d'autre);

e) le niveau d'engagement pour l'organisation de la plupart de ses membres, au-delà de toute définition technique;

f) la structure en réseau du contrôle, de l'autorité et de la communication. Chaque individu a une conduite de travail dont la sanction vient plus de la communauté d'intérêt supposée avec le reste de l'organisation pour la survie et le développement de l'entreprise, et moins d'une relation contractuelle entre lui-même et une entité impersonnelle représentée par son supérieur hiérarchique direct;

g) la personne qui est à la tête de l'organisation n'est plus supposée être omnisciente; la connaissance technique et commerciale sur la tâche à accomplir ici et maintenant peut être située n'importe où dans le réseau; et l'endroit où elle est située devient, de ce fait, le centre d'autorité, de contrôle et de communication;

h) l'importance des communications latérales plutôt que verticales dans l'organisation; la communication entre personnes de rangs différents ressemble plus au conseil qu'au commandement;

i) le contenu de la communication consiste plus en information et en conseil qu'en instructions et en décisions;

j) l'implication dans les tâches de l'organisation et dans « l'éthique technique » du progrès matériel et de la croissance a plus de valeur que la loyauté et l'obéissance;

k) l'importance et le prestige attaché aux affiliations à des milieux techniques et commerciaux externes à l'entreprise, ainsi qu'à l'expertise valable dans ces milieux (p. 121-122).

Dans pratiquement toutes les dimensions, on a ici l'opposé de la bureaucratie de Weber : la structure organique est caractérisée avant tout par des relations de travail lâches et informelles — les problèmes sont réglés à mesure qu'ils surgissent. En effet, la structure bureaucratique met l'accent sur la standardisation, la structure organique décrite par Burns et Stalker est fondée sur l'ajustement mutuel. Pourtant, **nous définirons ici la structure organique en disant qu'elle est caractérisée par l'absence de standardisation** (ceci nous permettra, plus loin, de considérer deux types de structure organique : l'une fondée sur l'ajustement mutuel, et l'autre fondée sur la supervision directe). Et nous considérerons donc que les structures bureaucratique et organique sont situées aux deux extrêmes d'un ensemble continu de structures où l'on fait varier la standardisation.

De nombreuses autres recherches ont montré l'existence du type organique de structure. Par exemple, dans son étude portant sur des entreprises industrielles d'une région de Grande-Bretagne, Joan Woodward (1965, p. 24), a trouvé deux fois plus de structures organiques que de structures bureaucratiques. Et elle a remarqué que certaines d'entre elles étaient organiques à dessein alors que d'autres l'étaient devenues malgré des efforts faits pour les formaliser. Et Wilensky (1967) a attiré l'attention sur certaines organisations où sont encouragées la concurrence entre les unités et la négligence des rapports formels, de façon à encourager l'initiative. C'était, par exemple, l'approche du Président Franklin D. Roosevelt qui a créé, pour ses programmes d'aide sociale, une structure administrative « qui laisserait pantois n'importe quel étudiant conventionnel de l'administration publique... D'après tous les critères habituels, c'était désorganisé; pour la même raison, ça marchait » (p. 53).

QUELQUES DYSFONCTIONS DES STRUCTURES FORMALISÉES.

Il n'y a peut-être pas en théorie d'organisation de sujet qui ait provoqué de débats plus animés que les conséquences d'une formalisation excessive du comportement dans les organisations. Bien avant les études d'Hawthorne des années 1930, la psychologie industrielle se préoccupait essentiellement de la fatigue physiologique causée par la monotonie du travail. Là était, en fait, l'objectif initial des expériences d'Hawthorne. Mais il apparut rapidement que la fatigue n'était que la partie émergée de l'iceberg, et qu'une telle organisation du travail — très répétitive, formalisée, spécialisée horizontalement et verticalement — était également source de problèmes psychologiques pour de nombreux ouvriers. Par la suite, quelques-uns des grands noms du management — Argyris, Bennis, Likert, McGregor — ont bâti leur réputation en faisant l'analyse des dysfonctions psychologiques des structures très formalisées. Ils ont attiré l'attention sur la tendance naturelle qu'ont les individus à résister à la formalisation et à la dépersonnalisation, et ils ont décrit les « pathologies » organisationnelles qui résultent des excès commis dans cette direction. Chacun d'entre eux décrit à sa façon un cercle vicieux dans lequel l'application des règles suscite une résistance des opérateurs, ce qui provoque l'apparition de conséquences dysfonctionnelles (allant par exemple de l'absentéisme, la rotation du personnel, les grèves, la rigidité des comportements, le rejet des idées nouvelles, une mauvaise qualité des services-clientèle jusqu'à la subversion du système lui-même).

L'organisation édicte alors des règles supplémentaires pour contrôler la résistance, ce qui restreint encore la marge de manœuvre des opérateurs et suscite de leur part une résistance accrue, et coetera. La Figure 5.1. décrit la version que R.K. Merton [3] donne d'un tel cercle vicieux.

L'étude par Michel Crozier de deux bureaucraties françaises.

Dans son ouvrage intitulé Le Phénomène Bureaucratique (1963), Michel Crozier décrit de nombreux cercles vicieux caractéristiques des structures très formalisées. L'intérêt de l'ouvrage va bien au-delà de ce point, et mérite qu'on en fasse ici une brève présentation.

---

3. Voir le chapitre 3 de leur livre pour un exposé des modèles de Selznick et de Gouldner.

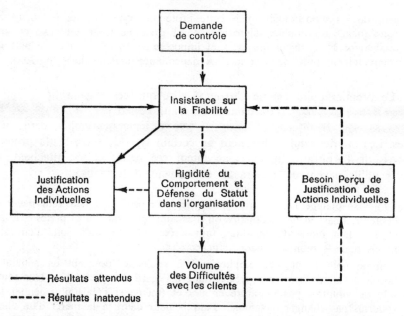

Figure 5.1. — *Les Conséquences de la Formalisation Excessive du Comportement : « Le Modèle de Merton Simplifié » (tel qu'il est présenté par March et Simon, 1958, p. 41).*

Crozier a étudié en profondeur deux bureaucraties françaises du secteur public : l'une, qu'il appelle l'Agence Comptable, où le travail est un travail de bureau; l'autre, qu'il appelle le Monopole Industriel, est chargée de la production du tabac et comporte trente usines. Ces deux organisations sont toutes deux très formalisées et réglementées à tous les niveaux :

« Des règles impersonnelles définissent dans le plus petit détail les diverses fonctions et prescrivent la conduite à tenir par leurs occupants dans le plus grand nombre possible d'éventualités. Des règles également impersonnelles président aux choix des personnes appelées à remplir ces fonctions; ... deux principes gouvernent ces choix : le principe du concours ouvert à tous qui règle les passages d'une grande catégorie hiérarchique à une autre et le principe de l'ancienneté qui règle à l'intérieur de chaque catégorie, la répartition des postes, les transferts de poste à poste et les augmentations d'indice... Rien n'est laissé à l'arbitraire et à l'initiative individuels » (p. 230-231).

Crozier discute de quatre éléments qui sont à l'origine d'une série de cercles vicieux. D'abord, de façon tout à fait curieuse, s'appuyer sur les règles sert à détruire la relation de dépendance entre supérieur et subordonné. En effet, les règles délimitent le pouvoir de chacun, y compris le pouvoir qu'a le supérieur de donner des ordres arbitraires; dans cette mesure, le supérieur n'est lui-même qu'un exécutant chargé de l'application de normes impersonnelles :

« Du fait de l'existence de ces règles, chaque membre de l'organisation se trouve donc protégé à la fois contre la pression de ses supérieurs et contre celle de ses subordonnés; mais cette protection est aussi un isolement et sa conséquence est double; d'une part il est privé de toute initiative et soumis totalement à des règles qui lui sont imposées du dehors et d'autre part il est complètement libre de tout lien de dépendance personnelle » (p. 232).

Ce premier point amène Crozier à dire que ces organisations sont des « démocraties perverses » où chacun est traité à peu près de la même façon parce que tout le monde est contrôlé par le même ensemble, écrasant, de règles. Les ouvriers qui recherchent un certain type de sécurité (la protection vis-à-vis de l'arbitraire du chef) acceptent ces règles et s'y attachent, mais le prix qu'ils payent est un travail excessivement formalisé :

> « Elles se plaignent certes très amèrement du prix qu'il leur faut payer pour l'obtenir, mais on peut admettre qu'elles sont au fond toutes prêtes à le payer et que, leur mode d'adaptation, tout « récriminant » qu'il soit, n'en est pas moins pour le moment encore efficace.
>
> Comme nous le dit une employée déjà ancienne, pourtant en général très hostile à l'administration et très critique à l'égard des chefs et de leur routine : « Je ne voudrais pas un autre emploi et (même si j'étais plus jeune) je ne voudrais pas changer davantage. J'aurais peur d'être à la merci d'un chef... » (p. 66).

Le second élément relevé par Crozier est le suivant : pour préserver le climat impersonnel du centre opérationnel, les décisions non couvertes par les règles (et entre autres les décisions de faire les règles) sont généralement prises ailleurs, au niveau de la direction générale. Ainsi, le caractère impersonnel est maintenu, mais au prix d'une séparation entre le *pouvoir* de décision et le *savoir* qui est nécessaire pour prendre la décision :

> « Les décisions doivent être prises par des gens qui n'ont une connaissance directe ni du terrain sur lequel doit s'exercer leur action ni des variables qui peuvent l'affecter. A défaut de cette connaissance directe, les responsables doivent se reposer sur des informations qui leur sont données par des subordonnés qui ont intérêt à leur masquer la vérité. On peut donc dire, en résumant, que dans ce système d'organisation, le pouvoir de décision tend à se concentrer aux endroits où l'on n'est pas en mesure de connaître efficacement les variables sur lesquelles ces décisions vont porter. Ceux qui ont les informations nécessaires n'ont pas le pouvoir de décider. Ceux qui ont le pouvoir de décider se voient refuser les informations dont ils ont besoin » (p. 60).

En troisième lieu, la pression du groupe des pairs à l'intérieur de ce que Crozier appelle les « strates », ou niveaux hiérarchiques amène le développement de rigidités dans les communications, et minimise les interactions entre strates :

> « Toute velléité d'indépendance sur les points qui touchent aux intérêts communs va se trouver impitoyablement sanctionnée.
>
> La pression du groupe des pairs devient le seul facteur de régulation du

comportement en dehors des règles... la pression hiérarchique et la sanction... se trouvent réduites, sinon éliminées » (p. 234).

L'effet de telles forces est de centrer l'attention de chaque groupe sur ses propres buts aux dépens des buts plus larges de l'organisation toute entière.

Quatrièmement, les règles et l'autorité centrale ne peuvent pas tout prévoir : quelques zones d'incertitude subsistent, et c'est autour d'elles que se développent les relations de pouvoir. Ceux qui contrôlent ces zones d'incertitude peuvent obtenir beaucoup d'influence. C'est le cas des ouvriers d'entretien dans les usines du Monopole Industrie : eux seuls peuvent réparer les pannes des machines qui sont la source d'incertitude la plus importante dans une organisation par ailleurs très régulée; et ils sont par conséquent un groupe très privilégié. Crozier note que « de façon paradoxale, plus l'organisation est étroitement régulée, plus grande est l'indépendance des exports ».

Nombre des découvertes de Crozier nous intéresseront dans la suite de ce livre. L'une d'entre elles mérite qu'on s'y arrête ici : les ouvriers, obsédés par la sécurité, acceptent sans difficulté de voir leur comportement formalisé car c'est là pour eux un moyen de protection. En d'autres termes, Crozier nous montre l'autre face des dysfonctions affectant les systèmes très formalisés : les ouvriers considèrent parfois les règles comme allant dans le sens de leurs intérêts. En liaison avec les conclusions du chapitre 4, nous voyons que les personnes qui ont un besoin de sécurité important et qui tolèrent mal l'ambiguïté, préfèrent un travail très formalisé et très spécialisé; leur monde est celui des structures bureaucratiques; ceux qui, par contre, veulent plus de flexibilité et tolèrent l'ambiguïté, recherchent les structures organiques.

6

LA CONCEPTION DES POSTES
DE TRAVAIL :
FORMATION ET SOCIALISATION

Le troisième aspect de la conception des postes de travail dont nous voulons traiter est celui qui concerne la détermination des exigences d'un poste de travail donné. En particulier, l'organisation peut définir les connaissances et les aptitudes exigées du titulaire du poste, ainsi que les normes qui doivent être les siennes. Ceci fait, l'organisation peut soit établir des procédures de recrutement et de sélection lui permettant de choisir parmi les candidats celui qu'elle recrute en fonction de ces critères, soit créer des programmes dont le but est d'amener les personnes qu'elle a recrutées à satisfaire à ces exigences du poste. Dans les deux cas, l'objectif est le même : faire en sorte que le titulaire du poste « internalise » les comportements requis, les fasse siens, en fasse une seconde nature, avant de commencer le travail. De plus, l'organisation peut renforcer ces comportements par de nombreuses techniques : les rotations entre postes, la participation à des conférences, les programmes de développement d'organisation, etc. **On appellera formation les processus par lesquels sont enseignées les connaissances et les aptitudes liées au travail, et socialisation le processus par lequel sont acquises les normes**

de l'organisation. Dans les deux cas, il s'agit de « l'internalisation » par les individus de comportements standardisés.

Le formation.

Lorsqu'un corps de connaissances et un ensemble d'aptitudes liées au travail sont fortement rationnalisés, l'organisation peut les incorporer dans des postes de travail simple et d'apprentissage facile — c'est-à-dire des postes non qualifiés —, puis les coordonner entre eux en s'appuyant sur la formalisation des comportements. Une automobile est une machine complexe, en assembler les divers éléments est un travail important. Mais, au fil des années, ce travail a été décomposé en des milliers de tâches simples, de sorte que des ouvriers de qualification minimale peuvent aujourd'hui en réaliser l'assemblage. La formation est, par conséquent, un paramètre négligeable dans la conception d'une usine d'assemblage automobile : elle n'intervient qu'au cours des quelques premières heures pour de nombreux postes.

Cependant, lorsqu'un travail requiert des connaissances et des aptitudes qui sont complexes et ne sont pas rationalisées, le travailleur doit passer un temps important à les apprendre. Dans certains cas, bien entendu, ces exigences de poste ne sont pas formalisées et doivent être remplies « sur le tas » : l'ouvrier est d'abord « apprenti » auprès d'un « maître » qui a lui-même appris le métier de la même façon. Mais, lorsque les connaissances et les aptitudes nécessaires ont été — au moins en partie — identifiées, l'individu peut être formé avant qu'il ne commence son travail. On parle alors du caractère *professionnel* du travail; **la formation est dans ce cas un paramètre de conception important.**

« Spécifier » les aptitudes et les connaissances, c'est, bien entendu, la même chose que les « standardiser ». La formation est donc le paramètre de conception qui permet à l'organisation d'utiliser le mécanisme de coordination que nous avons appelé la standardisation des qualifications. A tous ceux qui doutent de l'existence d'un lien entre professionnalisme et standardisation il nous suffit de citer un professionnel dont le travail est d'une complexité exceptionnelle. A propos de chirurgie cardio-vasculaire, Frank Spencer (1976) décrit ses « recettes chirurgicales » de la façon suivante :

> « Le terme « recette » est un terme de jargon qui a été forgé par mes colla-borateurs sur la base de l'analogie entre la description d'une opération et celle d'une recette de gâteau... »
> Une opération complexe, comme celle qui consiste à réparer une tétralogie de Fallot, peut être décomposée en dix à quinze étapes successives dont chacune comporte deux à cinq éléments essentiels. Si chacun de ces éléments peut être symbolisé par un mot, les étapes essentielles d'une opération peuvent être facilement représentées par une série de six à dix chaînons contenant trente à quarante symboles chacun. L'ensemble peut être appris par cœur de façon à pouvoir être récité en une à deux minutes la veille de l'opération. La mémorisation est un aspect crucial; à l'opposé de la consultation de notes, elle permet d'avoir rapidement une vue d'ensemble de la chaîne de symboles, un peu comme on récite l'alphabet. Quand les éléments essentiels sont parfai-

tement mémorisés, prendre des décisions lors de l'opération, et particulièrement lors d'événements imprévus, devient beaucoup plus facile (p. 1 182).

La formation des professionnels demande beaucoup de temps. Elle est généralement faite en dehors de l'organisation, et souvent dans une université. (Il y a bien entendu des exceptions, par exemple les forces de police forment généralement leur propre personnel.) En effet, la formation elle-même exige souvent l'intervention de personnes ayant une compétence particulière; si l'organisation ne dispose pas de telles personnes, la formation doit être faite en dehors de la technostructure par une association professionnelle ou une université. Dans ce processus, bien sûr, l'organisation perd une partie du contrôle qu'elle a, non seulement sur la sélection de ses personnels, mais aussi sur les méthodes qu'ils utilisent dans leur travail.

Quand ceux qui sont en formation ont fait la preuve qu'ils ont les connaissances et les aptitudes requises, ils sont agréés par l'association professionnelle, puis recrutés par l'organisation.

Les programmes de formation professionnelle ne peuvent, bien entendu, que rarement donner toutes les aptitudes et toutes les connaissances nécessaires; il en existe toujours une partie qui ne peut être ni spécifiée ni standardisée. C'est pourquoi la formation professionnelle s'accompagne généralement d'une période d'apprentissage sur le tas avant que l'individu ne soit considéré comme complètement formé. Tel est le cas, notamment, pour les chirurgiens (Spencer, 1976, p. 1 178).

La socialisation.

La *socialisation* est « le processus par lequel le nouvel arrivant apprend le système de valeurs, les normes, et les comportements de la société ou du groupe qu'il vient de joindre » (Schein, 1968, p. 3). Une grande partie de ce processus se déroule de façon informelle dans l'organisation; et une partie en est même réalisée par des groupes informels en contradiction avec les normes qui régissent le système d'autorité formelle. **On appellera ici socialisation le paramètre de conception par lequel l'organisation socialise ses membres pour son propre profit.**

Une partie de la socialisation est faite en dehors de l'organisation, lors de la formation professionnelle. Les étudiants en droit, par exemple, n'apprennent pas uniquement les lois et la jurisprudence, mais aussi plus subtilement ce que doit être le comportement d'un juriste. Mais la plus grande partie de la socialisation est liée à la « culture » de l'organisation et la socialisation est donc essentiellement le fait de l'organisation elle-même.

Quelques organisations conçoivent des programmes qui ont la socialisation pour seul objectif. Les jeunes recrues, frais émoulues de leur école de commerce, sont souvent mises « en formation » (comprenez « en socialisation ») dès leur arrivée dans une grande entreprise. On les envoie de département en département, durant des périodes assez longues pour apprendre le travail, et suffisantes pour leur permettre de percevoir la culture de chaque département.

Souvent, cette socialisation du début est accrue, plus tard, par des programmes conçus pour renforcer l'allégeance des individus à l'organisation. Par exemple, ils sont conviés à des réunions ou invités à écouter des discours inspirés, prononcés par les dirigeants de l'entreprise; ou bien, on les change de poste de façon à ce qu'ils soient attachés à l'organisation toute entière plutôt qu'à une de ses parties. Galbraith et Edström (1976) remarquent que dans les entreprises multinationales, ce type de pratique crée des réseaux de communication informelle qui servent à intégrer les objectifs des filiales à ceux de l'entreprise dans son ensemble.

L'exemple ci-dessus suggère que les **programmes de socialisation interne sont particulièrement importants pour les postes difficiles ou distants :** responsables de filiales à l'étranger, agents de la CIA, ambassadeurs, membres de la police montée canadienne. Dans ces cas, le besoin de coordination est crucial, et l'organisation veut être sûre que l'individu qui travaille de façon autonome agira dans l'intérêt de l'organisation. La nature du travail et la distance empêchent d'avoir recours à la formalisation du comportement ou à la supervision directe. L'organisation doit donc s'appuyer sur la formation et tout particulièrement sur la socialisation. Les gardes forestiers des Etats-Unis sont un exemple typique de personnes dont le travail s'effectue de façon isolée; s'appuyant sur l'étude qu'en a fait Kaufman en 1960, Wilensky (1967) décrit les nombreuses techniques de formation et de socialisation utilisées par leur organisation :

> Seuls des hommes qui ont l'amour de la vie en plein air, une formation uniforme dans le domaine forestier et qui sont très attachés à faire carrière dans le Service Forestier sont recrutés et survivent à la période de formation initiale. Neuf sur dix des 4 000 agents du Service Forestier viennent d'une école forestière; la plupart passaient, lorsqu'ils étaient jeunes, une partie de leurs vacances à travailler dans des forêts. Ils partagent le même savoir, possèdent les mêmes techniques et ont la même identité avant de commencer leur formation de garde-forestier. Quand ils travaillent, ils sont mutés périodiquement; sans qu'il s'agisse d'une obligation, de tels transferts latéraux sont en général nécessaires pour obtenir de l'avancement. Ces transferts, et le fait que les gardes-forestiers partagent les mêmes valeurs, facilitent la communication entre le siège et le terrain en maintenant la loyauté et l'intérêt de carrière dirigés vers le centre. Ils ont aussi pour effet de maintenir l'indépendance des garde-forestiers vis-à-vis des intérêts privés des régions dans lesquelles ils travaillent... (p. 59-60).

Etzioni (1961) qualifie de « normatives » de telles organisations qui utilisent beaucoup la socialisation, et cite comme exemple le Parti communiste et l'Eglise catholique. Anthony Jay, dans *Machiavel et le Management* (1970) nous donne une excellente illustration de l'usage fait de la socialisation par l'Eglise catholique :

> Saint Augustin a édicté la seule règle que doive suivre un chrétien : « Aime Dieu et fais ce qu'il te plaît. » Ce qui est sous-entendu ici est bien sûr, que si vous aimez Dieu, vous ne voudriez faire que ce qui Lui est agréable. De la même façon, les jésuites ne sont pas contrôlés constamment et la Société

ne leur envoie pas de mémos tous les jours. La formation longue et intense qu'ils ont reçue à Rome garantit que, où qu'ils aillent ensuite et quelle que soit la durée pendant laquelle ils ne voient pas d'autre jésuite, ils agiront en conformité avec les normes de la Société (p. 70).

7

LA CONCEPTION DE LA
SUPERSTRUCTURE :
LE REGROUPEMENT EN UNITÉS

Lorsqu'un ensemble de postes est déterminé en terme de spécialisation, de formalisation, de formation et de socialisation, deux questions évidentes se posent à l'organisation : comment faut-il regrouper ces postes de travail pour former des unités ? Et quelle doit être la dimension des unités ? Ces deux questions ont trait à la conception de la *superstructure* de l'organisation, et ont fait l'objet de nombreuses publications. Nous traiterons de la première ici, et de la seconde au chapitre suivant.

Le regroupement en unités est la base du système d'autorité formelle et de la hiérarchie de l'organisation. L'organigramme est une image symbolique de la hiérarchie, donc il représente le résultat du processus de regroupement, dont la Figure 7.1. décrit les différentes étapes en s'appuyant sur les travaux de Conrath (1973) : les postes sont regroupés en unités de premier ordre, qui elles-mêmes sont rassemblées en unités plus grandes, et ainsi de suite jusqu'à l'unité d'ordre le plus élevé qui est l'organisation elle-même. Par exemple, les soldats sont groupés en escadrons, les escadrons en compagnies,

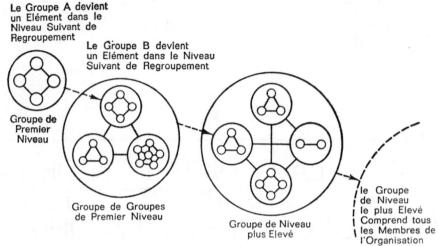

Figure 7.1. — *L'Organisation comme une Hiérarchie de Groupes*
(d'après Conrath, 1973, p. 594).

les compagnies en bataillons et ainsi de suite en passant des régiments aux brigades, aux divisions puis aux armées.

En liant ce processus avec ce que nous avons vu dans les trois chapitres précédents, nous pouvons décrire la conception de l'organisation de la façon suivante, au moins en principe. Les besoins de l'organisation étant donnés — c'est-à-dire les buts à atteindre et les missions à accomplir — ainsi que le système technique nécessaire à leur accomplissement, l'organisateur définit les tâches qui sont à faire. Cette procédure va pour l'essentiel du haut vers le bas, des besoins généraux aux tâches spécifiques. L'organisateur combine alors ces tâches en postes de travail en fonction du degré de spécialisation et de formalisation désiré, et détermine le type de formation et de socialisation qui est nécessaire pour le poste. L'étape suivante est la construction de la superstructure, le regroupement en unités de premier ordre, puis progressivement d'ordre plus élevé, jusqu'à ce que la hiérarchie soit complètement construite au terme d'un processus qui lui, va du bas vers le haut.

Comme nous l'avons noté, il s'agit là du *principe* de la procédure. En pratique, l'organisateur prend de nombreux raccourcis; il passe souvent directement des missions aux unités en fonction de la connaissance préalable qu'a des structures. En d'autres termes, la conception de l'organisation se fait rarement dans le vide; elle procède souvent de la connaissance des structures passées. En fait, la création d'une organisation est un phénomène beaucoup moins fréquent que la modification d'une organisation, réalisée en changeant un peu une structure existante. Dans la pratique, **à mesure que les buts et les missions changent, la reconception de la structure est commandée du sommet; à mesure que le système technique du centre opérationnel change, la modification se fait à partir de la base.**

Les effets du regroupement.

Le regroupement en unités n'est pas fait pour le plaisir de créer un organigramme ou pour savoir qui travaille à quelle tâche dans l'organisation. Le regroupement est en fait un **mécanisme de coordination fondamental,** qui a au moins quatre effets importants :

1. **L'effet peut-être le plus important qu'a le regroupement est de créer une supervision commune entre les postes ou les unités,** avec la nomination d'une seule personne responsable de toutes les actions. (Litterer, 1973, parle à ce propos de « groupes de commandement »). Par ailleurs, c'est en reliant entre eux tous ces responsables d'unités en une superstructure que l'on crée le système d'autorité formelle. **Donc, le regroupement est le paramètre de conception par lequel la supervision directe est incorporée à la structure comme mécanisme de coordination.**

2. Le regroupement amène généralement les postes ou les unités à se partager un certain nombre de ressources : budget, espace et équipement.

3. **Le regroupement est généralement associé à une mesure unique de performance pour l'unité,** au niveau de laquelle les coûts et les contributions peuvent être mesurés; le fait qu'une seule mesure soit effectuée pour l'ensemble, encourage les divers éléments de l'unité à coordonner leurs activités.

4. Enfin, **le regroupement favorise l'ajustement mutuel.** Les membres d'une même unité sont souvent à proximité les uns des autres, ce qui encourage les communications informelles et donc l'ajustement mutuel. Il est bien connu, par exemple, que les membres d'une même unité ont tendance à développer un esprit de corps et à traiter les autres en « étrangers ».

C'est ainsi que le **regroupement stimule deux mécanismes de coordination (la supervision directe et l'ajustement mutuel) et peut créer les conditions permettant la coordination par la standardisation des résultats en suscitant la mesure de la performance de l'unité.** En conséquence, le regroupement en unités est l'un des paramètres de conception les plus puissants. (Une des caractéristiques majeures des deux autres mécanismes de coordination — la standardisation des méthodes et celle des qualifications — est qu'ils créent une coordination automatique, et qu'ils peuvent donc être utilisés indépendamment des postes de travail.)

Mais il existe un revers de la médaille : si le regroupement encourage fortement la coordination et la communication à *l'intérieur* de chaque unité, il crée des problèmes de coordination *entre* unités différentes. Dans les termes bien connus de Lawrence et Lorsch (1967), les unités sont *différenciées* selon plusieurs dimensions : leurs buts, leur horizon temporel, le style des relations interpersonnelles et la formation de la structure. Par exemple, un département de production peut être plus orienté vers l'efficacité que vers la créativité, avoir un horizon temporel court, se préoccuper plus de l'exécution du travail que des sentiments de ceux qui l'effectuent et avoir une structure fortement bureaucratique. Par contraste, un département de recherche peut être à l'opposé sur chacune des quatre dimensions. Cette différenciation peut être renforcée par l'existence de « jargons » propres à chaque unité; et il peut arriver que les membres des départements de recherche et de production soient incapables de se comprendre les uns les autres.

Le résultat de tout ceci est que chaque département se replie un peu plus sur lui-même et sur ses problèmes propres, et se sépare d'autant du reste de l'organisation. **Le regroupement en unités encourage la coordination à l'intérieur des groupes aux dépens de la coordination entre les groupes.** Les écoles de gestion qui s'organisent par départements ne tardent pas à s'apercevoir que les professeurs de finance se voient plus les uns les autres qu'ils ne voient les professeurs de marketing ou de stratégie, et que dans chaque département se développe un esprit de chapelle. Bien entendu un tel phénomène peut avoir ses avantages, permettant à chaque unité de mieux régler ses propres problèmes; nous avons vu plus haut le cas des équipes chargées de projets nouveaux qui sont isolées du reste de la structure bureaucratique de façon à ce qu'elles puissent fonctionner de façon plus organique et donc être plus créatives.

LES BASES DU REGROUPEMENT.

Sur quelles bases les organisations peuvent-elles regrouper les postes de travail en unités et les unités en unités plus grandes ? Il existe six bases de regroupement dont nous discutons tour à tour ci-dessous.

1. **Le regroupement par spécialité.** Les postes de travail peuvent être regroupés en fonction du savoir ou de la compétence : les hôpitaux regroupent les chirurgiens dans un département, les anesthésistes dans un second et les psychiatres dans un troisième. La Figure 7.2. montre à titre d'exemple l'organigramme d'un centre hospitalier universitaire québécois. Le regroupement peut aussi être fait en fonction du *niveau* de la compétence ou du savoir : ouvriers qualifiés d'un côté, ouvriers non qualifiés de l'autre par exemple.

2. **Le regroupement par processus de travail et par fonction.** Les unités peuvent être constituées sur la base du processus de travail ou de la nature de l'activité. Par exemple, une entreprise industrielle peut créer des ateliers de moulage, de soudure et d'usinage; une équipe de football peut séparer les joueurs de l'avant des arrières lors de l'entraînement. Le système technique est souvent l'élément central de ce regroupement. Ce dernier peut aussi être effectué par fonction : achat, finance, recherche, restaurant d'entreprise, etc., les « fonctions » les plus classiques étant la production, le marketing, l'engineering, la finance; certains de ces groupes sont opérationnels et d'autres fonctionnels; la pratique courante qui consiste à rassembler toutes les unités opérationnelles d'un côté et toutes les unités fonctionnelles de l'autre est un autre exemple de regroupement par fonction. La Figure 7.3. montre l'organigramme d'un centre culturel où le regroupement est effectué par processus de travail et par fonction.

3. **Le regroupement en fonction du moment.** Le regroupement peut également être effectué en fonction du moment où est effectué le travail. Différentes

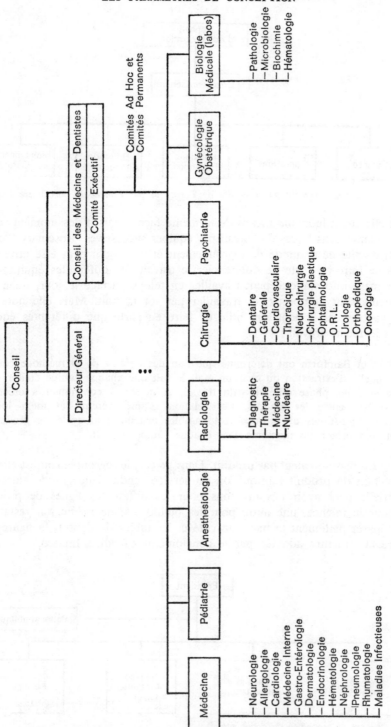

Figure 7.2. — *Le Regroupement par Disciplines et par Qualifications : les Services d'un Centre Hospitalier Universitaire.*

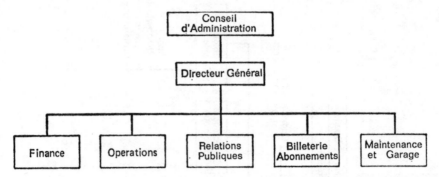

Figure 7.3. — *Regroupement par Procédés de Travail et par Fonctions*: un Centre Culturel.*

unités effectuent le même travail de la même façon mais à des moments différents, comme dans le cas du travail par équipes successives. Rosemary Stewart
(1970) discute de ce mode de regroupement et note qu'il peut être utile dans
ce cas de faire en sorte de différencier le travail des différentes équipes : un
département informatique peut travailler en temps partagé le jour, quand les
utilisateurs sont nombreux, et travailler par lot la nuit. Mais elle note que
dans d'autres cas il peut être utile de faire en sorte que différentes équipes
fassent le même travail :

> Trist et Bamforth ont déterminé que l'un des défauts de la méthode conven-
> tionnelle d'extraction du charbon était le fait que chaque équipe était respon-
> sable d'une phase différente du travail, et que ceci contribuait à créer des
> frictions entre les équipes. Les relations s'améliorèrent nettement lorsque
> furent constitués des groupes responsables chacun d'un cycle de production
> et comportant des membres dans chaque équipe (p. 33).

4. **Le regroupement par produit.** Dans ce cas, le regroupement est effectué
en fonction du produit fabriqué ou du service rendu. Une grande entreprise
industrielle peut avoir des divisions pour les différentes lignes de produit :
une pour la faïence, une autre pour les bulldozers; de même, un restaurant
peut séparer nettement le bar d'un côté et les tables de l'autre; la figure 7.4.
montre la structure adoptée par le conglomérat canadien Imasco.

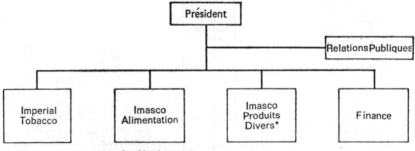

* Chaines de magasins de détail, etc.

Figure 7.4. — *Regroupement par Produits : l'Entreprise Imasco Limited.*

5. **Le regroupement par clientèle.** L'organisation peut aussi opérer un regroupement par type de client. Une compagnie d'assurance peut avoir des départements commerciaux différents pour les polices individuelles et les polices collectives. Parallèlement les hôpitaux ont, dans certains pays, des services différents pour les clients « publics » et les clients « privés ». Le Département de l'Industrie du gouvernement canadien a été créé à l'origine avec dix directions : industries alimentaires, machines, véhicules, industries chimiques, etc., chacune d'entre elles étant chargée de maintenir le contact avec un secteur de l'industrie canadienne.

6. **Le regroupement sur une base géographique ou par localisation.** Les groupes peuvent être formés sur la base de la région dans laquelle ils conduisent leurs opérations. En mai 1942, aux Etats-Unis, le Département de la Guerre était organisé par « théâtre d'opérations » : Amérique du Nord, Afrique et Moyen-Orient, Europe, Asie, Pacifique, sud-ouest Pacifique et Amérique latine (Hewes, 1975, Figure 5). A une échelle plus modeste, une boulangerie industrielle peut avoir des installations de production dans vingt régions différentes de façon à pouvoir livrer partout du pain frais. La Figure 7.5. montre l'organisation des postes canadiennes, qui est faite à deux niveaux sur une base géographique. Le regroupement peut également être fait, de façon très différente, en fonction de l'endroit associé au travail : dans le montage d'un avion, des équipes différentes travaillent sur les ailes et le fuselage; et en médecine, le regroupement peut se faire en fonction de la partie du corps humain qui est traitée (la tête en psychiatrie, le cœur en cardiologie).

Bien entendu, comme toute typologie, celle que nous venons de présenter a ses zones de flou. C'est à dessein que nous avons mis la psychiatrie dans deux catégories : le regroupement par compétence et le regroupement par localisation. Considérez par exemple les spécialités médicales de chirurgie et de gynécologie. Le dictionnaire Larousse les définit de la façon suivante :

— *Chirurgie :* discipline médicale qui consiste à pratiquer avec la main nue ou à l'aide d'instruments, des modifications sur un corps vivant.

— *Gynécologie :* spécialité médicale consacrée à l'organisme de la femme.

Ces définitions n'ont pas la même base : la gynécologie est définie en fonction du client, et la chirurgie en fonction du processus de production. Dans le même ordre d'idée, Herbert Simon (1957) remarque que « les services d'éducation peuvent être considérés en fonction de l'objectif (éduquer) ou de la clientèle (les enfants); les services forestiers peuvent être considérés en fonction de l'objectif (conservation de la forêt), du processus (les techniques forestières), de la clientèle (l'industrie du bois), ou de la région (les espaces forestiers publics) » (p. 30-31).

Le concept de groupement par processus, par objectif ou sur base géographique est un élément essentiel de la littérature sur les organisations, et Simon critique très vivement l'ambiguïté des termes qui sont employés dans ce domaine :

La dactylographie d'une lettre est à la fois un objectif et un processus : l'objec-

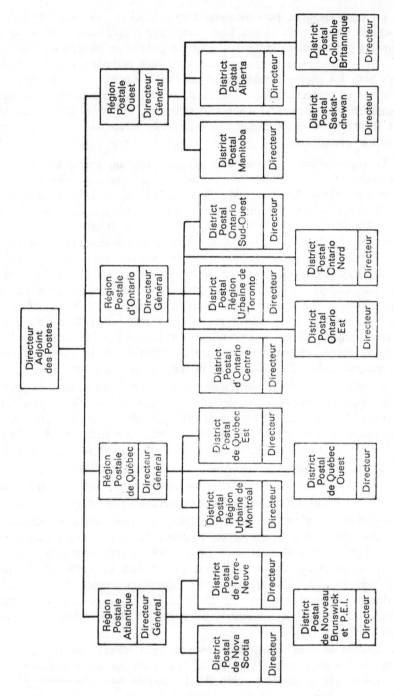

Figure 7.5. — *Le Regroupement sur une Base Géographique :
les Postes Canadiennes vers 1978** (reproduction autorisée).

---

* Les unités fonctionnelles du siège ont été omises.

tif du travail de la dactylo et le processus par lequel l'entreprise répond aux demandes des clients » (p. 30).

Simon remarque à ce propos que dans les organisations, les processus et les objectifs sont liés organiquement en une hiérarchie où chaque activité peut être considérée à la fois comme un processus servant des objectifs d'ordre plus élevé (dactylographier une lettre pour répondre à un client, fabriquer un produit pour le vendre) et comme un objectif (acheter une machine pour fabriquer un produit). Dans le même sens, l'organisation dans son ensemble peut être conçue comme un processus à l'intérieur de la société : les services de police assurant la protection des citoyens, les entreprises alimentaires servant à fournir de la nourriture.

En fait, les deux bases de regroupement essentielles sont le regroupement par marché (comprenant le groupement par produit, par client et par localisation) et le regroupement par fonction (comprenant le groupement par compétence, par processus de travail et par fonction). Avant de présenter chacun d'eux en détail, il nous paraît nécessaire de discuter des critères que les organisations utilisent pour opérer les regroupements en leur sein.

LES CRITÈRES DE REGROUPEMENT.

Il existe quatre critères que les organisations utilisent pour regrouper les positions et les unités : l'interdépendance des flux de travail, l'interdépendance des processus de travail, le critère d'économie d'échelle et celui des relations sociales.

Les interdépendances de flux de travail. Les nombreuses études qui ont été faites sur les relations entre opérations montrent que le regroupement doit refléter les interdépendances naturelles qui existent entre les flux de travail. Cette conclusion ressort clairement des travaux du Tavistock Institute sur les mines de charbon anglaises et les filatures indiennes. Traitant de la période qui a précédé la mécanisation, Trist et Bamforth (1951) écrivent :

L'avantage d'une telle organisation est de donner toute la responsabilité de l'extraction à un petit groupe qui est chargé d'un cycle complet d'opérations. Pour chacun des participants, la tâche accomplie a une signification, elle est totale et va du début à la fin d'un cycle complet (p. 6).

Miller (1959), traitant de l'étude que Rice a fait d'une filature indienne, repère l'existence de regroupements « naturels » et de regroupements « artificiels »; son diagramme est reproduit dans la Figure 7.7. Parallèlement, dans un chapitre intitulé : « Les flux de travail comme base pour la conception des organisations », Chapple et Sayles (1961), donnent quelques exemples dans lesquels les tâches sont regroupées en fonction des flux naturels de travail.

Dans l'un de ces exemples, les commandes des clients sont réparties entre plusieurs responsables sur une base de division par fonction, comme

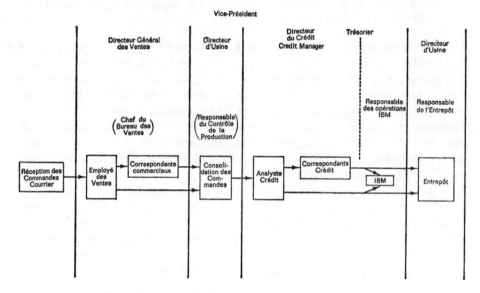

Figure 7.6. (a). — *Le Regroupement par Flux de Travail :*
Avant (d'après Chapple et Sayles, 1961, p. 23).

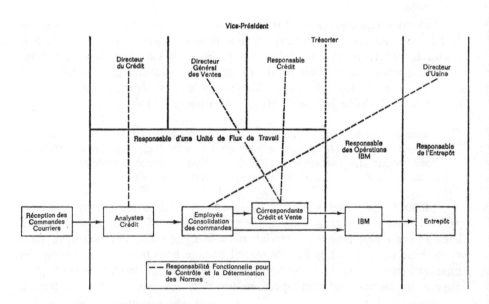

Figure 7.6. (b). — *Le Regroupement par Flux de Travail :*
Après (d'après Chapple et Sayles, 1961, p. 26).

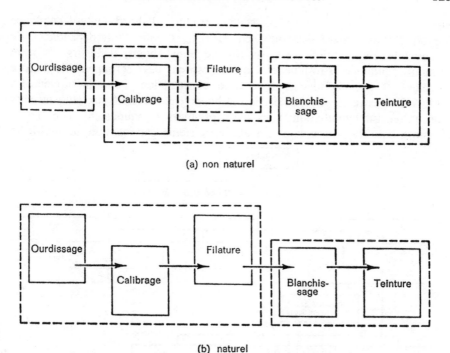

Figure 7.7. — *Regroupement « Naturel » et « Non Naturel » dans une Filature d'après le Flux de Travail (d'après Miller, 1959, p. 257).*

l'indique la Figure 7.6 (a) et il en résulte une différenciation du flux de travail qui est source de conflit. Par exemple, le département de crédit-client a annulé des ventes après que le directeur général ait écrit aux clients pour les remercier de la confiance qu'ils avaient exprimée dans le produit en passant commande. Ce type de problème a été résolu par une réorganisation, décrite dans la Figure 7.6. (b), au terme de laquelle toutes les activités liées à un flux de travail furent regroupées sous une direction unique. Ces exemples montrent les avantages de ce que les chercheurs du Tavistock appellent une « tâche psychologiquement complète » : **dans le regroupement sur une base de marche, les membres de chaque groupe ont le sentiment de l'unité territoriale; ils contrôlent un processus organisationnel bien défini; la plupart des problèmes qu'ils rencontrent peuvent être résolus simplement, par ajustement mutuel ou par l'action du responsable hiérarchique de l'unité.** Si, par contre, l'organisation ne suit pas les lignes naturelles des flux de travail, des ouvriers et des cadres de départements différents et donc d'allégeances différentes doivent coopérer, et comme ils ne le peuvent pas, les problèmes doivent être traités à un niveau supérieur de la hiérarchie, par des responsables qui sont plus éloignés du flux de travail.

James Thompson (1967, p. 59), traite lui aussi de la façon dont les organisations regroupent les tâches : selon lui, elles agissent de façon à minimiser les coûts de communication et de coordination, en s'attaquant aux trois interdépendances en allant de la plus complexe — qui est aussi la plus coûteuse — à celle qui est la plus facile à traiter : d'abord l'interdépendance réciproque, puis l'interdépendance séquentielle, et enfin l'interdépendance de communauté. La question n'est pas résolue pour autant, d'ailleurs, ils reste des interdépendances « résiduelles » qui nécessitent des regroupements d'ordre plus élevé et qui aboutissent donc à la construction d'une hiérarchie. La Figure 7.8. illustre ce phénomène de regroupement successif aux cinq niveaux d'une entreprise hypothétique : les deux premiers regroupements sont effectués sur la base du processus de travail, le troisième par fonction, le quatrième

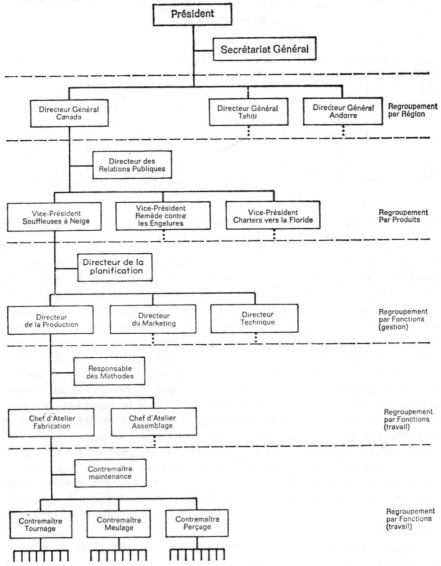

Figure 7.8. — *Niveaux Multiples de Regroupement dans une Entreprise Multinationale.*

par produit et le cinquième par pays; à chaque niveau on trouve des groupes fonctionnels (dont nous discuterons plus loin); les interdépendances les plus fortes, de nature réciproque, se trouvent au bas de la Figure 7.8. : tournage, fraisage, perçage au niveau de l'usine; le niveau suivant traite les interdépendances séquentielles (fabrication, assemblage); c'est aussi largement le cas pour le niveau immédiatement supérieur qui est chargé du développement des produits qui, dans le cas de la production de masse, passe généralement par les phases successives de conception, de fabrication puis de vente dans les départements de développement, de production et de marketing; au-dessus de ce niveau on a essentiellement des interdépendances de communauté : les divisions chargées des différents produits et les filiales des différents pays sont indépendantes les unes des autres sauf en ce qui concerne les ressources financière communes et le recours aux services de certaines unités fonctionnelles.

Dire que le regroupement doit être fait sur la base des interdépendances des flux de travail ne résoud pas le problème de l'organisateur : reste la question de savoir quelles sont ces interdépendances, et il est difficile d'y répondre. Par exemple, Gosselin (1978) a consacré des mois à étudier une équipe de chirurgie cardiaque dans un centre hospitalo-universitaire uniquement pour déterminer quelles sont les interdépendances des flux de travail entre cardiologues, cardioradiologues et chirurgiens cardio-vasculaires. La Figure 7.9. ne montre que les flux des patients, et elle donne une bonne idée de la complexité des phénomènes en jeu.

La question des interdépendances des flux de travail ne se pose pas seulement dans le centre opérationnel. Par exemple, Scharpf (1977), a étudié l'élaboration des politiques au ministère des Transports d'Allemagne Fédérale, où la division en sept groupes paraissait logique : transport ferroviaire, routier, navigation fluviale, transports maritimes, aériens, construction des routes, construction des canaux. Pourtant Scharpf avait l'impression que les mécanismes d'élaboration des politiques créaient des interdépendances entre divisions différentes et qu'il y avait là matière à réorganisation. Il fit trois études, portant respectivement sur les échanges d'information, sur la participation de divisions différentes à des tâches communes, et sur l'impact de tâches spécifiques sur les différentes divisions; et ces études lui donnèrent raison. Par exemple, il apparut que les liens étaient très forts entre les transports ferroviaires et certaines unités de la division des transports routiers. Cette dernière paraissait être très peu « cohésive », ce qui conduisit Scharpf à penser que la forme du regroupement pouvait bien ne pas avoir d'importance : elle pouvait ne pas avoir d'impact sur la coordination. Comme quelques indices suggéraient une réponse opposée, Scharpf procéda à une analyse plus poussée de ces données portant sur les conflits et sur le passage des informations entre les unités :

Les résultats sont intéressants : le manque d'information perçu est quatre fois plus important entre les divisions qu'à l'intérieur des divisions; les conflits sur la politique en cours d'élaboration sont deux fois plus importants entre

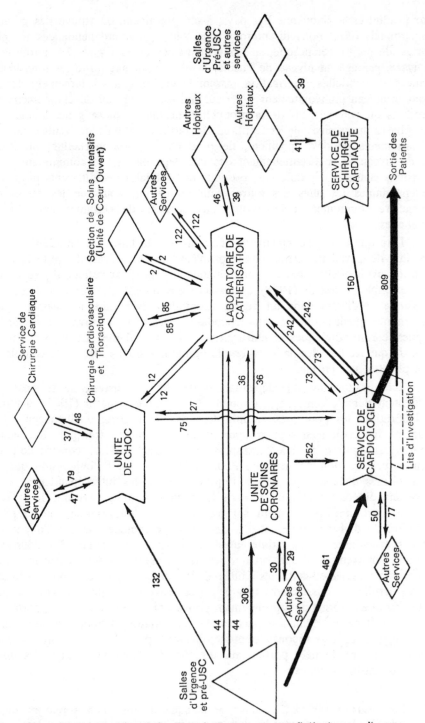

Figure 7.9. — *Un Résumé des Flux de Patients atteints d'affections cardiaques (d'après Gosselin, 1978, p. 165).*

divisions qu'à l'intérieur des divisions; et les conflits juridictionnels... sont moitié plus importants entre divisions qu'à l'intérieur des divisions » (p. 162).

La conclusion de Scharpf est donc que « les frontières organisationnelles ont réellement de l'importance » (p. 162), et il proposa une réorganisation du ministère qui suive les lignes réelles du flux de travail d'élaboration des politiques.

Les interdépendances de processus. Les interdépendances de flux de travail ne sont pas les seules dont l'organisateur doive tenir compte : les interdépendances liées aux processus de travail sont importantes elles aussi. Par exemple, l'opérateur d'un tour peut avoir à consulter un collègue qui fait le même travail que lui sur une ligne de produit différente (c'est-à-dire sur un flux de travail différent) pour lui demander quel outil il faut utiliser pour un travail donné.

Il existe en fait des interdépendances liées à la spécialisation, qui favorisent le regroupement par fonction. Il est possible qu'on ait à grouper les postes de travail par processus, aux dépens de la coordination des flux de travail : les chirurgiens cardio-vasculaires de Gosselin (1978) et les hauts fonctionnaires chargés du transport routier de Scharpf (1977) peuvent avoir été regroupés pour encourager le développement d'une spécialisation de haut niveau dans leurs domaines respectifs. Quand des spécialistes de même discipline sont regroupés, ils apprennent les uns des autres et se développent professionnellement; de plus, ils se sentent « entre eux » lorsque leur travail est jugé par des pairs et des supérieurs qui connaissent leur discipline.

Les interdépendances d'échelle. Le troisième critère de regroupement est lié aux économies d'échelle. **Des groupes peuvent être formés pour atteindre une taille suffisante pour un fonctionnement efficace.** Par exemple, chaque département d'une usine a besoin de maintenance; mais ce fait ne justifie pas nécessairement la création d'un poste ouvrier de maintenance par département (c'est-à-dire le regroupement par flux de travail). Il se peut qu'il n'y ait pas suffisamment de travail pour justifier l'existence d'un tel poste pour chaque département. Si tel est le cas on créera un département de maintenance central pour l'usine.

Une telle démarche encourage, bien entendu, la spécialisation : alors que le responsable maintenance pour chaque département se doit d'être un généraliste, les membres d'un département central pourront se spécialiser.

Cette question — *concentrer* ou *disperser* les services — se pose dans de nombreux cas : faut-il avoir un « pool » de dactylos ou attacher les dactylos à chaque utilisateur ? Une université doit-elle avoir une bibliothèque centrale ou une bibliothèque pour chaque unité d'enseignement et de recherche ? L'entreprise doit-elle avoir un groupe de planification stratégique au siège social ou un pour chaque division ou bien les deux ? Doit-on avoir un central téléphonique ou un système qui permette au public d'appeler directement les différents postes dans l'organisation ?

Cette question se prête d'ailleurs à une formulation mathématique; Kochen et Deutch (1969, 1973) l'ont étudiée sous cet angle et leur conclusion est la suivante :

> Les tendances à long terme peuvent aller dans le sens de la dispersion lorsque la charge de travail et le coût du service augmentent plus rapidement que le coût du capital d'une part, et les vitesses de transport et d'ajustement d'autre part, ce qui paraît probable pour les quelques décennies à venir. Dans des conditions opposées c'est la concentration qui l'emporte, comme c'était le cas dans le passé, et comme il est possible que ce soit le cas dans un avenir plus lointain » (p. 841) [1].

Les interdépendances sociales. Le quatrième critère pour le regroupement n'est pas lié au travail lui-même mais aux relations sociales qui l'accompagnent. Par exemple, l'étude des mines de charbon par Trist et Bamforth montre clairement l'importance des facteurs sociaux : les ouvriers devaient former des groupes de façon à faciliter le support mutuel dans un environnement dangereux. Dans les termes utilisés au Tavistock, le système était *socio-technique*.

D'autres facteurs sociaux peuvent entrer dans la conception des unités. Les études faites à Hawthorne ont par exemple montré que lorsque le travail est ennuyeux, les ouvriers devraient être proches les uns des autres, de façon à faciliter les interactions et éviter l'ennui. Les personnalités entrent en jeu, également, comme facteur important dans la conception de l'organisation. Les individus préfèrent être regroupés avec ceux avec lesquels ils s'entendent bien. En conséquence, **la conception de chaque superstructure finit par être un compromis entre les facteurs « objectifs » que sont les interdépendances de flux et de processus de travail ainsi que les économies d'échelle, et les facteurs « subjectifs » que sont les personnalités et les besoins sociaux.** Les organigrammes peuvent être conçus sur papier mais ils doivent fonctionner avec des personnes bien réelles. « Bien sûr, le chef de l'équipe des ventes devrait être le subordonné du directeur régional, mais comme ils ne peuvent pas s'entendre, on indique sur l'organigramme qu'il est subordonné du directeur des achats; ça peut paraître bizarre mais nous n'avons pas le choix. » Combien de fois n'avons-nous pas entendu de telles déclarations ? Toutes les structures qui sont faites avec des gens sont remplies de compromis de cette nature.

Dans de nombreux cas, bien s'entendre pousse à la spécialisation, non seulement parce que les spécialistes de même discipline développent à cause de leur travail des styles de pensée voisins mais aussi, et c'est peut-être plus important, parce que ce sont souvent des traits de personnalité communs qui les ont amenés à choisir leur spécialité. Les extravertis recherchent les postes de marketing ou de relations publiques, les personnalités analytiques se retrouvent dans la technostructure. Il est parfois meilleur de les maintenir séparés, au moins sur l'organigramme.

Les quatre critères que nous venons de voir sont ceux qui sont principalement utilisés par les organisations pour regrouper les postes de travail en unités.

Voyons maintenant comment ils s'appliquent au regroupement par fonction et au regroupement par marché.

LE REGROUPEMENT PAR FONCTION.

Regrouper par fonction — sur la base des compétences, des processus de travail ou des fonctions au sens habituel du terme — c'est se préoccuper essentiellement des interdépendances de processus et des économies d'échelle, peut-être à titre accessoire, des interdépendances sociales, et ceci est généralement fait aux dépens des interdépendances des flux de travail. En regroupant sur la base de fonctions, l'organisation peut rassembler les ressources humaines et matérielles des différents flux de travail; elle encourage aussi la spécialisation en établissant des profils de carrières qui restent à l'intérieur d'une zone donnée, en permettant aux spécialistes d'être supervisés par un des leurs, et en les rassemblant pour encourager leurs interactions. Ainsi, si on mesure la proportion des contacts que les membres d'une unité ont à l'extérieur de l'unité, on trouve 55 % pour la Commission du Poisson de l'Etat d'Oregon qui a une organisation fonctionnelle, alors qu'on trouve 68 % pour la Commission du Gibier qui est organisée sur une base de marché (Price, 1968, p. 364). De la même façon, « l'étude détaillée faite par Marquis de trente-huit entreprises travaillant sur des contrats de recherche du gouvernement des Etats-Unis, a montré que les équipes organisées par projet (sur une base de marché), étaient meilleures pour le respect des coûts et des délais, alors que la présence d'une base fonctionnelle forte était associée à un niveau d'excellence technique plus important à la fois par les dirigeants d'entreprise et par les clients » (Knight, 1976, p. 115-116).

Mais ces mêmes caractéristiques montrent quels sont les défauts principaux de la structure fonctionnelle. L'accent mis sur une spécialité étroite restreint la perspective, et amène les individus à limiter leur attention à leurs propres moyens et non aux buts plus larges de l'organisation. C'est dans la Commission du Poisson de l'Oregon que les recommandations des biologistes étaient le plus souvent ignorées par les responsables de l'éclosion; lors des réunions de travail et même dans les activités sociales, les spécialistes restaient entre eux : seuls les biologistes assistaient au pique-nique de la division de la recherche; dans la Commission du Gibier, les responsables de la surveillance de la reproduction étaient là aussi (p. 365).

De plus, la performance est difficile à mesurer dans une structure fonctionnelle. Quand les ventes baissent, qui est responsable : le marketing parce qu'il n'a pas poussé suffisamment ou la production pour les défauts du produit ? Ils rejetteront le blâme l'un sur l'autre, et personne n'acceptera la responsabilité du résultat d'ensemble. Quelqu'un est supposé s'en charger à un niveau plus élevé :

...dans une entreprise d'électronique organisée par fonctions, les ingénieurs étaient très compétents mais plus intéressés par l'élégance des plans que par la rentabilité des produits. Le département de production voulait des plans de produits qui soient faciles à produire en masse, plans que les ingénieurs leur donnaient avec des mois de retard, occupés qu'ils étaient à les peaufiner. Le responsable de production alla se plaindre au vice-président, disant que les ingénieurs traînaient alors que l'entreprise perdait des commandes... Finalement le vice-président dut intervenir lui-même pour résoudre le conflit (Khandwalla, 1977, p. 490-491).

En fait, **il manque à la structure fonctionnelle un mécanisme qui permette la coordination du flux de travail.** A la différence de la structure par marché qui contient les interdépendances de flux de travail dans ses unités de base, la structure par fonction gêne à la fois la coordination entre les différents spécialistes et la supervision directe au niveau de l'unité. La structure est incomplète : on doit lui ajouter des mécanismes de coordination.

La tendance naturelle est de résoudre les problèmes de coordination en leur faisant remonter la hiérarchie jusqu'à ce qu'ils atteignent un niveau où les fonctions se rencontrent. Cependant, un tel niveau peut être très éloigné du problème de départ. Dans notre Figure 7.8. considérons, par exemple, un problème qui concerne à la fois le perçage et la vente, disons la demande faite par un client que l'on perce des trous sur la carrosserie de sa déneigeuse pour y installer des rétroviseurs; un tel problème devrait remonter de trois niveaux jusqu'au vice-président chargé des déneigeuses, qui est la première personne dont la responsabilité couvre les deux fonctions.

Bien entendu, la supervision directe n'est pas le seul mécanisme de coordination que les structures par fonction peuvent utiliser : quand le travail est peu qualifié, elles ont plutôt tendance à utiliser la formalisation. On peut donc conclure que **les structures fonctionnelles — et notamment lorsque le travail de base est peu qualifié — ont tendance à être les plus bureaucratiques.** Le travail a tendance à y être plus formalisé et à exiger une structure administrative plus élaborée : plus d'analystes pour formaliser le travail, plus de personnel d'encadrement et peut-être, comme nous le verrons au chapitre 10, plus de personnel de liaison pour coordonner le travail entre les différentes unités fonctionnelles. Ainsi, quelques-uns des gains réalisés par une meilleure utilisation des ressources humaines et matérielles sont perdus à cause du besoin de personnel supplémentaire pour réaliser la coordination.

Dans l'autre sens, les structures bureaucratiques qui comportent des opérateurs non qualifiés ont tendance à être organisées sur une base fonctionnelle. En cherchant par-dessus tout à rationaliser leurs structures, ces bureaucraties préfèrent opérer des regroupements sur la base des processus de travail utilisés, puis coordonner l'ensemble par la formalisation du travail et la prolifération des règles. De cette façon, toutes les relations sont rationnelles et cohérentes, au moins sur le papier.

L'existence d'une relation entre structure bureaucratique et groupement fonctionnel ressort comme une évidence des travaux de Walker et Lorsch (1970) qui ont comparé deux usines très semblables l'une à l'autre dans de nombreuses dimensions, à ceci près que l'une d'entre elles était organisée sur une base fonctionnelle (l'usine F) et l'autre avait une organisation sur la base du marché (usine P, avec P pour produit). Dans l'usine F, les employés percevaient la structure comme formelle, « les responsabilités de chaque poste étaient bien définies, et les distinctions entre postes étaient nettes » (p. 45). Il y avait dans l'usine F plus de règles et de procédures que dans l'usine P. Dans cette dernière, bien que les responsables de production disent que leur travail est bien défini et que les règles et les procédures sont importants, les ingénieurs « décrivent » leurs responsabilités de façon vague... » (p. 70). De plus, « dans l'usine P, les communications entre employés étaient plus fréquentes, moins formelles et plus souvent de face à face... » (p. 46). Les cadres de l'usine F traitaient de problèmes de court terme et avaient des difficultés à résoudre les problèmes par ajustement mutuel. Mais Walker et Lorsch suggèrent que ce dernier point était peu important dans la mesure où la coordination était faite essentiellement par les plans, les procédures et la technologie de fabrication elle-même. Les problèmes restants pouvaient toujours être résolus par la hiérarchie, à condition qu'ils demeurent en nombre raisonnable.

LE REGROUPEMENT PAR MARCHÉ.

Lawrence et Lorsch (1967) nous donnent un exemple intéressant des avantages du regroupement par marché, sous la forme d'un mémorandum adressé par la direction d'une agence de publicité à son personnel, dans lequel sont exposées les raisons qui militent en faveur du passage d'une structure par fonction (avec des départements de copie, art et télévision) à une structure par marché :

La formation du département « totalement créatif », fait tomber toutes les barrières entre les spécialistes d'art, de copie et de télévision. Derrière ce changement se trouve une prise de conscience : toutes les personnes créatives, quelle que soit leur discipline, ont en effet réalisé que pour atteindre les résultats les meilleurs, il leur fallait travailler ensemble, être très proches les unes des autres, et agir avant tout comme des hommes de publicité qui essaient de résoudre des problèmes de création du début à la fin.
Le nouveau département sera divisé en cinq groupes placés sous la direction du vice-président directeur de la création, chacun d'eux étant placé sous la responsabilité d'un directeur adjoint de la création. Chacun des groupes sera responsable de l'art, de la télévision et de la copie pour chacun des contrats » p. 37).

Dans ce cas, le groupement est effectué sur la base du marché pour créer des unités relativement autosuffisantes traitant de flux de travail différents. Idéalement, ces unités doivent contenir les interdépendances séquentielles et réciproques les plus importantes; seules restent alors les interdépendances de communauté : chaque unité tire ses ressources et utilise certains services qui viennent de la structure commune, à laquelle en retour elle contribue par ses surplus et ses profits. Et, parce que chaque unité accomplit toutes les fonctions nécessaires à un ensemble de produits, de services, de clients ou de localités, chacune a tendance à s'identifier au marché qu'elle sert, et sa performance peut être plus facilement mesurée en ces termes. Dans cette mesure, ce sont les marchés et non les processus qui retiennent toute l'attention des membres de l'unité. On en trouve une illustration dans l'ouvrage de Walker et Lorsch déjà cité :

> L'atmosphère dans l'usine P... était très bien adaptée à l'objectif de l'amélioration des capacités de l'usine, et cet objectif était très bien atteint. Il y avait moins de différenciation des buts puisque les spécialistes des différentes fonctions avaient tous en commun le produit pour but...
> Les cadres de l'usine P étaient mieux à même de réaliser l'intégration nécessaire pour résoudre les problèmes bloquant les capacités de l'usine. Ils avaient les mêmes buts et leur patron commun les encourageait à traiter directement l'un avec l'autre pour résoudre leurs conflits. Dans ce système, il n'est pas surprenant de voir qu'ils étaient très impliqués dans leur travail » (p. 50).

Bien entendu, puisque l'ajustement mutuel et la supervision directe sont contenus dans chaque unité, l'organisation a besoin de moins de formalisation et elle est donc moins bureaucratique.

En général, la structure par marché est moins « mécanique »; elle est aussi par conséquent moins capable d'accomplir correctement une tâche répétitive : la spécialisation par processus de travail y est moindre. Mais ce type de structure peut accomplir plus de tâches, changer plus aisément, car l'indépendance relative entre les éléments lui donne la flexibilité. Des unités peuvent y être ajoutées ou en être supprimées avec plus de facilité. Chacun des magasins d'une chaîne peut être fermé, généralement sans grandes conséquences pour les autres. Mais fermer un département spécialisé d'un grand magasin peut le conduire à la faillite. Il existe des chaînes de magasins qui ne vendent que du pain ou du lait, mais un supermarché ne peut pas se permettre de ne pas vendre l'une de ces deux denrées.

Le regroupement par marché n'est cependant pas une panacée. Kover (1963-1964) nous décrit les effets dans une agence de publicité du passage d'une structure par produit à une structure par fonction analogue à celle dont nous parlions plus haut : une décroissance des communications entre spécialistes de même discipline et même entre les personnels de l'agence et les clients (qui finissaient par voir essentiellement les responsables d'unités); chacun sentait sa valeur professionnelle diminuer, en partie parce qu'il était jugé par un supérieur qui était un généraliste et non un pair de la même discipline; chacun se sentait devenir un artisan mécontent de son travail et aliéné de l'entreprise; un an après la réorganisation, les départs étaient nombreux. En fait, la réorganisation avait atteint la forme de la spécialisation et apparemment réduit la qualité du travail.

La structure par marché consomme plus de ressources que la structure fonctionnelle — au moins dans les unités de base sinon dans la hiérarchie

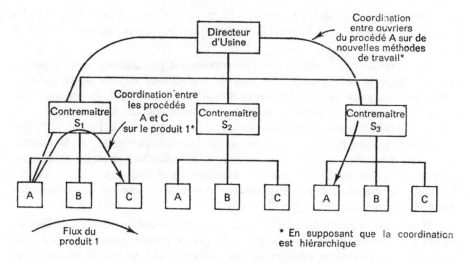

(a) Regroupement par produits (c'est-à-dire par marchés).

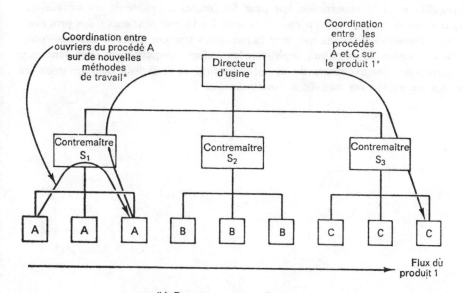

(b) Regroupement par fonctions

Figure 7.10. — *Regroupement Destiné à Traiter les Interdépendances du Flux de Travail ou des Spécialisations (d'après Litterer, 1965, p. 328).*

administrative — parce qu'elle doit multiplier les personnels et les équipements ou accepter de perdre les avantages de la spécialisation.

... si l'organisation a deux projets qui demandent chacun un ingénieur électronicien à mi-temps et un ingénieur électromécanicien à mi-temps, l'organisation qui est purement par projet (marché) doit soit embaucher deux ingénieurs électriciens — et réduire la spécialisation — soit embaucher deux ingénieurs électroniciens et deux électromécaniciens — et subir les coûts de la duplication (Galbraith, 1971, p. 30).

De plus, la structure par marché ne peut pas aussi bien tirer parti des économies d'échelle que la structure fonctionnelle, parce qu'elle est moins spécialisée.

Tout ceci amène à conclure qu'en **regroupant par marché, une organisation privilégie la coordination des flux de travail aux dépens de la spécialisation par processus et des** économies d'échelle. Litterer (1965), par exemple, étudie une usine dans laquelle le flux de travail va de A à B puis à C. Lorsqu'une telle usine est organisée par marché, comme dans la Figure 7.10. (a), la coordination du flux de travail est faite dans chaque unité, et la coordination des processus et méthodes de travail associés aux diverses spécialisations se fait entre unités différentes et implique le niveau supérieur de l'encadrement. Le mécanisme est exactement inverse si l'usine est organisée par fonction, comme dans la Figure 7.10 (b).

Il est clair, à partir de cet exemple, que **si les interdépendances de flux de travail sont celles qui sont importantes et que la standardisation ne peut pas les traiter, l'organisation essaiera de les contenir dans les unités d'une structure par marchés de façon à faciliter la supervision directe et l'ajustement mutuel;** tel est le cas de la Figure 7.6. b. Par contre, **si le flux de travail est irrégulier et si la standardisation peut facilement en contenir les interdépendances, ou si on est dans un cas où ce sont les interdépendances des processus et les économies d'échelle qui sont importantes (comme dans le cas des entreprises équipées de machines sophistiquées), alors l'organisation aura tendance à rechercher les avantages de la spécialisation et à choisir de regrouper les postes en unités sur une base fonctionnelle.**

8

LA CONCEPTION DE LA SUPERSTRUCTURE : LA TAILLE DES UNITÉS

Dans la conception de la superstructure, le second problème fondamental est celui de la taille des unités et des groupes de travail : combien de postes faut-il inclure dans une unité de premier ordre et combien d'unités de premier ordre dans une unité d'ordre plus élevé ? Cette question peut être reformulée de deux façons différentes : combien chaque supérieur doit-il avoir de subordonnés (ou encore quelle doit être *la surface de contrôle* de chaque supérieur) ? Et quelle doit être la *forme* de la superstructure : doit-elle être *pointue* avec beaucoup de petites unités et une faible surface de contrôle, ou bien *aplatie* avec des unités de taille importante et une surface de contrôle élevée ?

Sur ces points, les conclusions de la littérature classique sont formelles : « Aucun supérieur ne peut superviser le travail de plus de cinq, ou peut-être six, subordonnés dont les activités sont liées » (colonel Lydal Urwick, 1956, p. 41). Mais les recherches ultérieures ont montré qu'une telle position n'est pas tenable : les PDB étudiés par Holden (1968, p. 95), ont entre un et quatorze subordonnés (en moyenne dix), et dans l'étude de Woodward (1965), si les PDG d'entreprises industrielles ont en médiane six subordonnés, cinq d'entre eux étaient à la tête d'entreprises « performantes » et avaient plus de douze subordonnés directs. Pour les agents de maîtrise des entreprises de fabrication de masse, Woodward a trouvé en moyenne cinquante subordonnés (certains d'entre eux en avaient 90). Par ailleurs, Worthy (1959) nous signale que le vice-président « marchandising » de Sears Roebuck et Co. avait quarante-quatre cadres dirigeants sous ses ordres et qu'en moyenne, un directeur de magasin avait une quarantaine de responsables de départements (p. 109). Et Pfiffner et Sherwood (1960) nous rapportent l'exemple extrême de la « Bank of America », dont chacune des 600 agences californiennes est directement liée au siège social de San Francisco sans qu'il existe aucune structure intermédiaire » (p. 161). Dans certains de ces cas, il n'existe aucun lien entre les activités des subordonnés, mais certainement pas dans tous les cas. A propos du concept de surface de contrôle, Pfiffner et Sherwood notent :

> Beaucoup d'énergie a été dépensée pour réduire la surface de contrôle sans résultat sur les performances administratives. Mais le concept de surface de contrôle est encore vivace; on a beaucoup écrit à son propos. La plupart des consultants le considèrent comme un élément essentiel de leurs propositions de changements. Les étudiants transpirent sur sa définition, essentiellement parce qu'ils supposent que le concept doit être plus compliqué qu'il n'est en réalité. Ainsi, indépendamment de ses mérites, la surface de contrôle est tellement enracinée dans la culture administrative qu'on doit y consacrer une place importante dans tous les livres sur les organisations (p. 155-156).

Il ne fait aucun doute que le concept mérite une place importante dans cet ouvrage. Mais on a des raisons de penser que le concept est plus complexe que Pfiffner et Sherwood ne le pensent (Ouchi et Dowling, 1974). Qui doit-on compter dans les subordonnés ? Doit-on inclure les assistants, et ceux dont le travail est évalué par le cadre en question bien qu'ils ne soient pas ses subordonnés ? Comment tenir compte des aspects du travail du cadre qui ne sont pas liés à la supervision : collecter des informations, développer des contacts, etc. ? Est-ce qu'une faible surface de contrôle est nécessairement associée à une supervision qui s'exerce « de près » ou est-ce qu'en fait dans un tel cas le supérieur a beaucoup d'autres activités en dehors de la supervision ? Que penser de l'influence sur la taille de l'unité des mécanismes de contrôle autres que la supervision directe ? Comme le note Worthy (1959) :

> L'erreur essentielle de la théorie de la surface de contrôle habituellement utilisée est l'hypothèse implicite que le supérieur doit superviser et, de plus, servir de médiateur entre ses subordonnés à coopérer spontanément sans l'intervention du supérieur » (p. 107).

Tout ceci suggère que le problème n'est pas simple et que le contrôle — la supervision directe — n'est qu'un facteur parmi d'autres quand on décide de la taille des unités dans une organisation (nous utiliserons le terme « taille des unités » de préférence à « surface de contrôle »). Dans la suite de ce chapitre, nous essaierons de clarifier le débat en voyant ce qu'on peut retirer des études empiriques, d'abord de celles qui portent sur le caractère aplati ou pointu de la structure, ensuite de celles qui traitent des relations entre taille de l'unité et mécanisme de coordination.

STRUCTURE APLATIE OU STRUCTURE POINTUE ?

Par essence, une structure pointue a une longue ligne hiérarchique avec, à chaque niveau, des groupes relativement petits alors qu'une structure plate est composée de groupes d'effectifs plus importants et comporte un nombre plus faible de niveaux hiérarchiques, comme dans la Figure 8.1. ci-après.

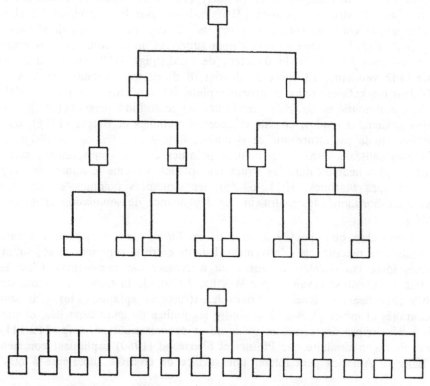

Figure 8.1. — *Structures Organisationnelles Aplatie ou Pointue*
(*regroupements utilisés dans l'expérience de Carzo et Yanouzas, 1969*)

Ses caractéristiques permettent à la structure pointue de réduire le temps qu'un manager doit consacrer à la supervision proprement dite; il dispose donc de plus de temps pour la prise de décision et l'activité externe, comme l'ont observé Blau et Schoenherr (1971, p. 321) dans des agences de l'emploi, et Carzo et Yanouzas (1969) dans l'étude expérimentale qu'ils ont faite à partir de jeux d'entreprise réalisés dans les structures de la Figure 8.1.; d'après les observations de Carzo et Yanouzas, la structure pointue émerge comme la plus efficace, peut-être parce qu'elle permet un flux de communications et de décisions plus ordonné, que les cadres peuvent mieux comprendre les problèmes parce qu'ils disposent de plus de temps, et parce que chaque décision est soumise à l'examen successif de plusieurs niveaux hiérarchiques.

Dans un autre ordre d'idée, des observations ont été faites sur l'impact psychologique de la forme de la structure : les différences de statut sont plus marquées dans la structure pointue (Carzo et Yanouzas, 1969) et les besoins de sécurité des individus y sont mieux assurés dans la mesure où le supérieur hiérarchique est plus disponible (Porter et Lawler, 1964). Dans d'autres études, la structure pointue apparaît comme plus frustrante pour les individus qui recherchent l'autonomie et la réalisation personnelle parce qu'elle conduit à une supervision qui s'exerce de trop près. Telles sont entre autres les observations faites par Ivancevitch et Donnely (1975) sur deux organisations de vente, l'une de structure pointue (210 vendeurs sous les ordres de 22 chefs de districts eux-mêmes sous les ordres de 12 directeurs de divisions subordonnés de 3 chefs de région qui ont pour supérieur un coordinateur des ventes lui-même sous les ordres du directeur de marketing), et l'autre de structure plate (142 vendeurs, 13 chefs de district, 8 directeurs régionaux et le vice-président marketing) : dans la structure plate, les vendeurs sont plus satisfaits de leur autonomie et de leurs possibilités de réalisation personnelle, ils sont moins anxieux et tendus, et plus efficaces. Cummings et Berger (1976), dans leur vue de la littérature sur ce domaine, notent que les cadres dirigeants sont plus satisfaits dans les structures pointues et que l'encadrement subalterne est plus heureux dans les structures aplaties. Comme le remarque Argyris (cité dans Starbuck, 1971, p. 88), les structures pointues « accroissent chez les subordonnés les sentiments de dépendance de soumission et de passivité ».

Il est clair qu'il peut y avoir plus de liberté dans la structure aplatie où l'existence de contacts relativement distants entre le supérieur et ses subordonnés force ces derniers à réussir ou à évoluer par eux-mêmes. C'est là, en fait, l'explication (avancée par Worthy, 1959), de la taille importante des unités chez Sears et Roebuck : dans les structures aplaties, « les gens sont encouragés et même poussés à atteindre les limites de leurs capacités, et parfois à développer des capacités qu'ils ne se connaissaient pas » (p. 110-111). C'est, de façon similaire que Pfiffner et Sherwood (1960) expliquent comment la Bank of America peut tolérer une surface de contrôle supérieure à 600 :

> lorsqu'on pose des questions aux responsables de la banque sur ce mode d'organisation peu orthodoxe, ils répondent qu'ils ne veulent pas créer un échelon intermédiaire qui risquerait de retirer de l'autorité aux directeurs d'agence. Ils veulent que ces derniers restent des hommes d'affaires locaux qui ne comptent que sur eux-mêmes et qui aient le maximum de possibilités de décider par eux-mêmes » (p. 161).

TAILLE DES UNITÉS
ET MÉCANISMES DE COORDINATION.

Beaucoup de la confusion qui règne dans le domaine que nous étudions maintenant, provient du fait que l'on ne considère les concepts de surface de contrôle et de taille d'unité que dans leurs rapports avec la supervision, mais sans voir qu'il existe d'autres mécanismes de coordination : la standardisation et l'ajustement mutuel. La littérature traditionnelle du management donne le ton en sous-entendant que tout le contrôle et toute la coordination ne sont faits que par le biais de la supervision directe. Quelle autre considération peut avoir amené Urwick à insister sur le chiffre de 5 ou 6 pour le nombre des subordonnés d'un même supérieur ?

Comme nous en avons fait la remarque à de nombreuses reprises déjà, les cinq mécanismes de coordination sont dans une certaine mesure substituables l'un à l'autre. Par exemple, le travail d'un cadre peut être « institutionnalisé » par la standardisation; et l'ajustement mutuel entre les membres d'un groupe de travail peut être utilisé à la place de la supervision directe. On peut s'attendre, bien entendu, à ce qu'un tel remplacement d'un mécanisme de coordination par un autre affecte de façon substantielle la taille de l'unité. Ainsi, on peut concevoir que **la taille de l'unité varie pour une large part en fonction des mécanismes utilisés pour coordonner le travail.**

On peut résumer nos conclusions sous la forme de deux hypothèses de base : d'abord, **la taille des unités est d'autant plus grande que la standardisation est plus utilisée pour coordonner les activités** parce que la supervision directe de chacun est alors moins nécessaire, et parce que chaque supérieur peut avoir un plus grand nombre de subordonnés. Ce raisonnement explique les observations de Joan Woodward (1965) sur la très grande taille des unités de premier niveau dans les industries de production de masse. Comme on le voit dans la Figure 8.2., les unités de premier niveau *les plus grandes* dans la production à l'unité et la production en continu n'atteignent même pas la *moyenne* de la taille des unités dans la production de masse. Maintenant si nous combinons cette observation avec le fait que les entreprises de production de masse sont bureaucratiques et que les autres sont organiques, on voit une relation évidente : la taille des unités est la plus grande là où le travail est le plus standardisé, dans le centre opérationnel des organisations les plus bureaucratiques.

Jusqu'ici nous n'avons discuté que de la standardisation des processus de travail, mais notre hypothèse s'étend aux deux autres formes de situation, celle des qualifications et celle des produits. Dans le cas des qualifications, le raisonnement consiste à dire que plus les employés sont qualifiés et moins ils ont besoin d'être supervisés; plus grande peut être alors la taille des unités. C'est le cas dans les hôpitaux et les universités. Au moment où ces lignes sont écrites, cinquante de mes collègues et moi-même travaillons dans une seule unité qui fonctionne sans heurts sous la direction d'un seul doyen sans chef de département. Ouchi et Dowling (1974) ont testé cette relation en

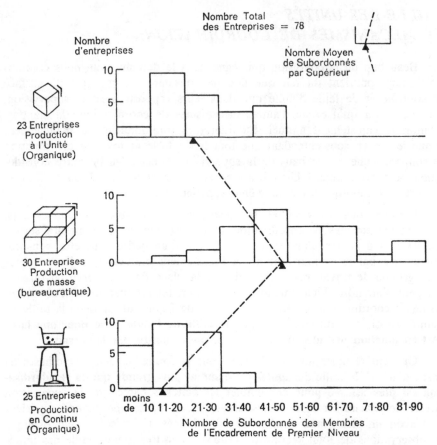

Figure 8.2. — *Taille des Unités et Standardisation du Travail (d'après Woodward, 1965, p. 62).*

comparant quatre mesures de l'étendue du contrôle à deux mesures qu'ils considéraient comme liées au degré de professionnalisme des vendeurs : le nombre des instructeurs dans le magasin et la perception du niveau des prix pratiqués par le magasin. Toutes les corrélations se sont avérées positives.

Parallèlement, on peut s'attendre à ce que plus les produits sont standardisés plus la taille des unités peut être grande. Bien que la Bank of America ait plus de 600 agences et justifie cette politique en disant que son objectif est d'encourager l'initiative de ses directeurs d'agences, on peut être certain qu'une telle surface de contrôle serait tout simplement impossible sans un système de contrôle de performance (contrôle des résultats) très serré sans compter l'utilisation de toutes sortes de règles, et les programmes de formation et de socialisation des directeurs d'agence. De la même façon, tous ceux qui ont fait leurs achats dans un magasin Sears et Roebuck savent à quel point les opérations en sont standardisées. Comme Moore (cité par Wilensky, 1967, p. 60) le remarque : « Sears peut décentraliser (c'est-à-dire alléger la supervision directe qui s'exerce sur les directeurs d'agence); de toute façon, ils pensent tous de la même façon. » Les banques et magasins à succursales multiples ont des surfaces de contrôle très élevées précisément parce que chaque succursale est la copie conforme des autres, ce qui facilite la standardisation.

Ainsi on ne peut pas dire que l'appartenance à une unité de grande taille libère automatiquement l'individu du contrôle étroit. C'est peut-être vrai pour le contrôle exercé par le supérieur direct mais pas nécessairement pour le contrôle exercé par la technostructure, la formation et la socialisation. En fait, les individus les plus étroitement contrôlés sont ceux des grandes unités, composées d'opérateurs non qualifiés dans les centres opérationnels des organisations très bureaucratiques. Même les managers y sentent le poids du contrôle : j'ai un jour animé une formation sur la nature du travail du manager pour 80 directeurs d'agence d'une grande banque canadienne; la discussion qui s'ensuivit fut dominée par un thème : la frustration extrême qu'ils ressentaient de ne pas pouvoir agir comme des « vrais directeurs », à cause du poids des règles imposées par la technostructure sur la gestion de leur agence. On ne peut donc pas accepter sans réserve la conclusion de Cummings et Berger; on doit la reformuler de la façon suivante : l'encadrement subalterne est plus satisfait dans les structures aplaties que dans celles où une standardisation excessive n'est pas venue remplacer la supervision directe comme mécanisme de coordination.

Notre seconde hypothèse est la suivante : **la taille des unités est d'autant plus petite que l'organisation a plus recours à l'ajustement mutuel à cause de l'existence d'interdépendances entre tâches complexes.** Cette relation peut être expliquée de deux façons différentes. D'abord, c'est évident, tous les autres mécanismes de coordination étant maintenus au même niveau (et en particulier la standardisation), plus les tâches sont interdépendantes et plus le supérieur devra passer de temps avec ses subordonnés pour coordonner leurs activités, que ces activités soient complexe ou pas. Le supérieur devra passer plus de temps pour superviser et guider les activités et être disponible pour donner conseils et avis à ses subordonnés. Le supérieur ne peut alors avoir qu'un faible nombre de subordonnés. Sur cette base, on a une autre interprétation des cas de la Bank of America et de Sears et Roebuck : l'énorme surface de contrôle peut exister parce qu'il n'y a pas d'interdépendances entre les unités; chaque succursale a ses propres clients et il n'y a entre elles aucune interdépendance ni réciproque ni séquentielle; un nombre bien plus grand de succursale ne peut être supervisé que dans le cas des ateliers — séquentiellement interdépendants — d'une usine. C'est pourquoi Urwick restreint son principe de la surface de contrôle au cas où les activités sont « liées ».

Mais il existe une autre explication, plus subtile, de la relation entre petitesse de la taille des unités et interdépendances entre tâches *complexes*. Ces tâches sont difficiles à superviser et donc on assiste à un accroissement de l'ajustement mutuel au lieu d'une supervision directe. Les membres de l'unité doivent communiquer les uns avec les autres directement et souvent; *la taille de l'unité ne doit donc pas être trop grande* si l'on veut que ces contacts soient possibles. Par exemple, Filley et al. (1976, p. 417-418) fait une revue de travaux qui montrent l'existence d'une relation entre la petitesse d'un groupe et des facteurs comme la cohésion et la participation, la taille optimale pour le consensus étant de cinq à sept membres. L'une de ces études montre qu'au-delà de dix membres, un groupe a tendance, qu'on le veuille ou non, à se fractionner en cliques dont chacune aura son meneur, même si le « supérieur » d'une clique n'est pas beaucoup plus qu'un porte-parole. Par conséquent, lorsque les tâches sont complexes et interdépendantes, la taille des unités est nécessairement petite. Remarquons qu'ici il faut parler de taille de l'unité et non de surface de contrôle car les phénomènes qui sont en jeu n'ont rien à voir avec le contrôle exercé *sur* l'unité par le supérieur : ils ont trait à l'ajustement mutuel.

De ce point on peut tirer deux enseignements. D'abord, dans le domaine de la structure (je suis tenté de dire dans le domaine de la gestion en général), les choses ne sont pas nécessairement ce qu'elles paraissent être. On ne peut pas se contenter des systèmes conceptuels élaborés « en chambre », il faut effectuer les recherches sur le terrain directement. L'observation faite avec soin est toujours riche de surprises.

En second lieu, on a intérêt à choisir ses termes (comme « contrôle ») avec beaucoup de précautions et à être sûr de ce qu'on est en train de mesurer lorsqu'on effectue une recherche empirique.

Un dernier point doit être mentionné. La plupart des études qui prouvent l'existence d'un lien entre la petitesse des unités et la présence de tâches complexes et interdépendantes viennent de l'observation de groupes dont les membres sont des professionnels (voir en particulier Hall, 1972, p. 153 sq.). Mais comment peut-on réconcilier ces observations avec la première hypothèse qui nous dit que le professionnalisme (c'est-à-dire la standardisation des qualifications) conduit à une taille d'unité élevée ? La réponse est la suivante : les activités des professionnels sont toujours complexes, mais elles ne sont pas toujours interdépendantes. **Il y a en fait deux types d'activités de nature professionnelle — indépendantes et interdépendantes — et elles exigent des structures très différentes.** Dans le premier cas, la standardisation des qualifications traite la plupart des interdépendances; il y a donc besoin de peu d'ajustement mutuel et les professionnels peuvent travailler indépendamment les uns des autres en unités de grande taille. C'est ce qu'on trouve dans la plupart des cabinets d'audit et dans le système éducatif où chaque professionnel sert ses propres clients. Dans l'autre cas, il reste des interdépendances qui ne peuvent pas être traitées par la standardisation des qualifications et il doit donc y avoir une quantité considérable d'ajustement mutuel : les professionnels doivent travailler en unités petites et informelles; c'est le cas dans les laboratoires de recherche et les entreprises de conseil. C'est ainsi que Meyer (cité dans Hall, 1972, p. 155), ayant étudié 254 départements financiers de gouvernements d'Etats et de collectivités locales a trouvé que les unités étaient les plus petites dans les départements d'expertise la plus forte; a pris soin de préciser que « ce n'est pas l'expertise elle-même qui fait que les unités sont de petite taille lorsqu'elles emploient du personnel très qualifié, c'est le besoin de consultations et communications fréquentes ».

Nous venons donc d'étudier quatre facteurs dont la présence accroît la taille des unités :

1. la standardisation (sous ses trois formes possibles);
2. la similarité entre les tâches accomplies à l'intérieur d'une unité donnée;
3. le besoin d'autonomie et de réalisation personnelle ressenti par les membres de l'unité;
4. le besoin de réduire la distorsion des informations lorsqu'elles circulent, de haut en bas ou de bas en haut

et nous avons vu quatre facteurs dont la présence fait décroître la taille des unités :

1. le besoin de supervision directe de près;
2. le besoin d'ajustement mutuel entre tâches complexes et interdépendantes;
3. le volume du travail qui incombe au supérieur en dehors de la supervision directe;
4. le besoin qu'ont les membres de l'unité d'avoir fréquemment accès à leur supérieur pour des conseils et avis.

9

CONCEPTION DES LIENS LATÉRAUX : SYSTÈMES DE PLANIFICATION ET DE CONTROLE

A une époque, la littérature estimait que la conception de l'organisation était complète quand on avait créé les positions et qu'on les avait regroupées en une superstructure. Mais les recherches contemporaines ont montré qu'il fallait aller au-delà de ce point et traiter aussi des liens latéraux dans l'organisation. Deux groupes de liens latéraux ont fait l'objet de nombreux travaux : les systèmes de planification et de contrôle qui standardisent les produits et les mécanismes de liaison qui mettent de l'huile dans les rouages de l'ajustement mutuel. Ce chapitre est consacré aux systèmes de planification et de contrôle.

L'objectif d'un plan est de spécifier un résultat — un standard, une norme — que l'on désire obtenir à un moment donné situé dans le futur; et l'objectif du contrôle est de déterminer si le standard a été atteint ou non. Ainsi, la planification et le contrôle sont-ils inséparables : il ne peut pas y avoir de contrôle sans planification préalable et les plans perdent leur efficacité s'il n'y a pas de suivi. Pris ensemble, les plans et les contrôles régulent les produits et, indirectement, régulent aussi les comportements.

Les plans peuvent spécifier la quantité, la qualité, le coût et l'ordonnancement des produits ainsi que leurs caractéristiques comme, par exemple, la taille et la couleur. Les *budgets* sont des plans qui spécifient le coût des produits pour une période donnée; les *programmes* sont des plans qui donnent aux produits un cadre temporel; les *objectifs* sont des plans qui spécifient les quantités des produits pour une période donnée; les *plans opérationnels* spécifient une variété d'éléments, généralement les quantités et coûts des produits. Dans une entreprise industrielle, un plan opérationnel précise en général les budgets, les objectifs de vente, les quantités à produire, les besoins en personnel, etc. pour tous les départements opérationnels. Les systèmes de planification et de contrôle sont, en général, conçus dans la technostructure par des analystes : planificateur, analyste budgétaire, contrôleur, analyste de système d'information, de gestion, agent de planning et analyste du contrôle-qualité.

On peut distinguer deux types de systèmes de planification et de contrôle : le système de *contrôle des performances* qui est de nature générale et s'intéresse aux conséquences des actions, et *la planification des actions* qui intervient avant les faits et s'intéresse aux actions spécifiques. Comme on le voit dans la Figure 9.1., l'organisation peut réguler les produits de deux façons

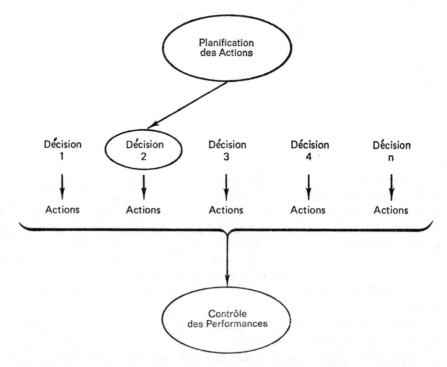

Figure 9.1. — *Les Relations entre Décisions, Planification des Actions et Contrôle des Performances.*

différentes. Elle peut utiliser le contrôle des performances pour mesurer les résultats d'un ensemble d'actions et utiliser cette information pour effectuer des changements : « Le taux de profit doit passer de 7 % à 10 % » ou « le perçage doit passer de 50 à 60 unités par jour ». D'un autre côté, l'organisation peut spécifier d'avance les décisions à prendre et les actions à accomplir : « Les « Widgets » bleus doivent être vendus aux clients X, Y et Z » ou « le diamètre du trou doit être 1,108 cm ». Comme nous le verrons, le contrôle des performances est un moyen qui sert uniquement à standariser les produits, alors que la planification des actions est aussi d'une certaine manière un moyen pour formaliser les comportements.

LE CONTROLE DES PERFORMANCES.

Le contrôle des performances a pour objectif de réguler les résultats d'ensemble d'une unité donnée. Des objectifs, des budgets, des plans opérationnels et d'autres standards sont créés pour l'unité, la performance de l'unité est mesurée à l'aide de ces standards et la mesure remonte la hiérarchie dans le système d'information de gestion. Le système de contrôle des performances a donc deux caractéristiques : d'abord, il suit les lignes des groupes dont est constituée la superstructure, établissant des standards pour chaque unité; ensuite, le contrôle est effectué de façon générale en découpant la durée en périodes et ne s'attache pas aux décisions ou aux actions considérées individuellement. Un plan peut, par exemple, spécifier que le volume de la production de widgets sera de 70 000 unités en juin, ou qu'on devra réduire les coûts de 3 % en juillet; mais il n'indique pas s'il faut passer de la fabrication de widgets bleus à celle de widgets verts, ni si la réduction des coûts sera obtenue par l'achat de machines plus efficaces. Ainsi le contrôle des performances n'influence qu'indirectement les décisions et les actions en spécifiant les objectifs que le décideur doit garder en mémoire lorsqu'il prend chaque décision.

Dans quelles parties de l'organisation le contrôle des performances est-il utilisé ? Dans une certaine mesure partout. Parce que le contrôle des coûts est crucial et que les coûts — à tout le moins les coûts de nature économique — sont faciles à mesurer; pratiquement toutes les organisations ont un budget, c'est-à-dire un plan qui standardise leurs dépenses. Et lorsque la production est facile à mesurer en unités, le plan de performance la spécifiera également : l'usine devra produire 400 000 widgets ce mois-ci, et le département commercial devra en vendre 375 000.

Les systèmes de contrôle des performances sont les plus utilisés lorsque les interdépendances entre unités sont essentiellement de communauté, c'est-à-dire lorsque les unités sont regroupées sur la base des marchés. La préoccupation essentielle de l'organisation est alors de voir l'unité fonctionner de façon adéquate en apportant une contribution suffisante à l'organisation sans dilapider ses ressources. En d'autres termes, la coordination exige la régulation des performances et pas celle des actions parce qu'il y a peu d'interdépendances entre les unités. Et cette régulation est plus facile dans une structure par marché puisque chaque unité a sa propre production, distincte de celle des autres. Chaque unité voit donc sa performance contrôlée de l'extérieur et conserve sa marge de manœuvre pour la planification de ses actions.

En vérité, de tels systèmes de contrôle des performances sont caractéristiques des unités organisées sur la base de marchés. Comme nous l'avons noté au chapitre 8, ces unités jouissent d'une quasi-autonomie et peuvent être très nombreuses. Dépourvue d'un système de contrôle des performances, la direction serait incapable de détecter les problèmes sérieux (par exemple des problèmes d'une importance telle qu'ils justifient le remplacement du directeur de l'unité) avant qu'il ne soit bien trop tard. Une agence de la Bank of America ou une succursale de Sears et Roebuck pourrait avoir des performances insatisfaisantes pendant des années sans que le siège ne le remarque, puisque dans chaque cas l'unité est une très petite partie de l'ensemble. Vu du côté de l'unité elle-même, le système de contrôle des performances permet d'éviter la supervision directe : « Chaque responsable peut, à court terme, gérer son département sans instructions venant des niveaux supérieurs de la hiérarchie. La direction qui existe est d'une nature globale plutôt que détaillée » (Emery, 1969, p. 32). Ainsi, les conglomérats font-ils de leurs unités organisées par marchés (leurs « divisions ») des centres de profit ou des centres d'investissement; et ils tiennent le directeur de chaque unité pour responsable de sa propre performance financière [1].

Khandwalla (1974, a) a étudié l'utilisation par les organisations des systèmes de planification et de contrôle, et il a remarqué que ces systèmes, pour simples qu'ils paraissent, sont en général sophistiqués, parfois coûteux, et qu'ils exigent « de la part des cadres qui les utilisent des compétences importantes dans le traitement des informations » (p. 86). De plus, Khandwalla a montré qu'il existe une relation très forte entre l'autonomie accordée aux directeurs d'unités et l'utilisation de neuf de ces systèmes, pour l'essentiel des systèmes de contrôle des performances : contrôle statistique de qualité, utilisation de coûts standards et analyse des variances de coûts, contrôle des stocks et planning de production utilisant des méthodes de recherche opérationnelle, mesure de coûts marginaux, budgets flexibles et budgets d'activités, audit interne, évaluation des investissements par la mesure du taux de rendement interne ou de la valeur actualisée, évaluation systématique des cadres supérieurs, audit des performances ou audit des opérations.

Les systèmes de contrôle des performances peuvent avoir deux objectifs : mesurer et motiver. D'un côté, ils peuvent simplement servir à donner le signal d'une éventuelle détérioration des performances de l'unité, et amener la direction à intervenir en prenant des mesures correctives. D'un autre côté, ils peuvent servir à susciter l'amélioration des performances. Les standards de performances sont souvent les carottes que la direction place devant le

---

1. Ceci ne veut pas dire, bien sûr, qu'un système de contrôle des performances ne peut pas être « serré ». Il peut définir tellement de standards de performance que l'unité a une marge de manœuvre très réduite. (On en verra des exemples au chapitre 20.) Mais, en général, les contrôles de performance sont utilisés dans des structures faites sur la base de marchés uniquement pour maintenir une régulation très générale des produits.

directeur d'unité pour le motiver à obtenir de meilleurs résultats. Quand il progresse un peu, on avance un peu plus la carotte et le directeur court plus vite. Des systèmes comme la direction par objectifs (DPO) ont été conçus pour permettre au directeur d'unité d'avoir son mot à dire dans la définition des standards de façon à ce qu'il se sente plus impliqué et, d'après la théorie, qu'il se dépense encore davantage pour les atteindre.

L'impact des standards de performance sur les motivations est la source de divers problèmes. D'abord, si le directeur d'unité participe à la définition de ses standards, il est formellement incité à les placer suffisamment bas pour être sûr de les atteindre, et à déformer les informations qui remontent de son unité vers les niveaux supérieurs de la hiérarchie de façon à faire croire que les standards ont été atteints, même si tel n'est pas le cas.

Le second problème est celui du choix de la période de planification. Comme nous l'avons noté, il n'y a pas de lien entre les standards de performance et les décisions prises : on s'attend seulement à ce que le cadre tienne compte des standards lorsqu'il prend sa décision. Si la période de planification est longue, l'effet est moindre : plus le jour du jugement est lointain et moins le cadre est enclin à penser au standard; de plus, à quoi sert de pénaliser un cadre pour une décision qu'il a prise longtemps auparavant. Mais si la période de planification est courte, les standards sont toujours présents à l'esprit du cadre, et on va à l'encontre d'un des objectifs essentiels du système : donner de la marge de manœuvre au cadre. Certaines entreprises utilisent des « flashes d'information » publiés le 10 de chaque mois; il est certain que de tels rapports conduisent les cadres à mettre de l'énergie dans la poursuite des résultats de court terme; mais est-ce qu'ils les conduisent à penser au-delà d'un horizon de trente jours ?

Un troisième problème lié à la motivation, vient des standards qui ne peuvent pas être atteints pour des causes sur lesquelles le cadre n'a pas de prise. Que faire lorsque le standard ne peut pas être atteint à cause d'un changement important de l'environnement, par exemple la faillite d'un gros client. L'organisation doit-elle maintenir le plan, et pénaliser le manager, ou au contrarie modifier le plan en conséquence, auquel cas le système perd une bonne part de son pouvoir de motivation ?

LA PLANIFICATION DES ACTIONS.

Comme nous l'avons vu, le contrôle des performances est un paramètre de conception essentiel dans les structures par marché. Mais que se passe-t-il dans les structures par fonction ? Les flux de travail y ont des interdépendances séquentielles ou réciproques, et donc il est difficile d'associer les différents buts de l'organisation aux différentes unités. Par conséquent, en dehors des budgets et des autres méthodes de vérification des dépenses, les systèmes de contrôle des performances ne peuvent pas réellement traiter les interdépendances qu'on y trouve. Worthy en fait la remarque et note que « la direction est forcée d'utiliser des trésors d'imagination pour développer des systèmes de contrôle utilisables. Malheureusement, ces systèmes artificiels, loin de favoriser la coopération entre divisions (ce qui est l'un de leurs objectifs essentiels) deviennent souvent eux-mêmes sources de conflits » (cité dans Chapple et Sayles, 1961, p. 70-71).

En d'autres termes, il faut trouver autre chose pour coordonner le travail dans les structures fonctionnelles. Nous avons vu au chapitre 7 deux mécanismes qui jouent un rôle clé dans la coordination pour ce type de structure : la supervision directe (qui s'exerce dans le cadre de la superstructure) et la formalisation des comportements (par le biais de la standardisation des processus de travail). Mais il arrive que ces mécanismes ne puissent traiter toutes les interdépendances, et l'organisation doit avoir recours à des systèmes de planification et de contrôle pour standardiser les produits : en fait, dans de tels cas, elles ont recours à la planification des actions. Simon (1957) nous donne un exemple frappant de ce qui peut arriver lorsque la planification des actions ne réussit pas à coordonner les interdépendances qui restent entre les flux de travail :

> Dans la première partie de bataille de Waterloo, l'armée de Napoléon était divisée en deux parties : l'aile droite, commandée par l'Empereur lui-même, était à Ligny face à Blücher, et l'aile gauche, commandée par le maréchal Ney, était à Quatre Bras face à Wellington. Ney et l'Empereur avaient préparé chacun des plans excellents pour leurs opérations respectives. Malheureusement les deux plans prévoyaient d'utiliser le corps d'Erlon pour porter le coup final à l'ennemi. Comme ils ne se sont pas communiqués ces plans, et comme les ordres étaient peu clairs le jour de la bataille, le corps d'Erlon passa la journée à aller d'un des champs de bataille à l'autre sans s'engager dans le combat sur l'un ou sur l'autre. Une tactique peut-être moins brillante, mais plus coordonnée, aurait eu de meilleurs résultats » (p. 193).

Deux points doivent être notés à propos de la planification de l'action. D'abord, à la différence du contrôle des performances, elle ne respecte pas nécessairement l'autonomie des unités, ni le découpage de l'organisation en unités : introduire un produit nouveau sur le marché, construire une nouvelle usine, établir des relations avec des clients, vendre des vieilles machines, etc. sont des actions dont certaines peuvent ne concerner qu'une unité et d'autres plusieurs.

En second lieu, la planification des actions, puisqu'elle spécifie les décisions à prendre, va au-delà d'une simple standardisation des résultats : on a ici un mécanisme intermédiaire entre la standardisation des résultats et celle des processus de travail, que l'on peut situer sur un continuum qui va des régulations les moins strictes à celles qui sont les plus précises :

— *le contrôle des performances* impose des standards pour une période donnée sans faire référence aux actions à prendre;

— *la planification de l'action* définit les décisions à prendre, les actions à mener et dans chaque cas le moment de la décision ou de l'action;

— *la formalisation du comportement* impose de plus les moyens qui doivent être utilisés lors des décisions et des actions.

Dans cet ensemble, **la planification de l'action émerge comme le moyen par lequel les décisions et les actions non routinières d'une organisation structurée par fonction, peuvent être conçues de façon intégrée.** Tout ceci est fait d'avance, sur la planche à dessin en quelque sorte. La formalisation du comportement sert aussi à concevoir l'organisation comme un système intégré mais elle s'applique aux activités routinières. La planification de l'action en est la contrepartie pour ce qui touche aux changements, en spécifiant ce qui doit être fait par qui, quand, comment et où, de façon à ce que le changement puisse être réalisé.

LES RELATIONS ENTRE SYSTÈMES DE PLANIFICATION ET DE CONTROLE.

Jusqu'ici, nous avons décrit les systèmes de planification et les systèmes de contrôle comme s'ils étaient indépendants. Tel n'est pas le cas dans la réalité. De fait, ces systèmes sont nombreux et reliés les uns aux autres de façon souvent complexe; comme le montre la Figure 9.2., les sous-objectifs

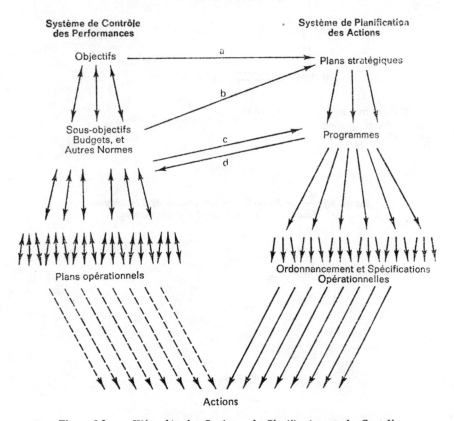

Figure 9.2. — *Hiérarchie des Systèmes de Planification et de Contrôle.*

et les budgets servent à la fois dans l'élaboration des plans stratégiques et dans celles des plans opérationnels. La Figure 9.3. décrit les principales relations qui existent dans des systèmes hybrides de facture relativement classique.

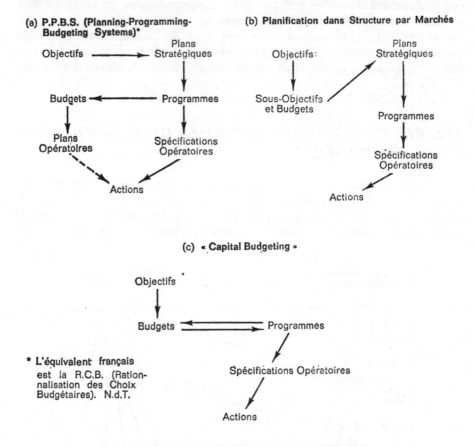

Figure 9.3. — *Quelques Systèmes Hybrides de Planification des Actions et de Contrôle des Performances.*

10

CONCEPTION DES LIENS LATÉRAUX : LES MÉCANISMES DE LIAISON

Il est fréquent de rencontrer des cas où la supervision directe et les trois formes de standardisation ne suffisent pas pour accomplir la coordination dont l'organisation a besoin. En d'autres termes, il subsiste des interdépendances substantielles une fois que les postes de travail ont été créés, que la superstructure a été élaborée et que les systèmes de planification et de contrôle ont été mis en place. L'organisation doit alors se tourner vers l'ajustement mutuel : la réclamation d'un client peut amener les responsables des ventes et de production à travailler ensemble pour élaborer un nouveau système de livraison.

Jusqu'à une date récente, ce type d'ajustement mutuel était laissé au hasard; au mieux, il existait de façon informelle, en dehors de la structure formelle de l'organisation. Mais, dans ces dernières années, **les organisations ont développé tout un ensemble de mécanismes pour encourager les contacts entre les individus, et ces mécanismes peuvent être incorporés à la structure formelle.** En fait, dans le domaine de la conception des organisations, ces *mécanismes de liaison* représentent le développement contemporain le plus important depuis l'introduction des systèmes de planification et de contrôle il y a dix ou vingt ans. Depuis 1960 environ, sont apparus l'un après l'autre, de multiples mécanismes de liaison qui, à chaque fois, ont été annoncés comme des découvertes majeures : « task force », structure matricielle, intégrateurs. Mais chacune de ces innovations successives ajoute à la confusion du lecteur : s'agit-il réellement d'une découverte ou d'un nom différent pour la même chose ? Et quelles sont les relations entre ces mécanismes s'ils sont distincts les uns des autres ? Les travaux récents de Jay Galbraith (1973) ont apporté des réponses satisfaisantes à ces questions. Galbraith présente les mécanismes de liaison sous la forme d'un continuum grâce auquel on peut comprendre en quoi ils diffèrent les uns des autres et par lequel on peut voir que certains ne sont que des cas particuliers de certains autres. Le continuum de Galbraith comporte sept mécanismes de liaison que nous mentionnons dans l'ordre croissant de complexité : contacts directs entre cadres, rôles de liaison, « task force », équipes, rôles intégrateurs, rôles de relation et organisation matricielle. Pour les besoins de l'exposé, nous avons réduit le schéma de Galbraith à quatre types de mécanismes de liaison : les postes de liaison, les « task forces » et comités permanents, les intégrateurs et la structure matricielle [1].

LES POSTES DE LIAISON.

Lorsque la coordination entre deux unités requiert des contacts très intenses, l'organisation peut créer un poste de « liaison » dont le titulaire a pour mission d'assurer ces contacts directement en court-circuitant la hiérarchie. Un poste de cette nature n'a pas d'autorité formelle, mais son titulaire, parce qu'il est au carrefour entre de nombreux canaux de communication, devient un « centre nerveux de l'organisation » avec un pouvoir informel considérable.

Dans leur étude, Lawrence et Lorsch (1967) ont montré que, lorsque le travail de plusieurs unités est très différencié, avec des interdépendances qui amènent des problèmes de communication, les organisations ont tendance à créer des postes de liaison. Ils ont aussi montré que le succès dans ce type de poste vient de la compétence et non du statut, et que les titulaires de tels postes développent des objectifs, une conception du temps et des relations interpersonnelles qui sont à mi-chemin entre ceux des deux unités différenciées qu'ils relient.

Certains de ces postes de liaison sont placés entre des unités opérationnelles, comme l'ingénieur développement qui est délégué dans l'usine (Galbraith, 1973, p. 50); certains relient les vendeurs et l'usine (Landsberger, 1961-1962); et Strauss (1962-1963) discute en détail du cas des ingénieurs d'achat qui sont les intermédiaires entre le département développement et celui des achats :

---

1. Le contact direct entre cadres n'a pas été retenu ici parce qu'il n'est pas de nature formelle. On a mis ensemble les groupes de projet et les comités permanents. De même, on a mis ensemble les rôles intégrateurs et les rôles de liaison.

Quelques-uns des départements d'achat envoient dans les autres départements des personnes qui sont, en fait, des ambassadeurs. C'est le cas des ingénieurs d'achat, qui ont une formation d'ingénieur (acquise parfois dans le département de développement de l'entreprise), qui sont membres du département des achats, mais qui passent le plus clair de leur temps dans le département de développement. Leur travail consiste à être à la disposition immédiate des ingénieurs qui ont besoin de leur aide pour choisir des composants. Ils les aident à écrire les spécifications de façon plus réaliste et plus lisible, puis s'occupent de la livraison des matériaux et fournitures de laboratoire destinés aux prototypes. En se rendant utiles, les ingénieurs d'achat acquièrent de l'influence et peuvent faire passer le « point de vue des achats » parce qu'ils interviennent assez tôt; leur action serait plus difficile à mener s'ils donnaient leur point de vue sur des commandes déjà rédigées » (p. 180-181).

Il existe d'autres postes de liaison, qui joignent des groupes opérationnels à des groupes fonctionnels. Thomson (1967, p. 61) nous donne de nombreux exemples de cette nature, comme ceux des spécialistes de personnel et des comptables qui conseillent les opérationnels tout en restant attachés à leur département dans la technostructure. Dalton (1959) nous décrit le cas d'un comptable placé dans une telle position; cet homme, nommé Rees, était affecté dans une usine située à Milo, et concevait que son rôle était d'y maintenir le contrôle budgétaire pour le compte du siège. Les relations directes qu'il avait avec le siège lui donnaient un pouvoir informel considérable.

Pendant quelque temps, le conflit principal à Milo avait été celui opposant entre eux des opérationnels sur l'utilisation des primes de maintenance. Otis Blanke, directeur de la Division A était opposé à ces primes et avait réussi à convaincre Hardy que Milo tirerait bénéfice de leur suppression. Lors d'une réunion consacrée au problème, Hardy exposa son point de vue et conclut · « Nous devrions arrêter d'utiliser les primes de maintenance. Elles causent trop de problèmes et coûtent trop cher. »

Rees était, dans cette réunion, le seul fonctionnel, il n'avait aucun intérêt à l'affaire et aucune autorité formelle qui puisse donner crédit à des menaces ou à des déclarations catégoriques. Mais il intervint de la façon suivante : « Je pense comme vous que les primes de maintenance ont créé beaucoup de problèmes. Mais je ne pense pas que c'est parce qu'elles sont inutiles. C'est parce qu'il y a trop de personnes qui ne sont pas d'accord pour essayer sérieusement de les utiliser. Le siège a mis en place ce système ici et, bon sang, on va le faire marcher ! On ne va pas se contenter de le tolérer ! »

Ces remarques créèrent une grosse surprise et la réunion se termina dans l'embarras de tous les participants, sauf Rees... Dès le lendemain, tous les responsables opérationnels téléphonèrent au chef du personnel pour s'excuser de ne pas l'avoir aidé, et pour lui dire que leur position était celle exprimée par Rees. Cet incident, parmi d'autres, amena les cadres de Milo à considérer Rees comme un porte-parole officieux du siège social » (p. 24-25).

GROUPES DE PROJETS ET COMITÉS PERMANENTS.

La « *réunion* », définie par Larousse comme le « fait de rassembler des personnes », est le moyen essentiel utilisé par les organisations pour faciliter l'ajustement mutuel. Certaines réunions sont impromptues : des personnes se rencontrent par hasard dans le couloir et décident d'avoir une « réunion »; d'autres sont prévues d'avance en fonction des besoins; d'autres encore sont plus strictement organisées : les participants sont désignés formellement, les réunions sont régulières. Lorsqu'on atteint un tel point, la réunion est institutionnalisée et on peut considérer qu'elle fait partie de la structure formelle. Ceci arrive quand plusieurs unités ont besoin de contacts nourris et assez réguliers pour discuter de sujets d'intérêt commun, au moins pour une certaine période. Deux mécanismes de liaison principaux sont utilisés pour institutionnaliser les réunions : les groupes de projet et les comités permanents.

Un groupe de projet est un comité créé pour accomplir une tâche particulière et qui est dissous quand la tâche est accomplie; pour Galbraith (1973, p. 51), il s'agit d'un « patchwork temporaire sur la structure fonctionnelle utilisé pour court-circuiter les communications dans des périodes d'incertitude élevée ». Galbraith continue :

> Ces groupes peuvent émerger de façon informelle ou être créés de façon formelle. Dans une entreprise, lorsque le chef d'atelier a un problème qui concerne la chaîne de montage, il réunit un ingénieur, un membre du laboratoire, du département de contrôle de qualité et éventuellement de celui des achats. Ce groupe travaille sur le problème; lorsqu'une solution acceptable a été élaborée, chacun retourne à son travail habituel.
> En d'autres occasions, la création d'un groupe est plus formelle. Dans une entreprise aérospatiale, des réunions hebdomadaires sont tenues sur la conception des appareils. Lorsqu'un problème important surgit, un groupe est constitué, on lui donne un délai, un cadre d'activité et on lui demande de résoudre le problème » (p. 51).

Le comité permanent est un groupement interdépartemental de nature stable qui est réuni régulièrement pour discuter de sujets d'intérêt commun. Un grand nombre de tels comités existent aux niveaux intermédiaires de l'organisation. Lawrence et Lorsch (1967, p. 57) en notent l'existence dans les entreprises de fabrication de matières plastiques (comités de liaison entre fonctions formés dans différentes lignes de produit) et Galbraith (1973, p. 53), cite le cas, chez Boeing, de comités de planification de la production pour les différentes parties des avions, comités dont les membres viennent à la fois des départements opérationnels et de la technostructure : dans l'équipe des ailes, par exemple, on a des représentants du développement, de l'outillage, du contrôle de production, de la fabrication et du contrôle de qualité.

D'autres comités permanents existent, au sommet stratégique de l'organisation. Holden et al. (1968, p. 104-105) ont trouvé de un à six comités de haut niveau dans chacune des entreprises qu'ils ont étudiées. Le plus fréquent était le comité directeur, créé pour conseiller le PDG. D'autres comités ont pour fonction principale de transmettre des informations, sous les appellations variables de comité d'administration, conseil de direction, conseil de gestion, comité d'analyse des opérations. Un PDG décrit les fonctions d'un de ces comités de la façon suivante :

> Notre comité administratif se réunit tous les mois, et on y passe en revue les décisions prises lors de la dernière réunion du conseil d'administration; des vice-présidents de groupes et des vice-présidents fonctionnels y font leur rapport; le comité est essentiellement un moyen de communication et un mécanisme qui fait passer dans l'organisation l'information sur la politique générale (p. 105).

CADRES INTÉGRATEURS.

Lorsque la « quantité » d'ajustement mutuel que l'organisation a pu obtenir — en ayant recours à des postes de liaison, des groupes de projet et des comités permanents — s'avère insuffisante, l'organisation peut créer des postes de cadres intégrateurs, c'est-à-dire des postes de liaison qui ont une autorité formelle. Un nouvel individu (parfois une nouvelle unité) est superposé à l'ancienne structure par département et se voit attribuer une partie du pouvoir qui appartenait formellement aux différents départements. Ce pouvoir est nécessaire « pour intégrer les activités des unités de l'organisation, dont les buts et les loyautés ne sont pas nécessairement en harmonie avec le système dans son ensemble » (Sayles, 1976, p. 10).

Les cadres intégrateurs peuvent être chefs de marques dans les entreprises de produits de grande consommation, responsables de la production et du marketing d'une gamme de produits; ils peuvent être chefs de projets dans les entreprises du secteur aérospatial, responsables de l'intégration de diverses activités fonctionnelles; il peut s'agir de directeurs d'unités dans des hôpitaux, chargés de coordonner les activités des médecins, des infirmières et des autres personnels dans certains services; il peut s'agir de hauts fonctionnaires qui, dans certains états des Etats-Unis, « coordonnent l'ensemble des éléments divers dont est composé le système de justice criminelle : non seulement les tribunaux eux-mêmes mais aussi la police judiciaire, le ministère public, la défense, la mise à l'épreuve, la sélection des jurés, les institutions correctionnelles, etc. (Sayles, 1976, p. 8).

Le pouvoir formel des cadres intégrateurs comporte toujours des éléments de processus de décision qui affectent les autres départements, mais, par définition, il ne s'étend à l'autorité formelle d'ensemble sur aucune unité. (Si tel était le cas, il serait responsable de département et pas cadre intégrateur.) Pour contrôler les départements qu'il coordonne, le cadre intégrateur doit donc utiliser son autorité et, ce qui est plus important encore, ses pouvoirs de persuasion et de négociation. Galbraith (1973) nous décrit les trois stades du développement des pouvoirs de décision pour le cadre intégrateur. D'abord, il peut se voir attribuer le pouvoir d'approuver des décisions déjà élaborées, par exemple, d'examiner pour approbation les budgets des départements. A un second stade, il peut intervenir plus tôt dans le processus de décision par exemple pour élaborer les budgets qui seront ensuite approuvés par les départements. En troisième lieu, il peut se voir conférer le pouvoir de contrôle sur les processus de décision, comme par exemple déterminer quels seront les budgets et intervenir aussi dans les engagements de dépenses.

Considérez par exemple le chef de produit dans une entreprise de produits de grande consommation. Il est une sorte de mini-PDG, responsable du succès d'un seul produit. Sa performance s'identifie avec la performance du produit sur le marché. Il doit comprendre ce que sont les achats, la fabrication, le conditionnement, la politique de prix, la distribution, les ventes, la promotion, la publicité et le marketing; il doit développer des plans pour la marque, des prévisions de ventes, des budgets et des plannings de production. Mais le chef de produit n'a pas d'autorité hiérarchique sur les départements de marketing et de fabrication. Ce qui se passe plutôt, c'est une négociation qu'il mène (comme les autres chefs de produits) avec le département de production pour qu'il fabrique pour lui et avec le département de marketing pour que son produit soit vendu. Par contre, s'il contrôle le budget de son produit et a le pouvoir de décider, par exemple, de le faire fabriquer par une usine plutôt que par une autre; il peut alors avoir un pouvoir considérable. Sayles (1976) nous en donne une illustration :

« Ellen Fischer est chef de produit chargé de l'introduction des nouveaux savons. Elle travaille en utilisant plusieurs départements fonctionnels : études de marché, laboratoire et vente. Dans la conception d'un nouveau produit, les études de marché procèdent généralement à des tests sur les réactions des consommateurs. Dans le cas présent, le responsable de ce département, Hank Fellers, voulait conduire les tests habituels dans deux villes qu'il avait sélectionnées. Ellen s'oppose à cette méthode : elle aboutirait à retarder l'introduction du produit, initialement prévue pour le premier septembre, et une importante chaîne de magasins a promis au département des ventes de lancer ce produit, sous son propre label, à cette date parce que le contrat qu'elle a passé avec un fournisseur de produits comparables arrive à expiration le 1er septembre.

Au même moment, la fabrication hésite à prendre l'engagement de livrer une commande aussi importante à la date fixée par le département des ventes : « Il faut faire très attention, lors de l'introduction des nouveaux produits, à les intégrer dans le planning de production que nos usines ont établi pour les produits existants... »

Le travail d'Ellen consiste à négocier avec les études de marché et la fabrication. Ceci implique d'évaluer quels sont leurs critères techniques, quels sont ceux qui sont modifiables et, par-dessus tout, de voir ce qui est meilleur pour l'introduction du nouveau produit... Son but est d'établir un équilibre entre d'une part les objections légitimes des deux départements telles qu'elle les perçoit et d'autre part son objectif personnel qui est de réaliser avec succès le lancement du nouveau produit » (p. 11-12).

Il existe une différence entre le chef de produit et le chef de projet : le premier se préoccupe d'un produit qui existe déjà, le second a pour mission de mener à bon terme une activité qui est à un stade embryonnaire. Comme Sayles le remarque à propos des innovations dans les organisations :

> ... le problème essentiel rencontré lors de la mise en œuvre est celui du choc et de la perturbation qu'il est nécessaire de faire subir aux routines existantes pour réussir à obtenir une efficacité raisonnable. Chaque département affecté par le changement voit apparaître d'innombrables coûts d'adaptation qui n'étaient pas prévus. Il est crucial, pour que l'innovation aboutisse, de créer un « responsable-facilitateur » : celui-ci encourage les différents départements et exerce sur eux des pressions, de façon à éviter qu'un département ou un autre ne trouve plus facile de retourner à ses anciennes routines, qui sont plus confortables et qui lui ont permis d'être efficace (p. 10).

Sayles décrit aussi le chef de projet comme un médiateur qui débloque les relations entre départements antagonistes. Holden et al. (1968) ont aussi remarqué qu'un chef de projet était nécessaire lorsqu'une organisation veut « décrocher un contrat gouvernemental d'une certaine importance : il est le contact principal entre l'organisation et l'agence gouvernementale » (p. 99). Quand le contrat est signé, chacune des parties nomme un chef de projet pour coordonner les activités en son sein et pour maintenir la liaison avec l'autre partie pour la durée du projet. Chandler et Sayles (1971) discutent en détail, à partir d'une étude de la NASA, de la gestion des projets dans le cadre d'une agence gouvernementale.

Jusqu'ici, nos exemples ont porté sur des situations dans lesquelles des cadres intégrateurs développent une activité propre orientée vers un marché, à l'intérieur d'une structure fonctionnelle. Mais il existe des cas, sans doute moins fréquents, où la situation est inverse : le chef de projet a une orientation fonctionnelle à l'intérieur d'une structure par marché. Galbraith (1973, p. 137-141) décrit un département informatique organisé par projets (marchés) qui respectait les délais imposés mais avait des problèmes de qualité technique, accompagnés d'un moral bas et d'une rotation élevée chez les programmeurs; trop peu d'attention était accordée à leur spécialité technique; tout comme pour les membres de l'agence de publicité (que nous avons vus au chapitre 7) après la restructuration de leur agence sur une base de projets. De tels problèmes sont évidemment bien traités dans une structure fonctionnelle. La solution consista alors simplement à créer deux postes d'« intégrateurs de ressources » ajoutés à la structure par projet : un pour les analystes et un pour les programmeurs :

> les départements intégrateurs devinrent respectivement une base et un lieu de regroupement pour les analystes et les programmeurs. Leur mission était de veiller au niveau de leurs compétences, de maintenir l'existence d'une variété de ces compétences et de répartir « leurs » membres entre les différents projets. Cette répartition était faite de façon conjointe par l'intégrateur et le chef de projet. Comme on avait choisi des intégrateurs compétents chacun dans son domaine, leurs avis étaient écoutés dans le processus d'allocation et dans le processus d'évaluation du travail (p. 141).

Le travail d'un tel cadre n'est pas facile surtout parce qu'il s'agit pour lui d'influencer des personnes sur lesquelles il n'a pas d'autorité formelle. Galbraith (1973, p. 94-99) nous indique les moyens disponibles pour parvenir à cet objectif. D'abord « l'intégrateur a des contacts », il a l'oreille de la direction générale et « se trouve au carrefour de plusieurs courants d'information... il exerce une influence qui est fondée sur l'accès à l'information ». Ensuite, « l'intégrateur crée la confiance » parce qu'il a des connaissances ainsi qu'une orientation d'ensemble qui ne s'identifie pas aux différentes « chapelles ». En troisième lieu, « l'intégrateur gère le processus de décision, ce n'est pas lui qui décide... il doit pouvoir écouter une proposition faite du point de vue marketing et comprendre ce qu'elle signifie du point de vue des ingénieurs ». De cette façon il « parvient à réaliser la coordination sans éliminer les différences — de langages, d'attitudes — qui sont nécessaires pour que chaque unité soit efficace. Dans le domaine de la décision, l'intégrateur est une incarnation « du pouvoir fondé sur une expertise et qui s'appuie sur le savoir et l'information ». Il doit « agir de façon à faciliter la circulation de l'information et la résolution des problèmes. Il est difficile de trouver des individus qui soient capables de faire ce genre de travail et on n'a pas encore découvert de méthodes pour en former ». Néanmoins, on a identifié quelques traits de personnalité qui sont associés au succès dans de tels types de postes : un besoin élevé d'affiliation, et une capacité à supporter le fait d'être entre des groupes en conflits et à se faire accepter par chacun sans se faire absorber par aucun d'eux.

STRUCTURES MATRICIELLES.

Aucune base pour le regroupement en unités ne peut contenir toutes les interdépendances. Les regroupements fonctionnels posent des problèmes de flux de travail; les regroupements par marché ralentissent les contacts entre spécialistes. Une partie du problème peut être résolue par la formalisation du comportement, la formation et la socialisation, ainsi que par les systèmes de planification et de contrôle. Mais il reste souvent d'importantes interdépendances.

Nous avons déjà vu, au point où nous en sommes, au moins trois méthodes utilisées par les organisations pour résoudre ce problème. La première, tirée des travaux de Thompson et illustrée par la Figure 10.1. (a), consiste à traiter les interdépendances résiduelles aux niveaux supérieurs de la hiérarchie : les divisions d'une entreprise multinationale, comme nous l'avons vu dans la Figure 7.8. peuvent être d'abord groupées par produit puis par pays. La seconde méthode, illustrée par la Figure 10.1 (b) consiste à créer des départements fonctionnels pour traiter ces interdépendances : des spécialistes d'études de marché et des analystes financiers conseillent les différents chefs de produits et les aident à coordonner leurs activités dans les différentes fonctions. La troisième méthode est, bien entendu, le recours aux mécanismes de liaison dont nous venons de discuter, par exemple les groupes de projet comme dans la Figure 10.1 (c).

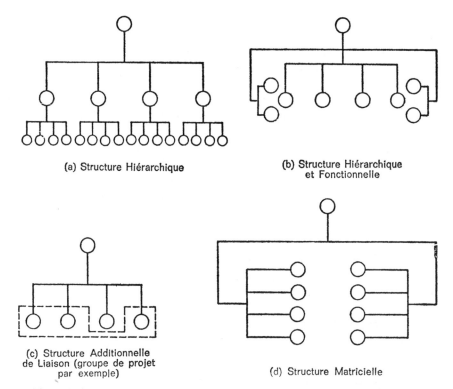

(a) Structure Hiérarchique

(b) Structure Hiérarchique
et Fonctionnelle

(c) Structure Additionnelle
de Liaison (groupe de projet
par exemple)

(d) Structure Matricielle

Figure 10.1. — *Structures Créées pour Traiter les Interdépendances Résiduelles.*

Mais chacune de ces solutions met l'accent sur une base de regroupement au détriment des autres alors que, parfois, l'organisation a besoin de recourir à plusieurs bases sans privilégier l'une par rapport aux autres : une entreprise multinationale peut ne vouloir favoriser ni les unités géographiques ni les unités par produits; un département informatique peut ne pas désirer choisir entre une orientation vers les projets et un accent à mettre sur la spécialisation. Galbraith (1971) cite le cas d'une entreprise de haute technologie dont les produits étaient en perpétuel changement. Quelques responsables étaient en faveur des divisions-produits pour traiter les problèmes d'introduction, de remplacement et de gestion des nouveaux produits. Mais, d'un autre côté, le responsable des ingénieurs pensait qu'un tel regroupement serait de nature à diminuer l'influence des membres de son groupe au moment même où il rencontrait des problèmes de moral et de rotation du personnel. La direction devait traiter les deux problèmes, et les traiter au même niveau hiérarchique. Dans de tels cas, l'organisation a recours au dernier mécanisme de liaison : *la structure matricielle.*

En créant une telle structure, l'organisation évite de choisir une base de regroupement de préférence à une autre : elle choisit les deux; mais, ce faisant, elle crée une double structure d'autorité. Par voie de conséquence, **la structure matricielle sacrifie le principe d'unité de commandement.** Comme on le voit dans la Figure 10.1 (d), la ligne hiérarchique se subdivise en deux branches, violant le principe de continuité de la chaîne d'autorité et détruisant la simplicité de la structure. Pour la littérature classique en organisation, il s'agit d'un véritable blasphème [2]. Dans la structure matricielle, différents cadres opérationnels sont conjointement et également responsables pour les mêmes décisions et doivent donc résoudre entre eux les problèmes qui surgissent. L'équilibre du pouvoir ainsi créé est délicat. Mais, comme le remarque Galbraith (1973), le concept d'une double autorité n'a rien d'étrange « presque tout le monde a été élevé dans la structure familiale qui est à double autorité » (p. 144). Si on reprend notre exemple de l'agence de publicité, les spécialistes doivent se consacrer aux projets et, s'ils tiennent à être évalués par l'un des leurs, une structure matricielle est appropriée : l'évaluation y sera faite de façon conjointe par le responsable fonctionnel et le chef de projet.

Cet équilibre du pouvoir est ce qui distingue la structure matricielle de tous les autres moyens pouvant être utilisés pour traiter les interdépendances résiduelles. Ce moyen peut paraître d'un fonctionnement difficile, mais, comme Sayles (1976) le remarque, les alternatives à la structure matricielle sont souvent des structures confuses :

> il finit par y avoir trop de liaisons et trop d'interdépendances entre tous les cadres opérationnels et fonctionnels : liaisons diagonales, liaisons en pointillé, liaisons « informelles » de contrôle, de communication et de coopération. La simplicité confortable de la structure hiérarchique traditionnelle s'évanouit... Dans beaucoup d'entreprises, savoir quels groupes clé sont opérationnels et quels groupes sont fonctionnels devient en fait un problème sémantique (p. 3, 15).

Sayles poursuit en suggérant que la structure matricielle est faite pour les organisations qui sont préparées à résoudre leurs conflits par négociation informelle entre égaux plutôt qu'en recourant à l'autorité formelle, au pouvoir formel des supérieurs sur les subordonnés et à celui des hiérarchiques sur les fonctionnels. Il semble nous dire que la structure matricielle est faite pour les organisations adultes.

En fait, Sayles pense que beaucoup d'organisations ont déjà adopté une sorte de structure matricielle même si elles n'utilisent pas ce terme : « En examinant les structures contemporaines des gouvernements et des entreprises, nous trouvons que la structure matricielle est peut-être en train de devenir la forme principale de structure, et c'est une découverte qui a des conséquences importantes sur la gestion » (p. 5). Et il appuie son propos sur de nombreux exemples.

On peut distinguer deux types de structures matricielles; une permanente où les interdépendances restent plus ou moins stables, de même que les unités et les individus qui en sont membres; et une forme changeante, liée à un travail sous forme de projet, où les interdépendances, la position des unités et celle des individus changent fréquemment.

---

2. Frederick Taylor est une exception notable. Ses appels en faveur de l'autorité fonctionnelle sont en ce sens prophétiques.

Sayles cite un exemple de *structure matricielle permanente,* la chaîne de grands magasins J.C. Penneys :

> Il y a dans l'entreprise deux ensembles de cadres qui ont des pouvoirs relativement égaux et des intérêts un peu opposés, et qui sont supposés négocier leurs différends. D'abord, on a les directeurs de magasins qui, à l'échelon régional, gèrent chacun un grand magasin comportant des rayons diversifiés, et qui répondent aux goûts des consommateurs dans une zone donnée. Ensuite, ils dépendent pour leurs marchandises de cadres fonctionnels : les responsables des différentes catégories de produits; ces derniers identifient, spécifient et achètent les différentes sortes de marchandises : meubles, pneus, vêtements. Ces deux ensembles de cadres se voient appliquer des critères de performances différents, sont situés dans des lignes hiérarchiques différentes et voient le monde à partir des perspectives différentes : les premiers à partir d'un magasin donné, d'une zone géographique donnée, les seconds à partir de l'ensemble du marché (p. 13).

On trouve aussi des structures matricielles permanentes dans certaines administrations municipales où les responsables fonctionnels des parcs, de la police, de la santé, etc. dont le champ d'action couvre la ville, doivent coordonner leur action avec celle des responsables d'arrondissements pour assurer la qualité des services municipaux rendus à la population.

Certaines entreprises multinationales ont récemment évolué vers ce type de structure en mettant face à face des responsables de régions et des responsables de lignes de produit à l'échelon mondial (Stopford et Wells, 1972, p. 86-91). Le chef de produit régional est le subordonné des deux, et il a lui-même comme subordonnés des responsables fonctionnels comme le montre la Figure 10.2.

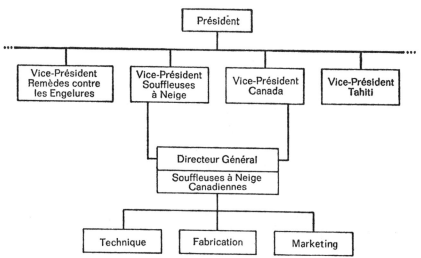

Figure 10.2. — *Une Structure Matricielle Permanente dans une Entreprise Multinationale.*

Apparemment, l'entreprise Dow Corning est allée encore plus loin : son PDG (Goggin, 1974) décrit sa structure comme une matrice à trois dimensions où des responsables de fonction, de produit et de région sont face à face à un même niveau (voir Figure 10.3.) [3].

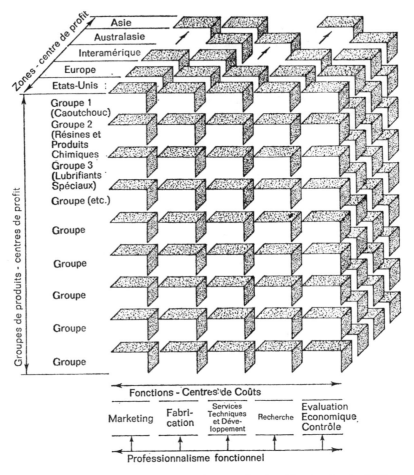

Figure 10.3. — *La Matrice Tri-dimensionnelle de Dow Corning (d'après Goggin, 1974, p. 57).*

Une des caractéristiques de la structure matricielle permanente est que la ligne hiérarchique, une fois qu'elle est subdivisée en deux branches, peut voir ses branches réunies comme dans la Figure 10.2. où un cadre a plusieurs supérieurs; mais les subordonnés de ce cadre n'ont qu'un seul supérieur — lui-même.

La structure matricielle changeante est utilisée pour la réalisation de projets, lorsque le produit varie fréquemment, comme par exemple dans les entreprises aérospatiales, les laboratoires de recherche et les cabinets de

---

3. En réalité, Goggin a une quatrième dimension — espace et temps — qui vient de ce que l'organisation est flexible et change au fil du temps. Il note aussi la présence de divers groupes de projets et comités permanents qui viennent se superposer à la structure matricielle, ainsi que l'utilisation des systèmes de planification et de direction par objectifs.

conseil. Dans ces cas, l'organisation opère comme un ensemble de groupes de projet ou de « task forces », c'est-à-dire d'unités temporaires organisées sur la base de marchés, qui recrutent leurs membres dans les départements fonctionnels. Pour reprendre les termes de Thomson (1967), « les organisations conçues pour réaliser des tâches uniques en leur genre (ou pour faire du travail à mesure) et soumises à des normes de rationalité, regroupent les spécialistes en unités fonctionnelles pour des besoins administratifs mais les déploient en groupes de projets pour les besoins opérationnels » (p. 80). La NASA est une organisation qui est connue comme utilisatrice de ce type de structure; la Figure 10.4. montre une version simplifiée du Programme de

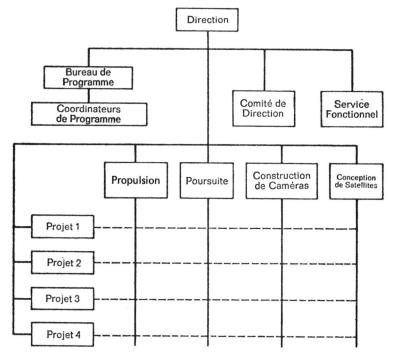

Figure 10.4. — *Structure Matricielle Changeante du Programme de Satellite Météorologique de la NASA (modifié d'après Delbecq et Filley, 1974, p. 16).*

Satellite Météorologique. Dans les structures matricielles changeantes, les chefs de projets y sont de véritables responsables qui ont autorité sur leur équipe (autant d'autorité que les responsables des unités fonctionnelles); ceci les distingue des chefs de projets et des cadres intégrateurs que nous avons vus plus haut, qui sont des mécanismes de liaisons venant s'ajouter à la structure hiérarchique traditionnelle. La structure est matricielle précisément, et c'est une de ses caractéristiques fondamentales, parce que les chefs de projets ont, comme les responsables fonctionnels, leur place dans l'organisation et qu'ils partagent le pouvoir de façon égale.

Enfin, on doit noter que **la structure matricielle paraît être un mécanisme très efficace pour développer des activités nouvelles et pour coordonner des**

interdépendances multiples et complexes; et que ce n'est pas une structure pour ceux qui ont besoin de sécurité et de stabilité. Abandonner le principe d'unité du commandement crée des liens qui requièrent une capacité de relation interpersonnelle très développée et une tolérance considérable pour l'ambiguïté. Comme Galbraith (1973) le note : « Plutôt que d'envoyer tous les problèmes à un responsable unique, la structure matricielle institutionnalise un système de confrontation » (p. 105). Knight (1976), dans son analyse de la structure matricielle, discute de quatre problèmes qu'elle pose. Le premier est celui du conflit : « Les conflits d'objectifs et de responsabilité, la difficulté de savoir qui féliciter en cas de succès, et qui blâmer en cas d'échec, et les tentatives faites pour redresser un déséquilibre de pouvoir » (p. 123) sont source de conflits entre individus. La structure matricielle abat « ces frontières organisationnelles qui sont des murs protégeant le cadre responsable et maintenant son contrôle incontesté sur un ensemble d'opérations » (p. 123). Le second problème est celui de la tension psychologique, du « stress » : « Les organisations matricielles peuvent s'avérer stressantes non seulement pour les responsables, pour lesquels elles sont source d'insécurité et de conflit, mai aussi pour leurs subordonnés » (p. 125). Avoir plusieurs supérieurs hiérarchiques conduit au « conflit de rôles »; être peu sûr de ce qui est attendu de soi conduit à « l'ambiguïté de rôle »; et demander trop à un même individu, en particulier en ce qui concerne les réunions et les discussions, conduit à la « surcharge de rôles ».

Le troisième problème est celui du maintien d'un équilibre fragile du pouvoir entre responsables. Une poussée dans un sens ou dans un autre conduit à retomber sur une structure traditionnelle et donc à perdre les bénéfices de la structure matricielle. D'un autre côté, un équilibre parfait sans coopération peut conduire à l'apparition de conflits si nombreux qu'ils finissent par surcharger les niveaux supérieurs de la hiérarchie. Le quatrième problème que pose la structure matricielle est celui du coût de l'administration et de la communication. « Le système exige des individus du temps consacré à l'exécution du travail. Il y a tout simplement besoin de plus de communication; plus d'information doit être transmise à plus de monde » (p. 126). De plus, comme nous le verrons bientôt, la structure matricielle requiert beaucoup plus d'encadrement que les structures traditionnelles, et ceci augmente considérablement les coûts administratifs.

UN CONTINUUM DES MÉCANISMES DE LIAISON.

La Figure 10.5. résume notre discussion des quatre mécanismes de liaison : postes de liaison, groupes de projet et comités permanents, cadres intégrateurs et structure matricielle. L'idée en est empruntée à Galbraith, sous une forme modifiée. On y voit, aux extrémités, les deux structures de base, par fonction et par marché. Entre ces deux formes « pures » de structure, les divers mécanismes de liaison introduisent un continuum dont la structure matricielle est le point médian, qui permet à une organisation, en fonction

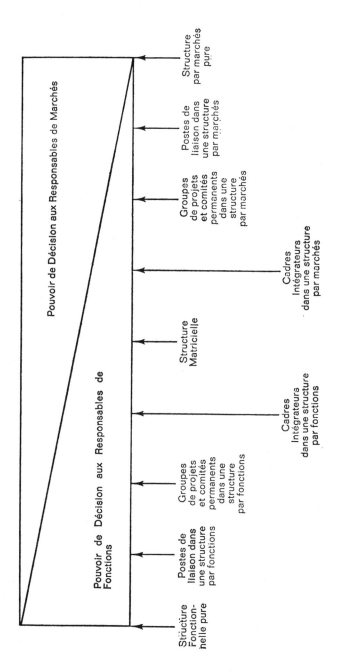

Figure 10.5. — *Un Continuum des Mécanismes de Liaison*
(*similaire à celui de Galbraith, 1973, p. 114*).

de ses besoins, de passer par degrés d'un mode de fonctionnement où les pouvoirs de décision sont entre les mains des responsables de fonctions à un mode de fonctionnement dans lequel ce sont les responsables de marchés qui décident.

LES MÉCANISMES DE LIAISON
ET LES AUTRES PARAMÈTRES DE CONCEPTION.

A de nombreuses reprises, notre discussion nous a amenés à voir que des relations existent entre les mécanismes de liaison et les autres paramètres de conception. Nous nous proposons de traiter ici de ces relations, en commençant par considérer la superstructure avant de voir les postes individuels.

Les mécanismes de liaison, c'est clair, **peuvent être** utilisés quelle que soit la base choisie pour le regroupement des postes en unités et des unités en unités plus larges, puisqu'ils sont conçus pour pallier les problèmes que l'on rencontre en n'utilisant qu'une base pour le regroupement. Pourtant les exemples dont nous disposons suggèrent qu'ils sont plus fréquemment utilisés dans les structures fonctionnelles pour y introduire le « point de vue » des marchés.

A propos de la taille des unités, nous avons vu que les mécanismes de liaison ont pour fonction d'encourager l'ajustement mutuel par la communication informelle, et le chapitre 8 nous a montré qu'un tel type de communication requiert des groupes de petite taille. Donc, on s'attend à ce que, **plus les mécanismes de liaison sont utilisés, plus faible est la taille moyenne des unités de l'organisation.** Ceci doit être particulièrement vrai pour les groupes de projet et les comités permanents ainsi que pour les structures matricielles changeantes dans lesquelles le travail est principalement accompli dans des groupes. Les données de Middleton (cité par Kast et Rosenweig, 1970, p. 234) supportent cette hypothèse : il a trouvé que l'introduction d'une structure par projet a conduit, dans plusieurs entreprises, à une augmentation notable du nombre de départements, de vice-présidents, de directeurs et de l'effectif de l'encadrement de second niveau. Ainsi, **certains des mécanismes de liaison, et en particulier la structure matricielle, ont pour conséquence une prolifération des cadres dans l'organisation.**

Si on se tourne maintenant vers la conception des postes individuels, on peut s'attendre à voir les mécanismes de liaison utilisés là où l'organisation ne peut pas coordonner les activités par la standardisation des comportements. Hage et al. (1971, p. 868) ont trouvé qu'il y a d'autant moins de réunions de département que le travail est plus programmé; et que plus il y a de descriptions de postes dans l'organisation, moins il y a d'interactions non prévues à l'avance, particulièrement entre individus de même statut appartenant à des départements différents. En d'autres termes, il y a moins besoin de communication informelle dans les structures bureaucratiques, et donc **les mécanismes de liaison sont des outils qui s'adressent essentiellement aux structures organiques.** Ce sont des mécanismes flexibles qui encouragent les relations informelles et peut étroites. Il est certain que les mécanismes de liaison les plus faibles (les postes de liaison, les groupes de projet et les comités permanents, ceux qui sont situés à l'extrémité gauche du continuum de la Figure 10.5.) sont parfois utilisés dans les structures bureaucratiques pour réduire leur inflexibilité par endroits; mais le recours aux mécanismes de liaison les plus forts (cadres intégrateurs et structure matricielle) représente une telle perturbation des comportements formalisés que la structure qui en résulte ne peut plus être bureaucratique.

Les mécanismes de liaison sont en général utilisés là où le travail est à la fois 1) spécialisé horizontalement; 2) complexe et 3) très interdépendant. Si le travail n'est pas à la fois spécialisé horizontalement et interdépendant, il n'est pas besoin d'une forte coordination et donc les mécanismes de liaison ne sont pas nécessaires. Si le travail n'est pas complexe, la coordination peut être faite par supervision directe et standardisation des processus de travail et des produits. Un travail complexe peut, bien entendu, être coordonné par standardisation des qualifications, mais seulement dans la mesure où les interdépendances ne sont pas trop importantes.

Bien entendu, les tâches spécialisées et complexes sont réalisées par des professionnels, et on devrait donc trouver une relation entre le professionnalisme (ainsi que la formation) et le degré d'utilisation des mécanismes de liaison. De fait, nombre de nos exemples, dans ce chapitre viennent d'organisations qui s'appuient sur l'expertise professionnelle : industrie aérospatiale, laboratoires de recherche, etc. Dans le chapitre 8, nous avons suggéré l'existence de deux types d'organisation professionnelle : dans le premier, les professionnels travaillent indépendamment les uns des autres; dans le second, ils travaillent à l'intérieur de groupes de petite taille. Nous voyons maintenant que les mécanismes de liaison sont des paramètres de conception essentiels dans le second type d'organisation professionnelle.

Les travaux de Lawrence et Lorsch (1967) mettent en lumière l'existence d'une relation entre la spécialisation horizontale et le degré d'utilisation des mécanismes de liaison. Leur thèse est la suivante : plus l'organisation est « différenciée », et plus elle met l'accent sur « l'intégration ». Comme nous l'avons vu plus haut, Lawrence et Lorsch utilisent le terme « différenciation » pour décrire le degré de différence entre les unités de l'organisation selon quatre dimensions (le temps, les buts, les relations interpersonnelles, le formalisme de la structure) qui, toutes, reflètent le degré de spécialisation horizontale. L'autre dimension qu'ils utilisent est « l'intégration »; bien qu'ils la définissent de façon générale comme « la qualité de la collaboration » (p. 11) entre les unités qui doivent travailler ensemble, l'opérationalisation qu'ils font du concept tient essentiellement compte du degré d'utilisation des mécanismes de liaison. Ainsi, dans leur étude comparée des entreprises performantes de trois secteurs différents, Lawrence et Lorsch ont trouvé que les entreprises performantes du secteur des matières plastiques, très différenciées, utilisaient des départements intégrateurs (c'est-à-dire des *unités* dont les fonctions sont de même nature que celles du cadre intégrateur) et des comités permanents (dans ces entreprises, 22 % des membres de l'encadrement ont des fonctions de liaison); dans cette étude, les entreprises de l'agro-alimentaire sont apparues comme moins différenciées; elles utilisaient des postes de liaison qui sont des mécanismes de liaison moins complexes dans le continuum de la Figure 10.5., avec une intensité moins forte : 17 % ; enfin, les entreprises de fabrication d'emballage de carton, peu différenciées, se servaient essentiellement de la supervision directe pour coordonner leurs activités, et elles n'utilisaient aucun mécanisme de liaison [4].

Le dernier point dont nous voudrions traiter est celui des relations entre mécanismes de liaison d'une part, systèmes de planification et de contrôle d'autre part; dans une certaine mesure, au moins, les deux liens latéraux paraissent mutuellement incompatibles : l'organisation, dans laquelle les interdépendances ne peuvent pas être complètement traitées par la conception des postes et la superstructure, standardisera les résultats *ou bien* utilisera les mécanismes de l'ajustement mutuel. Considérons, par exemple, la description que Sayles (1976) fait de l'organisation qui utilise la structure matricielle : l'introduction de sources d'autorité multiples présuppose que les décisions « ne peuvent y être faites par un ordinateur ou un petit groupe d'experts qui font la planification » (p. 15); ses « buts » sont à la fois multiples, changeants et mutuellement incompatibles » (p. 16); la nature des interdépendances est telle qu'« aucun système comptable » (p. 15) ne peut les traiter. Il est clair que les systèmes de planification et de contrôle n'ont pas une place majeure dans une telle organisation : les systèmes de contrôle des performances requièrent la stabilité des buts et des unités, et ne peuvent fonctionner que si les seules interdépendances qui existent sont de communauté; or, aucune de ces conditions n'est remplie; d'un autre côté, la planification des actions peut être utilisée pour traiter des interdépendances, mais elle doit l'être de façon suffisamment souple pour permettre l'ajustement mutuel. La NASA a utilisé la planification des actions pour élaborer le schéma d'ensemble du projet Apollo, mais le projet lui-même exigea tellement de coordination et d'adaptation additionnelles que la NASA put être à l'époque considérée comme une entreprise pilote en ce qui concerne l'utilisation des mécanismes de liaison.

---

4. Les mesures de la différenciation dans ces trois entreprises étaient 10,7; 8,0; et 5,7 respectivement (p. 138).

11

LA CONCEPTION DU SYSTÈME DE PRISE DE DÉCISION : LA DÉCENTRALISATION VERTICALE ET HORIZONTALE

Depuis que l'on écrit sur les organisations, on utilise les termes de *centralisation* et de *décentralisation*. Cependant, ce sujet reste probablement celui qui est le plus confus en Théorie des organisations, car ces termes ont été utilisés de façon tellement différente qu'ils ont pratiquement cessé d'avoir un sens. Ici, nous étudierons la centralisation exclusivement en termes de pouvoir sur les décisions prises dans les organisations. Nous dirons que **la structure est centralisée quand tous les pouvoirs de décision se situent à un seul point dans l'organisation — à la limite dans les mains d'un seul individu; nous dirons que la structure est décentralisée lorsque le pouvoir est dispersé entre de nombreuses personnes.** Logiquement, on devrait traiter de la décentralisation quand on discute de la conception de la superstructure. Une fois que les unités ont été définies, il paraît normal de se demander de quelle quantité de pouvoir chacune doit disposer. Mais la question est plus complexe qu'il n'y paraît. Ce que nous avons vu sur les organisations dans les chapitres qui précèdent, a une structure logique très forte : on commence par la mission, puis on détermine les positions (leur spécialisation, leur formalisation, leurs besoins en formation et en socialisation), puis on groupe les postes pour construire la superstructure; ceci fait, on détermine quelle doit être la distribution des pouvoirs de décision à l'intérieur de l'organisation et on finit en créant les liens latéraux. Il devrait être évident, au point où nous en sommes, que cette logique a peu de relation avec la pratique de la conception des organisations. Les relations entre paramètres de conception sont clairement de nature réciproque, non séquentielle : **ces paramètres forment un système intégré dans lequel chacun est lié aux autres comme une variable à la fois dépendante et indépendante : changer un de ces paramètres, quel qu'il soit, conduit nécessairement à changer aussi tous les autres.** La décentralisation est abordée en dernier lieu parce qu'il s'agit du paramètre de conception le plus complexe : il est nécessaire de comprendre tous les autres avant de pouvoir l'aborder.

POURQUOI DÉCENTRALISER UNE STRUCTURE ?

Qu'est-ce qui incite une organisation à centraliser ou à décentraliser sa structure ? Comme pour la plupart des questions de structure, il s'agit ici de l'opposition entre division du travail et coordination. **La centralisation est le mécanisme le plus puissant pour coordonner les décisions dans l'organisation.** Toutes les décisions sont prises par un seul individu, dans un seul cerveau, et ensuite mises en œuvre sous une supervision directe. On a trouvé d'autres raisons qui militent en faveur de la centralisation — mais la plupart d'entre elles tournent autour du besoin de coordination (une exception bien connue est celle du goût du pouvoir, dont nous traitons au chapitre 16). Pourquoi, alors, une organisation devrait-elle décentraliser ? **Simplement parce qu'un seul centre, un seul cerveau, ne peut comprendre toutes les décisions.** Il est parfois tout simplement impossible à l'information nécessaire d'arriver à ce centre. Peut-être une trop grande partie de cette information est floue, difficile à transmettre. Comment le commercial de Bagdad peut-il expliquer quelle est la nature de ses clients à son directeur de Birmingham ? Quelquefois, l'information peut être transmise à un centre, mais un manque de capacité cognitive empêche qu'elle n'y soit comprise. Comment le président d'une grande entreprise peut-il connaître, disons cent différentes lignes de produits ? Même s'il pouvait disposer d'un rapport écrit sur chacune d'elles, il manquerait encore du temps nécessaire à leur étude complète. Quelquefois un système d'information sophistiqué donne au centre l'illusion qu'il dispose de la connaissance nécessaire, sans que le centre ait réellement la capacité de l'absorber. Simon (1968) nous donne un exemple de ce type de situation :

> Le Département d'Etat américain, se noyant dans une rivière de mots estimée à 15 millions par mois en provenance de ou dirigée vers 278 postes diplomatiques, se tourne vers l'informatique. On procède actuellement aux essais finaux d'un système d'ordinateurs, d'imprimantes rapides et d'autres matériels électro-

niques d'une valeur totale de 3,5 millions de dollars. Les responsables affirment que ce matériel va éliminer les goulets d'étranglement dans le système, surtout lors des crises, quand des torrents de messages affluent des endroits troublés du monde.

Lorsque le nouveau système sera complètement opérationnel, l'automne prochain, les ordinateurs seront capables d'absorber les messages à un rythme de 1 200 lignes à la minute. Les anciens télex ne peuvent recevoir les messages qu'à un rythme de 100 mots à la minute (p. 622).

Simon conclut :

Une foi touchante ! Comme si ajouter de l'eau pouvait éviter la noyade ! Espérons que les ministres des Affaires étrangères ne se sentiront pas obligés de lire ces 1 200 lignes à la minute uniquement parce qu'elles existent (p. 622).

L'erreur la plus courante commise en matière de conception d'organisation est peut-être celle qui consiste à centraliser les décisions lorsqu'on est face à des limitations cognitives. Les cadres dirigeants, qui ont l'autorité nécessaire pour concevoir la structure, constatent que des erreurs sont commises aux niveaux inférieurs; et ils pensent pouvoir faire mieux, soit parce qu'ils s'estiment eux-mêmes plus compétents, soit parce qu'ils pensent pouvoir mieux coordonner les décisions. Malheureusement, ce comportement conduit inéluctablement, dans des situations complexes, à un état connu sous le nom de « surcharge d'information » : plus le centre essaie de recevoir d'informations, moins il en a en réalité (Driver et Streufert, 1969). En d'autres termes, passé un certain point, les cadres ne peuvent ni être meilleurs, ni mieux coordonnés. Ils feraient mieux de laisser certains pouvoirs de décision à d'autres qui disposent du temps et de la capacité nécessaires au traitement des informations. Comme Jay (1970, p. 64) le remarque, une centralisation excessive conduit ceux qui ont l'information nécessaire à en référer à des supérieurs qui n'ont aucune connaissance des réalités quotidiennes, pour que ces derniers prennent les décisions.

Pour résumer, avoir le pouvoir de décider ne confère ni l'information ni la capacité cognitive nécessaire à la prise de décision. En fait, la décentralisation est un phénomène organisationnel répandu parce que beaucoup d'organisations doivent traiter de situations complexes. Il est difficile à un seul individu de prendre toutes les décisions dans un organisme d'action sociale de dix personnes, et c'est *a fortiori* vrai pour une entreprise comme General Electric. Les pouvoirs de décision sont placés là où des individus peuvent comprendre la situation et y répondre intelligemment. Le pouvoir est placé là où est le savoir.

Il existe une autre raison qui amène à la décentralisation : permettre à l'organisation de répondre rapidement aux conditions locales. La transmission d'informations du terrain au centre puis du centre au terrain prend du temps, et ce temps peut être précieux. La Bank of America en a fait un thème publicitaire : avoir un homme sur place, qui est supposé pouvoir décider, permet d'offrir un meilleur service aux clients.

Une dernière raison milite en faveur de la décentralisation : c'est un moyen de motivation. Les personnes créatives et intelligentes ont besoin d'une marge de manœuvre considérable. L'organisation ne peut les attirer, les garder, et utiliser leur initiative que si elle leur donne des pouvoirs de décision très importants. Une telle motivation est cruciale dans les travaux de nature professionnelle (comme il s'agit de travaux complexes, l'organisation a ici deux bonnes raisons de décentraliser). Cette motivation est aussi un facteur clé pour les postes d'encadrement, et un certain degré de décentralisation est donc justifié dans la ligne hiérarchique. De plus, cette décentralisation permet aux cadres de s'entraîner à décider, de façon à ce qu'un jour certains cadres puissent accéder aux plus hautes fonctions, là où les décisions les plus difficiles doivent être prises.

CENTRALISATION/DÉCENTRALISATION : QUELQUES PROBLÈMES CONCEPTUELS.

Jusqu'ici tout paraît clair. Mais c'est parce que nous n'avons pas encore regardé à l'intérieur de la « boîte noire » appelée décentralisation. Il est en fait impossible de décrire en un seul mot un phénomène aussi complexe que la distribution du pouvoir dans l'organisation. Considérons par exemple les questions suivantes :

— Qu'est-ce qui est plus centralisé : une bibilothèque dont on peut dire qu'elle est « centralisée » parce que l'ensemble de ses activités est au même endroit, bien que le pouvoir y soit largement dispersé entre le chefs de départements; ou une bibliothèque « décentralisée » qui est composée d'unités dispersées, dans chacune desquelles le supérieur hiérarchique conserve tout le pouvoir sans en déléguer une parcelle aux employés ?

— Qu'en est-il d'une organisation où le pouvoir de décision est dispersé entre de nombreux individus, mais où une personne centrale a le pouvoir de licencier chacune des autres, s'il le désire sur-le-champ, et où par conséquent les autres ne prennent les décisions qu'après avoir soigneusement évalué quels sont les désirs de cette personne centrale ? Ou d'une organisation comme la CIA ou la Compagnie de Jésus, dont chaque membre a une autonomie complète sur le terrain, à ceci près qu'il a été soigneusement entraîné à décider d'une certaine façon avant même de quitter le « quartier général » ? Ces organisations sont-elles décentralisées ?

— Aux Etats-Unis, on qualifie de « décentralisées » les entreprises divisionnalisées qui utilisent pour leur coordination un système de contrôle des performances; et les Américains ont l'habitude de dire que les économies des pays communistes sont « centralisées », alors qu'elles ressemblent à des entreprises divisionnalisées géantes qui utilisent des systèmes de contrôle de performances pour leur coordination.

Dans les deux cas, faut-il parler de centralisation ou de décentralisation ?

— La standardisation du travail est-elle source de centralisation ou de décentralisation ? Lorsqu'un membre de l'organisation est laissé libre de toute supervision directe parce qu'il est soumis à de nombreuses règles, peut-on dire qu'il a du pouvoir sur ses propres décisions ? Plus généralement, les bureaucraties sont-elles centralisées ou décentralisées ? Qu'en est-il de celle qui est décrite par Crozier, où les ouvriers réussissent à faire en sorte que l'on crée des règles qui limitent le pouvoir de leurs propres supérieurs, avec pour résultat une situation où personne ne peut bouger ?

— Que penser d'une situation dans laquelle un cadre opérationnel a le pouvoir de décision, mais où ses conseillers le conduisent dans ses choix grâce à leur savoir technique ? Ou d'un décideur dont les subordonnés, lors de la mise en œuvre, déforment les décisions selon leurs goûts ? Ces organisations sont-elles centralisées parce que la distribution du pouvoir formel est centralisée, ou décentralisées à cause de la distribution du pouvoir informel ?

— Finalement, que penser des organisations où certaines décisions — disons celles concernant les finances et la gestion du personnel — sont centralisées alors que les autres décisions sont prises à des niveaux inférieurs ?

La réponse à ces questions est qu'il n'y a pas de réponse simple, et qu'il faut toujours se méfier d'un usage imprécis des termes « centralisation » et « décentralisation ». Pour clarifier le débat, remarquons d'abord où nous mènent les questions que nous avons posées ci-dessus. D'abord, **centralisation et décentralisation ne doivent pas être traitées comme des absolus, mais plutôt comme les extrémités d'un continuum.** L'économie soviétique n'est pas « centralisée » mais seulement plus centralisée qu'une économie capitaliste; l'entreprise divisionnalisée n'est pas « décentralisée » mais seulement plus décentralisée que certaines des entreprises qui ont des structures fonctionnelles. En second lieu, une bonne partie de la confusion paraît provenir du fait qu'il y a en réalité sous le même nom plusieurs concepts différents. Nous discutons ci-dessous de trois de ces significations; deux d'entre elles feront plus loin dans ce chapitre l'objet d'un exposé détaillé, et nous nous en servirons pour construire une typologie des cinq formes fondamentales de décentralisation rencontrées communément dans les organisations.

Trois significations du terme « décentralisation ». Le terme « décentralisation » paraît être utilisé de trois façons fondamentalement différentes dans la littérature :

1. D'abord, il y a la dispersion du pouvoir formel vers le bas à l'intérieur de la ligne hiérarchique. En principe, le pouvoir formel est localisé au sommet stratégique entre les mains du PDG. Il peut y rester, ou le PDG peut choisir de le disperser — on dit souvent aussi « déléguer » — à des niveaux inférieurs de la hiérarchie. **La dispersion du pouvoir formel vers le bas de la ligne hiérarchique sera appelée décentralisation verticale.**

2. Le pouvoir de décision — nous parlons ici surtout du pouvoir informel — peut rester l'apanage des cadres opérationnels du système d'autorité formelle, ou il peut passer à des personnes extérieures à la ligne hiérarchique : à des analystes de la technostructure, à des fonctionnels de support logistique ou à des opérateurs. **La décentralisation horizontale est le passage du contrôle des processus de décisions à des personnes situées en dehors de la ligne hiérarchique** [1].

3. Enfin, le terme « décentralisation » peut refléter une dispersion physique des services. Les bibliothèques, les photocopieuses et les forces de police peuvent être « centralisées » au même endroit ou « décentralisées » en unités plus proches des utilisateurs. Mais cette « décentralisation » n'a rien à voir avec le contrôle sur les décisions. Ce troisième sens du terme n'a donc pour effet que d'ajouter à la confusion. Nous en avons d'ailleurs déjà discuté au chapitre 7 en parlant de la *concentration* et de la *dispersion* des activités. Dans ce livre, nous n'utiliserons pas le terme « décentralisation » pour décrire la dispersion physique des activités.

Ceci nous laisse deux paramètres de conception essentiels : la décentralisation horizontale et la décentralisation verticale [2], [3]. Toutes deux reflètent la dispersion des pouvoirs de décision, et cette dispersion peut elle-même revêtir deux formes : **dans la décentralisation sélective, des décisions différentes sont prises à des endroits différents de l'organisation.** Par exemple, les décisions financières peuvent être prises au sommet stratégique, les décisions de marketing dans les unités de support logistique, et les décisions de production au bas de la ligne hiérarchique. Par contraste, **la décentralisation globale est la dispersion de nombreuses sortes de décisions au même endroit**

---

1. Pour les besoins de notre définition, les cadres responsables des unités fonctionnelles sont placés parmi les non-cadres. On notera que le terme « horizontal » décrit correctement ce flux du pouvoir vers les analystes et les fonctionnels de support logistique tels qu'ils figurent sur notre schéma de base. Les opérateurs sont bien entendu placés au-dessous de la hiérarchie, mais par commodité sont aussi inclus dans notre définition de la décentralisation horizontale.

2. Van de Ven (1976, b) introduit un schéma conceptuel similaire lorsqu'il distingue trois dimensions du pouvoir de décision : « 1) l'importance des décisions de commandement (autorité hiérarchique); 2) l'importance des décisions individuelles prises par des membres d'unités fonctionnelles (autorité personnelle), et 3) l'importance des décisions de groupes à l'intérieur d'une unité (autorité collégiale) » (p. 256), les deux dernières étant différentes formes de ce que nous appelons décentralisation horizontale.

3. Ces deux formes de décentralisation sont, conceptuellement, indépendantes : le pouvoir peut être délégué vers le bas tout en restant dans la hiérarchie; le cas extrême de décentralisation verticale accompagné de centralisation horizontale consisterait à donner tout le pouvoir aux cadres de premier niveau. Le contraire — centralisation verticale avec décentralisation horizontale — correspond au cas où des fonctionnels de niveau très élevé ont tout le pouvoir. Cette indépendance des deux formes de décentralisation est corroborée par quelques recherches empiriques : Blau et Schoenherr (1971, p. 112), ainsi que Reimann (1973, p. 466) dans son analyse des études d'Aston, ont trouvé que la décentralisation *à une unité* n'était pas fortement corrélée à la décentralisation *à l'intérieur d'une unité* (en d'autres termes, la décentralisation verticale de pouvoirs au responsable d'une unité ne conduit pas nécessairement à une décentralisation verticale aux subordonnés de ce responsable ou à une décentralisation horizontale aux opérateurs ou aux fonctionnels de l'unité). Par ailleurs, Beyer et Lodhal (1976, p. 125) ont trouvé que, par rapport à la moyenne, les départements de sciences physiques ont plus d'autonomie dans l'université (décentralisation verticale) mais que les professeurs y ont moins d'autonomie dans le département (centralisation horizontale), alors qu'on observe le contraire pour les départements de sciences sociales et d'humanités.

de la structure. Par exemple, les décisions financières, de marketing et de production doivent toutes être prises par les directeurs de divisions.

Il nous manque un élément avant de pouvoir discuter des différents types de décentralisation que l'on peut trouver dans les organisations. Comme nos questions le montrent, le pouvoir peut varier de personne à personne, même à l'intérieur du même processus de décision. Nous avons donc besoin d'une armature conceptuelle qui nous permette de comprendre ce qu'est réellement le pouvoir sur un processus de décision.

LE CONTROLE SUR LE PROCESSUS DE DÉCISION.

Ce qui est important, bien sûr, ce n'est pas le contrôle sur les décisions mais le contrôle sur les actions, sur ce que l'organisation fait réellement, par exemple lancer un nouveau produit, construire une nouvelle usine ou embaucher un nouveau technicien. Et il y a bien plus dans le contrôle que le simple contrôle qui s'exerce sur le choix. Le pouvoir sur chacune des étapes du processus de décision — depuis le stimulus initial jusqu'au détail final de l'exécution — constitue un certain pouvoir sur le processus dans son ensemble.

Paterson (1969) nous donne un schéma utile pour comprendre cette question. Il décrit le processus de décision sous la forme d'une suite de cinq étapes (nous l'avons représentée sous une forme modifiée dans la Figure 11.1.) :

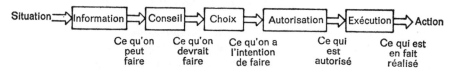

Figure 11.1. — *Un Continuum du Contrôle sur le Processus de Décision* (*similaire à celui de Paterson, 1969, p. 150*).

1) recueillir des *informations* pour les faire passer au décideur; 2) traiter cette information pour présenter au décideur des *conseils* sur la conduite à tenir; 3) procéder au *choix*, c'est-à-dire déterminer ce qu'on a l'intention de faire [4]; 4) *autoriser* le choix; et 5) réaliser, *exécuter* ce qui a été décidé et autorisé. Le pouvoir d'un individu est donc déterminé par l'influence qu'il a sur ces diverses étapes. Son pouvoir est à son maximum lorsque l'individu contrôle toutes les étapes : il recueille ses propres informations, les analyse lui-même, choisit, n'a pas besoin d'autorisation, puis exécute lui-même sa propre décision. Le processus de décision est alors totalement centralisé. Mais, à mesure que d'autres personnes interviennent dans ces étapes, cet individu perd du pouvoir, et le processus de décision devient décentralisé.

---

4. Dans les termes que nous avons utilisés au chapitre 3, cette étape comprend les phases de prise de conscience, de passage au crible et de choix. Le diagnostic et le développement peuvent être considérés comme l'élaboration du conseil pour la décision finale bien que, comme nous l'avons vu plus haut, de nombreux choix intermédiaires sont effectués au cours de la phase de développement.

Le contrôle sur l'information initiale permet à une autre personne de sélectionner les facteurs dont on tiendra compte — et ceux dont on ne tiendra pas compte — dans le processus de décision. Lorsque le filtrage de l'information est très important, le contrôle sur l'information initiale est pratiquement équivalent au contrôle sur le choix lui-même. Le pouvoir de conseiller est plus important encore, puisqu'il dirige le décideur dans une direction bien précise. Malgré la distinction entre opérationnels et fonctionnels, il est des circonstances dans lesquelles la distinction entre conseil et décision est des plus ténues. L'Histoire nous rapporte le cas de rois qui n'étaient que des figurants alors que leurs conseillers — un Richelieu en France, un Raspoutine en Russie — détenaient le pouvoir réel. De même, la littérature nous rapporte le cas de fonctionnels — parfois spécialistes « objectifs » de sciences de gestion — qui modifiaient à dessein les conseils qu'ils donnaient aux « décideurs » opérationnels de façon à obtenir ce qu'ils voulaient (Pettigrew, 1972; Cyert et March, 1963, p. 81).

Le contrôle sur ce qui se passe après la décision peut aussi constituer une source de pouvoir. Le pouvoir d'autoriser une décision, c'est bien sûr le pouvoir d'y opposer son veto ou même de la changer. Et le droit d'exécuter un choix qui a été arrêté donne souvent le pouvoir de l'influencer ou même de le modifier. On trouve chaque jour dans les journaux des articles qui nous rapportent comment les « bureaucrates » ont altéré les intentions des politiciens et ont fini par faire ce qu'ils considéraient au départ comme étant la meilleure solution. En fait, ce sont eux qui ont fini par prendre la décision.

Ainsi, **un processus de décision est décentralisé au maximum lorsque le décideur ne contrôle que le choix c'est le moins qu'il puisse faire pour être appelé décideur) : dans la hiérarchie de l'organisation, il perd du pouvoir au profit de ceux qui, à côté de lui, recueillent l'information et le conseillent; au profit de ceux qui au-dessus de lui, autorisent sa décision; et au profit de ceux qui, au-dessous de lui, l'exécutent.**

En d'autres termes, le contrôle sur les choix — à l'opposé du contrôle sur la totalité du processus de décision — ne constitue pas nécessairement une centralisation forte. En gardant ceci à l'esprit, traitons maintenant de la décentralisation verticale puis des différentes formes de décentralisation horizontale.

LA DÉCENTRALISATION VERTICALE.

La décentralisation verticale est la délégation des pouvoirs de décision depuis le sommet stratégique vers le bas, à l'intérieur de la ligne hiérarchique. L'accent est mis ici sur le côté formel du pouvoir (prendre les décisions, les autoriser) plutôt que sur le côté informel (conseiller, exécuter). Trois questions se posent dans ce domaine :

1. Quels pouvoirs de décision faut-il déléguer ?
2. Jusqu'à quel niveau faut-il déléguer ?
3. Comment coordonner (ou contrôler) l'usage fait de ces pouvoirs ?

Ces trois questions sont en fait étroitement imbriquées. Considérons d'abord quelques résultats d'observations sur la décentralisation verticale sélective : Dale (cité par Pfiffner et Sherwood, 1960, p. 201) et, plus tard, Khandwalla (1973a), ont trouvé que les entreprises avaient tendance à plus déléguer les décisions de production et de marketing que les décisions financières et juridiques. Lawrence et Lorsch (1967) ont trouvé que le pouvoir de décision a tendance à être situé là où est l'information nécessaire. Par exemple, dans l'industrie des matières plastiques, les décisions en matière de recherche et de développement exigent un savoir très spécialisé qui n'est possédé que par un scientifique ou un chef de groupe du laboratoire, mais pas aux niveaux plus élevés. Ces décisions ont donc tendance à être prises à un niveau relativement bas de la hiérarchie. Par contraste, les décisions de production ont tendance à être prises à un niveau plus élevé (celui du directeur d'usine) parce qu'il est facile à ce dernier de disposer de toutes les informations nécessaires.

Ces observations décrivent en fait l'organisation comme un système de constellations de travaux, la quatrième strate que nous avons examinée au chapitre 3. Chaque constellation est située à un niveau où l'information nécessaire aux décisions qui concernent une activité fonctionnelle peut être réunie de la façon la plus efficace. La Figure 11.2. combine les observations de Dale, Khandwalla, Lawrence et Lorsch; on y voit quatre constellations sur notre schéma de base : une constellation financière au sommet, une constellation de production juste dessous, puis une constellation de recherche et développement. Donc **la décentralisation verticale sélective est logiquement associée à l'existence de constellations de travaux constituées sur une base fonctionnelle.** (Notons que dans ce cas, la décentralisation peut être à la fois horizontale et verticale : des groupes fonctionnels sont impliqués dans trois des constellations, et la quatrième est exclusivement fonctionnelle).

Mais une telle décentralisation sélective laisse subsister d'importantes interdépendances, ce qui soulève la question de la coordination et du contrôle. Il est possible d'utiliser la supervision directe en confiant aux cadres dirigeants le pouvoir d'autoriser, et donc de contrôler, les décisions prises par chaque constellation. Mais aller trop loin dans cette direction équivaudrait à une recentralisation et ferait perdre les bénéfices de la décentralisation sélective. Le même problème se pose si on veut utiliser la standardisation des résultats ou celles des procédés de travail puisqu'alors on transfère une partie du pouvoir à la technostructure, ce qui revient à une centralisation horizontale. Ainsi, bien qu'on puisse dans une certaine mesure utiliser la planification des activités, en dernier ressort **l'organisation qui décentralise verticalement de façon sélective, aura essentiellement recours à l'ajustement mutuel pour la coordination des décisions.** De façon précise, elle utilisera à haute dose les mécanismes de liaison.

La situation est tout à fait différente pour la décentralisation verticale globale lorsque les pouvoirs de décision dans les différents domaines fonctionnels sont tous situés au même point de la hiérachie, à l'intérieur d'unités constituées sur la base des marchés. On a ici le cas de la structure « division-

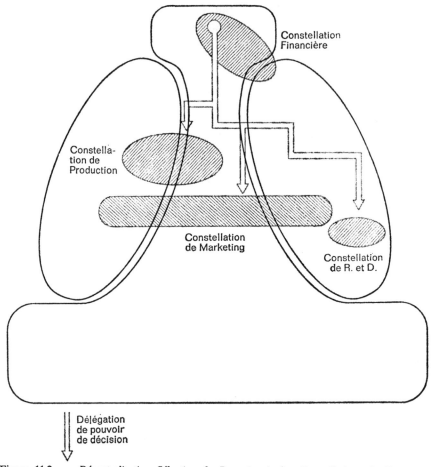

Figure 11.2. — *Décentralisation Sélective de Pouvoirs à des Constellations de Travaux.*

nalisée » où chaque unité est découplée des autres et se voit conférer le pouvoir de prendre toutes les décisions affectant ses produits, ses services ou sa zone géographique. En d'autres termes, **la décentralisation verticale globale est le seul moyen qui permette de donner à des unités regroupées sur la base de marchés les pouvoirs qui leur sont nécessaires pour fonctionner de façon quasi-autonome.** (Bien sûr, une telle décentralisation doit toujours être *à un certain degré* sélective. La grande entreprise divisionnalisée conserve en général la fonction financière et les décisions d'acquisition au sommet stratégique.)

Ce qui devient important dans ce cas, n'est plus de coordonner le travail entre les divisions par ajustement mutuel ou planification des actions; c'est de s'assurer que l'autonomie est bien utilisée, que chaque unité concourt aux buts considérés comme importants par le sommet stratégique. Ce sommet se trouve donc dans une situation délicate où il doit contrôler les unités sans trop restreindre leur autonomie. Trois mécanismes de coordination peuvent être utilisés pour atteindre cet objectif : la supervision directe, la standardisation des résultats et celle des qualifications. (La standardisation des procédés de travail serait évidemment trop contraignante.) La supervision directe est d'un usage limité : autoriser les dépenses les plus importantes, et intervenir lorsque le comportement de l'unité sort des normes. Mais y avoir trop recours a pour effet de supprimer la décentralisation elle-même. La standardisation des qualifications peut aussi être utilisée (par la formation et la socialisation) pour contrôler le comportement des responsables d'unités décentralisées. Nous en avons vu un exemple dans la description que Jay donne des empires coloniaux : les gouverneurs sont soigneusement socialisés avant d'être envoyés gérer les colonies avec une autonomie presque totale. Mais il faut de toute façon déterminer quand le comportement de l'unité sort des normes, et ceci est précisément la fonction du système de contrôle des performances. **La décentralisation verticale globale (à des unités constituées sur la base de marchés) est essentiellement régulée par des systèmes de contrôle des performances.** On donne à ces unités des normes de performance et on leur laisse l'autonomie tant que les normes sont atteintes. C'est sans doute ce qui a amené un certain nombre de chercheurs, par exemple Khandwalla (1974a), à observer l'existence d'une forte corrélation entre le degré de décentralisation et l'usage de systèmes complexes de planification et de contrôle.

Mais la décentralisation verticale globale à des unités organisées sur la base de marchés est-elle réellement une « décentralisation » ? On considère que « divisionnalisation » et « décentralisation » sont synonymes depuis que Alfred P. Sloan a réorganisé General Motors dans les années vingt en utilisant l'expression « opérations et responsabilités décentralisées avec contrôle et coordination » (Chandler, 1962, p. 160; Sloan, 1963). Mais cette divisionnalisation n'est pas du tout une décentralisation : elle n'est que la concentration de pouvoirs de décisions considérables entre les mains d'un nombre très limité de personnes — les directeurs de divisions, qui appartiennent à la ligne hiérarchique et sont en fait très proches du sommet stratégique. **La divisionnalisation constitue une forme plutôt limitée de décentralisation verticale.** Ces directeurs de divisions peuvent bien sûr déléguer une partie de leur pouvoir, vers le bas dans la ligne hiérarchique, ou à des fonctionnels, mais rien ne les y oblige. Pour paraphraser Mason Haire (1964, p. 226), la « décentralisation » peut donner à un cadre la possibilité de gérer son unité de façon « centralisée » [5]. On ne s'étonne pas dans ces conditions que la même structure fonctionnant dans un contexte différent — une économie communiste — puisse être qualifiée de centralisée. Il est difficile d'appeler décentralisée une structure — capitaliste ou communiste — dans laquelle quelques directeurs de divisions contrôlent les décisions qui affectent des millions de personnes, même si elle est plus décentralisée qu'une structure dans laquelle ces décisions sont prises par un nombre encore plus réduit de personnes, au sommet stratégique.

---

5. Ceci pose un dilemme au responsable de niveau supérieur qui préfère plus de décentralisation. « Peut-il réduire l'autonomie de son subordonné et lui ordonner de décentraliser plus encore vers ses propres subordonnés ? Une telle intervention centralisée pour imposer la décentralisation n'aboutira-t-elle pas à détruire la décentralisation ? » (Haire, p. 226).

LA DÉCENTRALISATION HORIZONTALE.

Nous nous intéressons maintenant à la décentralisation horizontale vers les analystes de la technostructure, les fonctionnels de support logistique et les opérateurs, et ceci introduit deux nouveaux éléments dans notre discussion. D'abord, en discutant du transfert du pouvoir en dehors de la ligne hiérarchique, on entre dans le domaine du pouvoir informel : on se préoccupe du contrôle sur le recueil d'informations, sur le conseil aux opérationnels et sur l'exécution des décisions par opposition au choix proprement dit et à son autorisation. En second lieu, on ne fait plus ici l'hypothèse que le pouvoir formel réside nécessairement dans la ligne hiérarchique et au premier chef au sommet stratégique : le pouvoir formel peut être ailleurs, par exemple chez les opérateurs si ces derniers élisent les cadres dirigeants.

La Figure 11.3. représente les quatre formes de décentralisation horizontale :

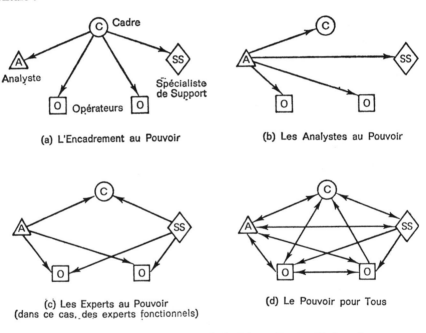

(a) L'Encadrement au Pouvoir

(b) Les Analystes au Pouvoir

(c) Les Experts au Pouvoir
(dans ce cas, des experts fonctionnels)

(d) Le Pouvoir pour Tous

Figure 11.3. — *Un Continuum de la Décentralisation Horizontale.*

1. Le pouvoir est dévolu à un seul *individu,* généralement à raison de la *fonction* qu'il occupe.
2. Le pouvoir passe à un nombre réduit *d'analystes,* à cause de l'influence que les *systèmes* de standardisation ont sur les décisions prises par d'autres.
3. Le pouvoir peut aller à des *experts* qui s'appuient sur leur *savoir.*
4. Le pouvoir peut enfin être dispersé à *tous les membres* de l'organisation.

Nous traitons ci-dessous des trois dernières formes de décentralisation.

DÉCENTRALISATION HORIZONTALE : LES ANALYSTES AU POUVOIR.

Quand une organisation utilise des systèmes de standardisation pour coordonner ses activités, une partie du pouvoir passe nécessairement des cadres opérationnels à ceux qui ont conçu ces systèmes : les analystes de la technostructure. La partie qui passe ainsi dépend bien sûr du degré et du type de standardisation, et les analystes ont d'autant plus de pouvoir que l'organisation a plus recours à la standardisation. Les planificateurs du gouvernement soviétique ont plus de pouvoir que leurs collègues américains; les ingénieurs de méthode d'une usine automobile ont plus de pouvoir que ceux d'un hôpital. Par ailleurs, les analystes ont d'autant plus de pouvoir que la standardisation est plus forte : c'est ainsi que les spécialistes de méthodes et ceux qui conçoivent les postes de travail (qui disent aux travailleurs *comment* produire en standardisant leurs procédés de travail) devraient en général avoir plus de pouvoir que les agents de planning (qui leur disent seulement *ce qu'il faut* produire et *à quel moment*). Et les formateurs (qui standardisent les qualifications) devraient avoir encore moins de pouvoir. Ainsi, l'ouvrier d'usine devrait normalement considérer que c'est le spécialiste de méthodes qui représente la plus grande menace pour son autonomie, suivi par l'agent de planning et le spécialiste de formation. (D'un autre côté, les planificateurs et les formateurs ont un pouvoir plus important si leur travail s'effectue à des niveaux plus élevés dans l'organisation.) De plus, il ne faut pas oublier que la plus grande partie de la formation s'effectue en dehors de l'organisation, ce qui contraint l'organisation à laisser une partie du pouvoir aux institutions spécialisées qui lui sont extérieures.

D'où vient le pouvoir des analystes ? Bien entendu d'abord de ceux dont le travail est standardisé, comme l'opérateur qui perd le pouvoir de choisir son propre procédé de travail et le cadre qui perd la faculté de décider de la production de son unité. Mais les supérieurs hiérarchiques de ces personnes perdent aussi une partie de leur pouvoir : comme nous l'avons noté plus haut, leur travail devient institutionnalisé, la standardisation technocratique prenant le pas sur la supervision directe.

Ceci nous amène à deux conclusions importantes. D'abord, **le pouvoir des analystes ne représente qu'une forme limitée de décentralisation horizontale.** Seul un nombre réduit de personnes situées en dehors de la hiérarchie — celles qui ont conçu le système technocratique — acquièrent un pouvoir informel, aux dépens de nombreux opérateurs et de nombreux cadres opérationnels. En second lieu, **cette forme de décentralisation horizontale a pour conséquence une centralisation verticale, en réduisant le pouvoir de l'encadrement de bas niveau par rapport à celui de l'encadrement supérieur.** En d'autres termes, **les organisations qui ont recours à la standardisation technocratique pour coordonner leurs activités sont de nature plutôt centralisée,**

surtout verticalement mais aussi horizontalement dans une certaine mesure.

Les Bureaucraties sont-elles centralisées ? La question dont nous traitons dans la dernière phrase ci-dessus est en fait le sujet d'un débat très important entre spécialistes, débat dont nous nous sommes faits l'écho au chapitre 5 : d'un côté Pugh et al. (1963-1964) ont trouvé qu'il n'y avait pas de relation entre bureaucratie et centralisation [6], [7]; d'un autre côté Child (1972b), suivi par Mansfield (1973), Blau et Schroenherr (1971), Inkson et al. (1970), ont trouvé que les bureaucraties sont décentralisées; mais d'autres chercheurs ont pu établir de leur côté qu'il n'y a pas de relation entre bureaucratie et centralisation ou même qu'il existe une relation positive entre les deux (c'est-à-dire que les bureaucraties sont centralisées) (par exemple Holdaway et al., 1975; Manns, 1976; Jennergren, 1974). Un chercheur comme Donaldson (1975) est même allé jusqu'à refaire l'analyse des données recueillies par le groupe d'Aston en ôtant de l'échantillon les organisations non autonomes, et a constaté que les résultats demeuraient les mêmes; et il en a conclu qu'il faut chercher la source des différences entre les résultats de Pugh et ceux de Child ailleurs que dans l'autonomie ou l'absence d'autonomie des organisations. Child (1975) suggéra alors une explication : les organisations bureaucratiques doivent décentraliser pour être efficaces, mais seules les entreprises privées y sont contraintes sous la pression de la concurrence. Malheureusement pour cet argument, Aldrich (1975) refit l'analyse des données traitées par Donaldson en ôtant les organisations gouvernementales, sans que les conclusions de Pugh s'en trouvent modifiées.

On peut, en fait, clarifier le débat en examinant les mesures qui ont été utilisées par les différents chercheurs pour évaluer le degré de centralisation. Pugh et al. (1968, p. 77) par exemple, considèrent 37 décisions (comme « les procédures d'achat » et « les décisions d'introduction d'un produit ou service nouveau »), et pour chacune d'elles posent la question : « Qui est la dernière personne dont l'accord doit être obtenu avant qu'une action puisse *légitimement* être entreprise — même si d'autres personnes doivent par la suite confirmer la décision ? » Si on considère les différents éléments dont est composé le contrôle qui s'exerce sur une décision (voir Figure 11.1.), cette question apparaît comme inadéquate et génératrice de confusion : on identifie la personne qui choisit ou celle qui autorise la décision (on ne sait pas très bien laquelle des deux d'ailleurs) en négligeant tous ceux qui ont du pouvoir sur les autres étapes du processus de décision (Jennergren, 1974, p. 16). D'un autre côté, Child paraît considérer la centralisation de façon restrictive

---

6. Pugh et al. ont utilisé les variables « structuration des activités » (pour nous, formalisation du comportement) et « concentration de l'autorité » (pour nous, centralisation). En fait, comme le note Child (1972 b, p. 168), « dans l'étude d'Aston, les chercheurs ont considéré comme directeurs généraux les responsables des unités décentralisées (responsables de branches, chefs de départements, chefs de chantiers) au même titre que les responsables d'unités complètes. Cette procédure, utilisée dans vingt cas, tend à donner aux branches une mesure plus élevée pour la centralisation. »

7. Mansfield, cependant, note que Weber n'a jamais discuté de la relation entre bureaucratie et centralisation; bien qu'il rapporte par ailleurs une citation de Weber montrant que pour ce dernier la relation entre ces deux variables est négative : « Il a indiqué que le concept d'autorité dans une structure bureaucratique ne signifie pas que l'autorité « supérieure » a le droit de reprendre le travail des « inférieurs ». En fait, c'est l'opposé qui est la règle » (p. 478).

en l'identifiant à la supervision directe : une organisation est centralisée si la supervision directe s'exerce de près, elle est décentralisée si la supervision directe est remplacée par des règlements; mais dire qu'une bureaucratie est décentralisée parce que ce sont des règles et non des membres de l'encadrement qui contrôlent les opérateurs, revient à dire qu'une marionnette a de l'autonomie parce que c'est un ordinateur qui en tire les ficelles et non une personne.

On voit bien qu'il y a là des problèmes; on peut peut-être les résoudre en se tournant vers une recherche d'un type très différent, où le chercheur explore un nombre réduit de relations de pouvoir de façon très complète. Nous pensons à l'étude *Le Phénomène Bureaucratique* de Crozier (1962), que nous avons présentée au chapitre 5, et qui traite entre autres de la distribution du pouvoir dans les bureaucraties. Crozier ne conclut jamais que les organisations qu'il a étudiées sont décentralisées. Bien au contraire, il soutient qu'elles sont très centralisées. L'argument clé est le suivant : utiliser des règles pour réduire le pouvoir du supérieur n'a pas pour effet de donner le pouvoir aux subordonnés. En fait, l'utilisation de règles réduit aussi le pouvoir des subordonnés : « ... chaque membre de l'organisation... est privé de toute initiative et soumis totalement à des règles *qui lui sont imposées du dehors* » (p. 232, notre italique). Où était ce « dehors » dont parle Crozier ? En d'autres termes, qui contrôlait les décisions dans ces bureaucraties ? Là aussi Crozier est très clair : il s'agit des services centraux. Le pouvoir de faire des règles et de prendre des décisions était localisé à cet endroit. Crozier ne discute pas du rôle de la technostructure des services centraux, mais on peut raisonnablement estimer que les analystes y jouent un rôle important dans l'élaboration de ces règles.

Nous pouvons maintenant commencer à sortir de la confusion en discutant de la centralisation à l'aide de nos cinq mécanismes de coordination. Pour Child, seule la supervision directe paraît jouer un rôle, et il est de fait qu'elle est probablement le mécanisme de coordination le plus puissant. A chaque mouvement de sa part, le subordonné peut se faire « taper sur les doigts » par son supérieur : « Je ne voulais pas que vous le fassiez comme ça. » La standardisation des procédés de travail par des règles peut donner plus d'autonomie au subordonné, puisqu'il sait ce qu'il peut faire et ce qu'il ne doit pas faire. Bien sûr, s'il y a peu de règles, le subordonné a une latitude d'action considérable. Mais nous discutons ici d'organisations où les règles sont nombreuses, de bureaucraties qui utilisent des règles pour coordonner leurs activités, une prolifération de règles. Comme Greenwood et Hinings (1976) l'ont remarqué : « Les organisations ont tendance à rendre toutes leurs activités routinières ou bien aucune, plutôt que seulement certaines et pas d'autres » (p. 154). Le point à retenir est que, pour ces organisations, le recours à tout autre mécanisme de coordination donnerait aux employés encore plus d'autonomie dans leur travail. Ce serait le cas si seuls les produits étaient standardisés et si les employés pouvaient choisir leurs propres procédés de production. L'autonomie serait encore plus importante si l'organisation avait essentiellement recours à la standardisation des qualifications : formés et socialisés avant de commencer leur travail, les employés pourraient choisir leurs procédés de travail et déterminer leur production comme bon leur semble. L'autonomie serait encore plus grande en l'absence de toute standardisation et de supervision directe : les employés pourraient alors coordonner eux-mêmes leur travail par ajustement mutuel.

En d'autres termes, comme l'indique la Figure 11.4., **les mécanismes de**

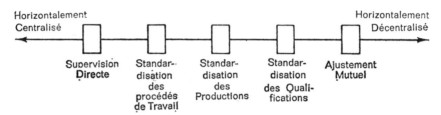

Figure 11.4. — *Les Mécanismes de Coordination sur un Continuum de Décentralisation Horizontale.*

coordination forment un continuum où la supervision directe est le mécanisme le plus centralisé horizontalement, l'ajustement mutuel le moins centralisé, les trois formes de standardisation — d'abord celle des procédés de travail, puis celle des produits et enfin celle des qualifications — étant situées entre les deux extrêmes. Dans la mesure où la standardisation des procédés de travail est l'un des mécanismes de coordination les plus centralisateurs, nous en concluons que les bureaucraties sont relativement centralisées : le pouvoir y réside pour une large part au sommet de la hiérarchie ainsi que, dans une certaine mesure, dans la technostructure, là où les règles sont formulées.

Mais on ne peut pourtant pas dire que toutes les bureaucraties sont centralisées. C'est le cas, nous venons de le voir, pour celles qui s'appuient sur la standardisation des procédés de travail pour coordonner les activités de leurs opérateurs non qualifiés. Mais, nous l'avons vu, il existe un autre type de bureaucratie, qui utilise la standardisation des qualifications pour coordonner le travail de ses opérateurs qualifiés. Les bureaucraties de ce type sont, elles, relativement décentralisées puisque le mécanisme de coordination qu'elles utilisent est situé, sur le continuum de la Figure 11.4., près de l'extrémité « décentralisation ». En fait, la présence de ces deux types de bureaucraties dans le même échantillon pourrait conduire à l'obtention de résultats confus, du type de ceux que nous avons présentés plus haut. Quoi qu'il en soit, nous reviendrons bientôt à l'étude des bureaucraties du second type.

LA DÉCENTRALISATION HORIZONTALE : LES EXPERTS AU POUVOIR.

Dans cette forme de décentralisation horizontale, l'organisation est dépendante d'un savoir spécialisé; et donc, elle localise le pouvoir là où est le savoir, c'est-à-dire chez les experts, quelle que soit la partie de l'organisation à laquelle ils appartiennent : technostructure, fonctions logistiques, centre opérationnel ou ligne hiérarchique. « Au royaume des aveugles, les borgnes sont rois. » Les chirurgiens ont le premier rôle dans les salles d'opération, ainsi que les Werner von Braun dans les agences spatiales. Dans la discussion du paragraphe précédent, il n'y avait qu'un expert reconnu — l'analyste — et son pouvoir était de nature informelle. Mais ici, l'organisation utilise les compétences d'experts plus nombreux aux spécialités plus diverses, et commence à formaliser de plus en plus le pouvoir qu'elle leur confère. Les experts n'ont pas un rôle qui se limite au conseil : ils participent activement à la prise de décision.

Les experts ont un pouvoir qui est déterminé par la dépendance de l'organisation à leur endroit et par leur localisation dans la structure. On peut identifier au moins trois cas différents :

1. *Le pouvoir informel lié à l'expertise peut venir s'ajouter à une structure d'autorité traditionnelle.* Dans la forme qui est la moins décentralisée horizontalement, le système d'autorité formelle demeure intact; c'est-à-dire que le pouvoir formel réside toujours dans la hiérarchie des cadres opérationnels. Mais, **dans la mesure où l'organisation a besoin d'un savoir spécialisé, notamment parce que certaines décisions sont très techniques, certains experts acquièrent un pouvoir informel considérable.** C'est le cas des ouvriers d'entretien des ateliers du Monopole Industriel étudié par Crozier (1962), parce qu'ils étaient les seules personnes capables de traiter la source essentielle d'incertitude :

> « ... Les arrêts de machines constituent le seul événement vraiment important qui ne puisse être prédit à l'avance et pour lequel on n'a pas réussi à imposer de règles impersonnelles, impératives. Des règles strictes, il est vrai, gouvernent les conséquences mêmes des arrêts de machines, la redistribution des postes de travail, le rajustement des charges de travail et des rémunérations, mais ces règles ne peuvent pas permettre de déterminer si une panne aura lieu et combien de temps la réparation pourra prendre...
>
> Les seules personnes qui peuvent traiter sérieusement et avec compétence de cet événement crucial que constituent les arrêts de machine, sont les ouvriers d'entretien. Personne dans l'atelier ne peut les contrôler réellement, car personne n'est suffisamment compétent à cet égard.
>
> ... Les chefs d'atelier, quelle que soit la force de leur personnalité, ne peuvent donc jamais « remettre à leur place » les ouvriers d'entretien qui travaillent dans leur atelier. Dans la lutte incessante qui se développe entre les deux groupes, ils jouent toujours forcément perdant (p. 130-131).

Les experts font des choix; d'autres acquièrent du pouvoir informel par les conseils qu'ils donnent aux cadres opérationnels qui font les choix, et en particulier les choix techniques pour lesquels les opérationnels n'ont pas la compétence nécessaire. Pettigrew (1972) décrit une décision touchant à l'équipement informatique qui devint l'objet d'un jeu de pouvoir entre trois experts essayant chacun de convaincre la direction d'accorder le contrat à leur entreprise favorite. Par ailleurs, les experts peuvent aussi acquérir du pouvoir lorsqu'ils exécutent les décisions en les déformant, comme le Général McArthur qui, en Corée, ignora les ordres du président Truman jusqu'à l'insubordination.

Dans le processus de décision, l'étape de l'autorisation, souvent conduite dans le cadre d'un système budgétaire, peut facilement être le théâtre d'une manipulation des cadres opérationnels par les experts. La personne qui est à l'origine du projet ou de la décision en a une connaissance étendue et voudrait en obtenir l'autorisation. Le cadre qui, à un niveau supérieur a le pouvoir d'autoriser ou non la décision, peut être plus objectif dans son évaluation du projet, mais il n'en a pas une connaissance approfondie et il n'a pas le temps d'acquérir une telle connaissance (Carter, 1971, p. 422). La situation est mûre pour la manipulation. Le « promoteur » a intérêt à biaiser l'analyse du projet et le « décideur » est dans une situation où il lui est difficile de se rendre compte des biais éventuels de l'analyse : des prévisions de ventes trop optimistes, des estimations de coûts trop basses, ou même des dépenses opportunément ignorées. Comme un analyste peu objectif dit un jour à un chercheur : « En dernier ressort, si quelqu'un fait mention d'un élément de coût auquel nous n'avons pas pensé, on peut le contrebalancer en trouvant une source d'économies » (Cyert et March, 1963, p. 81). En fait, les systèmes budgétaires sont souvent déficients parce qu'on ne peut pas mettre le pouvoir d'autorisation là où est la connaissance du projet.

2. *Le pouvoir lié à l'expertise et l'autorité formelle peuvent se confondre :* **A mesure que l'expertise acquiert plus d'importance dans la prise de décision, la distinction entre opérationnels et fonctionnels — entre l'autorité formelle de ceux qui choisissent d'une part, et le pouvoir informel lié à l'expertise et au conseil d'autre part — devient de plus en plus artificielle.** La distinction finit par disparaître complètement, et des opérationnels siègent alors avec des fonctionnels dans des groupes de projet ou des comités permanents où le pouvoir de décision est partagé. Un bon exemple en est constitué par les groupes chargés du lancement des nouveaux produits, où on a à la fois des membres des départements marketing, méthode et recherche (qui appartiennent à la technostructure) des cadres opérationnels, et des fonctionnels de support logistique. Le pouvoir dans ces groupes n'est pas fondé sur la position mais sur l'expertise : chaque individu participe en fonction du savoir qu'il peut apporter à la décision dont il est question. Il en résulte un changement continuel dans la structure de pouvoir du groupe. Par exemple, les spécialistes d'études de marché peuvent avoir beaucoup à dire sur la couleur du produit, mais lorsqu'on discutera de ses caractéristiques structurelles, le rôle des ingénieurs sera prédominant.

Dans cette situation, où l'autorité formelle et le pouvoir lié à l'expertise se confondent, on a une décentralisation horizontale *sélective :* les experts ont du pouvoir pour certaines décisions mais pas pour d'autres. En fait, si on retourne à la Figure 11.2. où les différentes constellations de travaux coexistent avec la structure de base, on est amené à penser qu'il existe aussi une décentralisation verticale sélective. En d'autres termes, **la décentralisation**

sélective tend à apparaître à la fois dans les dimensions horizontale et verticale.

3. La troisième forme de décentralisation du pouvoir est la plus poussée : elle est liée à l'expertise : *les opérateurs eux-mêmes sont des experts.* Et cette expertise leur donne un pouvoir considérable, ce qui aboutit à une décentralisation de l'organisation dans les deux dimensions : le pouvoir réside dans le centre opérationnel, hors de la ligne hiérarchique, au bas de l'organisation. Bien entendu, de tels opérateurs sont des professionnels, et ceci nous amène à une relation bien établie par les travaux de recherche : **plus une organisation est professionnelle, plus elle est décentralisée dans les deux dimensions.** Hage et Aiken (1967) par exemple, ont établi, après avoir étudié seize agences d'action sociale, que la participation aux décisions était d'autant plus forte que le personnel avait reçu une formation plus importante. Un autre chercheur, Palumbo (1969), a fait une étude comparative du travail et des attitudes des infirmières et des agents d'action sanitaire dans quatorze agences locales de santé. Le travail des infirmières était plus professionnel que celui des agents (qui avaient par exemple parmi leurs tâches l'inspection des restaurants et cantines). Le moral des agents était d'autant plus élevé que la centralisation était plus forte (corrélation + 0,46), et la relation entre moral et centralisation était inverse pour les infirmières (corrélation — 0,17). En d'autres termes, les infirmières préféraient les structures décentralisées, sans doute parce qu'elles leur permettaient de mieux accomplir leur travail professionnel, alors que les agents d'action sanitaire étaient plus heureux dans des structures plus centralisées [8].

L'analyse que nous venons de faire permet de mieux cerner la question des rapports entre bureaucratie et centralisation. On voit maintenant qu'il existe deux formes de bureaucraties. La première s'appuie sur les normes imposées par sa technostructure, le travail opérationnel y est spécialisé mais non qualifié; elle est relativement *centralisée* verticalement et horizontalement parce que la plus grande partie des pouvoirs de décision est possédée par les cadres dirigeants et par les quelques analystes qui standardisent le travail de tous les autres membres de l'organisation. La seconde forme de bureaucratie est composée à la base d'opérateurs qui sont des professionnels; elle est de nature bureaucratique à cause des normes qui lui sont imposées de l'extérieur par les associations professionnelles qui forment ses opérateurs et qui leur imposent certaines règles de comportement. Mais, comme les professionnels ont besoin d'une autonomie considérable dans leur travail, et comme la coordination s'effectue surtout par le jeu de la standardisation des qualifications — qui est un mécanisme proche de l'extrémité « décentralisation » dans le continuum de la Figure 11.4. — cette seconde forme de bureaucratie

---

8. Il est intéressant de remarquer que Palumbo a trouvé que chez les infirmières, le moral était d'autant *plus élevé* que le professionnalisme était plus fort (corrélation + 0,65) alors que chez les agents d'action sociale le moral était d'autant *plus bas* que le professionnalisme était plus fort (corrélation — 0,22). Le professionnalisme était mesuré par la durée de la formation. Une formation importante a sans doute pour effet d'accroître les attentes, qui sont alors frustrées dans un travail non qualifié.

est plutôt décentralisée dans les deux dimensions : le pouvoir reste entre les mains des opérateurs, au bas de la hiérarchie.

LA DÉCENTRALISATION HORIZONTALE : LE POUVOIR POUR TOUS.

La décentralisation horizontale est poussée lorsque les opérateurs — qui sont des experts — contrôlent la plupart des décisions. Mais, en théorie au moins, on peut aller encore plus loin. Les organisations de nature professionnelle peuvent être « méritocratiques » mais elles ne sont pas démocratiques. Tant que le savoir n'est pas distribué de façon uniforme, le pouvoir restera inégalement réparti. Il suffit de demander aux infirmiers d'un hôpital (ou aux infirmières) quel statut ils ont par rapport aux médecins.

La décentralisation est complète quand le pouvoir n'est pas basé sur la position ou sur le savoir, mais seulement sur l'appartenance à l'organisation. Tout le monde participe de façon égale à la prise des décisions. L'organisation est démocratique [9].

Existe-t-il de telles organisations ? Une organisation parfaitement démocratique résoudrait tous les problèmes par quelque chose équivalent à un vote. Des cadres pourraient être élus pour exécuter les décisions prises par les membres, mais ils n'auraient pas d'influence particulière sur ces décisions. Tous les membres de l'organisation seraient égaux. Certaines organisations — comme les kibboutzim israéliens ou des clubs privés approchent de cet idéal. Mais qu'en est-il des autres ?

Dans ces dernières années on s'est beaucoup intéressé à la « démocratie industrielle » en Europe. En Yougoslavie, beaucoup d'entreprises sont possédées par leurs ouvriers qui élisent leur encadrement. En France, on a beaucoup parlé d'autogestion et on a rencontré des cas où les ouvriers prenaient illégalement le contrôle de leur entreprise et la géraient eux-mêmes pendant une courte période. En Allemagne, la moitié des sièges des conseils d'administration des grandes entreprises est réservée de droit aux représentants des salariés.

Bien que l'expérience soit trop limitée pour qu'on puisse en tirer des conclusions définitives, il semble que ces cas n'ont pas apporté la démocratisation parfaite, ni même quelque chose qui s'en rapproche. Ainsi, dans l'excellente analyse de la participation des salariés dans huit pays d'Europe, d'Asie et du Moyen-Orient, Strauss et Rosenstein (1970) concluent :

1. Dans de nombreux cas, la participation a été introduite depuis le sommet de l'organisation comme une solution symbolique à des contradictions idéologiques.

---

9. J'espère que le lecteur acceptera la petite incohérence logique qu'on trouve ici. D'après notre définition, la décentralisation horizontale complète aboutit à une situation où tout le monde a le pouvoir sauf les cadres hiérarchiques. La démocratie totale, bien entendu, donne le même pouvoir à tout le monde — pas plus, mais pas moins.

2. L'attrait de la participation est surtout dû au fait qu'elle s'accorde avec la théorie socialiste et celle des relations humaines.

3. En pratique, on n'a que des succès localisés, surtout dans le domaine du personnel plutôt qu'en production.

4. La valeur essentielle de la participation peut provenir du fait qu'elle fournit un autre forum pour la résolution des conflits et qu'elle donne à la direction d'autres moyens pour susciter le suivi de ses directives (p. 171).

Ces auteurs suggèrent que les salariés ne sont pas réellement intéressés par les questions qui ne sont pas directement liées à leur travail. Plus surprenant encore, ils trouvent que la participation peut servir à renforcer le pouvoir de la direction générale aux dépens des autres groupes, « à court-circuiter l'encadrement, à affaiblir les fonctionnels, à empêcher le développement du professionnalisme » (p. 186; voir aussi Bergman, 1975). Paradoxalement, la démocratie industrielle paraît centraliser l'organisation à la fois verticalement et horizontalement (nous verrons au chapitre 16 une cause probable de ce fait).

Crozier (1962), discute d'une autre forme de démocratie organisationnelle qui paraît avoir les mêmes effets. Dans ce cas, comme nous l'avons vu, les ouvriers créent des règles qui limitent le pouvoir que leur supérieur a sur eux. Ceci met les deux parties à égalité — supérieurs et subordonnés sont enserrés dans le même corset (à l'exception des ouvriers d'entretien des usines du Monopole Industriel, qui exploitent la dernière parcelle d'incertitude). Le pouvoir passe alors aux services centraux de l'organisation. La structure qui en résulte est doublement bureaucratique avec des règles pour coordonner le travail et des règles pour protéger les ouvriers. Et donc, la structure est aussi doublement centralisée. Ce qui en émerge est une forme de démocratie certainement pervertie : son extrême rigidité la rend moins capable de servir ses clients ou de satisfaire les besoins d'ordre plus élevé de ses salariés.

Ces mouvements vers la démocratie industrielle ont à peine touché les Etats-Unis où on s'est plutôt intéressé à la « gestion participative ». Dans ce domaine, il faut soigneusement distinguer deux thèses. L'une — qui est susceptible de vérification — dit que la participation augmente la productivité. « Faites participer vos employés et ils produiront plus », dit-on à la direction (voir par exemple Likert, 1961). L'autre thèse a la nature d'un jugement de valeurs — et comme telle n'est pas susceptible de vérification. Elle consiste à dire que la participation est un bien en soi : « Dans une société démocratique, les employés ont le droit de participer aux décisions dans les organisations qui les emploient. » Aux Etats-Unis le débat sur la participation a surtout été centré sur la première thèse (bien que ses partisans semblent en réalité être engagés en faveur de la seconde position, celle qui considère la participation comme une valeur désirable en soi). Dans ce contexte, il est intéressant de noter que la première thèse paraît ne pas être corroborée dans la plupart des recherches. Fiedler (1966) et d'autres ont montré que la participation n'est pas nécessairement corrélée avec la satisfaction, ni avec la productivité. Ces relations dépendent de la situation de travail dont il est question et par exemple, comme l'indiquent les résultats obtenus par **Palumbo**, du niveau de qualification des opérateurs.

Quoi qu'il en soit, la gestion participative ne peut pas être considérée comme synonyme de décentralisation, puisqu'elle repose sur l'hypothèse selon laquelle le cadre opérationnel dispose du pouvoir formel et qu'il choisit de le partager avec ses subordonnés. Il leur demande leur avis et les invite peut-être aussi à participer à la prise des décisions. Mais la démocratie ne dépend pas de la générosité de ceux qui disposent du pouvoir formel : elle consiste à répartir de droit le pouvoir entre tous les membres de l'organisation. Charles Perrow (1974) est l'un des rares spécialistes américains de théorie des organisations qui ait traité franchement de cette question :

> Le terme gestion participative... inclut les pulvérisations hygiéniques qui sont supposées réduire l'aliénation, mais il concerne aussi les sentiments (qu'ont les salariés) d'être démunis de tout pouvoir. Les sous-ordres sont consultés sur des décisions et encouragés à prendre eux-mêmes dans certains domaines leurs propres décisions, soumises au veto des supérieurs. Le veto est important : il revient à dire qu'on a un système démocratique dans lequel le peuple élit ses dirigeants mais où le résultat du vote peut être annulé par les dirigeants déjà en place. Ouvriers et membres de l'encadrement peuvent dire leur mot, émettre des suggestions, présenter des arguments, et il ne fait pas de doute que cela est très désirable. Les décisions du supérieur s'en trouvent sans doute améliorées — mais c'est toujours lui qui décide (p. 35).

On a jusqu'ici peu d'éléments qui encouragent les partisans de la démocratie organisationnelle. Elle peut marcher dans des organisations de petite taille fondées sur le volontariat, mais il semble qu'elle amène plus de centralisation si on tente de la mettre en œuvre dans des organisations plus grandes. Cependant, on dispose dans ce domaine de peu de données qui viennent de la pratique, de la réalité. On dispose par contre de données, plus nombreuses, sur la question des pouvoirs du supérieur et des subordonnés, et sur son effet sur l'efficacité et moral. Ce sujet a fait l'objet de très nombreuses études de psychologie expérimentale (la première est celle d'Alex Bavelas (1950)) portant sur ce qu'on appelle les « réseaux de communication ». Il nous paraît utile d'examiner avec précision ce qu'elles peuvent nous apporter.

Dans ces études sur les réseaux de communication, les chercheurs demandent à un petit groupe de personnes d'accomplir une tâche simple, et telle qu'elle ne peut être réalisée que si les membres du groupe communiquent entre eux. Par exemple, on leur demande de déterminer quel est parmi eux celui dont la date d'anniversaire est située le plus tôt dans l'année. Mais, dans ces expériences, le chercheur ne laisse pas les membres du groupe communiquer comme ils le désirent : il restreint les échanges d'informations en spécifiant à l'avance qui a le droit de communiquer avec qui. Les « canaux de communications » utilisables sont ainsi définis par le chercheur; ils forment ce qu'on appelle le « réseau de communication ». Les cinq réseaux les plus fréquemment utilisés dans ces expériences sont représentés dans la Figure 11.5. :

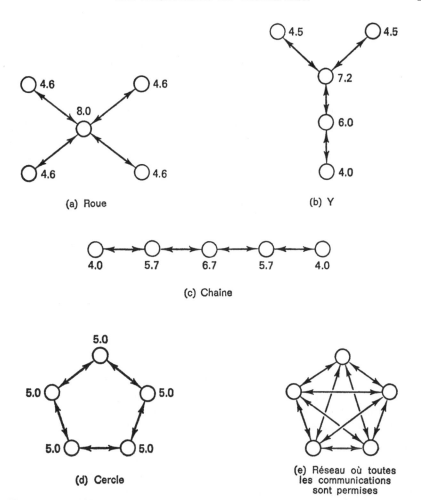

(a) Roue

(b) Y

(c) Chaîne

(d) Cercle

(e) Réseau où toutes les communications sont permises

Note. — Les chiffres représentent les indices relatifs de centralité obtenus dans l'étude de Smith et Leavitt (cité par Glanzer et Glaser, 1961, p. 4). Le réseau (e) n'était pas inclus dans cette étude, mais sa forme symétrique aurait probablement donné les mêmes résultats que ceux obtenus pour le cercle (d).

Figure 11.5. — *Les Réseaux de Communication Utilisés en Psychologie Expérimentale.*

la roue, le Y, la chaîne, le cercle, et le réseau où toutes les communications sont permises. L'objectif de la recherche est d'étudier, en fonction du réseau imposé, le flux des communications, la vitesse de résolution du problème et les relations entre les membres du groupe.

Certaines relations paraissent évidentes au premier regard : il est clair que la roue, le Y et la chaîne sont les réseaux qui imposent le plus de restrictions aux communications; ce sont aussi les réseaux qui sont les plus « centralisateurs » et c'est surtout vrai pour la roue, dans laquelle toutes les communications passent par un seul individu. Par contraste, le cercle et le réseau où toutes les communications sont permises, ne sont pas aussi centralisateurs, et le second d'entre eux en particulier n'impose aux communications aucune restriction. Ces réseaux correspondent le plus aux structures démocratiques, dans la mesure où le pouvoir de communiquer est réparti uniformément.

Beaucoup de ces observations ne sont pas surprenantes [10]. Il existe une relation claire entre le pouvoir et la position dans le réseau : les leaders apparaissent au centre de la roue, au milieu de la chaîne, à la jonction entre la branche du Y; il n'y a pas de leader dans le réseau en cercle et dans le réseau où toutes les communications sont permises. On le voit, par exemple, dans la Figure 11.5., où l'on a indiqué les « indices de centralité » des différents membres du groupe, pour chaque réseau, tels qu'ils ont été mesurés dans l'une des études sur le sujet.

Comme on peut le comprendre, les réseaux les plus décentralisés ont tendance à utiliser plus de messages pour accomplir leur tâche, et à faire plus d'erreurs. De façon moins évidente cependant, au moins dans les expériences de Guetzkow et Simon (1954), on a trouvé que le réseau où toutes les communications sont permises finit par atteindre, à peu de choses près, la même efficacité que la roue, qui est elle un réseau centralisé. (Ces résultats sont illustrés par la Figure 11.6.). En d'autres termes, les deux réseaux ne diffèrent pas par leur niveau d'efficacité, mais par le temps qu'il leur faut pour atteindre ce niveau. Les réseaux où toutes les communications sont permises, dans lesquels il n'y a pas de leader, finissent par trouver des moyens pour s'organiser de façon à ce que les communications soient efficaces; en fait, et c'est très surprenant, dix-sept des vingt réseaux de cette nature étudiés par Guetzkow et Simon ont fini par développer une hiérarchie. En réalité, il leur a été difficile de décider quels étaient les canaux de communication qu'ils n'utiliseraient pas; comme Guetzkow et Simon le remarquent, la liberté complète peut dans certains cas poser plus de problème que les restrictions apportées aux communications [11].

Un autre chercheur, Harold Leavitt (cité par Glanzer et Glaser dans leur analyse de la littérature, 1961, p. 4) a trouvé que les motivations des membres du groupe variaient en fonction de la position dans les réseaux qui sont naturellement centralisés comme la roue et le Y : les individus placés au centre — qui devenaient des leaders — appréciaient leur travail plus que les membres du groupe situés à la périphérie. Dans une autre recherche, Trow (cité par Glanzer et Glaser, p. 7-8) a pu établir que ce n'est pas le fait d'avoir une position centrale qui procure de la satisfaction, mais l'autonomie qui est permise aux membres du groupe jouissant d'une telle position. Mais d'autres résultats nous montrent aussi que les personnes placées dans une position centrale ont tendance à développer des comportements autocratiques : « Dans l'un des groupes, un individu qui avait l'intuition nécessaire (pour accomplir la tâche) se vit « ordonner » par le leader émergeant de « l'oublier » (op. perd.). Finalement, dans une étude où on demandait à certains leaders d'être

---

10. La discussion qui suit est tirée pour une large part de Glanzer et Glaser (1961). On trouvera dans cette référence une analyse approfondie de ces études.

11. Pour les organisations dont les tâches sont complexes et créatives, on peut s'attendre à ce que la flexibilité et la motivation inhérentes aux structures où la décentralisation horizontale est plus poussée, conduisent à une meilleure efficacité (les résultats des études de Leavitt et Shaw vont d'ailleurs dans ce sens).

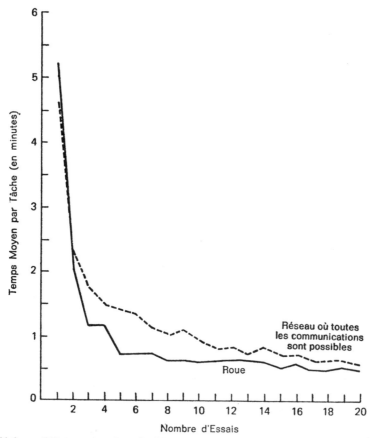

Figure 11.6. — *Efficience (au Sens de l'Organisation et au Sens Opératoire)* **des Réseaux de** *Communication (modifié, d'après Guetzkow et Simon, 1954-1955, p. 241).*

démocratiques et à d'autres d'être autocratiques, les groupes où étaient les autocrates étaient plus efficaces mais le moral y était plus bas (Shaw, cité par Glanzer et Glaser, p. 13).

Toutes ces études nous apportent des enseignements intéressants sur la décentralisation horizontale. On peut d'abord dire que l'organisation centralisée est peut-être plus efficace dans certaines circonstances, notamment lorsque le travail commence. Par contraste, l'organisation décentralisée horizontalement — celle qui est démocratique — paraît meilleure pour le moral. Mais elle peut parfois être instable et retourner à une structure plus hiérachique — et plus centralisée — pour accomplir sa tâche. C'est en fait exactement ce que nous indiquent les études faites sur le terrain : la démocratisation conduit, de façon paradoxale, à la centralisation.

La réponse à notre question concernant la démocratie paraît donc être négative. Les tentatives faites pour rendre démocratiques des organisations centralisées — qu'elles consistent à faire élire les dirigeants par les employés, à encourager ces derniers à participer aux décisions, à créer des règles pour limiter le pouvoir de l'encadrement ou à abolir toutes restrictions dans les communications — paraissent toutes ramener, d'une façon ou d'une autre, à la centralisation. On notera que ces expériences ont été réalisées avec des organisations qui ont une tâche simple, répétitive [12] et non qualifiée. On ne peut pas, dans le cadre d'une étude de psychologie expérimentale, demander à un groupe de concevoir un réacteur thermonucléaire, ou de mettre au monde un enfant. De la même façon, la démocratie industrielle n'a pas été considérée comme une question fondamentale pour les laboratoires de recherche et les hôpitaux; on s'est surtout concentré sur des organisations qui ont une proportion importante d'opérateurs non qualifiés comme les usines d'automobiles et de tabac par exemple. C'est dans ces organisations que les opérateurs ont le moins de pouvoir de décision et ont été le plus aliénés. Et c'est malheureusement dans ces organisations que les essais de démocratisation ont connu leurs échecs les plus retentissants.

D'autres organisations, qui ont des opérateurs professionnels comme les laboratoires de recherche et les hôpitaux, approchent de plus près l'idéal démocratique. Le pouvoir y est largement distribué, mais pas de façon égalitaire et pas parce que quelqu'un a décidé que la participation était une bonne chose. En effet, dans ces organisations, le pouvoir est distribué en fonction du savoir donc, comme ce dernier, de façon large mais néanmoins inégale. Il apparaît ainsi que, en mettant les choses au mieux, **il nous faudra nous contenter de la méritocratie, pas de la démocratie, dans les organisations qui ne sont pas fondées sur le volontariat; et encore seulement quand elle est rendue nécessaire par la nature professionnelle des tâches.**

EN RÉSUMÉ : UN CONTINUUM DES TYPES DE DÉCENTRALISATION.

De notre discussion paraît émerger l'existence de cinq types de décentralisation horizontale et verticale qu'il est possible, en fait, d'ordonner en un continuum qui va d'une extrémité où l'on a des organisations centralisées dans les deux dimensions à une autre extrémité où les organisations sont décentralisées dans les deux dimensions. Ces cinq types sont représentés dans la Figure 11.7. : les cinq parties de l'organisation de notre schéma de base y sont reconnaissables, mais on y a modifié la forme et la dimension de certaines parties pour refléter l'importance particulière des pouvoirs de décision qui résident dans ces parties de l'organisation (une partie de plus grande surface a plus d'importance, mais pas nécessairement un effectif plus conséquent). Nous discutons brièvement ci-dessous des cinq types de décentralisation :

Nous avons déjà discuté, dans ce paragraphe, des relations entre les deux formes de décentralisation et les sept autres paramètres de conception; il nous suffit ici de passer rapidement en revue les résultats dont nous disposons.

La décentralisation est très liée à la *conception des postes de travail* : **la formalisation du comportement conduit à la centralisation dans les deux dimensions** (type A ci-dessus), **alors que la formation et la socialisation conduisent à l'effet inverse : la décentralisation dans les deux dimensions** (on a alors le type E). La spécialisation peut donc avoir des effets opposés : dans un travail non qualifié, elle est centralisatrice, dans un travail qualifié, elle aboutit à la décentralisation.

Titre A : Centralisation Horizontale et Verticale. Le pouvoir de décision est ici concentré entre les mains d'un seul individu, le cadre qui est au sommet de la hiérarchie, le PDG. Ceci est illustré par la Figure 11-7. (a). **Le PDG conserve à la fois le pouvoir formel et le pouvoir informel, il prend lui-même toutes les décisions importantes et en coordonne la mise en œuvre par supervision directe.** Il partage peu son pouvoir avec les fonctionnels, les cadres et les opérateurs.

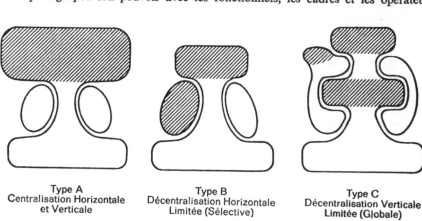

Type A
Centralisation Horizontale
et Verticale

Type B
Décentralisation Horizontale
Limitée (Sélective)

Type C
Décentralisation Verticale
Limitée (Globale)

Type D
Décentralisation Horizontale
et Verticale Sélective

Type E
Décentralisation Horizontale
et Verticale

Note : La taille accrue des parties en grisé reflète l'importance des pouvoirs de décision, pas celle des effectifs.

Figure 11.7. — *Un Continuum de Types de Décentralisation.*

Type B : Décentralisation Horizontale Limitée (Sélective). Dans ce type, on trouve les organisations bureaucratiques qui coordonnent leurs tâches non qualifiées par standardisation des procédés de travail. (C'est ici que les expériences de démocratisation ont été concentrées). Les analystes jouent un rôle essentiel dans ces organisations en formalisant le comportement des autres membres de l'organisation, et en particulier des opérateurs, qui sont par conséquent assez démunis de pouvoir. Mais la standardisation diminue aussi le besoin de supervision directe, ce qui réduit le pouvoir de l'encadrement, particulièrement aux niveaux les plus bas. Donc, **la structure est verticalement centralisée : le pouvoir est concentré aux niveaux les plus élevés de la hiérarchie, en particulier au sommet stratégique.** (Si le pouvoir est aussi conféré au centre opérationnel dans le cadre d'un programme de démocratisation, il retourne immédiatement au sommet stratégique à cause des procédures d'élection.) Cependant, **à cause de leur rôle dans la formalisation du comportement, les analystes peuvent acquérir du pouvoir informel, et il y a donc une décentralisation horizontale.** Mais les analystes sont peu nombreux, et leur action a pour effet de réduire le pouvoir des autres et notamment des opérateurs : la décentralisation horizontale en question est donc des plus limitées. Et elle est de toute façon sélective : le pouvoir des analystes reste confiné aux décisions concernant la formalisation du travail. La Figure 11.7. (b) représente ce type de structure, où le pouvoir est concentré au sommet stratégique et dans la technostructure.

Type C : Décentralisation Verticale Limitée (Globale). On a ici des organisations divisées en unités constituées sur la base de marchés, qu'on appelle divisions, dont les responsables se voient déléguer une bonne partie des pouvoirs formels concernant les décisions à prendre dans le cadre de leur unité. Mais rien ne contraint les responsables d'unités à déléguer leurs pouvoirs aux niveaux inférieurs (la décentralisation verticale est donc limitée) ni aux fonctionnels ou aux opérateurs (l'organisation est donc horizontalement centralisée). Cependant, le pouvoir reste en dernier ressort à la direction générale qui coordonne les activités des divisions par standardisation des produits, en utilisant des systèmes de contrôle des performances conçus dans la technostructure : un nombre réduit de planificateurs de haut niveau a donc aussi du pouvoir. Cette situation est décrite dans la Figure 11.7. (c) où l'on voit que le pouvoir est concentré au sommet stratégique, à un niveau de la ligne hiérarchique et au sommet de la technostructure.

Type D : Décentralisation Horizontale et Verticale Sélective. Dans la dimension verticale, le pouvoir relatif à différents types de décisions est ici délégué à différentes constellations de travaux à différents niveaux de la hiérarchie. Et, dans la dimension horizontale, ces constellations ont d'autant plus recours à des experts fonctionnels que les décisions à prendre sont plus techniques : dans certaines constellations, les experts n'interviennent que pour conseiller les opérationnels; dans d'autres ils siègent avec ces derniers dans des groupes de projet ou de comités, et vont parfois jusqu'à contrôler eux-mêmes les choix. **La coordination à l'intérieur des constellations et entre les constellations est faite essentiellement par ajustement mutuel.** Dans la Figure 11.7. (d), on voit que le pouvoir est concentré à divers endroits (qui correspondent à ceux de la Figure 11.2.), et, ce qui est nouveau par rapport aux trois cas précédents, dans les fonctions logistiques où se trouve une bonne partie de l'expertise de l'organisation.

Type E : Décentralisation Horizontale et Verticale : le pouvoir est ici pour une large part situé dans le centre opérationnel (voir la Figure 11.7. (e) **parce**

que les opérateurs sont des professionnels dont les activités sont coordonnées par standardisation des qualifications. La décentralisation verticale y est forte, puisque le pouvoir est concentré tout en bas de la hiérarchie; et la décentralisation horizontale aussi puisque le pouvoir est situé essentiellement en dehors de l'encadrement. On peut, si on le désire, identifier un autre centre de pouvoir, situé en dehors de l'organisation : les écoles professionnelles qui assurent la formation des opérateurs et les associations professionnelles qui leur imposent le respect de normes; une bonne partie du contrôle sur les processus de décisions échappe à l'organisation au profit de ces institutions extérieures.

LA DÉCENTRALISATION ET LES AUTRES PARAMÈTRES DE CONCEPTION.

Nous avons également vu qu'il existe des liens entre décentralisation et *conception de la superstructure :* **si le regroupement en unité est fait sur la base de marchés, on a une décentralisation verticale limitée de nature globale** (type C). Mais on ne peut énoncer aucune conclusion pour le regroupement effectué par fonctions : les types B et D sont typiquement des structures fonctionnelles, mais la première est bureaucratique et plutôt centralisée dans les deux dimensions, alors que la seconde est organique (elle s'appuie surtout sur l'ajustement mutuel) et elle est sélectivement décentralisée dans les deux dimensions. De la même façon, les types A et E, aux deux extrémités de notre continuum, sont souvent décrits comme étant de nature fonctionnelle. Ainsi on est amené à conclure que **dans l'ensemble des structures fonctionnelles on rencontre pratiquement tous les degrés de décentralisation verticale et horizontale.**

On peut poser la même conclusion pour *la taille des unités,* ou surface de contrôle : un trop grand nombre d'autres facteurs entrent en jeu. Par exemple, une organisation peut avoir des unités de grande taille parce qu'elle a fortement recours à la formalisation du comportement : elle est alors centralisée dans les deux dimensions (type A). Mais la grande taille des unités peut aussi être due à l'utilisation massive de la formation et de la socialisation : la structure est alors décentralisée dans les deux dimensions (type E). On peut aussi avoir des unités de grande taille parce qu'elles sont constituées sur la base des marchés : on a alors une décentralisation verticale limitée (type C). De la même façon, les unités peuvent être petites parce que la supervision s'exerce de près (on a alors une structure centralisée (type A) ou des groupes autonomes de travail dans une structure sélectivement décentralisée (type D).

En ce qui concerne les *liaisons latérales,* on a vu que les systèmes de contrôle des performances sont surtout utilisés lorsqu'il existe des unités quasi-autonomes constituées sur la base des marchés (type C). La planification des activités permet au sommet stratégique de contrôler les décisions importantes tout en partageant un peu du pouvoir avec les fonctionnels chargés de la planification, ce qui aboutit à une décentralisation du type B. Enfin, les mécanismes de liaison sont surtout utilisés pour coordonner les activités à l'intérieur des constellations et entre les constellations dans des structures de type D.

Nous avons maintenant fini d'examiner chacun des neuf paramètres de conception. Ce faisant, nous avons vu qu'il existe certaines relations entre ces paramètres. Certains sont mutuellement exclusifs, comme la formalisation du comportement par des règles et la formation : une organisation peut utiliser l'une ou l'autre, elle usera rarement des deux à haute dose. D'autres paramètres peuvent par contre clairement être utilisés concurremment, comme le regroupement en unités sur la base de marchés et les systèmes de contrôle des performances, ou comme les mécanismes de liaison et la structure organique. Mais, plus important encore, nous avons vu beaucoup d'éléments qui nous amènent à penser que la clé nécessaire pour comprendre la structure des organisations n'est pas à chercher dans la covariation de ces paramètres pris deux à deux, mais dans la configuration d'ensemble de ceux-ci. Avant de pouvoir en discuter, ce que nous ferons dans la quatrième partie de ce livre, nous devons encore étudier l'influence sur la structure d'autres éléments : les facteurs de contingence.

3ème partie

LES FACTEURS DE CONTINGENCE

Dans la seconde partie de ce livre, nous avons décrit neuf paramètres de conception et vu que les structures d'organisation sont composées en combinant ceux-ci de diverses façons. Mais reste à savoir comment l'organisation choisit chacun de ces paramètres : comment décide-t-elle d'utiliser les marchés ou les fonctions comme base de regroupement aux niveaux intermédiaires de la hiérarchie, de formaliser le comportement dans le centre opérationnel ou d'avoir recours soit à la formation soit aux mécanismes de liaison pour encourager l'ajustement mutuel, de décentraliser horizontalement ou verticalement ? Nous sommes donc à la recherche des conditions qui nous permettront de comprendre pourquoi les organisations se structurent comme elles le font.

De fait, l'essentiel des études contemporaines sur la conception des organisations est consacrée à ce sujet. Ces recherches ont permis d'identifier un ensemble de conditions ou *facteurs de contingences,* qui sont associées à certaines configurations des paramètres de conception. Dans cette partie, nous discutons de quatre groupes de facteurs de contingence : *l'âge* et *la taille* de

l'organisation, *le système technique* qu'elle utilise dans son centre opérationnel; quelques aspects de son *environnement,* en particulier sa stabilité, sa complexité, sa diversité et son hostilité; et, enfin, certaines de ses relations de
pouvoir. Avant d'aborder ces divers facteurs, il nous faut d'abord traiter du
concept d'efficacité dans le domaine de la conception de la structure des
organisations.

12

L'EFFICACITÉ
DANS LA CONCEPTION
DES ORGANISATIONS

De nombreux chercheurs ont étudié les relations entre structure et performance, généralement en comparant les structures des entreprises à performances élevées à celles des entreprises à faibles performances, et en identifiant performance et profit. Quatre de ces études nous paraissent particulièrment intéressantes.

Première étude, celle de Joan Woodward (1965) qui s'est penché sur la relation entre structure et système (technique) de production dans les entreprises industrielles d'une région de l'Angleterre. La relation est apparue comme forte, en particulier pour les entreprises les plus performantes :

> Il y a des techniques administratives liées au succès dans un système de production et à l'échec dans un autre. Par exemple, les devoirs et les responsabilités de l'encadrement étaient définis par écrit de façon claire et précise dans la plupart des entreprises performantes de grande série que nous avons étudiées, mais dans aucune des entreprises de grande série à mauvaise performance. Dans la production en continu par contre, les définitions précise et écrites de responsabilités étaient plus souvent associées à l'échec. Par ailleurs, le nombre de

subordonnés du PDG devenait plus important à mesure que la technologie était plus avancée : toutes les entreprises efficaces où la surface de contrôle du PDG excédait dix étaient des entreprises de fabrication en continu » (p. 71).

Les observations de Woodward montrent, que pour une technologie donnée, la structure des entreprises performantes est la « structure-type » où chaque paramètre de conception dévie le moins de la moyenne des observations. C'est sur la base de cette découverte que Woodward introduisit le concept de théorie de la contingence, c'est-à-dire l'idée que *l'efficacité de l'organisation résulte de l'adéquation entre situation et structure.*

La seconde étude que nous voudrions présenter est celle de Burns et Stalker (1961) sur la gestion de l'innovation. Ces chercheurs ont montré que la structure — et en particulier le paramètre de conception « formalisation du comportement » — variait en fonction d'un autre facteur de contingence : la prévisibilité de l'environnement. Les entreprises d'électronique étaient mieux capables de faire face à leur environnement dynamique si elles avaient une structure organique, alors que les entreprises textiles fonctionnaient mieux dans leur environnement stable avec des structures bureaucratiques.

Quelque temps après, deux chercheurs de la Harvard Business School, Paul Lawrence et Jay Lorsch (1967) ont comparé les entreprises à haute et à basse performance dans trois secteurs : les matières plastiques, l'agro-alimentaire, et l'emballage. Ils ont, eux aussi, trouvé des différences structurelles qui les ont amenés, come Woodward et Burns et Stalker, à conclure qu'il n'y a pas une structure qui est la meilleure, mais plutôt différentes structures qui sont les meilleures dans différentes conditions : les entreprises du secteur des matières plastiques — secteur complexe et dynamique — avaient besoin d'une différenciation plus importante et devaient utiliser les mécanismes de liaison pour coordonner leurs activités, alors que les entreprises d'emballage appartenant à un secteur plus simple et plus stable avaient besoin de moins de différenciation, devaient être plus bureaucratiques, plus centralisées et avoir plus recours à la supervision directe pour coordonner leurs activités; les entreprises du secteur alimentaire étaient dans une situation intermédiaire pour les caractéristiques de leur environnement aussi bien que pour celles de leur structure.

Plus tard, Pradip Khandwalla (1971, 1973 b, 1973 c, 1974 a) a utilisé un questionnaire pour mesurer un ensemble de caractéristiques — de contingence aussi bien que structurelles — dans 79 entreprises américaines (il répéta plus tard son étude sur 103 entreprises canadiennes et aboutit à une confirmation de ses résultats initiaux), Khandwalla a soigneusement divisé son échantillon en deux groupes dont les entreprises étaient appariées pour ce qui est de la taille, du secteur, et d'autres facteurs, mais pas pour la performance (mesurée par la moyenne des taux profit avant impôt/actif net le plus élevé et le plus faible obtenus sur une période de cinq ans). Les entreprises du groupe « haute performance » avaient toutes un taux supérieur à 12 % (en moyenne 30 %), et les entreprises à basse performance avaient toutes un taux inférieur à 12 % (en moyenne 6 %). Les données de Khandwalla confirment la relation entre incertitude, différenciation et intégration établie par Lawrence et Lorsch; elles montrent, comme celles de Woodward, que les caractéristiques des entreprises à hautes performances sont moins dispersées et plus proches de la moyenne de celles des entreprises à basses performances.

Khandwalla fit une autre découverte, encore plus importante : la performance n'est significativement corrélée à **aucune** variable structurelle (les coefficients de corrélation varient entre 0,00 et 0,10) mais il existe des corrélations significatives entre les variables de structure, particulièrement pour les entreprises à haute performance. En d'autres termes, le succès paraît provenir d'une combinaison des éléments de structure et d'aucun élément de structure en soi, qu'il s'agisse de la DPO, de la décentralisation, de l'utilisation d'un système de planification [1], de la taille, de la technique, de l'environnement, etc. Par exemple :

les données suggèrent qu'une entreprise relativement petite dont les décisions du niveau direction générale sont très centralisées, n'utilise pas de méthodes formelles de contrôle de gestion, n'est pas très divisionnalisée, utilise peu de méthodes de décision participatives ou de groupe, investit relativement peu en personnel spécialisé ou en informatique et n'est pas intégrée verticalement. Si les conditions sont opposées, l'entreprise décentralisée est probablement efficace (1971, p. 7).

Regardons de plus près les données de Khandwalla. La Figure 12.1. montre la proportion des entreprises qui déclarent utiliser un paramètre de structure donné, pour sept de ces paramètres, en moyenne pour chacun des deux groupes à haute et basse performance respectivement. Si on considère la publicité faite dans la presse d'entreprise à des techniques comme la gestion participative et les systèmes de contrôle formel, la remarquable similarité entre les deux groupes est très intéressante. Par contraste, la Figure 12.2. montre les covariations entre les paramètres de structure pour les deux groupes. Huit coefficients sont significatifs pour les deux groupes, deux le sont seulement)pour le groupe des entreprises à basse performance, et onze seulement pour le groupe des entreprises à haute performance.

Hypothèses sur l'Efficacité Structurelle. Les études que nous venons de présenter conduisent à deux conclusions sur l'efficacité structurelle. On peut appeler la première « hypothèse de **congruence** » : **pour qu'une structure soit efficace, il faut qu'il y ait une adéquation étroite entre les facteurs de contingence et les paramètres de conception.** En d'autres termes, l'organisation efficace conçoit sa structure de façon à ce qu'elle soit en phase avec sa situation. On peut appeler la seconde « hypothèse de configuration » : **pour qu'une structure soit efficace, il faut qu'il y ait une cohérence interne entre les paramètres**

---

1. Khandwalla a trouvé la même chose pour les facteurs de contingence, ce qui suggère, en d'autres termes, que le succès ne vient pas uniquement de la taille, du système technique ou de l'environnement.

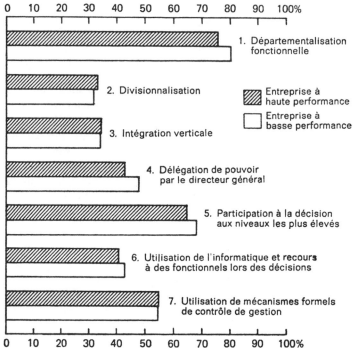

Figure 12.1. — *Moyennes des Réponses Concernant l'Utilisation de Divers Paramètres de Conception dans les Entreprises à Haute et Basse Performance* (*d'après Khandwalla, 1971, p. 3*).

de conception. L'organisation efficace développe une configuration logique des paramètres de conception [2].

Ces deux hypothèses sont-elles en contradiction l'une avec l'autre ? Pas nécessairement, pas tant que deux facteurs de contingence essentiels — par exemple la taille et le système technique — n'exigent pas des paramètres de conception mutuellement inconsistants. Même si tel était le cas, d'ailleurs, la situation n'en serait pas pour autant hors du contrôle de l'organisation : en effet, cette dernière peut choisir non seulement ses paramètres de conception, mais également certains des facteurs de contingence; elle choisit son propre système technique, décide ou non de grandir, décide de situer son action dans un environnement stable ou dynamique, etc. (Child, 1972 a). Ceci nous permet de combiner nos deux hypothèses en une seule, « l'hypothèse élargie de configuration » : **pour qu'une structure soit efficace, il faut qu'il y**

---

2. Ce qu'a trouvé Khandwalla est corroboré par Child (1977) : dans une étude portant sur quatre compagnies aériennes, ce dernier a trouvé que les deux entreprises les plus efficaces avaient des structures très différentes bien qu'elles opèrent dans des situations presque identiques, et que ces deux entreprises avaient des structures beaucoup plus cohérentes que les entreprises les moins efficaces. Par ailleurs, l'Institut Scandinave pour la Recherche Administrative nous rapporte : « ... le « principe de cohérence » est l'idée maîtresse qui émerge de notre programme de recherche sur les organisations. D'après ce postulat, la source essentielle de l'inefficacité et des conflits est le manque de cohérence entre les sous-systèmes de l'organisation » (SIAR, 1973, p. 29).

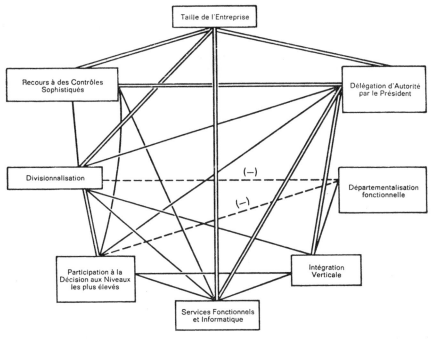

—————— Relations vraies <u>seulement</u> pour les entreprises à haute performance (onze relations)

— — — — —Relations vraies <u>seulement</u> pour les entreprises à basse performance (deux relations)

═══════Relations vraies à la fois pour les entreprises à haute et à basse performance (huit relations)

(−) La corrélation est négative

Figure 12.2. — *Covariations entre les Paramètres de Structure*
(d'après Khandwalla, 1971, p. 6).

ait cohérence à l'intérieur de l'ensemble des paramètres de conception et des facteurs de contingence.

VARIABLES INDÉPENDANTES, INTERMÉDIAIRES ET DÉPENDANTES EN THÉORIE DE LA CONTINGENCE.

De nombreuses recherches corroborent les résultats que nous avons présentés dans la section précédente. Comme la plupart de ces études sont de nature synchronique (toutes les mesures sont effectuées au même moment) et comme les liens entre variables ont la nature de corrélation, il n'a pas été possible de déterminer si ce sont les facteurs de contingence qui sont la « cause » des paramètres de conception ou si la causalité va dans l'autre sens. Néanmoins, la structure paraît être l'élément le plus facile à changer — décentraliser est une chose, éliminer la concurrence est une autre « paire de manches » — aussi les chercheurs ont-ils supposé que les facteurs de contingence sont les causes, ou variables *indépendantes,* et les paramètres de conception les conséquences, ou *variables dépendantes*. Nous adopterons cette position dans cette section (mais pas dans la suivante) en l'illustrant par la Figure 12.3.

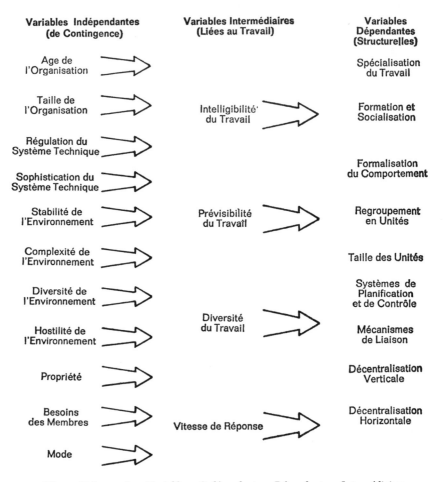

Figure 12.3. — *Les Variables : Indépendantes, Dépendantes, Intermédiaires.*

qui comporte onze variables de contingence et nos neuf paramètres de conception. Nous y avons ajouté quatre *variables intermédiaires* qui permettent de mieux comprendre la nature du lien de causalité. Galbraith (1973) décrit l'impact de l'environnement sur la structure par ses effets sur l'information qui doit être traitée au niveau de la prise de décision. Perrow (1970), autre exemple, conçoit plutôt l'impact de l'environnement par ses effets sur le nombre d'exceptions rencontrées et sur le caractère plus ou moins analysable du processus de recherche des solutions. Les quatre variables intermédiaires que nous utilisons ici sont plutôt liées à la nature du travail effectué dans l'organisation :

1. *Intelligibilité du travail*. La première variable intermédiaire est la facilité avec laquelle le travail de l'organisation peut être compris. On verra

que cette variable dépend beaucoup de la complexité de l'environnement et du degré de sophistication du système technique; et qu'à son tour, parce qu'elle détermine la charge intellectuelle qui pèse sur l'organisation, et donc l'utilisation que cette dernière fait d'experts, l'intelligibilité du travail a une grande influence sur deux variables dépendantes : la spécialisation et la décentralisation.

2. *Prévisibilité du travail.* Cette seconde variable intermédiaire est liée à la connaissance que l'organisation a par avance du travail qu'elle devra faire. Cinq variables indépendantes contribuent à rendre le travail plus prévisible : l'âge de l'organisation, sa taille, la stabilité, l'absence d'hostilité de son environnement, et enfin le degré de régulation des activités opéré par le système technique. D'un autre côté, le travail prévisible se prête à la standardisation sous les trois formes que nous avons vues : la formalisation du comportement, la formation et la socialisation, ainsi que les systèmes de planification et de contrôle [3].

3. *La diversité du travail.* Cette troisième variable intermédiaire est influencée directement par la diversité de l'environnement, et indirectement par la taille. A son tour, la diversité du travail influence la base choisie par l'organisation pour effectuer les regroupements, sa capacité à formaliser les comportements et à utiliser les mécanismes de liaison.

4. *La vitesse de réponse.* La vitesse avec laquelle l'organisation doit réagir à son environnement dépend de la situation dans laquelle elle se trouve, notamment de l'hostilité de l'environnement, mais aussi de l'âge de l'organisation et de sa propriété (au sens de « qui la possède »). La vitesse de réponse, à son tour, influence la décentralisation, la formalisation des comportements et le regroupement en unités. L'interdépendance du travail pourrait être une autre variable intermédiaire, mais, comme nous le verrons, elle n'est pas indépendante de la prévisibilité : la prévisibilité permet la standardisation, qui réduit l'interdépendance.

CONFUSION EN THÉORIE DE LA CONTINGENCE.

Avant de passer à l'étude des relations entre les facteurs de contingence et les paramètres de conception, il nous paraît nécessaire d'inviter le lecteur à la prudence car cette catégorie d'études n'est pas exempte de défauts : si certaines des relations sont claires, il existe des cas où différents chercheurs présentent des conclusions diamétralement opposées, allant parfois jusqu'à aligner plus d'une demi-douzaine d'arguments vigoureux en faveur de leurs positions.

Pour une large part, la confusion peut être attribuée aux méthodes de recherche qui ont été utilisées à ce jour, et en particulier celle qui consiste

---

3. L'interdépendance du travail pourrait être une autre variable intermédiaire, mais, comme nous le verrons, elle est liée à la prévisibilité qui permet la standardisation, qui, elle, réduit l'interdépendance.

à faire des études synchroniques fondées sur les mesures perceptuelles de deux variables. Ces méthodes créent de nombreux problèmes :

— Comme les changements de situation ne se reflètent dans la structure qu'avec délai (Stopford et Wells, 1972, p. 66-67), le chercheur qui met en relation la situation d'aujourd'hui avec la situation d'aujourd'hui commet une erreur : c'est la situation d'hier qu'il aurait fallu mesurer;

— si le chercheur ne mesure pas tous les facteurs de contingence qui ont un impact, ce qui est souvent le cas, les coefficients de corrélation qu'il obtiendra s'en trouveront diminués et il conclura — à tort — que le facteur de contingence qu'il observe n'a pas de relation avec le paramètre de conception; considérons le cas d'une organisation de production de masse à son début; comme nous le verrons, le système technique requiert une structure bureaucratique et l'âge de l'organisation requiert une structure organique : si le chercheur ne tient pas compte de l'âge, ses conclusions seront erronées;

— les techniques statistiques utilisées en recherche ne permettent pour la plupart de déceler que des relations linéaires : un accroissement du facteur de contingence conduit toujours à un accroissement (ou à une diminution) du paramètre de conception. Mais les rares études qui ont cherché l'existence de relation « en U » (où par exemple l'accroissement d'une variable conduit dans un premier temps à l'accroissement de l'autre, et à partir d'un certain niveau à sa diminution), ont trouvé de telles relations. Comme nous l'avons vu à de nombreuses reprises, beaucoup des paramètres de conception changent non seulement de degré, mais aussi de nature; comme la mite, ils subissent des métamorphoses;

— le quatrième problème est celui du contexte; dans quelques études, l'échantillon est tellement vaste (allant jusqu'à inclure à la fois les bains publics de Birmingham et une grosse entreprise de pneumatiques comme le remarquent Holdaway et al. (1975, p. 38) à propos de la première étude d'Aston) que les conclusions sont difficilement interprétables; parfois l'échantillon est au contraire très homogène; ceci n'est pas problématique en soi, mais limite le domaine de validité des conclusions que l'on peut tirer; ceci pose des problèmes lorsqu'un ouvrage (Blau et Schoenherr, 1971), fondé sur l'étude exclusive d'agences de l'emploi porte pour titre « La Structure des Organisations ». Par ailleurs, le contexte interne de l'organisation a aussi son importance. Comme le remarque Van de Ven (1976 a) : « Certains chercheurs ont calculé des mesures agrégées de standardisation, de formalisation, de discrétion, et d'autres dimensions structurelles, sans prendre le moindre soin de dire quelle partie de l'organisation ils ont étudié. »

Les quatre problèmes que nous venons de voir sont sérieux, mais l'élément qui contribue sans doute le plus à créer la confusion dans les études de contingence est le recours à des concepts abstraits. **Dès que le chercheur**

utilise une variable qui ne peut pas être mesurée dans les termes mêmes de l'organisation, il en est réduit à utiliser des mesures perceptuelles qui peuvent distordre la réalité. La « participation », par exemple, est un concept abstrait auquel ne correspond dans l'organisation aucune mesure unique, valide, et objective. La meilleure approximation que puisse en obtenir un chercheur, exige qu'il évalue le rôle joué par différents participants à chaque étape d'un processus de décision, qu'il procède à une telle évaluation pour tous les processus de décision et qu'il agrège ses résultats. Mais une telle démarche demande une quantité énorme de travail. La tentation est alors grande pour le chercheur de demander à un cadre — ou à quelqu'un d'autre — son impression sur la participation, en lui demandant de l'évaluer sur une échelle en sept points (y a-t-il à votre avis pas du tout — très peu — un peu —... — énormément de participation ?). Mais, ce faisant, le chercheur n'a aucune idée de la relation qui existe entre la perception qu'il a mesurée et la réalité qu'elle est sensée représenter. Il est certain que « les perceptions du P-DG sont importantes pour comprendre pourquoi les organisations sont structurées comme elles le sont » (Pfiffner et Leblebici, 1973-1974, p. 273). Mais ceci ne justifie pas qu'on parle de l'influence de l'« environnement » sur la structure quand on a mesuré en réalité « la perception de l'environnement ». En d'autres termes on doit distinguer clairement dans la Figure 12.4. les liaisons (a) et (c). Le problème du fait que les perceptions peuvent être distordues (c'est la liaison (b) de la Figure 12.4., liaison très peu étudiée) ce qui peut

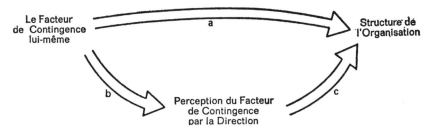

Figure 12.4. — *Les liens entre Structure, Facteurs de Contingence et Perception des Facteurs de Contingence.*

conduire par inadvertance le chercheur à décrire une pathologie organisationnelle : comment la direction élabore une structure qui s'accorde à sa perception erronée de la situation. Tinker (1976, p. 507) est particulièrement critique de ces « ersatz de mesure » qui réduisent « la théorie des organisations à un problème de psychanalyse des acteurs ». Et il conclut que « l'observation des faits, quelque nombreux qu'ils soient, ne compensera jamais le paysage intellectuel falot créé par nos conceptualisations inadéquates des environnements organisationnels ».

Le thème commun à tous ces problèmes méthodologiques est bien celui d'une attention insuffisante prêtée à la construction d'une armature conceptuelle solide qui nous permette de comprendre ce qui se passe dans les structures. Cette déficience a freiné la recherche. Prenons par exemple la question de la taille de l'unité. Nous avons vu qu'une unité de grande taille peut aller de pair avec une autonomie considérable des ouvriers parce que le supérieur hiérarchique ne peut pas maintenir un contrôle étroit, on a une autonomie faible parce que le contrôle est effectué par la formalisation du comportement. De la même façon, une bureaucratie peut être centralisée ou décentralisée selon le mécanisme qu'elle utilise pour obtenir la standardisation. Les études qui isolent quelques variables, et qui sont faites en l'absence d'une armature conceptuelle solide pour décrire le contexte, ajouteront nécessairement à la confusion. La quatrième partie de ce livre a pour objectif le développement d'une telle armature. Avant de l'aborder cependant, il nous faut comprendre l'impact des facteurs de contingence. Les études de contingence, malgré tous leurs défauts, ont beaucoup à nous apprendre, en particulier quand elles portent sur des variables tangibles mesurées dans des contextes clairement définis. Nous en faisons donc une présentation dans les quatre chapitres qui suivent.

13

L'AGE ET LA TAILLE

Les structures des organisations plus vieilles diffèrent-elles de celles des plus jeunes ? Y a-t-il une différence entre les structures des grandes organisations et celles des petites ? Le taux de croissance de l'organisation affecte-t-il la structure ? Dans notre société obsédée par la croissance pour elle-même, ces questions sont importantes. De fait, nous disposons à leur sujet d'un ensemble considérable de résultats de recherche, qui peut être présenté de façon synthétique en cinq hypothèses : deux pour l'âge et trois pour la taille. Après avoir présenté chacune d'elles, nous verrons qu'il est possible de les clarifier et de les rassembler toutes en considérant la maturation, le vieillissement et la croissance non comme un ensemble de progressions linéaires mais comme une suite de transitions distinctes entre différentes « étapes du développement »[1].

Hypothèse 1 : Plus une organisation est âgée, plus son comportement est formalisé[2]. Nous rencontrons ici le syndrome du « on a déjà tout vu »,

---

1. Kimberley (1976) fait une analyse incisive de 80 études empiriques portant sur la relation entre taille et structure, mais il s'intéresse plus aux méthodes d'études qu'aux résultats.
2. Nous présenterons des hypothèses de ce type dans chacun des quatre chapitres de cette partie. Elles ont pour vocation de décrire la réalité corroborée par la recherche. Si on se reporte aux découvertes de Woodward, Khandwalla et autres présentées au chapitre 12, toutes ces hypothèses décrivent sans doute le comportement des organisations les plus efficaces plus fidèlement que celui des organisations les moins efficaces.

comme le cas du fonctionnaire qui vous informe que votre situation, qui paraît unique, a déjà eu un précédent en 1915. Une organisation qui vieillit tend, toutes choses égales par ailleurs, à répéter son travail, et donc à devenir plus prévisible et plus facile à formaliser. Ainsi quand le groupe d'Aston a répété son étude après un délai de cinq ans, les chercheurs ont constaté que 13 des 14 organisations présentes dans les deux échantillons avaient vu s'accroître leur formalisation [3]. De même, Samuel et Mannheim (1970) ont trouvé que les usines israéliennes les plus vieilles étaient aussi les plus impersonnelles (résultat statistiquement significatif). Comme le note Starbuck (1965) :

> Les nouvelles organisations ont tendance à avoir des définitions vagues de leurs tâches. Elles ne savent pas avec certitude quelles parties de la tâche sont importantes et nécessaires, ni comment combiner les différents éléments de l'ensemble... A mesure qu'une organisation vieillit, elle apprend de plus en plus sur la façon de faire face à l'environnement et de traiter les problèmes internes de communication et de coordination... l'organisation normale tend à perpétuer les fruits de son apprentissage en les formalisant. Elle établit des procédures standards et évalue ses performances par le biais de rapports routiniers... »
> (p. 480).

Hypothèse 2 : La structure de l'organisation reflète l'âge de la fondation de son activité. Cette curieuse hypothèse s'appuie sur les travaux de Arthur Stinchcombe (1965), qui a étudié la proportion de différentes catégories de travailleurs — travailleurs familiaux, patrons, employés et professionnels — dans des industries créées à quatre époques différentes :

— « dans les secteurs fondés à l'époque préindustrielle (fermes, entreprises de construction, magasins de détail, etc.), les organisations d'aujourd'hui conservent quelques-unes des caractéristiques de structure originelles : elles ont plus de travailleurs familiaux non payés et de petits patrons. Elles conservent, en fait, une structure **artisanale;**

— dans les secteurs fondés au début du 19e siècle (habillement, textile, banques, etc.), les organisations n'emploient pratiquement pas de travailleurs familiaux non payés, mais elles ont de nombreux employés, « une bonne indication du développement des dossiers, des communications écrites et régulières entre officiels » (p. 157). Pour Stinchcombe il s'agit là du développement de la forme bureaucratique de structure. Le contrôle, cependant, reste pour beaucoup entre les mains de patrons-propriétaires.

— dans les secteurs fondés dans la période suivante (chemin de fer, mines de charbon), les dirigeants professionnels remplacent les patrons-propriétaires. Pour Stinchcombe, on assiste à la « Bureaucratisation de l'industrie » (p. 157);

---

3. Il est intéressant de remarquer que, dans la première étude d'Aston, les chercheurs n'ont trouvé « aucune relation entre l'âge et la structuration des activités ($r = 0,09$) » (Pugh et al., 1968, p. 95). Cette différence suggère que l'étude longitudinale d'une même organisation au fil du temps est beaucoup plus fiable qu'une étude faite à une date donnée sur un échantillon hétérogène d'organisations. Samuel et Mannheim avaient de ce point de vue un échantillon mieux défini.

— finalement, dans les secteurs de fondation plus récente (automobile, chimie, électricité), on voit apparaître les départements fonctionnels et le professionnalisme. (Stinchcombe s'arrête à cette période, mais nous verrons que dans les secteurs de fondation encore plus récente (électronique, aérospatial, conseil), les organisations ont aussi des caractéristiques particulières.)

Qu'est-ce qui peut expliquer un pareil phénomène ? Pourquoi différentes industries créées à la même époque ont-elles adopté des formes structurelles voisines et pourquoi les ont-elles conservées aujourd'hui, alors que d'autres formes structurelles sont apparues ? Pourquoi, par exemple, les chemins de fer de la fin du xxe siècle ressemblent-ils plus aux mines de charbon du xixe siècle qu'aux entreprises du secteur aérospatial ? Une première réponse peut consister à évoquer l'inertie de la structure et de l'environnement : tant que les conditions restent les mêmes, la structure d'origine peut demeurer la plus appropriée. Mais, pour Stinchcombe, cette explication est insuffisante; il faut aussi tenir compte des traditions et des intérêts en place : la socialisation solidifie la structure autour d'un ensemble de valeurs, d'une idéologie.

Hypothèse 3 : Plus une organisation est de grande taille, plus sa structure est élaborée : plus les tâches y sont spécialisées, plus ses unités sont différenciées, et plus sa composante administrative est développée[4]. Les preuves sont ici écrasantes (Khandwalla, 1977; Blau et al., 1976; Reimann, 1973; Hall, 1972; Pugh et al., 1968; Udy, 1965; et d'autres cités plus bas).

L'origine de cette relation est la suivante : à mesure que l'organisation voit croître ses effectifs et son volume de production, il lui devient à la fois plus facile et plus nécessaire de réaliser une division du travail, et d'obtenir des unités plus différenciées à l'intérieur de chacune desquelles le travail est plus homogène; ainsi, une étude faite par un groupe du MBA de McGill montre que, si « grand-père » pouvait tout faire dans l'épicerie familiale, le besoin de spécialisation apparut quand cette dernière devint un supermarché : « ... « grand-père » s'occupait des achats de marchandises, « grand-mère » supervisait le travail dans le magasin, « père » s'occupait des autres achats, et « mère » tenait la caisse[5]... »

Mais, comme Lawrence et Lorsch (1967) le font remarquer, plus la structure est différenciée, plus elle doit mettre l'accent sur la coordination et l'on voit alors apparaître hiérarchie, formalisation du comportement, systèmes de planification et de contrôle, et mécanismes de liaison; on a donc une hiérarchie administrative plus élaborée avec une division plus marquée du travail entre administration, production et superstructure : s'il n'est pas rare de voir le PDG d'une petite entreprise retrousser ses manches pour réparer une machine ou pour servir comme analyste et élaborer un système

---

4. La taille d'une organisation peut être mesurée par le nombre de salariés, le chiffre d'affaire, le volume budgétaire, le montant du capital ou même (Woodward, 1965, p. 55-57), l'effectif de l'encadrement. Voir Kimberly (1976) pour une discussion de ces mesures. Dans ce chapitre, on prendra généralement le nombre de salariés.

5. D'après un papier soumis à l'auteur dans le cadre du cours Management Policy 701, novembre 1969, par Selin Anter, Gilles Bonnier, Dominique Egre et Bill Freeman.

de gestion des stocks (Choran, cité par Mintzberg, 1973 a, p. 104-107), nous serions surpris de voir le P-DG d'une grande entreprise faire de même.

De nombreuses études portant surtout sur des entreprises industrielles ont permis de montrer que ce processus d'élaboration progressive en fonction de la taille, se fait par étapes :

— les unités de production viennent d'abord, suivies par les ventes, les achats puis le contrôle de qualité (Wickesberg, cité par Starbuck, 1965, p. 478);

— les unités d'achat, d'expédition et de réception, de comptabilité, et technique sont généralement complètement différenciées dès que l'effectif des ouvriers de production de l'entreprise atteint de 75 à 99 personnes (R. Stewart, 1970);

— les unités de contrôle de production, les études de temps et mouvements et le personnel deviennent des fonctions différenciées et même parfois des départements spécialisés dès qu'on atteint 100 à 500 ouvriers de production (R. Stewart, 1970);

— puis, on assiste à une différenciation toujours plus poussée selon les différentes fonctions, et à une intégration verticale, l'entreprise se mettant à faire elle-même certaines des activités de ses clients et de ses fournisseurs. Le stade ultérieur est celui de la diversification (introduction de nouvelles lignes de produit), de l'expansion de l'activité à de nouveaux marchés nationaux d'abord et internationaux ensuite (Chandler, 1962; Scott, 1971; et de nombreuses autres références que l'on verra en détail au chapitre 20);

— le dernier stade est celui de l'entreprise multinationale géante qui, devant incorporer à la fois les points de vue des fonctions, des produits, et des zones géographiques, adopte une structure matricielle dans laquelle deux ou trois de ces points de vue ont un point égal (Stopford et Wells, 1972).

Hypothèse 4 : Plus l'organisation est grande, plus la taille moyenne des unités est grande. A l'appui de cette hypothèse, on a les travaux de Dale (cité dans Litterer, 1965, p. 311) sur la surface de contrôle du P-DG dans les entreprises, et ceux de Blau et Schoenherr (1971) qui trouvent des résultats qui vont dans ce sens à tous les niveaux des agences de l'emploi qu'ils ont étudiées.

Ce phénomène peut s'expliquer de la façon suivante : plus la taille est importante, plus les unités différenciées que l'organisation constituent, peuvent chacune être homogènes, et donc à la fois plus faciles à gérer et plus faciles à standardiser : superviser vingt opérateurs qui font tous des chemisiers rouges du même modèle, ou même vingt directeurs de supermarchés tous identiques, est beaucoup plus simple que superviser vingt couturières qui font chacune une robe différente ou vingt responsables de merchandising chargés de différentes gammes de produits qui souvent empiètent partiellement les unes sur les autres; dans ce type de situation, le travail n'est pas seulement plus facile à superviser, il est aussi plus aisé à standardiser; le travail du cadre peut alors être partiellement institutionnalisé, c'est-à-dire remplacé par la formalisation des comportements et la planification des activités, ce qui réduit sa charge de travail et lui permet de superviser un effectif plus important; les unités peuvent donc être de plus grande taille.

Il faut remarquer que le taux de croissance de l'organisation influence aussi la taille des unités. Si une organisation croît de façon plus ou moins continue, sa structure, elle, ne change que par paliers : l'organisateur doit faire un effort particulier pour créer une nouvelle unité ou pour séparer une unité en deux éléments, et il ne le fait selon toutes probabilités que lorsqu'il devient évident que l'unité qui existe est trop grande pour fonctionner de façon efficace. En d'autres termes, on s'attend à ce que la création de nouvelles unités se fasse avec un délai, particulièrement si la croissance est rapide. Donc, comme corrolaire de l'hypothèse 4, on peut conclure que plus la croissance de l'organisation est rapide, plus la taille moyenne de ses unités sera élevée (Indik, 1964).

Hypothèse 5 : Plus l'organisation est grande, plus elle est formalisée. Tout comme l'organisation plus vieille formalise plus, l'organisation de grande taille formalise ce qu'elle voit plus souvent : « Ecoutez, monsieur, j'ai entendu cette histoire au moins cinq fois aujourd'hui; contentez-vous de remplir le formulaire comme on vous le demande. » De façon plus formelle, plus la taille de l'organisation est importante, plus les comportements se répètent; en conséquence, il devient plus facile de les prédire; et l'organisation a donc plus tendance à les formaliser.

De plus, comme le note Litterer (1965, p. 410), à mesure que la taille croît, on voit se développer la confusion interne. Le moral en souffre aussi, « l'absentéisme et les taux d'accident augmentent, la satisfaction au travail diminue... Les conflits entre direction et syndicats prennent de l'ampleur... », les barrières spatiales deviennent plus marquées, les individus se sentent de plus en plus isolés. Le groupe formel se brise et des groupes informels prennent sa place (Melcher, 1976, p. 409, 412). La direction doit trouver les moyens de rendre le comportement plus prévisible aux niveaux inférieurs, et donc elle a recours aux règles, aux procédures, aux descriptions de poste, etc. techniques qui, toutes, formalisent le comportement.

Enfin, l'accroissement de la formalisation avec la taille est aussi la conséquence des hypothèses 3 et 4 : si une taille plus grande est associée à plus de spécialisation, de différenciation entre unités et à des besoins de coordination plus importants (en particulier par des moyens formels), si on a alors des hiérachies administratives plus élaborées et une distinction plus nette entre opérateurs, analystes et cadres, il s'ensuit que l'organisation de plus grande taille sera plus régulée par des procédures, aura plus recours à la communication formelle et, en général, sera plus impersonnelle.

De nombreuses recherches supportent cette hypothèse. Par exemple, Samuel et Mannheim (1970) ont trouvé qu'une taille plus grande signifie moins de contrôle par supervision directe, et plus par les règles et les procédures. Udy (1965, p. 669) et Guetzkow (1965, p. 539) dans leurs revues de la littérature, et Pugh et al. (1968) dans leurs propres recherches, ont trouvé une relation entre taille d'une part, formalité et impersonnalité d'autre part. Guetzkow cite une recherche qui suggère que cette relation existe même dans les organisations de volontaires : dans la ligue américaine des suffragettes, à mesure que la taille des unités s'accroissait, l'information s'était mise à circuler plus du haut vers le bas qu'en sens inverse; en d'autres termes, les responsables se détachaient des volontaires. Finalement, Choran (cité par Mintzberg, 1973 a, p. 105-107) a trouvé que dans les petites entreprises, les PDG étaient plus proches du flux de travail, s'appuyaient moins sur des spécialistes fonctionnels, consacraient moins de temps aux aspects formels de leur rôle (les activités de représentation par exemple) et aux activités formelles comme des réunions régulières.

Les relations dont nous avons discuté dans les trois dernières hypothèses, peuvent être résumées dans le diagramme de la Figure 13.1., qui est similaire à celui proposé dans l'étude de Blau et Schoenherr (1971).

A ce point, il faut noter que toutes ces relations peuvent être modérées par d'autres facteurs. Woodward (1965) par exemple a trouvé quelques petites entreprises utilisant des technologies de production en continu qui avaient une structure administrative (hiérarchique aussi bien que fonctionnelle) complètement constituée, et au moins une grande entreprise (à technologie moins évoluée) qui n'avait pas de fonction personnelle : les agents de maîtrise embauchaient leurs propres ouvriers. Et Hall (1972, p. 119), conclut qu'une grande taille n'amène la formalisation que dans les organisations ayant un système technique routinier, celles dont les produits et les services sont standards [6]. De la même façon, une croissance rapide peut perturber une structure à un point tel qu'elle devient organique bien qu'elle soit de grande taille. Ceci ne veut pas dire que les relations décrites par les hypothèses 3, 4 et 5 ne jouent pas dans ces cas, mais qu'il existe d'autres facteurs qui ont plus d'influence.

Les études A/P. Un volume considérable de recherches a été réalisé sur les relations entre la taille de l'organisation et la taille relative de sa composante administrative, c'est-à-dire le rapport entre (A) : le nombre des membres de l'organisation occupant des postes fonctionnels et des postes de responsabilité hiérarchique et (P) : l'effectif des personnels de production; d'où le terme A/P. Il aurait fallu leur consacrer une sixième hypothèse, si ces études n'avaient pas en fait produit plus de confusion que de clarté. Voyons d'abord comment elles ont commencé.

En 1956, C. Northcote Parkinson a énoncé sa fameuse « première loi » : « Le travail se répand de façon à remplir le temps disponible pour son exécution » (p. 33). Parkinson soutient que, au moins dans le gouvernement, « il n'y a pas, ou il n'y a que peu, de relation entre le travail à faire et l'effectif auquel le travail est confié » (p. 33). Cette conclusion provient « de

---

6. Ainsi Hall et al. (1967) ont-ils trouvé que les organisations les plus grandes sont seulement un peu plus complexes et un peu plus formalisées, dans une étude portant sur une variété importante d'organisation ayant des systèmes techniques divers. Voir Kast et Rosenzweig (1970, p. 227) pour une autre discussion de la relation entre taille et formalisation.

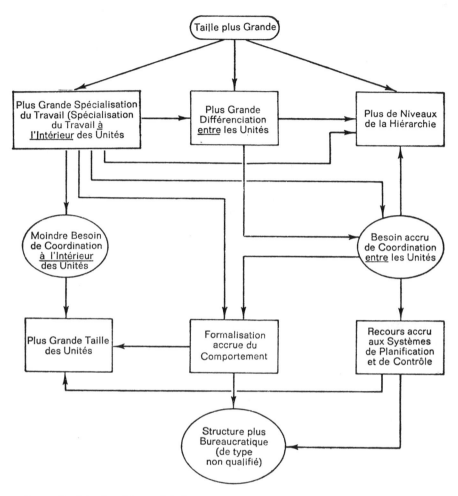

Note : Similaire à celui suggéré dans Blau et Schoenherr (1971); ces relations supposent un système technique et un environnement constant.

Figure 13.1. — *Diagramme des Relations entre Taille de l'Organisation et Structure.*

deux éléments qui sont presque des axiomes : 1) un responsable veut multiplier les subordonnés, pas les rivaux, et 2) les responsables créent du travail les uns pour les autres » (p. 35). Pour illustrer son propos, Parkinson cite le cas de la Marine royale britannique où, entre 1914 et 1928, le nombre des officiers a augmenté de 68 % et le nombre des personnels à terre de 40 % alors que le nombre des navires de guerre a diminué de 68 % !

Ce que disait Parkinson en plaisantant à moitié (mais seulement à moitié), a suscité un bouillonnement d'intérêt parmi des sociologues des plus sérieux, qui se sont attachés à chercher s'il existait une relation entre la taille de l'entreprise et le rapport A/P. Mais les résultats sont peu concluants : dans sa revue de la littérature sur le sujet, Rushing (1967-1968, p. 274), présente deux études montrant que A/P croît avec la taille, six qui montrent l'inverse, et quatre autres qui ne permettent de déceler aucun changement significatif. On s'est dit alors que le secteur d'activité pourrait avoir une influence, et Pondy (1969, p. 47) montre que A/P varie de 9 % dans l'industrie du bois, à 131 % dans l'industrie pharmaceutique. Allant plus loin encore, Child (1973), a montré que la relation entre A/P et taille varie en fonction de nombreuses variables : la complexité, la dispersion spatiale, la technologie, etc. et qu'il faut même procéder à l'analyse pour chacune des unités de l'entreprise où les facteurs explicatifs du rapport A/P exercent leur influence de façon différente. On citera aussi les travaux de Klatzky (1970), Starbuck (1965), Hall (1972) qui suggèrent que la relation entre taille et A/P est probablement curvilinéaire : à mesure qu'elle croît, l'organisation formalise ses comportements, remplace des cadres opérationnels par un nombre moindre de fonctionnels et diminue en conséquence son ratio administratif; mais ce phénomène ne joue que jusqu'à un certain point optimal, au-delà duquel l'organisation devient trop grande pour pouvoir contrôler efficacement ses propres activités; le ratio A/P augmente alors en fonction de la taille.

Si on doit tirer une leçon de cet ensemble de résultats de recherches, il ne s'agit pas d'une conclusion sur les ratios administratifs. On est plutôt fondé à conclure que l'on ne comprendra jamais la réalité complexe des organisations si on persiste à les étudier de loin, par échantillons de grandes tailles et mesures agrégées. Pour comprendre comment les oiseaux volent, il faut les étudier un à la fois; il ne sert à rien d'examiner des nuées d'oiseaux au radar.

En fait, on commence à lever la confusion qui règne en théorie des organisations dès qu'on isole différents types d'organisation. Dans la partie finale que nous consacrerons aux configurations structurelles, nous verrons comment on peut y voir plus clair, même en ce qui concerne la question des ratios administratifs. Sans attendre cette partie, nous nous proposons de voir dans la section suivante comment l'impact de l'âge et de la taille sur la structure apparaît plus clairement quand on considère différentes étapes du développement structurel, par lesquelles les organisations passent à mesure qu'elles grandissent et qu'elles vieillissent. En replaçant les variables de contingence dans le temps et en tenant compte des discontinuités qui marquent les changements des variables structurelles, la théorie des étapes du développement nous donnera un résumé synthétique des relations dont nous avons discuté dans ce chapitre.

LES ÉTAPES DU DÉVELOPPEMENT STRUCTUREL

Dans ce qui précède, nous avons trouvé des raisons de penser qu'une bonne partie de la confusion qui règne dans les études du ratio d'administration A/P vient du fait qu'on a cherché des relations continues là où les phénomènes sont en fait discontinus. En particulier, de nombreux éléments nous indiquent que, **à mesure que les organisations grandissent, elles passent par des périodes de transition structurelle, qui sont des changements de nature plutôt que des changements de degré.**

Dans sa revue de la littérature sur la croissance des organisations, Starbuck (1965), discute de ce qu'il appelle des « modèles de métamorphoses » dans lesquels la croissance est conçue non comme « un processus continu qui s'effectue en douceur », mais comme un processus « marqué par des changements abrupts et discontinus » des structures des organisations et des conditions dans lesquelles elles fonctionnent (p. 486). Tout comme la chrysalide qui est dans son cocon en émerge sous la forme d'un papillon, l'organisation émerge de sa structure organique sous la forme d'une bureaucratie (phénomène bien moins enchanteur, mais métamorphose quand même).

Un certain nombre de modèles de ce type ont été proposés dans la littérature mais tous paraissent décrire différents aspects de la même séquence, que nous présentons ci-dessous en décrivant les cinq étapes qui la composent; la première de ces étapes n'est un point de départ que pour certaines organisations, la dernière est un point d'arrivée supposé qui n'a jusqu'ici été atteint que par peu d'organisations, mais les trois étapes intermédiaires sont d'observation courante.

Les organisations commencent généralement leur existence avec des structures organiques peu élaborées. Certaines commencent au stade *artisanal* et passent à l'étape *entrepreneuriale* lorsqu'elles grandissent, mais une majorité d'entre elles paraît commencer directement par le stade entrepreneurial. A mesure qu'elles grandissent et qu'elles vieillissent, elles commencent à formaliser leur structure et passent éventuellement à une nouvelle étape : la structure *bureaucratique*. L'étape ultérieure du processus de maturation et de développement conduit l'organisation à superposer une structure par marché à la structure fonctionnelle existante, et on arrive alors à une nouvelle étape, la structure *divisionnalisée*. Enfin, il semble qu'il y ait une étape finale, celle de la structure matricielle. Bien entendu, toutes les organisations ne passent pas nécessairement par chacune de ces étapes; mais beaucoup paraissent passer par nombre d'entre elles dans l'ordre dans lequel nous les avons présentées. Le lecteur se souvient de l'histoire de Mme Raku et de son entreprise Ceramico, que nous avons présentée au début de ce livre. C'est une histoire typique.

Une bonne partie de notre présentation est tirée de Filley et House (1969, 1976) qui décrivent les trois premières étapes, et de Chandler (1962) et Scott (1971) qui décrivent les trois étapes centrales. Litterer (1965), White (1969) et d'autres auteurs mentionnés dans le texte ont aussi contribué à la description des étapes du développement structurel, la plupart en étudiant le cas des entreprises. Mais les résultats paraissent être aussi valables pour d'autres types d'organisations. De fait, Filley et House fondent leur description sur la « remarquable similarité » (1969, p. 411) qui existe entre la croissance des entreprises, des nations, des syndicats, des institutions économiques et politiques, et des mouvements de masse, et ils donnent dans leur ouvrage de nombreux exemples à l'appui de cette position.

Notre discussion est axée sur les étapes elles-mêmes, mais le lecteur notera que les transitions sont tout aussi importantes car elles s'effectuent rarement en douceur [7]. Une organisation peut demeurer à une étape pendant un demi-siècle, et se voir brutalement contrainte de changer, par exemple quand le directeur tout-puissant d'une organisation entrepreneuriale qui a trop grandi décède. Le monde change parfois doucement; mais c'est rare pour la structure; aussi, quand la transition s'effectue enfin, il en résulte des perturbations dans l'organisation.

Etape 1 (a) : Structure Artisanale. Si on prend la description que Filley et House font des organisations les plus jeunes et les plus petites encore à **l'étape artisanale, il n'y a qu'un seul groupe, organisé de façon informelle.** On peut y trouver une division naturelle du travail fondée sur l'habileté, mais cette division n'est pas marquée et les postes de travail sont facilement interchangeables. **L'essentiel de la coordination est faite par la standardisation des qualifications — le résultat de l'apprentissage — et les interdépendances qui restent sont traitées par la coordination mutuelle entre les artisans.** La supervision directe est peu nécessaire à l'intérieur du groupe : « Ou bien, il n'y a pas de leader reconnu (comme dans quelques groupes de mineurs); ou bien, s'il y a un leader, il passe le plus clair de son temps à travailler avec les autres membres du groupe à des tâches comparables aux leurs » (Miller, 1959, p. 244). Comme il y a peu de standardisation des procédés de travail ou des produits, il n'y a besoin que d'une petite technostructure. Ainsi, **la composante administrative de l'organisation artisanale est petite, peu élaborée, composée seulement de quelques personnes qui travaillent avec les opérateurs.**

L'étape artisanale est caractéristique des petites entreprises personnelles — ateliers de poterie, coiffeurs, stations-services — et des organisations des secteurs préindustriels décrits par Stinchcombe, comme la construction et l'agriculture.

Etape 1 (b) : Structure Entrepreneuriale. Lorsque l'organisation grandit, la communication directe, de face à face, devient insuffisante pour assurer la coordination : « Les énergies des membres du groupe, au lieu d'être centrées sur le travail lui-même, sont de plus en plus consacrées à maintenir la cohésion du groupe (Miller, 1959, p. 249). Il devient donc nécessaire de créer un autre niveau d'encadrement et d'avoir plus recours à la supervision directe pour assurer la coordination : on arrive par là à la structure entrepreneuriale.

Il est cependant plus fréquent de voir les organisations commencer leur existence par l'étape entrepreneuriale : un entrepreneur agressif fonde une nouvelle organisation pour promouvoir une nouvelle idée, qu'il s'agisse d'un homme d'affaire qui veut lancer un nouveau produit, d'un syndicaliste qui veut organiser un nouveau groupe de salariés, ou d'un idéologue qui veut exprimer une nouvelle philosophie politique.

L'étape entrepreneuriale apporte une division verticale du travail, avec un entrepreneur qui prend lui-même toutes les décisions importantes, qui

---

7. Ce sujet est discuté dans de nombreux ouvrages et articles pratiques; voir, par exemple, Greiner (1972) et Buchele (1967).

coordonne leur exécution par supervision directe, tous les autres membres de l'organisation exécutant ses ordres. **La structure, néanmoins, reste informelle et organique :** de façon caractéristique, les entrepreneurs ont horreur de la formalisation dans laquelle ils voient une limite à leur possibilité d'innover et une restriction de leur pouvoir de décision autonome. En conséquence, ils ne développent pas la structure : **l'organisation entrepreneuriale n'a pratiquement ni technostructure ni ligne hiérarchique.**

Telle était la forme principale de structure jusqu'à la fin du XIXᵉ siècle (Rogers, 1975, p. 82); aujourd'hui elle reste typique d'organisations jeunes, petites, qui ont une activité portant sur un seul marché et qui comportent pour l'essentiel une seule fonction (fabrication ou marketing par exemple). L'organisation est efficace dans son domaine, et sa structure est bien adaptée à une croissance rapide.

Etape 2 : La Structure Bureaucratique. Le paysage des entreprises est jonché des débris des organisations entrepreneuriales qui ont **trop bien** réussi. Chacune d'entre elles a commencé par une structure petite et informelle, a attiré les clients, a grandi, mais n'a pas réussi à faire la transition requise par une taille plus grande. L'entrepreneur, voulant maintenir son contrôle centralisé malgré la croissance, a laissé sa surface de contrôle s'accroître jusqu'à la surcharge, et il est devenu un goulet d'étranglement ralentissant les informations et les décisions. Les procédures informelles sont devenues de moins en moins tenables et les employés — plus nombreux, plus spécialisés, ayant chacun moins la possibilité de voir le directeur — n'ont jamais vu leur travail défini et leurs activités coordonnées comme il aurait fallu.

La survie de telles organisations requiert qu'elles adoptent des comportements et des moyens de coordination plus formalisés, qu'elles construisent une composante administrative, en d'autres termes qu'elles passent, et il s'agit d'un changement significatif, d'une structure organique à une structure bureaucratique. Une telle transition est typique dans la plupart des organisations qui ont réussi à survivre au-delà de leurs premières années et à s'engager dans des activités sur une plus grande échelle, qu'il s'agisse d'organisations publiques ou d'entreprises privées :

> Par exemple, la clinique psychiatrique innovatrice se crée une réputation et attire de nouveaux clients, et doit recruter de nouveaux personnels. Les techniques nouvelles qui y ont été créées par une personne, ou un nombre réduit de personnes, sont perçues comme étant la raison du succès. Donc, on demande aux nouveaux embauchés de les suivre; pour ce faire, il faut les leur expliquer, donc les décomposer en étapes entre lesquelles on introduit des contrôles. Bientôt les nouvelles méthodes deviennent des procédures et des dogmes, et la clinique est devenue une usine (Perrow, 1970, p. 66).

La transition vers une structure bureaucratique paraît commencer avec la spécialisation du travail, et se dérouler de la façon suivante : dans un premier temps, la spécialisation requiert la création d'une hiérarchie qui puisse effectuer la coordination; puis, à mesure que le travail devient plus spécialisé et que les unités deviennent plus grandes, l'organisation se tourne vers la

standardisation pour coordonner ses activités. Apparaît alors une division du travail administratif entre ceux qui conçoivent le travail et ceux qui le supervisent : une technostructure vient s'ajouter pour planifier et formaliser le travail. Cette étape est, selon Bos (1969), l'antithèse de la précédente : « rationnelle au lieu d'intuitive, mécanique au lieu d'organique, impersonnelle au lieu de personnelle » (p. 21).

William F. Whyte (1969, pp. 571-576) nous donne un exemple qui illustre bien ce processus de passage à une structure toujours plus bureaucratique. Il s'agit du restaurant de Tom Jones, qui a commencé au stade artisanal représenté par la Figure 13.2. (a). Une croissance rapide a amené la spécialisation du travail d'exécution : serveurs, employés de cuisines et plongeurs (Figure 13.2. (b)), puis l'introduction d'un niveau intermédiaire d'encadrement — les

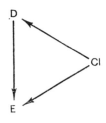

D = Directeur
Cl = Client
E = Employé

(a) Structure de Départ

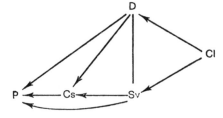

Sv = Employé de Service
Cs = Employé de Cuisine
P = Plongeur

(b) Début de la Division du Travail

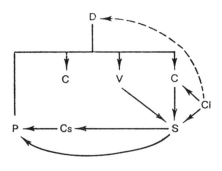

C = Cadre
V = Vérificateur
S = Serveuse

(c) Niveau Intermédiaire d'Encadrement

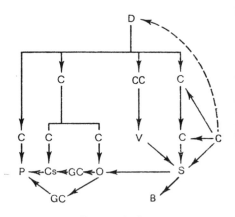

B = Serveur de bar
O = Office
GC = Garçon de courses
CC = Contrôleur des coûts

(d) Troisième Niveau d'Encadrement

Figure 13.2. — *Elaboration Progressive de la Structure du Restaurant de Tom Jones (d'après Whyte, 1969, p. 572-573).*

superviseurs — et le début d'une technostructure : Jones « employait aussi un vérificateur qui avait pour tâches de faire les additions pour les serveuses et de vérifier la taille des portions et la qualité du service ». Le restaurant a atteint ainsi le stade intermédiaire décrit dans la Figure 13.2. (c). Avec l'accroissement de l'activité, Jones dut ajouter un niveau supplémentaire d'encadrement et accroître encore la spécialisation en introduisant des garçons de courses, et un office entre le restaurant et la cuisine; il dut aussi développer la technostructure en créant un poste chargé du contrôle des coûts. Dans cette structure finale, décrite dans la Figure 13.2. (d), Jones ne pouvait bien entendu plus maintenir les contacts étroits qu'il avait au début avec ses clients et avec ses employés.

Comme exemple typique d'organisations qui sont passées à l'étape bureaucratique, on peut citer les entreprises de production de masse (industrie automobile, aciéries, chaînes de restauration rapide) et les agences gouvernementales qui fournissent sur une grande échelle des services standardisés : poste, administration des impôts.

Etape 3 : La Structure Divisionnalisée. Dans son étude de quelques grandes entreprises américaines du début du xxᵉ siècle, comme Du Pont et General Motors, Chandler (1962) décrit le processus par lequel ces organisations ont élaboré leur structure et se sont intégrées verticalement. Ces organisations ont conservé une structure bureaucratique de type fonctionnel tant que leurs activités ont été concentrées sur une ligne de produits ou quelques lignes de produits très voisines. Comme le remarque Scott (1971), l'accent était alors mis plus sur l'efficacité interne de la production que sur l'efficacité en regard des marchés. Mais ces organisations ont grandi par diversification, par incorporation de nouvelles lignes de produits, puis par expansion géographique. Dans ces conditions, la structure fonctionnelle est devenue de plus en plus inadaptée à la coordination entre les activités correspondant aux divers marchés, et trop peu souple pour pouvoir absorber de nouvelles activités. L'organisation avait besoin d'autres structures.

C'est bien sûr la structure divisionnalisée qui est la solution du problème, structure qui consiste à opérer des regroupements sur la base de marchés aux niveaux les plus élevés. **Comme l'amibe, la bureaucratie fonctionnelle lorsqu'elle grandit trop, se scinde en entités distinctes, que l'on appelle « divisions », qui sont chacune des bureaucraties servant leur propre marché et disposant de leur propre centre opérationnel. Le « siège » central coordonne l'activité des divisions essentiellement à travers un système impersonnel de contrôle des performances; ses fonctions consistent à créer de nouvelles divisions et à supprimer les vieilles divisions inefficaces.**

La divisionnalisation est-elle une étape en soi dans l'évolution des organisations ? En d'autres termes est-ce que les organisations adoptent la structure divisionnalisée seulement parce qu'elles vieillissent et que leur taille s'accroît ? Pour Stopford et Wells (1972), ce n'est pas la taille seule, mais plutôt la diversification des marchés qui pousse les organisations à adopter une structure divisionnalisée. Néanmoins, ils admettent l'influence de la taille, notant que « les grandes entreprises sont en général beaucoup plus diversifiées que les petites » (p. 72). On peut ajouter que les entreprises plus âgées paraissent être beaucoup plus diversifiées que les entreprises plus jeunes. Apparemment, à mesure que l'âge et la taille croissent, beaucoup d'organisations se mettent à chercher d'autres choses à faire. Peut-être à cause de l'accroissement de la concurrence sur leurs marchés traditionnels; peut-être à cause de la saturation de ces marchés; peut-être plus simplement parce que la direction est lasse des marchés traditionnels et cherche des activités plus stimulantes. Dans tous les cas, faire autre chose signifie diversifier, donc à terme, adopter une structure divisionnalisée. Bien que la transition vers une telle structure soit la plupart du temps discutée dans le cas des grandes entreprises (Chandler, 1962; Wrigley, 1970; Franks, 1974; etc.; voir chapitre 20), il ne s'agit pas de l'apanage du secteur privé, témoin par exemple la structure de l'Eglise catholique ou celle des universités nord-américaines à plusieurs établissements.

Etape 4 : La Structure Matricielle (?). Dans la littérature la plus récente, on trouve des indices qui paraissent montrer que la structure divisionnalisée est elle-même une étape intermédiaire vers une structure finale, la structure matricielle. Un certain nombre de grandes entreprises multinationales se sont trouvées aux prises avec de multiples bases pour le regroupement de leurs unités : géographique, par produit ou même par fonction. Favoriser une de ces bases de regroupement, c'est nécessairement accepter des compromis dans les deux autres. Là où ces compromis se sont avérés trop coûteux, quelques entreprises ont décidé de mettre sur un pied d'égalité deux bases de regroupement, ou même plus; on assiste alors au passage de la structure divisionnalisée à la structure matricielle, ce qui, notons-le, ramène légèrement l'organisation vers une structure organique. Le PDG de Dow Corning décrit cette transition dans le cas de son entreprise (Goggin, 1974). Stopford et Wells (1972, p. 27) suggèrent qu'il s'agit là du début d'une tendance.

Pour clore notre discussion sur l'âge et la taille comme facteurs de contingence, nous voudrions insister encore sur le fait que **les structures ne paraissent pas changer de façon continue ou linéaire; il paraît plus exact de dire qu'elles passent par des étapes distinctes entre chacune desquelles la transition représente un changement fondamental dans la façon selon laquelle le travail est divisé et coordonné.**

On peut aussi conclure en remarquant que la discussion de ces premiers facteurs de contingence montre qu'ils forment ensemble et avec les autres une bonne soupe bien épaisse. Nous avons pu isoler quelques effets de l'âge et de la taille, mais nous n'avons jamais pu éliminer l'influence des autres facteurs. Il est clair que les relations entre tous les facteurs sont très complexes. En gardant ceci à l'esprit, abordons maintenant l'étude du second ensemble de facteurs de contingence.

14

LE SYSTÈME TECHNIQUE

Il a été difficile d'éviter jusqu'ici de discuter de la technologie dans le cadre de la conception des organisations. On a vu la technologie apparaître dès le début lorsque nous avons présenté l'étude des mines de charbon faite par Trist et Bamforth; plus tard, on en a vu clairement le rôle dans l'exposé de Crozier sur le pouvoir des ouvriers d'entretien dans les usines de tabac françaises; elle est apparue à de nombreuses reprises lors de la discussion de la taille comme facteurs de contingence. Il est clair qu'elle est un facteur essentiel dans la conception des structures organisationnelles.

On s'attend à ce que la technologie soit essentiellement un phénomène relatif au centre opérationnel, c'est-à-dire qui affecte la conception de sa structure. L'influence de la technologie ailleurs dans l'organisation est, comme nous le verrons bientôt, un point litigieux dans la littérature en théorie des organisations.

LES DIMENSIONS DE LA TECHNOLOGIE.

Opérationnaliser la variable nommée technologie, c'est-à-dire décider comment on veut mesurer cette variable, s'est avéré être un gros problème dans la recherche. Comme le note John Child (1974) : « Le terme technologie est employé dans presque autant de sens différents qu'il y a de chercheurs sur le sujet » (p. 14). C'est en fait peut-être John Hunt (1972, chapitre 6) qui en a fait l'étude conceptuelle la plus utile. Hunt a commencé par remarquer que « le concept de technologie est trop vaste pour que la recherche puisse l'étudier » (p. 105), et il s'est focalisé sur le *système technique,* ensemble des « instruments collectifs » utilisés par les opérateurs pour effectuer leur travail (on l'appelle parfois « technologie des opérations »). **En fait, le sujet devient beaucoup plus clair lorsqu'on étudie exclusivement le système technique et quand on traite à part la complexité du travail, et c'est ce que nous ferons ici [1].**

Pour définir le système technique, nous utiliserons deux dimensions : la régulation et la sophistication.

La régulation est la dimension du système technique qui représente l'influence de ce système sur le travail des opérateurs, le degré du contrôle et de la régulation que les instruments exercent sur ceux qui les utilisent. Hunt utilise, lui, la dimension opposée qu'il appelle flexibilité du système technique, « la marge de manœuvre que les instruments permettent à l'opérateur » (p. 100). Selon ses termes il s'agit de savoir où est le « lieu du contrôle » qui s'exerce sur le travail.

Lorsqu'il y a peu de régulation — par exemple dans le cas du bistouri du chirurgien ou du stylo de l'écrivain — l'opérateur détermine son propre rythme, ses propres procédures et en général, contrôle son propre travail; l'instrument est presque un appendice de l'opérateur. Dans le cas d'une régulation très forte — si la mécanisation est très poussée par exemple — l'opérateur n'a presque aucune marge de manœuvre. Bien entendu, tous les systèmes techniques sont dans une certaine mesure régulateurs, même le scalpel du chirurgien et le stylo de l'écrivain. Lorsque j'écris ces mots, les idées me viennent plus vite que je ne peux les coucher par écrit en utilisant mon système technique simple. Dactylographier serait peut-être plus rapide mais aussi plus régulateur : cela ne me permettrait pas de changer la plupart des mots peu après les avoir décrits, comme je le fais maintenant.

Dans la principale étude d'Aston (Pugh et al., 1968) [2], les auteurs ont observé qu'en ce qui concerne la régulation « parmi les organisations où elle est élevée, on a une usine d'automobiles, une usine de l'industrie alimentaire... qui ont des technologies très intégrées, très automatisées et assez rigides. Parmi les organisations où elle est basse, on a des magasins de détail, un département d'éducation et une entreprise de construction, avec des technologies diverses, non automatisées et flexibles » (p. 103).

La sophistication du système technique est la dimension qui représente

---

1. Pennings (1975) mentionne les problèmes suscités par la confusion entre système technique et environnement et Stanfield (1976) discute de l'inclusion de mesures de structure dans des dimensions mal construites de la technologie.

2. Cette étude mesurait quatre variables de technologie : la rigidité du flux de travail (l'adaptabilité de la technologie à différentes productions), le mode et le degré d'automatisation, et l'interdépendance des éléments du flux de travail (le lien entre les opérations).

sa complexité, c'est-à-dire la difficulté qu'on a à le comprendre. Cette dimension est liée à l'intelligibilité du travail, qui est l'une de nos quatre variables intermédiaires. Notons de suite qu'il ne s'agit pas ici de la complexité du travail de l'opérateur et du niveau de compétence qui est exigé de sa part : il existe des systèmes techniques complexes qui sont simples à utiliser (la plupart des gens conduisent une voiture sans savoir ce qui se passe en dessous du capot; on peut citer comme autre exemple, les raffineries automatisées et leur tableau de contrôle), et il existe des systèmes techniques simples qui exigent un niveau de compétence très élevé (comme le scalpel du chirurgien). La sophistication joue plutôt un rôle dans la conception et la maintenance du système technique, qui sont des tâches accomplies pour une large part dans des unités logistiques situées en dehors du centre opérationnel, là où sont les experts techniques qui sont nécessaires : chercheurs, ingénieurs, concepteurs. Par conséquent, on s'attend à ce que les systèmes techniques très sophistiqués comportent des unités logistiques très développées : il y a beaucoup de personnes en dehors des opérateurs dans une entreprise du secteur chimie, mais peu dans une distillerie.

Il existe d'autres dimensions de la technologie que nous n'étudierons pas ici parce que nous séparons l'étude du système technique de celle de la complexité du travail : le *taux de changement* de la technologie, qui est dicté par les caractéristiques de l'environnement et la *divisibilité* de la technologie — la possibilité de la diviser en systèmes techniques de plus en plus petits — qui fait partie de la diversité de l'environnement. Ces deux dimensions seront traitées au chapitre suivant. Pour l'instant, nous nous proposons de présenter les résultats d'une étude qui, bien que vieille de plus de vingt ans, reste un des piliers dans le domaine de la théorie des organisations. Nous concluerons le chapitre en présentant trois hypothèses sur l'influence du système technique sur la structure.

LES RÉSULTATS DE WOODWARD SUR LA PRODUCTION A L'UNITÉ, DE MASSE, ET EN CONTINU.

Au milieu des années cinquante, Joan Woodward (1965) a sélectionné une région de Grande-Bretagne et y a étudié environ la moitié des entreprises industrielles. L'équipe de Woodward, passant de une demi-journée à une semaine dans chaque entreprise, y a effectué diverses mesures sur la structure : la surface de contrôle à différents niveaux, le degré de formalisation et le ratio d'administration A/P. D'autres mesures furent effectuées sur l'entreprise, en particulier sur ses performances commerciales et sa technologie.

Pour mesurer la technologie, Woodward a élaboré une typologie comportant onze éléments constituant ensemble une échelle allant des technologies les moins développées aux technologies les plus développées. Ces onze éléments peuvent être regroupés en trois catégories plus larges : technologie de production *à l'unité, de masse,* et *en continu respectivement :*

— Production à l'unité (et en petites séries) :
  — production d'unités selon les spécifications données par les clients;
  — production de prototypes;
  — fabrication de grands équipements par étapes;
  — production de petites séries à la commande.
— Production de masse (et en grandes séries) :
  — production de grandes séries;
  — production de grandes séries sur chaînes de montage;
  — production de masse.
— Production en continu :
  — production intermittente de produits chimiques dans des usines mettant en œuvre plusieurs procédés;
  — production en continu de liquides, de gaz et de substances cristallines.

Woodward traite cette liste comme une échelle de complexité technique (dans notre langage, de sophistication technique). Elle note aussi qu'il n'y a pas de relation entre technologie et taille : il y a des entreprises de production à l'unité qui ont de nombreux salariés et des entreprises de production en continu qui en ont peu.

Elle note aussi que cette échelle reflète la chronologie du développement technique, et celle du degré de régulation, du moins régulé (à l'unité) au plus régulé (en continu). Plus tard, après que des critiques aient été formulées sur sa façon de concevoir la technologie (R.G. Hunt, 1970; Harvey, 1968) [3], Woodward reconsidéra sa position, disant que sa typologie représentait une échelle du contrôle : du contrôle personnel dans la production à l'unité au contrôle mécanique dans la production en continu (c'est-à-dire du contrôle effectué par le système technique lui-même), en passant par le contrôle impersonnel, effectué par des systèmes technocratiques, dans la production de masse (Woodward et Reeves, 1970). Les travaux de Pugh et al. (1968), de Child (1972 b) et de Khandwalla (1974 a), ont vérifié empiriquement le bien fondé de cette dernière position. Une dernière façon de concevoir la typologie de Woodward consiste à la considérer comme une « échelle de continuité » allant du caractère irrégulier de la production à l'unité au caractère totalement régulier de la production en continu, la production de masse représentant un stade intermédiaire (Starbuck, 1965). La plupart des auteurs acceptent maintenant l'interprétation de Starbuck. Nous-mêmes considèrerons l'échelle de Woodward comme représentant à la fois le degré de régulation, de sophistication et de continuité.

Woodward a découvert l'existence de relations linéaires entre technologie et structure; plus précisément, lorsqu'on va de la production à l'unité à la production de masse :

---

3. Mais les mesures qu'Harvey a utilisées pour la technologie sont critiquables : le nombre de produits nouveaux et le nombre moyen de produits offerts à la vente au cours des dix dernières années. Aucune définition de la technologie ne peut être à ce point exhaustive. Les entreprises de production à l'unité changent de produit pratiquement tous les jours comme le remarque Woodward. Que donneraient les mesures de Harvey appliquées à de telles entreprises ?

— la surface de contrôle du PDG croît (d'une moyenne de quatre à un nombre compris entre 7 et 10);

— la surface de contrôle des cadres moyens décroît;

— le ratio « nombre de cadres sur nombre de non-cadres » augmente (les moyennes sont respectivement 1/28, 1/16 et 1/8); de plus, la qualification des cadres augmente : dans les entreprises de production en continu, il y a plus de diplômés, plus de formation profession-nelle continue, et plus de promotion interne;

— le ratio « effectif des employés et personnels administratifs sur effectif des personnels de production » augmente : A/P augmente, passant en moyenne de 1 à 4 à 9 pour la production à l'unité, de masse et en continu; A/P est donc fonction de la technologie et pas de la taille de l'organisation;

— Le nombre des niveaux d'encadrement du département de produc-tion augmente.

Woodward a aussi trouvé des relations curvilinéaires :

— la surface de contrôle des cadres de premier niveau est à son niveau le plus élevé pour les entreprises de production de masse (environ 48, comparé à 23 pour la production à l'unité et 13 pour la production en continu);

— c'est dans les entreprises de production de masse que la proportion d'ouvriers qualifiés est la plus faible;

— les entreprises de production de masse ont une structure bureau-cratique alors que les entreprises de production à l'unité et en continu ont tendance à être structurées de façon organique.

Woodward va plus loin : elle utilise ces observations pour dresser un tableau complet des trois structures correspondant chacune à un système technique.

Production à l'Unité : les entreprises de fabrication à l'unité, de fabri-cation de prototypes ou de grands équipements par étapes ont un certain nombre de caractéristiques en commun. D'abord et surtout, **parce que leurs produits ne sont pas standards, le travail de fabrication lui-même ne peut y être ni standardisé ni formalisé : les structures sont donc organiques.** Toute la coordination qui ne peut pas être effectuée par ajustement mutuel entre les opérateurs eux-mêmes est faite par la supervision directe de l'encadre-ment de premier niveau. **Etant directement responsables de la production, les membres de l'encadrement de premier niveau travaillent en restant proches des opérateurs, généralement au sein de petits groupes de travail.** Par consé-quent, leur surface de contrôle est faible. (La Figure 14.1. donne une repré-sentation graphique de la pyramide hiérarchique pour les structures corres-pondant aux trois technologies.) Dans la production à l'unité, le travail d'en-cadrement, étroitement associé aux opérations elles-mêmes, requiert une compétence technique élevée « du type de celle qui s'acquiert par une longue expérience... plus fondée sur un savoir-faire que sur une formation. Il est intéressant de remarquer que dans ce type de production, les membres de

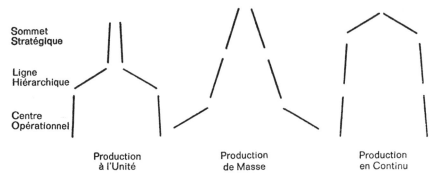

| | Production à l'Unité | Production de Masse | Production en Continu |

Note. — Les formes représentent des surfaces de contrôle étroites, intermédiaires, et larges, telles que Woodward les a décrites.

Figure 14.1. — *Surfaces de Contrôle à Trois Niveaux dans Trois Systèmes Techniques (fondé sur les travaux de Woodward, 1965).*

l'encadrement sont en moyenne de 10 ans plus âgés que dans les autres technologies » (p. 64).

Pour Woodward, la production à l'unité est de nature artisanale, avec une structure construite à partir des compétences des ouvriers du centre opérationnel. A cause de la nature irrégulière du travail qu'elles ont à faire, ces entreprises utilisent des machines non spécialisées et un personnel important auquel on demande d'être adaptable et techniquement compétent (Starbuck et Dutton, 1973). Elles accroissent leur flexibilité en créant des stocks-tampons entre les différents postes de travail.

L'essentiel de la coordination dans ce type d'entreprise, est fait par ajustement mutuel entre opérateurs et supervision directe par l'encadrement de premier niveau; hiérarchie de niveau supérieur et technostructure sont donc peu nécessaires. On comprend donc pourquoi, dans la production à l'unité, la surface de contrôle des cadres moyens est la plus forte et la proportion de cadres est la plus faible (voir Figure 14.1).

Au niveau du sommet stratégique par contre, la surface de contrôle a tendance à être faible, ce qui peut être dû à la nature ad hoc du travail : les membres de la direction ne peuvent pas avoir un nombre important de subordonnés car ils doivent consacrer un temps important aux clients dans la mesure où il n'y a pas un flux régulier de commandes.

Woodward décrit de la façon suivante le flux du travail dans les entreprises de production à l'unité : tout commence par le marketing, puisque la production ne peut se faire que sur la base des commandes (il ne peut donc y avoir que peu de planification de la production). Les vendeurs doivent être techniquement compétents car, les produits n'étant pas standards, ils auront à travailler avec les responsables du développement dans l'entreprise. La seconde phase du développement qui doit se faire en relation étroite avec la production pour assurer le respect des spécifications du client. En d'autres termes, on doit avoir une intégration étroite et continue entre les trois fonctions. Ainsi Woodward a-t-elle observé une différenciation faible, un groupe de direction cohésif, une fréquence élevée de contacts interpersonnels, et une structure organique. L'auteur démontre de façon convaincante que toutes ces caractéristiques sont la conséquence directe du système technique utilisé par ces entreprises.

La Production de Masse. Si la structure des entreprises de production à l'unité est directement liée au caractère *non standard* de leur système technique, celle des entreprises de production de masse est, elle, directement liée à la nature *standard* de leur système technique : la production de masse conduit **à la formalisation des comportements, qui amène à son tour toutes les caractéristiques des bureaucraties.** Le travail d'exécution est routinier, non qualifié et très formalisé. Il requiert peu de supervision directe et donc la surface de contrôle de l'encadrement de premier niveau est grande. Il faut par ailleurs une technostructure très développée pour réaliser la formalisation du travail. Woodward remarque que les entreprises de production de masse, à la différence des autres, se conforment à tous les préceptes traditionnels : postes de travail clairement définis, importance des communications écrites (mémos...), unité de commandement, surface de contrôle du PDG souvent comprise entre cinq et sept, séparation rigide entre opérationnels et fonctionnels, planification très importante des activités, à long terme au niveau du sommet stratégique (à cause de la longueur des cycles de développement des produits), à court terme aux niveaux moins élevés (essentiellement pour faire face aux fluctuations des ventes).

Le flux de travail dans les entreprises de fabrication de masse va, selon Woodward, du développement à la production, puis au marketing. Ces entreprises commencent par mettre au point un produit, puis elles le fabriquent, puis elles le vendent, constituant un stock-tampon qui permet de maintenir une production régulière malgré les fluctuations des ventes. Dans ces entreprises, les trois fonctions sont très différenciées, et les contacts qu'elles ont entre elles sont surtout de nature formelle puisque le développement est fait longtemps avant la production et que les ventes sont découplées de la production par le stock-tampon. Par contraste avec les groupes cohésifs observés dans la production à l'unité, « dans deux entreprises, les cadres moyens du département des ventes ne connaissaient même pas les noms des cadres de même niveau des départements de production et de recherche » (p. 144), bien qu'ils déjeunent régulièrement au même restaurant d'entreprise. Woodward soutient, en fait, que ces structures fonctionnent mieux lorsque les différentes fonctions sont placées dans des sites distincts.

En général, **Woodward a trouvé que les structures des entreprises de production de masse étaient les plus segmentées et les plus marquées par l'hostilité et la suspicion. Elle identifie trois zones de conflit principales :** **1) entre le système technique et le système social du centre opérationnel (on a là, selon Woodward, des conflits inévitables, même si l'organisation est bien gérée); 2) entre la perspective à long terme de la direction et la perspective à court terme de l'encadrement subalterne; 3) entre les hiérarchiques qui ont l'autorité et les fonctionnels qui ont l'expertise.** Encore une fois,

Woodward décrit toutes ces caractéristiques comme des conséquences directes du système technique utilisé par les entreprises.

R.G. Hunt (1970, p. 171-172) appelle ces entreprises des organisations « de performance » : rencontrant peu d'exceptions, elles passent leur temps à peaufiner leur machine bureaucratique; par contraste il qualifie les autres d'organisations « résolvant des problèmes » car leur activité consiste surtout à traiter des exceptions.

La Production en Continu. Les entreprises de fabrication en continu observées par Woodward ont des structures très différentes des entreprises de production de masse. **La raison essentielle de cette différence est que les premières étaient automatisées et que les autres ne l'étaient pas.** La production de masse — simple, routinière, ennuyeuse — requiert un effectif important d'opérateurs non qualifiés; ce qui crée une obsession du contrôle, un développement important de la supervision et surtout de la standardisation du travail accompli par des opérateurs non motivés. La production en continu permet un changement considérable : les règles et les standards sont incorporés aux machines, pas imposés aux ouvriers; il suffit de six personnes pour faire fonctionner une grande raffinerie de pétrole, et encore n'ont-ils que des fonctions de guidage et de surveillance : le système technique fonctionne tout seul.

Par ailleurs, les machines ne sont jamais aliénées même si leur travail est très dégradant. Donc les besoins de supervision directe et de standardisation technocratique disparaissent, et avec eux l'obsession du contrôle. On voit alors apparaître un corps de spécialistes, techniciens qui ont pour fonction de concevoir le système technique et d'en assurer la maintenance. En d'autres termes, **l'automation remplace dans le centre opérationnel des travailleurs non qualifiés liés au système technique par des ouvriers qualifiés qui en assurent la maintenance; aux niveaux intermédiaires de la structure, elle remplace des cadres opérationnels et des techniciens fonctionnels qui contrôlent le travail des autres par des fonctionnels logistiques chargés de la conception et qui contrôlent eux-mêmes leur propre travail. Une telle mutation élimine la plupart des conflits qui marquent les entreprises de production de masse.**

Maintenant, passons aux observations de Woodward. Elle a trouvé que **les structures des entreprises de production en continu sont généralement organiques**[4]. Leur centre opérationnel est pour l'essentiel composé d'ouvriers qualifiés qui accomplissent un travail indirect comme par exemple la maintenance. La surface de contrôle de l'encadrement de premier niveau est faible, ce qui correspond au besoin qu'ont les opérateurs qualifiés de travailler en petits groupes. Il en résulte l'existence de relations « plus intimes et informelles » entre les opérateurs et leur chef direct, ce qui est « probablement un facteur contribuant à instaurer de meilleures relations industrielles » (p. 60).

Des trois types de Woodward, **les entreprises de fabrication en continu sont celles qui ont le plus recours à la formation et à la socialisation; elles**

---

4. Les résultats obtenus par Keller, Slocum et Susman (1974) corroborent cette conclusion.

ont le ratio d'administration A/P le plus élevé, à cause de l'importance de l'effectif nécessaire pour la conception du système technique ainsi que pour les activités de recherche et de développement. On a aussi tendance à y trouver des groupes de petite taille — équipes, groupes de projet — et donc à trouver une faible surface de contrôle également aux niveaux moyens de la hiérarchie.

Woodward a aussi trouvé que **la distinction entre opérationnels et fonctionnels est estompée dans les entreprises de fabrication en continu :** dans certaines entreprises les spécialistes fonctionnels sont incorporés à la structure hiérarchique, alors que dans d'autres, « la ligne hiérarchique paraît se désintégrer, des pouvoirs de décision étant conférés à des spécialistes fonctionnels. Dans douze entreprises étudiées, le statut et le prestige des spécialistes étaient tels qu'il était impossible en pratique de distinguer entre conseil, service et contrôle d'une part et pouvoir de décision d'autre part; huit de ces douze entreprises étaient des entreprises de production en continu » (p. 65). Mais, pour ces entreprises, Woodward suggère que la décision d'adopter une orientation plutôt opérationnelle ou plutôt fonctionnelle ne crée pas une grande différence : dans tous les cas, les opérationnels ont la même formation que les fonctionnels et le passage d'un poste opérationnel à un poste fonctionnel, ou vice versa, est fréquent. Ainsi, dans les entreprises de production en continu, contrairement à ce qui se passe dans les entreprises de production de masse, il n'y a pas nécessairement de conflit entre opérationnels et fonctionnels.

Le flux du travail dans les entreprises de production en continu suit trois étapes successives : développement, puis marketing puis production. Il faut d'abord développer les produits et les procédés de fabrication, puis il faut s'assurer de l'existence des marchés avant de commencer la production : avec des investissements très élevés et un flux de production continu, la production doit être absorbée par des marchés réguliers, sinon l'entreprise est littéralement noyée dans ses stocks.

Par ailleurs, la durée importante nécessaire au développement conduit à une orientation vers le long terme : Woodward cite le cas d'une usine de butane dans laquelle on estimait à vingt ans le temps nécessaire pour récupérer l'investissement. **La durée nécessaire au développement conduit aussi à une séparation nette entre le développement et les opérations dans les entreprises de production en continu, ce qui a pour conséquence une structure comportant deux parties indépendantes : un cercle interne d'opérateurs travaillant sur des installations fixes, avec une orientation de court terme, et des contrôles rigides incorporés aux matériels; et un cercle externe de développement des produits et des procédés, avec une orientation de long terme, un contrôle faible et un accent mis sur les relations sociales.**

Cette structure en deux parties sert à réduire les conflits pour deux raisons. D'abord elle détache le système technique du système social, à la différence de la production de masse qui les amène en confrontation directe l'un avec l'autre. Dans la production en continu, une partie s'occupe de machines et l'autre de personnes. Les personnes peuvent être libres alors même que les machines sont étroitement contrôlées. En second lieu, la structure en deux parties sert à découpler le long terme du court terme.

Au niveau du sommet stratégique, « les cadres dirigeants sont beaucoup moins préoccupés de gérer l'usine d'aujourd'hui que de concevoir celle de demain » (Simon, 1977, p. 22-33). Woodward a observé une tendance à la « direction par comités » plutôt qu'à la décision individuelle : « 20 des 25 entreprises de production en continu avaient des comités de gestion ou des conseils de direction, contre 10 sur 31 pour les entreprises de production de masse et 3 sur 24 pour les entreprises de production à l'unité » (p. 53). Pourtant, elle a aussi trouvé une surface de contrôle importante au niveau du sommet stratégique : on peut expliquer cela par le fait que les spécialistes de moindre rang ont la capacité de prendre des décisions importantes, ce qui libère les cadres dirigeants et ' eur permet d'encadrer un nombre plus important de subordonnés. Peut-être les comités du niveau le plus élevé ont-ils essentiellement une fonction de coordination en autorisant les choix effectués plus bas dans l'organisation.

Pour conclure, **le facteur essentiel dans les entreprises de production en continu étudié par Woodward paraît être l'automation de leur système technique. Celle-ci semble mettre l'organisation dans un état « post-bureaucratique » : le système technique est totalement régulateur, mais il régule des machines et pas des individus; le système social — qui est pour l'essentiel distinct du centre opérationnel — n'a pas besoin d'être contrôlé par des règles et peut avoir une structure organique, utilisant pour sa coordination l'ajustement mutuel entre les experts, ainsi que des mécanismes de liaison.**

TROIS HYPOTHÈSES A PROPOS DU SYSTÈME TECHNIQUE.

On peut combiner les conclusions de Woodward avec celles d'autres chercheurs et présenter trois hypothèses sur les relations entre la structure et le système technique.

Hypothèse 6 : Plus le système technique est régulé, plus le travail opérationnel est formalisé et plus le centre opérationnel est bureaucratique. Cette hypothèse ne concerne que le centre opérationnel. Plus le système technique devient régulateur, plus le travail opérationnel devient routinier et prévisible; en conséquence, il peut être plus facilement spécialisé et formalisé. Le contrôle devient plus impersonnel, et parfois mécanique, à mesure que les fonctionnels qui conçoivent le flux de travail prennent plus de pouvoir des mains des opérateurs qui font le travail et des cadres qui le supervisent.

Qu'en est-il dans le cas de la production en continu dont on a vu qu'elle conduit à une structure organique alors que le système technique y est complètement régulateur, c'est-à-dire automatisé ? Le problème n'est qu'apparent : quand on parle de structure, dans ce cas il s'agit de la structure administrative, là où sont les gens; mais le centre opérationnel de ces entreprises est, en un

sens, parfaitement bureaucratique : au moins en ce qui concerne la production (pas la maintenance), le travail opérationnel est parfaitement standardisé... mais il est fait par des machines, pas par des personnes [5].

L'Hypothèse 6 est corroborée par les résultats obtenus dans les différentes études d'Aston (Pugh et al., 1968; Hickson et al., 1969; Inkson et al.,
1970) et dans les travaux de Child et Mansfield (1973). On notera que cette
hypothèse est posée sans faire référence à la dimension « sophistication ».
L'existence d'une structure bureaucratique dans le centre opérationnel n'est
pas la conséquence d'un système technique sophistiqué : le facteur détermi-
nant est la possibilité qu'ont les concepteurs du système de le décomposer
en tâches routinières, simples, spécialisées et par-dessus tout régulatrices qui
peuvent être exécutées par des opérateurs non qualifiés ou par des machines.

**Hypothèse 7 : Plus le système technique est sophistiqué, plus la structure
administrative est élaborée; de façon précise, plus les fonctionnels logistiques
sont nombreux et qualifiés, plus s'opère à leur bénéfice une décentralisation
sélective et plus l'organisation utilise de mécanismes de liaison pour coordonner leur travail.**

Dans le chapitre 13, nous avons mentionné l'existence d'un débat entre
les chercheurs qui voient dans la taille le facteur de contingence le plus
important (le groupe d'Aston) et ceux qui considèrent que la technologie
joue le rôle majeur (Woodward bien entendu). De fait, le groupe d'Aston
a cherché à rejeter les conclusions de Woodward en disant : 1) que l'influence
de la technologie se fait surtout sentir dans le centre opérationnel ou près
de lui; 2) que l'influence de la technologie, observée par Woodward, est valable pour l'échantillon d'entreprises sur lequel porte sa recherche; 3) mais
que cette étude surestime l'influence que la technologie a en général sur la
structure parce que les entreprises qu'elle a observées sont pour la plupart
de petite taille.

Des études ultérieures ont permis de clarifier le débat. Hall (1972, p. 119),
par exemple, a montré que la taille est un facteur clé à technologie constante;
il a aussi montré que la relation entre d'un côté la taille et de l'autre la
formalisation du comportement et la complexité de la structure, n'existe que
pour les systèmes techniques routiniers.

Un autre chercheur, Khandwalla (1974 a) a par ailleurs confirmé un
résultat de Woodward (la taille n'est pas liée au système technique) et deux
conclusions du groupe Aston (la taille a une forte influence sur la décentralisation et sur l'utilisation de systèmes de contrôle sophistiqués). La conclusion de Khandwalla est que le système technique affecte la structure de façon
sélective. Dans leur revue de la littérature, Child et Mansfield (1972) décrivent
quelques-uns de ces effets sélectifs : la taille est un meilleur prédicteur de la
formalisation et de la centralisation, alors que le système technique permet

---

5. On peut aussi décrire ceci dans le cadre développé par Thompson : l'échelle de Woodward est alors vue comme allant dans le sens d'une isolation croissante du centre opérationnel.

de mieux prévoir la forme de l'organisation, c'est-à-dire la surface de contrôle et le nombre de niveaux hiérarchiques [6].

Notre hypothèse 7 décrit l'un de ces efforts sélectifs, en proposant que les systèmes techniques sophistiqués exigent pour les supporter une structure administrative élaborée. Si une organisation utilise une technologie complexe, elle doit recruter des spécialistes fonctionnels pour la comprendre, la concevoir, l'acheter, la modifier. Elle doit leur conférer des pouvoirs de décision considérables dans ce domaine. A leur tour, ces fonctionnels doivent travailler en équipes et en groupes de projet pour prendre ces décisions.

En d'autre termes, on s'attend à ce que les organisations à système technique sophistiqué aient des ratios d'administration élevés, qu'elles fassent une utilisation intense des mécanismes de liaison aux niveaux intermédiaires de la hiérarchie, qu'elles y aient des unités petites auxquelles sont conférés des pouvoirs importants en matière de décisions techniques. Toutes ces conclusions sont, bien entendu, suggérées par les travaux de Woodward, et elles sont corroborées par d'autres études. Quand le système technique devient plus complexe ou plus sophistiqué, Udy (1959), R.G. Hunt (1970) et Hickson et al. (1969) montrent que la surface de contrôle diminue et que le nombre de niveaux hiérarchiques augmente; Udy (1965) montre que l'influence des spécialistes s'accroît et John Hunt (1972, p. 234-235) montre qu'une partie du pouvoir descend du sommet stratégique et monte du centre opérationnel vers les niveaux intermédiaires, là où sont les spécialistes; et Khandwalla (1974, a) nous présente un diagramme logique fondé sur sa recherche, que nous avons reproduit dans la Figure 14.2., et qui montre l'existence d'une relation positive entre le degré du système technique sur l'échelle de Woodward et la spécialisation, la décentralisation, le degré d'utilisation des mécanismes de liaison et le degré de professionnalisme.

Hypothèse 8 : l'automation du centre opérationnel transforme la structure administrative de bureaucratie en structure organique. Nous avons déjà discuté de cette hypothèse lors de la présentation des travaux de Woodward. Le point clé est ici le suivant : l'automation d'une production routinière paraît introduire une discontinuité très importante dans l'échelle de Woodward, inversant la tendance à la bureaucratisation dans la partie administrative de l'organisation. Les organisations dominées numériquement par des opérateurs non qualifiés faisant un travail routinier sont marquées par les conflits interpersonnels. Comme le remarque Woodward, ces conflits viennent pour une large part de l'incompatibilité fondamentale entre le système social et le système technique : souvent ce qui est bon pour la production n'est tout simplement pas bon pour le producteur. C'est-à-dire : rendre le travail routinier à l'extrême est souvent efficace, même lorsqu'on tient compte des coûts de

---

6. Par ailleurs, Blau et al. (1976) ont rejeté des hypothèses de Woodward (et notamment l'impératif technologique) en faveur de celles du groupe d'Aston (l'impératif de la taille). Mais, lorsqu'ils ont traité à part les entreprises de production à l'unité, de masse, et en continu, « la cohérence des résultats » est apparue comme « impressionnante » (p. 29). Ces chercheurs ont aussi trouvé que l'automatisation des opérations de bureau — l'usage de l'informatique — avait beaucoup d'effets similaires à ceux observés dans les entreprises de production en continu.

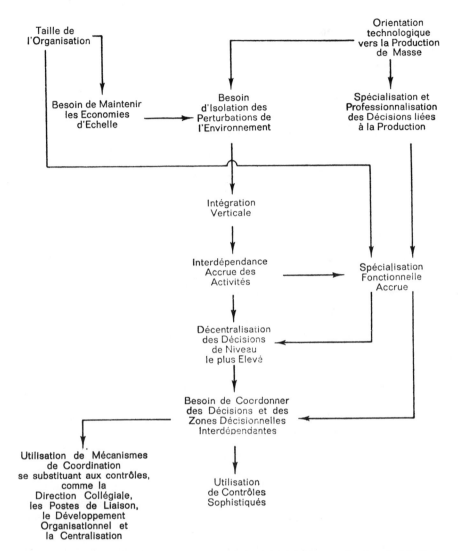

Figure 14.2. — *Développement de la Structure Administrative avec la Complexité Croissante du Système Technique (d'après Khandwalla, 1974 a, p. 95).*

l'aliénation par le travail. Un exemple poignant nous en est fourni par un soudeur par point travaillant dans une usine de montage automobile :

Une nuit un gars s'est cogné la tête sur un pistolet à souder. Il est tombé sur les genoux. Il saignait comme un cochon, le sang giclait. Moi, j'ai arrêté la chaîne et j'ai couru pour l'aider. Le chef a presque marché sur le gars pour remettre la chaîne en marche. C'est toujours la première chose qu'ils font. Ils n'ont même pas appelé une ambulance. Le gars a marché jusqu'à l'infirmerie, il y a à peu près 800 mètres et on a dû lui faire cinq points à la tête (cité par Terkel, 1972, p. 167).

A cause de ces conflits, comme nous l'avons vu, **les entreprises de production de masse développent une obsession du contrôle : une conviction que
les ouvriers doivent toujours être surveillés et poussés si on veut qu'ils fassent leur travail.** Sur la base de cette conviction, l'entreprise multiplie des
contrôles très étroits qui suscitent chez les ouvriers des réactions de rejet et
de démotivation, ce qui conforte la direction dans sa conviction initiale que
les ouvriers doivent être surveillés et contrôlés. Nous avons étudié ce « cercle
vicieux du contrôle » lors de la discussion des structures bureaucratiques au
chapitre 4. Ainsi, la mentalité du contrôle se nourrit d'elle-même. **De plus,
elle déborde du centre opérationnel et affecte tous les niveaux de la hiérarchie de l'encadrement de premier niveau au sommet stratégique.** Le mot « contrôle » devient le maître mot de l'organisation. Les cadres dirigeants surveillent les cadres supérieurs qui surveillent les cadres moyens qui surveillent
les opérateurs et les spécialistes fonctionnels, et ces derniers ont pour fonction
de concevoir des systèmes qui surveillent tout le monde [7].

L'automation des tâches routinières ne fait pas qu'affecter les activités
du centre opérationnel. **Elle a aussi pour effet d'éliminer la source de nombre
de conflits sociaux, partout dans l'organisation [8].** L'encadrement n'a plus à
pressurer des opérateurs qui s'ennuient, les analystes n'ont plus à standardiser
leur travail. Les deux sont en fait remplacés par des spécialistes techniques
— qu'on les appelle opérationnels ou fonctionnels — qui contrôlent eux-
mêmes leur propre travail. Ainsi disparaissent des sources majeures de conflits :
entre les cadres qui contrôlent et les opérateurs qui sont contrôlés, entre les
opérationnels qui ont l'autorité et les fonctionnels qui ont le savoir. Avec
ces sources de conflit disparaît aussi la mentalité de contrôle. Il en résulte
une réduction massive, dans toute la structure, des règles qui sont nécessaires
pour étouffer des conflits potentiels [9].

De plus, d'après notre dernière hypothèse, les systèmes techniques automatisés, étant souvent les plus sophistiqués, sont ceux qui requièrent le plus
grand nombre de spécialistes fonctionnels dans leur structure administrative.
Ces personnes ont tendance à communiquer les unes avec les autres de façon
informelle et à avoir recours aux mécanismes de liaison pour coordonner leurs
activités. Il s'agit là des plus flexibles des paramètres de conception. Ainsi,
l'automation du centre opérationnel entraîne-t-elle dans la structure administrative toutes sortes de changements qui en font une structure organique.

Ceci nous amène à une conclusion intéressante : une solution aux problèmes créés par la bureaucratie impersonnelle consiste non pas à moins
réguler les tâches opérationnelles, mais à les réguler encore plus jusqu'à

---

7. Ce point est développé plus longuement au chapitre 18.
8. Voir aussi Simon (1977, p. 91) et Paterson (1975).
9. De nouvelles formes de conflit apparaissent dans les organisations qui ont un centre
opérationnel automatisé, comme nous verrons au chapitre 21, notamment entre différents spécialistes. Mais ils n'aboutissent pas à recréer la mentalité du contrôle; ils surgissent en l'absence de cette mentalité.

l'automation. Cette dernière paraît humaniser la structure bureaucratique traditionnelle, une chose que la démocratisation ne parvient pas à faire [10].

Pour clore notre discussion du système technique comme facteur de contingence, rappelons que son influence se fait peut-être surtout sentir dans le centre opérationnel, mais qu'il a aussi des effets sélectifs, et néanmoins très importants, sur les niveaux intermédiaires de la structure de l'organisation.

---

10. D'après les résultats de Blau et al. (1976), on doit ajouter ici l'automatisation du travail de bureau (l'usage de l'ordinateur). Mais on peut se demander si l'automatisation n'a pas l'effet inverse pour les clients : standardiser plus et rendre plus impersonnels les produits et services qu'ils reçoivent.

15

L'ENVIRONNEMENT

Jusqu'ici nous avons discuté de l'influence sur la structure de facteurs internes à l'organisation elle-même : son âge, sa taille, et le système technique qu'elle utilise dans son centre opérationnel. Mais toute organisation existe aussi dans un milieu auquel elle doit répondre lorsqu'elle conçoit sa structure. Dans les deux chapitres qui suivent, nous discuterons des facteurs de contingence correspondant à ce milieu : dans le premier, nous traiterons de l'environnement en général, dans le suivant nous verrons quelques aspects du système de pouvoir face auquel l'organisation se trouve.

LES DIMENSIONS DE L'ENVIRONNEMENT.

Que signifie réellement le mot *environnement* ? Le dictionnaire est aussi vague que la littérature en théorie des organisations : « L'ensemble des éléments naturels ou artificiels où se déroule la vie... » (Larousse). Ainsi l'environnement comprend-il virtuellement tout ce qui est situé en dehors de l'organisation : sa « technologie » (c'est-à-dire le savoir qu'elle utilise), la nature de ses produits, les clients et les concurrents, la distribution géographique de ses activités, le climat économique, politique et même météorologique dans lequel elle fonctionne, etc. La littérature, en fait, met l'accent sur certaines caractéristiques des environnements organisationnels, et en particulier sur quatre d'entre eux que nous présentons brièvement tour à tour ci-dessous :

1. *La stabilité* : L'environnement d'une organisation peut aller du plus *stable* au plus *dynamique,* de celui du sculpteur sur bois auquel ses clients demandent la même sculpture année après année, à celui du groupe de détectives qui ne sait jamais ce qui l'attend. Un certain nombre de facteurs peuvent contribuer à rendre un environnement dynamique : instabilité gouvernementale, événements économiques imprévisibles, changements inattendus de la demande des clients ou de la concurrence, changement rapide dans la taille de l'organisation elle-même [1]; demande de créativité ou de nouveauté fréquente de la part des clients, comme pour les agences de publicité, les journaux, les chaînes de télévision et les ateliers de fabrication à la commande; changement rapide de la technologie ou du savoir mis en œuvre comme dans l'industrie électronique; et même, conditions météorologiques imprévisibles comme dans le cas de l'agriculture ou des théâtres en plein air. Notons que dynamique n'est pas ici considéré comme un synonyme de « variable ». Les cycles économiques réguliers, la croissance régulière et même les changements météorologiques attendus, parce qu'ils peuvent être prévus, sont faciles à traiter. Les problèmes réels sont causés par les changements qui ne peuvent pas être prévus, pour lesquels on n'a pas de modèle préalable. C'est ce que nous entendons par dynamique [2]. Ainsi la dimension *stabilité* affecte la structure par l'entremise de la dimension intermédiaire qu'est la prévisibilité du travail à faire. En d'autres termes, un environnement dynamique rend le travail de l'organisation incertain et imprévisible.

2. *La Complexité* : L'environnement d'une organisation peut aller du plus *simple* au plus *complexe,* de celui d'une entreprise fabriquant des boîtes en carton et faisant ses produits simples en utilisant un savoir simple, à celui de l'agence spatiale qui doit utiliser des connaissances appartenant à une foule de domaines scientifiquement très avancés pour mettre au point des produits très complexes. La dimension *complexité* affecte évidemment la structure par l'entremise de la dimension intermédiaire qu'est l'intelligibilité du travail à faire. En d'autres termes, un environnement est complexe s'il exige de l'organisation la possession d'un savoir étendu et difficile sur les produits, les clients ou tout autre chose. Il devient plus simple si, par contre, le savoir requis peut être rationalisé, décomposé en éléments compréhensibles (Heydebrand et Noell, 1973). Ainsi les producteurs d'automobiles ont, en ce qui concerne leurs produits, un environnement relativement simple grâce au savoir qu'ils ont accumulé sur les machines qu'ils fabriquent.

3. *La Diversité des Marchés* : Une organisation peut avoir des marchés qui vont des plus *intégrés* aux plus *diversifiés,* de ceux d'une mine de fer qui vend toute sa production à une seule aciérie à ceux d'une commission

---

1. Comme nous l'avons vu au chapitre 13, une croissance interne rapide a pour effet non seulement d'accroître la taille, mais aussi d'introduire l'instabilité dans la structure.
2. Sur ce point, et pour une étude complète de la méthode de mesure de la stabilité, voir Hinnings et al. (1974).

du commerce extérieur qui cherche à assurer la promotion de tous les produits d'une nation dans le monde entier. La diversité des marchés peut provenir de la variété des clients comme pour l'entreprise de services informatiques; ou de la diversité des produits ou des services comme pour le fabricant de jouets ou l'hôpital; ou de la diversité des régions où les produits sont vendus comme pour la chaîne de supermarchés qui est installée sur tout le territoire national. La diversité des marchés affecte évidemment la structure par l'entremise d'une troisième variable intermédiaire : la diversité du travail.

4. *L'Hostilité :* En dernier lieu, l'environnement d'une organisation peut aller du plus *accueillant* au plus *hostile,* de celui du chirurgien prestigieux qui choisit ses patients jusqu'à celui d'une entreprise de construction qui doit soumissionner pour tous ses contrats, et même jusqu'à celui d'une armée en guerre. L'hostilité est influencée par la concurrence, par les relations de l'organisation avec les syndicats, les gouvernements, et d'autres groupes extérieurs à l'organisation, ainsi que par la disponibilité des ressources qui lui sont nécessaires. L'hostilité est une variable proche de la dimension stabilité-dynamisme, en ce sens que les environnements hostiles sont en général dynamiques; nous la garderons néanmoins comme dimension à part dans la mesure où elle affecte la structure d'une façon tout à fait particulière par l'entremise de la dimension intermédiaire qu'est la vitesse de réponse : les environnements hostiles exigent généralement des réactions rapides de la part des organisations.

Cinq hypothèses concernant l'impact de l'environnement sur la structure seront citées dans ce chapitre. Avant de les présenter nous voudrions faire trois remarques. D'abord, ce qui nous intéresse ici n'est pas l'environnement en soi mais son impact sur l'organisation, et surtout la capacité qu'a l'organisation d'y faire face : de le prédire, de l'appréhender, d'y répondre rapidement et d'affronter sa diversité. Dans ce cadre, et c'est notre seconde remarque, notre intérêt se porte sur l'environnement réel de l'organisation, pas sur les perceptions de cet environnement, pas par exemple sur la description que peut en faire le PDG en cochant ses réponses (sur des échelles abstraites en sept points) au questionnaire qu'on lui a envoyé par courrier. La plupart des recherches se sont appuyées sur de tels questionnaires : c'est de loin la méthode de recueil de données qui est la plus facile. Mais, comme nous l'avons dit plus haut (voir la Figure 12.4.), il ne faut pas confondre simplicité et exactitude. Dans la discussion qui suit, nous essaierons lorsque c'est possible de nous appuyer sur des études portant sur les conditions réelles de l'environnement. Malheureusement, cela n'est pas toujours faisable.

Notre troisième remarque a trait à la multiplicité des environnements de l'organisation : les produits peuvent être complexes mais les circuits de distribution simples, les conditions économiques peuvent être dynamiques mais les situations politiques stables, etc. Il est souvent possible de traiter avec une bonne approximation les divers environnements comme s'ils étaient uniformes sur chacune des dimensions, soit parce que ceux qui sont les plus placides n'ont pas vraiment d'importance pour l'organisation, soit parce qu'un des aspects domine à un point tel qu'il affecte toute l'organisation. Nous ferons cette approximation dans nos quatre premières hypothèses et nous traiterons des disparités de l'environnement dans notre cinquième hypothèse.

CINQ HYPOTHÈSES SUR L'ENVIRONNEMENT.

Nous présentons ci-dessous cinq hypothèses concernant l'impact de l'environnement sur la structure de l'organisation. Les quatre premières considèrent tour à tour l'effet des quatre dimensions de l'environnement — stabilité, complexité, diversité des marchés et hostilité — sur les paramètres de conception qu'elles influencent le plus. La cinquième hypothèse concerne le cas où les dimensions imposent des exigences contradictoires sur la structure.

Hypothèse 9 : Plus l'environnement est dynamique et plus la structure est organique. En temps de paix, ou loin du front en temps de guerre, les armées ont tendance à être des institutions très bureaucratiques, où la planification, l'exercice, la discipline et les cérémonies ont beaucoup d'importance. Sur le champ de bataille par contre, au moins pour la période contemporaine, il y a besoin de plus de flexibilité, et la structure doit donc être moins rigide. Ceci est particulièrement vrai dans les conditions dynamiques de la guérilla. Comme le note Feld (1959) : « Diriger de façon rationnelle un grand nombre de personnes exige qu'on planifie, ceci requiert un degré de stabilité et de calme » (p. 17). En conséquence, « la hiérarchie et les responsabilités ne sont nulle part plus claires (qu'au quartier général ») (p. 16) mais, contraste saisissant : « Les conditions en combat sont fluides et erratiques à l'extrême » (p. 17).

On peut raisonnablement soutenir que, **dans un environnement stable, une organisation peut prédire les conditions dans lesquelles elle se trouvera; donc, toutes choses étant égales par ailleurs, elle peut isoler son centre opérationnel et en standardiser les activités** (établir des règles, formaliser le travail planifier les actions) **ou peut-être standardiser les qualifications. Mais ce phénomène joue aussi au-delà du centre opérationnel. Dans un environnement très stable, toute l'organisation prend la forme d'un système protégé et serein qui peut standardiser ses procédures de haut en bas** (Duncan, 1973).

Comme Ansoff (1974) le note à propos d'années (et d'environnements) passés : « Les dirigeants de Du Pont, en des termes qui paraissent aujourd'hui singuliers, classaient leurs lignes de produits en deux catégories, celles qui avaient été « standardisées » et celles qui restaient « à standardiser » (p. 30).

Dans l'autre sens, si une organisation a des sources d'approvisionnement incertaines, une demande imprévisible de la part des clients, des changements fréquents de produits, une rotation du personnel élevée, des conditions politiques instables, une technologie (un savoir) en évolution rapide, ou un taux de croissance interne élevé, elle ne peut pas coordonner ses activités en ayant recours à la standardisation. Elle doit utiliser des mécanismes de coordination plus flexibles, moins formalisés : la supervision directe ou l'ajustement mutuel. En d'autres termes, elle doit adopter une structure organique.

Ainsi, un groupe d'étudiants de l'Université McGill dans une recherche sur un hebdomadaire, a constaté que la structure y était organique : pas de séparation claire entre les départements, communication très ouverte aussi bien verticalement que latéralement; et ils ont expliqué l'existence de cette structure par les conditions suivantes, dynamiques pour la plupart : des délais courts exigeant des communications rapides, informelles et sans entraves (« si un problème surgit, le rédacteur en chef doit le résoudre aussi vite qu'il est possible s'il veut mettre sous presse »); un petit groupe de rédaction travaillant dans un seul bureau; une proportion importante de pigistes parmi les rédacteurs et les photographes; l'importance essentielle de la créativité dans le travail; et, peut-être par-dessus tout, un produit sans cesse changeant : « Le magazine ressemble à une nouvelle entreprise parce qu'il change sans cesse. Chaque semaine on a affaire à des idées différentes, à des problèmes différents, à des solutions différentes [3]. »

Il existe un support empirique considérable pour l'Hypothèse 9. Burns et Stalker (196) ont introduit le concept de structure « organique » pour décrire la réponse des organisations à des conditions dynamiques de leur environnement. Autre étude, celle que Burns (1967) a faite sur sept entreprises industrielles; elle montre que la proportion du temps passé par la direction en communication verbale (par opposition à la communication écrite, plus formelle) est d'autant plus grande que les investissements de l'entreprise en recherche sont plus importants. Par ailleurs, dans l'effectif des entreprises de construction, Stinchcombe (1959-1960) a montré qu'il y a d'autant moins d'employés que l'activité dans l'entreprise est plus saisonnière : « L'instabilité diminue la bureaucratisation » (p. 179). Dans le même sens, Harvey (1968), étudiant la fréquence des changements de produits, a trouvé que les entreprises bureaucratiques sont les meilleures pour les décisions routinières et que les entreprises structurées de façon organique innovent de façon plus rapide, avec moins de conflit et plus de succès. Chandler et Sayles (1971) décrivent la structure de la NASA comme une structure organique « conçue pour traiter une série sans fin de problèmes imprévisibles »; ils soutiennent que « la structure empêche le changement; la stabilité va à l'encontre de l'adaptation » (p. 180). Pour indiquer à quel point cette structure était organique, il suffit de citer l'information rapportée par Litzinger et al. (1970, p. 7) : le centre de vols habité de la NASA a subi dix-sept réorganisations en huit années d'existence !

D'autres chercheurs ont étudié la même question à l'intérieur des organisations et ont trouvé que le degré de bureaucratisation des différents départements de la même entreprise varie dans le même sens que la stabilité de l'environnement spécifique de chacun. En général, les départements de recherche et développement, qui ont affaire à un savoir dynamique et à qui on demande beaucoup d'innovation, sont les moins bureaucratiques; et les départements de production, qui sont les mieux protégés de l'incertitude de l'envi-

---

3. D'après un papier de Dan Lichtenfeld, Arthur Aron, David Salzman et Mike Glazer, soumis à l'auteur dans le cadre du cours Management 420, Université McGill, 1970.

ronnement sont les plus bureaucratiques (Harvey, 1968; Lawrence et Lorsch, 1967) [4].

Remarquons enfin que l'hypothèse 9 fonctionne dans un sens (**un environnement dynamique induit une structure organique, même si d'autres facteurs de contingence, comme l'âge et la taille, jouent en sens inverse**) mais pas dans l'autre : **dans un environnement stable, la structure sera plus ou moins bureaucratique selon ce qu'exigent les autres facteurs de contingence.** Les résultats obtenus par Child (1974) pour la variable taille et par John Hunt (1972, p. 107) pour le système technique vont dans ce sens [5].

Hypothèse 10 : Plus l'environnement est complexe et plus la structure est décentralisée. Cette hypothèse a le support des résultats obtenus par Hage et Aiken (1967) sur seize organismes d'action médico-sociale :

> La participation aux décisions en ce qui concerne l'allocation des ressources de l'organisation et la détermination des politiques est très fortement liée au degré de complexité, mesuré par 1) le nombre de spécialités différentes; 2) le niveau de la formation exigée et 3) le degré de professionnalisme; la participation était peu liée au degré de formalisation mesuré par celui de la codification du travail et l'importance des règles (p. 72).

L'hypothèse 10 est aussi corroborée par les travaux de Pennings (1975) [6] sur les quarante établissements d'une charge d'agent de change : il a trouvé peu de corrélations entre variables d'environnement et paramètres de conception, à l'exception du cas de la complexité, fortement liée à des mesures représentatives de la décentralisation.

L'hypothèse que nous examinons ici suggère donc que la dimension « complexité » a sur la structure un effet très différent de celui de la dimension « stabilité » : l'une agit sur la décentralisation, l'autre sur la bureaucratisation. En fait, les recherches ont parfois de la difficulté à distinguer entre les effets de ces deux dimensions de l'environnement parce qu'elles ont souvent porté (Lawrence et Lorsch, 1967; Galbraith, 1973) sur des entreprises dont l'environnement était à la fois complexe et dynamique. Un autre problème dans la distinction entre les Hypothèses 9 et 10 est créé par le fait que les mécanismes de coordination les plus bureaucratiques (standardisation des procédés de travail) ont aussi tendance à être les plus centralisateurs, alors

---

4. Van de Ven et Delbecq (1974) ont élaboré un modèle, qui a fait l'objet de vérifications expérimentales considérables, décrivant les relations entre variabilité de la tâche et le degré de formalisation dans une unité.

5. Hunt suggère en fait qu'un environnement très dynamique peut affecter le choix d'un système technique : l'organisation cherche à éviter d'investir dans des systèmes techniques rigides. Il est utile d'insister ici sur le fait que si les facteurs de contingence influent sur la structure (nous mettons l'accent sur ce point dans notre exposé), le contraire est également vrai : les structures organiques créent des environnements dynamiques par leurs innovations, les bureaucraties cherchent à stabiliser leur environnement, etc.

6. Il faut ajouter que Pennings a trouvé que la corrélation entre stabilité et « communications structurelles latérales » (celle de ses mesures qui est la plus proche de la bureaucratisation) était pratiquement nulle. Ce résultat vient infirmer l'Hypothèse 9. Il n'y a aucune explication évidente à ceci, si ce n'est que quarante établissements d'une même entreprise constituent un échantillon très étroit. Pour ajouter à la confusion, les mesures de complexité utilisées par Pennings sont décrites de façon ambiguë : il pourrait s'agir de la diversité des marchés.

que les plus organiques (l'ajustement mutuel) ont aussi tendance à être les plus décentralisateurs [7]. On peut clarifier la situation en utilisant l'analyse que nous avons faite dans les chapitres 5 et 11 des relations entre les mécanismes de coordination d'une part, et bureaucratisation et décentralisation respectivement d'autre part. La Figure 15.1. résume ces deux discussions par un schéma dans lequel la décentralisation figure en abscisse (avec la complexité en vertu de l'Hypothèse 10), la bureaucratisation figure en ordonnée (avec la stabilité en vertu de l'Hypothèse 9), et où l'on fait apparaître chaque mécanisme de coordination en regard des conditions pour lesquelles il est le plus adapté.

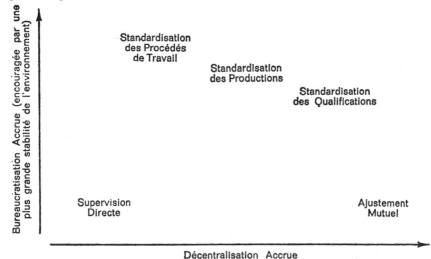

Figure 15.1. — *Relations entre Mécanismes de Coordination, Degré de Bureaucratisation et Degré de Décentralisation.*

On est ainsi amené à voir qu'il existe deux sortes de structures bureaucratiques et deux sortes de structures organiques, dans chaque cas, une structure centralisée si l'environnement est simple et une structure décentralisée si l'environnement est complexe. Ceci correspond en fait exactement aux nombreux résultats que nous avons dégagés sur les paramètres de conception. Par exemple, nous avons vu qu'il existe deux formes de bureaucratie fondamentalement différentes l'une de l'autre : la bureaucratie centralisée lorsque le travail est non qualifié, la bureaucratie décentralisée si le travail est de nature professionnelle. On voit maintenant que la première opère dans un environnement simple, que la seconde intervient dans un environnement complexe, et que dans les deux cas l'environnement est stable. Comme exemple typique du premier type de bureaucratie, on a les entreprises fabriquant

7. On se souvient à ce propos du continuum des mécanismes de liaison élaboré par Galbraith — voir chapitre 10) qui est parcouru par l'organisation à mesure qu'elle doit traiter de plus en plus d'informations.

Hage et al. (1971, p. 86) trouve une relation significative entre la complexité de l'environnement et l'utilisation de l'ajustement mutuel, tout particulièrement entre départements différents situés au même niveau de la hiérarchie.

des boîtes en carton (Lawrence et Lorsch, 1967); on remarque en passant que celles de ces entreprises qui essayaient d'utiliser des mécanismes de liaison — c'est-à-dire d'avoir recours à l'ajustement mutuel — avaient des performances faibles. Dans une situation simple et stable, un tel mécanisme de coordination ne fait qu'introduire la confusion. Comme exemple typique de bureaucraties qui doivent décentraliser parce que leur environnement est stable mais complexe, on peut citer l'université et l'hôpital général. Comme le travail est prévisible, la standardisation est possible; mais il faut décentraliser parce que le travail est difficile à comprendre; à cause de cette dernière caractéristique d'ailleurs, l'organisation doit avoir recours à de nombreux experts. Dans le chapitre 11, lorsque nous discutons de la relation entre professionnalisme et décentralisation, nous avons conclu, avec Hall (1972) que « le contrôle du comportement d'un employé est beaucoup plus laissé à sa discrétion lorsqu'il est un expert » (p. 154). Par conséquent, puisque le professionnalisme résulte de la complexité de l'environnement, tous les éléments qui, au chapitre 11 contribuent à établir la relation entre professionnalisme et décentralisation sont autant de supports pour l'Hypothèse 10 [8].

En ce qui concerne maintenant les structures organiques associées aux environnements dynamiques, on a les firmes entrepreneuriales comme exemple typique de celles dont l'environnement est simple; et parmi celles dont l'environnement est complexe on a les entreprises de production de matières plastiques étudiées par Lawrence et Lorsch, le constructeur d'avions Boeing, étudié par Galbraith et la NASA, analysé par Chandler et Sayles [9].

Hypothèse 11 : Plus l'organisation a des marchés diversifiés, plus elle a tendance à se scinder en unités organisées sur la base de ses marchés (dans la mesure où les économies d'échelle le permettent). Comme Thompson (1967) le remarque, des organisations qui ont des environnements hétérogènes cherchent à identifier des segments homogènes et à créer dans leur structure des unités spécialisées pour traiter chacun d'eux » (p. 70). Dans le cas où ce sont les marchés qui sont diversifiés, on en déduit que **la diversification amène la divisionnalisation,** qui, comme on l'a vu au chapitre 11, est une décentralisation sélective. Thompson donne quelques exemples à l'appui de ses dires : l'enseignement public instaure une séparation entre primaire et secondaire, les entreprises multinationales établissent des divisions régionales, les entreprises de transport traitent séparément le trafic passager et le fret.

Mais il existe des cas où la divisionnalisation est difficile, voire impossible. Si le système technique ne peut pas être segmenté, il n'est pas possible

---

8. On peut donc contester les conclusions de Beyer et Lodahl (1976) qui disent que « si le savoir enseigné à l'université... changeait peu d'année en année, la centralisation et la bureaucratisation y seraient aussi efficaces que pour toute autre organisation dont les environnements et les technologies sont stables » (p. 109). Bureaucratisation oui, centralisation non. Même si le savoir universitaire est stable, il est trop complexe pour pouvoir être compris par les administrateurs : il faut donc décentraliser.

9. Khandwalla (1973 b) obtient des résultats qui supportent ceux de Lawrence et Lorsch sur la base d'un échantillon plus grand. Il trouve en particulier, pour les entreprises à haute performance, une covariation forte entre l'utilisation de certaines méthodes pour réduire l'incertitude, l'usage de certains mécanismes de liaison, et la différenciation. Ces entreprises étaient soit hautes soit moyennes, soit basses sur les trois facteurs à la fois.

de créer un centre opérationnel pour chaque division. Il s'agit là, d'ailleurs, d'une question d'économie d'échelle et pas d'une question de taille : une boulangerie industrielle faisant un chiffre d'affaire de deux millions de dollars peut trouver profitable d'installer un four par région alors que la même opération s'avère impossible pour un producteur d'aluminium qui a un chiffre d'affaire cent fois plus élevé. Parallèlement, **la divisionnalisation peut s'avérer difficile s'il existe dans tous les marchés une fonction critique,** comme les achats pour une entreprise commerciale ou l'investissement pour une compagnie d'assurance (Channon, 1975, 1976). L'organisation se scinde alors en unités construites autour des différents marchés tout en centralisant la fonction critique au siège social. On a dans ce cas une divisionnalisation incomplète qui donne naissance à une structure hybride que Channon appelle « l'hybride fonctionnel/divisionnel ». En fait, comme nous le verrons au chapitre 20, une telle structure est très courante lorsque la diversité provient des clients ou des régions mais pas des produits ou des services, et qu'il en résulte entre différentes régions ou différents clients des interdépendances importantes provenant du caractère commun des produits ou des services.

Les études corroborant l'Hypothèse 11 ont, pour la plupart, été faites sur des entreprises, à la suite de celles de Chandler (1962), et elles ont montré que la divisionnalisation est directement suscitée par la politique de diversification, et qu'elle est étroitement liée à l'âge et à la taille de l'organisation. Les travaux de Wrigley (1970) par exemple, illustrent directement le lien entre divisionnalisation et diversité des marchés pour 100 grandes entreprises américaines étudiées en 1967 (voir Figure 15.2.). Ces observations rejoignent

	Structure Fonctionnelle	Structure Divisionnelle	Total
Entreprise Mono-produit	6	0	6
Entreprises à Produit Dominant	5	9	14
Entreprises à Produits Diversifiés mais Liés	3	57	60
Entreprises à Produits Non Liés	0	20	20

Figure 15.2. — *Diversité des Marchés et Divisionnalisation dans un Echantillon Aléatoire de cent Entreprises parmi les cinq cents plus grandes Entreprises Américaines (classement de la revue « Fortune », 1967) (Wrigley, 1970).*

celles de Rumelt (1974) qui a étudié des échantillons d'entreprises américaines situées parmi les 500 plus grandes dans le classement de la revue
« Fortune » en 1949, 1959 et 1969. Comme on le voit dans la Figure 15.3.,

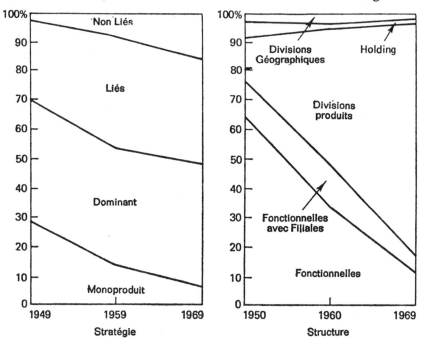

Figure 15.3. — *Croissance de la Diversification et de la Divisionnalisation parmi les cinq cents
plus grandes Entreprises Américaines (classement de la revue « Fortune ») (d'après Scott, p. 139,
fondé sur une étude de Rumelt).*

la proportion d'entreprises divisionnalisées par produit est passée en vingt
ans de 20 % à 76 %. Des résultats similaires ont été obtenus pour la
Grande-Bretagne, la France, l'Allemagne Fédérale et l'Italie (Channon, 1973;
Dyas et Thanheiser, 1976; Paven, 1974; Scott, 1973) montrant par ailleurs
l'existence d'un délai entre les développements nord-américains et l'évolution
européenne.

Que peut-on dire, maintenant, des grandes entreprises qui ne division-
nalisent pas ? Les études montrent que nombre d'entre elles sont dans des
secteurs où les économies d'échelle sont considérables : automobile, pétrochimie. D'autres apparemment ont diversifié mais pas encore divisionnalisé,
car il faut une durée qui atteint parfois vingt ou trente ans (Chandler, 1967;
Scott, 1973, p. 14) pour que l'entreprise comprenne que sa structure est inadéquate. De plus, Franko (1974) suggère que ce délai peut s'allonger si la
concurrence est faible : il a trouvé que certaines entreprises européennes opérant dans des marchés organisés, par exemple par des cartels, conservaient
leur structure fonctionnelle malgré une diversification importante. C'est sans
doute l'absence de concurrence qui permettait à ces entreprises de demeurer
viables malgré des structures inappropriées. Les entreprises des secteurs concur-

rentiels doivent répondre beaucoup plus vite aux demandes de leur environnement (Scott, 1973, p. 141) [10].

Les Hypothèses 10 et 11 ont un élément en commun : c'est pour mieux comprendre son environnement complexe que l'organisation décentralise, et c'est pour mieux comprendre ses marchés diversifiés qu'elle divisionnalise. Mais il existe une différence essentielle entre les deux phénomènes : un environnement peut être à la fois très simple et très divers, comme un conglomérat dont les secteurs d'activités sont tous simples, par exemple la fabrication d'emballages, la production de blé et la restauration rapide, par contre, dans un environnement complexe, même si le marché est unique (la mission essentielle de la NASA en 1960 était d'envoyer un homme sur la lune avant 1970), « il est très difficile de séparer les activités et de créer des unités d'activité semi-autonomes. Chaque élément paraît dépendre de tous les autres » (Chandler et Sayles, 1971, p. 179). En fait, pour des raisons dont nous discuterons au chapitre 20, la divisionnalisation paraît plus adaptée aux marchés diversifiés simples qu'aux marchés diversifiés complexes.

Hypothèse 12 : Une hostilité extrême de son environnement amène toute organisation à centraliser sa structure de façon temporaire. Ce phénomène démontré par des études de psychologie expérimentale (Hamblin, 1958 par exemple) peut s'expliquer en ayant recours aux mécanismes de coordination. La supervision directe est, parmi ces moyens, le plus rapide et le plus fort. Tous les membres de l'organisation savent exactement où envoyer leurs informations; il n'y a pas de temps perdu en débats; l'autorité est clairement définie; un seul leader fait et coordonne toutes les décisions. Nous avons vu, au chapitre 11, que cette position est supportée par les études sur les réseaux de communication : les réseaux centralisés sont les plus rapides et ceux qui requièrent le moins de communication pour parvenir aux décisions.

Lorsqu'une organisation se trouve face à un environnement extrêmement hostile (par la perte soudaine d'un client ou d'un fournisseur important, par une attaque sévère de la part du gouvernement ou pour toute autre cause), c'est sa survie qui est en jeu. Comme elle doit répondre de façon rapide et intégrée elle se tourne alors vers son leader.

Mais que peut-il advenir d'une organisation qui se trouve face à une hostilité extrême, et dans un environnement complexe qui exige la décentralisation ? Forcée de choisir, l'organisation décidera sans doute de centraliser temporairement le pouvoir afin de survivre : elle peut ainsi répondre à la situation de crise, et avec quelque chance s'en sortir, même si elle ne traite pas la complexité de son environnement comme il convient. Mais si la crise persiste, l'organisation peut s'avérer incapable de concilier les deux forces opposées. Ainsi, lors des dépressions économiques ou des guerres, beaucoup

---

10. Le même argument concernant la concurrence peut bien être utilisé pour toutes les hypothèses; par exemple, en l'absence de concurrence, les grandes entreprises peuvent rester organiques, celles qui opèrent dans des environnements dynamiques peuvent bureaucratiser. Répétons encore que nos hypothèses concernent des « structures efficaces ».

d'organisations centralisent le pouvoir et tiennent le coup quelque temps mais elles finissent expirer [11].

Hypothèse 13 : S'il existe des disparités dans l'environnement, l'organisation est conduite à créer des constellations de travaux différenciées et à décentraliser de façon sélective vers ces constellations. Qu'arrive-t-il dans une organisation lorsque des disparités dans l'environnement exigent des réponses différentes en terme de structure ? Prenons le cas de la concurrence différenciée, décrite par Perrow (1974) pour les grandes entreprises pétrolières :

> Mobil Oil et Exxon peuvent être furieusement en concurrence dans chaque ville américaine, mais aucune de ces deux entreprises n'est réellement menacée par cette concurrence marginale. Elles sont en fait très proches l'une de l'autre dans des domaines très importants comme les provisions pour amortissement, notre politique étrangère vis-à-vis du Moyen-Orient, la fiscalité fédérale, les questions de pollution, et la politique de transports en commun... Où est donc située cette concurrence furieuse ? Aux niveaux les plus bas de l'organisation, celui des directeurs régionaux qui augmentent et baissent les prix de quelques points, celui des responsables de stations-services qui nettoient les pare-brises et les toilettes » (p. 41).

Cet exemple suggère que les disparités de l'environnement encouragent les organisations à différencier leur structure, à créer des poches — nous les avons appelées plus haut des constellations de travail — pour traiter des différents aspects de l'environnement (des différents « sous-environnements ») [12]. Chaque constellation est située en fonction de l'impact de son sous-environnement sur l'organisation : près du sommet si son impact est universel, plus bas si son impact est local. Les dirigeants, au sommet de la compagnie pétrolière, peuvent travailler dans un environnement de coopération alors que les responsables de région travaillent dans un environnement concurrence. Chaque constellation de travail se voit conférer les pouvoirs de décision requis par son sous-environnement, et peut développer la structure que ses propres conditions d'environnement exigent. Il peut exister dans la même organisation des constellations organiques parce que leur environnement propre est dynamique, et d'autres auxquelles un environnement stable permet de se structurer de façon bureaucratique. Une constellation peut avoir fortement recours à des experts fonctionnels — c'est-à-dire décentraliser horizontalement — parce que son environnement est techniquement complexe, alors qu'une autre sera très centralisée parce que son environnement est simple à comprendre. En d'autres termes, l'existence de disparités dans l'environnement encourage l'organisation à opérer une décentralisation sélective dans les dimensions horizontales aussi bien que verticales.

---

11. Il paraît raisonnable de formuler l'hypothèse selon laquelle l'hostilité extrême pousse l'organisation à adopter une structure organique : les environnements hostiles sont souvent imprévisibles, et exigent des réponses flexibles. Nous n'avons cependant trouvé aucune recherche prouvant cette relation.

12. Ceci équivaut, bien sûr, à la tendance qu'a l'organisation à divisionnaliser lorsque les marchés sont divers, à ceci près qu'on a ici des disparités affectant différentes dimensions de l'environnement, et que la réponse à ces disparités est une différenciation entre fonctions (souvent verticale) plutôt qu'entre marchés (horizontale).

Ansoff (1974) par exemple remarque que l'accroissement de la concurrence a encouragé la centralisation :

> De plus en plus, les cadres dirigeants deviennent le seul point de l'organisation auquel on peut trouver à la fois les ressources, la visibilité et l'impartialité nécessaires pour prendre des décisions concurrentielles affectant l'entreprise de façon majeure et des décisions stratégiques impliquant des changements importants » (p. 41).

Mais Ansoff continue en remarquant que « de façon paradoxale, la tendance va aussi dans l'autre sens vers plus de décentralisation » (p. 42), citant comme exemple les demandes d'enrichissement du travail et le besoin d'une capacité de réponse concurrentielle sur le marché. A propos de ce dernier point, il note que la « perception intuitive » du responsable local, sa connaissance approfondie des clients, de la concurrence, de la culture locale, des développements politiques et des tendances sociales sont tous « des éléments peu faciles à codifier pour les envoyer à un centre de décision », et qu'il est difficile au siège de les comprendre parce qu'il est « détaché et éloigné » des opérations locales, et qu'il a de nombreuses autres préoccupations (p. 42).

Ansoff poursuit en intégrant ces deux forces opposées et parvient à la conclusion contenue dans l'Hypothèse 13. L'organisation résoud « l'anomalie apparente » constituée par ces « tendances contraignantes qui vont à la fois vers la centralisation et vers la décentralisation » en localisant « différentes décisions à divers endroits » (p. 43).

D'autres recherches viennent en appui de l'Hypothèse 13. Khandwalla (1973 a), dans son étude des entreprises industrielles américaines, a trouvé que celles qui se trouvent dans un environnement non concurrentiel ont tendance à centraliser toutes les décisions, mais que si une entreprise se trouve face à une concurrence importante sur les produits, une concurrence moindre sur les prix mais pas de concurrence marketing, elle a tendance à décentraliser de façon sélective. On trouve des résultats parallèles dans l'étude de Lawrence et Lorsch (1967) : les entreprises de fabrication de matière plastique décentralisent les décisions en matière de recherche (les plus complexes) au plus haut point, les décisions marketing (qui exigent une connaissance des besoins du consommateur) à un niveau intermédiaire, et elles centralisent les décisions de production qui sont les plus simples mais aussi celles qui exigent le plus de coordination.

QUATRE ENVIRONNEMENTS ORGANISATIONNELS DE BASE.

On peut présenter de façon synthétique la discussion des Hypothèses 9 et 10 sous la forme matricielle adoptée dans la Figure 15.4.; on y voit l'impact sur la structure et les mécanismes de coordination de deux dimensions

	Stable	Dynamique
Complexe	Décentralisé Bureaucratique (Standardisation des Qualifications	Décentralisé Organique (Ajustement Mutuel)
Simple	Centralisé Bureaucratique (Standardisation des Procédés de Travail)	Centralisé Organique (Supervision Directe)

Figure 15.4. — *Structure de l'Organisation et Caractéristiques de l'Environnement.*

de l'environnement. L'Hypothèse 11 vient en quelque sorte ajouter une troisième dimension à ce schéma : les quatre structures de la Figure 15.4. ont tendance à être de type fonctionnel si les marchés sont intégrés; mais si les marchés sont diversifiés, l'organisation aura tendance à opérer des regroupements sur la base des marchés, au moins aux niveaux les plus élevés, et dans la mesure où des économies d'échelle ou l'existence d'une fonction critique ne viennent pas freiner ou empêcher la divisionnalisation.

Dans ce schéma à trois dimensions, l'Hypothèse 12 vient nous dire que l'organisation opèrera une centralisation temporaire si elle rencontre des conditions d'hostilité extrême dans son environnement, quel que soit par ailleurs son état initial de décentralisation; et l'Hypothèse 13 vient introduire l'idée d'une décentralisation sélective réalisée par l'organisation en réponse aux disparités de son environnement.

Pour conclure ce chapitre, nous avons vu que l'environnement a un impact profond sur la structure, impact souvent plus important que celui de l'âge, de la taille ou du système technique. Ainsi, alors que les autres facteurs peuvent être déterminants dans un environnement stable, les environnements dynamiques paraissent conduire la structure vers un état organique quels que soient par ailleurs son âge, son système technique ou sa taille. De la même façon, un environnement complexe exige la décentralisation et l'hostilité extrême conduit à la centralisation quels que soient par ailleurs les autres facteurs de contingence. Les variables d'environnement paraissent avoir le plus d'importance au sommet, ou près du sommet, notamment en ce qui concerne la vitesse et la flexibilité des réponses stratégiques de l'organisation, la quantité de pouvoir de décision qu'il faut localiser au sommet stratégique et la base utilisée pour le regroupement des unités au niveau de la direction. Sous certaines conditions, les variables d'environnement ont aussi des effets marqués sur les autres parties de l'organisation, bien que, comme le remarque Thompson, le souci essentiel dans l'organisation du centre opérationnel est de l'isoler autant que possible des influences de l'environnement.

16

LE POUVOIR

Les organisations ne développent pas toujours les structures exigées par les facteurs de contingence que nous avons examinés dans les trois derniers chapitres : leur âge, leur taille, le système technique qu'elles utilisent, la stabilité, la complexité, la diversité et l'hostilité de leur environnement. Un certain nombre de facteurs de *pouvoir* entrent aussi dans la conception de leur structure et notamment la pression du contrôle externe sur l'organisation, les besoins personnels de ses membres et la mode du jour qui fait partie de la culture dans laquelle se trouve l'organisation (en fait, le pouvoir des normes sociales). Trois hypothèses décrivent un certain nombre de résultats de recherche concernant ces facteurs de pouvoir.

Hypothèse 14 : Plus le contrôle externe qui s'exerce sur l'organisation est puissant, plus la structure de l'organisation est centralisée et formalisée. La plupart des études qui viennent en appui de l'Hypothèse 14 ont été faites en comparant des organisations publiques (sous contrôle gouvernemental) et les organisations privées (autonomes) : les organisations publiques étudiées par Samuel et Mannheim (1970) utilisent plus que les autres des règles et des procédures; les organisations publiques étudiées par Blau et Scott (1962) (pour la plupart gouvernementales) sont plus centralisées que les autres (pour la plupart privées ou institutionnelles) et utilisent plus la communication écrite; Heydebrand (1973) a trouvé que les procédures de recrutement sont plus uniformes dans les hôpitaux publics que dans les cliniques privées; et Holdaway (1975) a trouvé que la formalisation et la centralisation vont en décroissant lorsqu'on passe des écoles d'agriculture et collèges techniques (contrôlés directement par des administrations gouvernementales), aux collèges privés (indépendants).

Mais l'Hypothèse 14 a aussi l'appui d'études portant sur des formes non gouvernementales de contrôle externe : Strauss et Rosenstein (1970) ont trouvé que la participation des salariés au conseil d'administration induit une centralisation du pouvoir [1]; Pugh et al. (1969 b) ont montré que plus une organisation est dépendante de son environnement, plus sa structure d'autorité est centralisée et moins elle a d'autonomie dans ses décisions (p. 108); leur étude montre aussi que la dépendance est fortement liée à la standardisation des procédures de recrutement et de promotion, mais pas au degré de structuration des activités. Mais Reimann (1973), qui a étudié 19 entreprises, a trouvé une corrélation très forte entre la dépendance et la formalisation; finalement, citons Pondy (1969) qui a trouvé que les secteurs où la proportion des entreprises individuelles est la plus faible sont ceux où le ratio d'administration A/P est le plus élevé, ce qui suggère que plus la propriété est externe à l'organisation, plus sa structure administrative est élaborée et donc bureaucratique.

Ainsi, il semble établi que le contrôle externe s'exerçant sur l'organisation a pour effet de concentrer les pouvoirs de décision au sommet de la hiérarchie et d'encourager l'utilisation de règles et de procédures pour le contrôle interne. Tout ceci, en fait, paraît assez logique. **Les deux moyens les plus efficaces par lesquels l'extérieur peut contrôler l'organisation sont : 1) de tenir son décideur le plus puissant responsable de ce qui arrive dans l'organisation, et 2) d'imposer à l'organisation des standards clairement définis.** Le premier centralise la structure, le second la formalise.

Les groupes contrôlant l'organisation de l'extérieur — des actionnaires, le gouvernement, l'entreprise mère — trouvent pratique de tenir le PDG pour responsable des actions de l'organisation : « La dépendance crée une concentration d'autorité au sommet stratégique des organisations dont la propriété est distribuée dans le public parce que la pression qui s'exerce sur elles pour qu'elles rendent des comptes au public a pour effet de rendre nécessaire l'approbation d'un comité de niveau directorial pour de nombreuses décisions (Pugh et al., 1969 b, p. 112). Comme le remarque Bidwell (1965), les systèmes d'éducation et les organismes sociaux « doivent être responsables vis-à-vis de l'appareil gouvernemental et vis-à-vis d'une collectivité » pour ce qui est de « l'efficacité avec laquelle ils utilisent les fonds d'origine publique » qui constituent leurs moyens d'existence; en conséquence leurs administrateurs doivent assurer un équilibre entre « les normes et standards professionnels, les souhaits du public et l'efficacité fiscale » (p. 977).

---

1. Dans ce cas, les salariés ne participent pas aux processus de décision de façon quotidienne; ils participent en tant que personnes externes cherchant à contrôler l'organisation depuis le sommet.

Par ailleurs, **l'existence de forces de contrôle externes induit l'organisation à être particulièrement prudente dans ses actions, et à les formaliser parce qu'elle doit pouvoir les justifier vis-à-vis de l'extérieur.** Les communications formelles et écrites sont autant de preuves dont on peut faire état quand les décisions sont mises en question. Les règles assurent un traitement équitable des clients et des employés; l'organisation les développe pour qu'on ne puisse pas l'accuser de favoritisme, et il en résulte bien entendu un accroissement de la bureaucratie, comme Stewart (1963) l'a noté pour la fonction publique en Grande-Bretagne, comme Crozier (1964) l'a vu dans le cas de l'Agence Comptable et du Monopole Industriel, deux organisations françaises du secteur public. Stewart remarque aussi dans ce contexte que l'insistance des syndicats pour l'égalité de traitement dans les entreprises nationalisées aboutit à la création de règles nationales qui laissent peu de flexibilité vis-à-vis des besoins locaux.

L'existence d'un contrôle externe a pour effet d'accroître la bureaucratisation de la structure aussi à cause des exigences que l'extérieur peut avoir vis-à-vis de l'organisation au-delà de ce que la rationalisation demande. L'organisation mère peut imposer à sa filiale de se fournir exclusivement auprès d'une autre filiale, et peut-être même de se concerter avec cette autre filiale pour éviter tout excédent et toute pénurie. L'organisation mère, ou le gouvernement, peut aussi imposer des standards communs à toutes les organisations qu'elle ou qu'il contrôle : sigle commun, système d'information unique, procédures d'achat uniformes, etc. Quand une organisation de type entrepreneurial, à structure organique, est rachetée par une grande entreprise, celle-ci lui impose souvent de développer un organigramme, de créer des descriptions de postes, de clarifier les relations d'autorité, d'adopter de nombreux systèmes de gestion (la planification des actions par exemple) et il en résulte une bureaucratisation de la structure initiale.

Hypothèse 15 : Le besoin de pouvoir des membres de l'organisation conduit les organisations à avoir des structures excessivement centralisées. Tous les membres de l'organisation recherchent le pouvoir, au moins pour contrôler les décisions qui affectent leur propre travail, sinon pour contrôler les autres membres de l'organisation. Ainsi les cadres dirigeants poussent à la centralisation horizontale aussi bien que verticale; les cadres de la ligne hiérarchique essaient d'obtenir une décentralisation verticale au moins jusqu'à leur propre niveau, et une centralisation horizontale qui laisse le pouvoir aux hiérarchiques plutôt qu'aux fonctionnels; ces derniers, eux, poussent à la décentralisation horizontale, et les opérateurs recherchent la décentralisation, horizontale et verticale, au niveau du centre opérationnel.

Mais le dé du pouvoir est pipé car, nous l'avons vu dans la seconde partie, toutes les organisations ont besoin d'une structure hiérarchique et d'un certain degré de contrôle formel, ce qui donne le pouvoir aux hiérarchiques plutôt qu'aux fonctionnels ou aux opérateurs, et au sommet de la structure plutôt qu'aux niveaux les plus bas. Ceci est particulièrement vrai dans les entreprises :

Les entreprises ont traditionnellement été plus franchement autoritaires que les autres types d'organisation. En principe comme en pratique le pouvoir est au départ celui des propriétaires; et il réside au niveau de la direction générale, même si la propriété est diffuse et si son influence est relativement faible. Un contrôle central fort est nécessaire pour imprimer un sens à l'action, coordonner les efforts, résoudre les conflits, contrôler les résultats, toutes choses indispensables pour faire face de façon efficace à l'environnement externe de l'organisation » (William Dill, 1965, p. 1 097).

Ainsi le goût du pouvoir manifesté par les cadres hiérarchiques, et en particulier par les cadres dirigeants, conduit-il l'organisation à être plus centralisée qu'il n'est nécessaire et qu'il n'est efficace si l'on tient compte de la décentralisation requise par les facteurs de contingence dont nous avons discuté (par exemple la complexité de l'environnement ou la sophistication du système technique).

Le support de l'Hypothèse 15 est anecdotique mais abondant : nombreuses sont les histoires de dirigeants qui ont détruit leur entreprise parce qu'ils ont conservé une trop grande partie des pouvoirs. Tel est typiquement le cas des entrepreneurs dont l'absolutisme est nécessaire dans la première phase — organique — de développement de leur entreprise, mais qui ne parviennent pas à laisser à d'autres une partie de leur pouvoir quand l'organisation grandit et passe à la seconde étape, bureaucratique celle-là. L'exemple classique de ce type de comportement est celui de Henry Ford qui fut dans ses dernières années un besoin de contrôler tout et tous qui l'amena à centraliser le pouvoir, à créer un réseau d'espionnage interne pour le consolider, presque au point de détruire l'entreprise qu'il avait créée.

Hypothèse 16 : Il existe en matière de structure (et de culture) une mode qui pousse les organisations à se mettre au goût du jour, même si ce n'est pas approprié pour l'organisation. Ce type de comportement a été identifié par Stinchcombe (1965) : les entreprises d'un même secteur à un moment donné ont tendance à se structurer de façon similaire; et Woodward (1965) nous donne un exemple dans lequel la « mode » et l'ambition jouent un rôle :

> Dans un cas, un jeune responsable de magasin qui avait suivi un cours de gestion des stocks réussit à convaincre sa direction que l'entreprise avait besoin d'un département de gestion des stocks dont il devrait avoir la responsabilité. Dans les six mois qui suivirent, trois entreprises du voisinage avaient créé leur département de gestion des stocks. Les ingénieurs-méthodes étaient aussi des spécialistes à la mode au moment où la recherche a été faite (p. 22).

Une partie du problème vient de la presse d'entreprise et des sociétés de conseil qui cherchent à assurer la promotion de ce qui est à la dernière mode. Comme le remarque Whistler (1975), « il y a encore de l'argent à faire et de la notoriété à acquérir en colportant des recettes universelles. En termes économiques, la demande est encore là, sous la forme de dirigeants d'entreprises qui cherchent la bible, la vérité simple, la meilleure façon de faire (la « *one best way* ») (p. 4). Paris a ses salons de haute couture; de la même façon, New York a ses bureaux de « haute structure », les sociétés de conseil qui apportent la dernière mode à leurs clients : planification à long terme, système d'information, direction par objectif, développement organisationnel. A propos de cette dernière technique par exemple, Strauss (1974) a écrit :

> Malheureusement, beaucoup de programmes de développement organisationnel sont conçus pour rendre les organisations moins bureaucratiques, même dans des situations où le vrai problème est le manque d'organisation et pas une bureaucratie excessive... Quelques spécialistes du développement organisationnel sont conscients de ces problèmes, mais il y en a qui prescrivent une solution unique aux problèmes de toutes les organisations, grandes ou petites (p. 12).

Les années soixante virent une large publicité faite aux prévisions annonçant « la mort prochaine de la bureaucratie ». Dans un article portant ce titre, Bennis (1966) écrivait :

> Dans ces nouvelles organisations du futur, on demandera aux participants d'utiliser leur esprit plus qu'on ne l'a fait à aucune autre époque. La fantaisie, l'imagination et la créativité feront partie des activités légitimes sous des formes qui paraissent étranges aujourd'hui. Les structures sociales ne seront plus des instruments de répression psychique, mais permettront de plus en plus le jeu et la liberté au bénéfice de la curiosité et de la réflexion (p. 35).

Et beaucoup d'organisations ont pris ceci au sérieux; quelques-unes l'ont regretté. Ainsi, quand Lawrence et Lorsch décrivent les fabricants d'emballage peu performants qui essayent d'utiliser des cadres intégrateurs (un des instruments très à la mode pour les structures organiques) dans un environnement simple et stable, ou lorsque Khandwalla nous décrit les organisations peu efficaces qui essayent la gestion participative dans des conditions inappropriées, on voit comment la mode peut conduire à une conception erronée de l'organisation dont cette dernière doit payer le prix.

Depuis l'article de Bennis, il est devenu évident que les bureaucraties ne mourront pas, au moins tant que les organisations peuvent devenir grandes et vieilles, qu'elles peuvent fabriquer leurs produits en série et trouver des environnements simples et stables dans lesquels leurs standards sont efficaces. En fait, les articles ne pourraient pas être publiés et les spécialistes ne pourraient pas prendre la parole dans des conférences pour annoncer la *one best way* si les imprimeries et les compagnies aériennes n'avaient pas des structures bureaucratiques. Aujourd'hui on trouve peu de personnes pour nier que les bureaucraties sont bien vivantes.

Il existe des preuves de l'influence de la mode sur la structure. Rumelt (1974) par exemple, dans son étude des « Fortune 500 », les 500 plus grandes entreprises américaines, a trouvé des données qui appuyaient les thèses de Chandler, non seulement celle qui est la plus connue : « la stratégie suit la structure », mais également la suivante : « la structure suit aussi la mode » (p. 147) : « jusqu'au début des années soixante, l'adoption des structures divisionnelles était surtout le fait de la pression administrative créée par la diversification... mais dans les années plus récentes, la divisionnalisation est devenue la norme, et les directions ont réorganisé les entreprises en divisions par produits en réponse à une théorie normative plutôt qu'à une pression interne » (p. 77). D'autres données citées au chapitre 15 montrent que les entreprises européennes suivent cette tendance de près.

Bien entendu, rien ne dit que les structures à la mode soient inefficaces par principe. La mode nous apporte des progrès dans la conception des structures organisationnelles, et ces progrès conviennent à quelques organisations munies des structures anciennes; dès que la structure divisionnalisée a été créée, elle a été adoptée avec raison par des organisations diversifiées qui avaient une structure fonctionnelle [2]. Plus encore, celles qui n'ont pas changé se sont trouvées munies de structures soudainement devenues démodées, et moins efficaces que celle qui venait d'apparaître. Tout comme la douairière qui s'habille toujours comme on le faisait dans sa jeunesse, les organisations peuvent s'accrocher à une structure qui était adaptée dans le passé, mais qui ne l'est plus. Ceci, en fait, peut expliquer que des entreprises européennes, en l'absence de concurrence, n'ont pas divisionnalisé bien qu'elles soient diversifiées comme l'a observé Franko (1974). Un environnement placide leur a permis de garder une structure démodée et inefficace.

Les découvertes de Franko suggèrent aussi qu'en matière de structure, la mode est aussi fonction de la culture. Ce qui fait rage parmi les « Fortune 500 » (les plus grandes entreprises américaines) peut paraître étrange aux « Fortune 200 » (les plus grandes entreprises non américaines). On peut avoir en Virginie et en Westphalie des préférences différentes en matière de structure. Ce qui est une autre façon de dire que la culture, au travers de la mode est un autre facteur qui influence la conception des organisations.

On trouve dans la littérature nombre d'illustrations montrant l'influence de la culture sur la structure, particulièrement en ce qui concerne la bureaucratie et l'autorité. Dalton (1959) soutient que « la théorie de la bureaucratie a une validité bien plus grande dans les sociétés européennes plus stratifiées et plus disciplinées, tout comme elle était valide dans les monarchies romaine et perse de l'antiquité » [3] (p. 264). Child et Kieser (1978) rejettent nettement les théories valables quelle que soit la culture, après avoir étudié des entreprises anglaises et allemandes. De même, Azuni et McMillan (1975) ont montré que les entreprises japonaises sont plus centralisées et plus formalisées que les entreprises britanniques, même lorsque les facteurs de contingence sont identiques. Et Shinoda (1973) explique de la façon suivante la relation entre bureaucratie et culture au Japon :

> Dans les chantiers navals Mitsui à Tamano par exemple, on peut remarquer que le flux de travail est prédéterminé dans ses moindres détails. Les camions transportent les matériaux en fonction d'un horaire précis. En conséquence,

---

2. En fait, il y a de bonnes raisons de penser que c'est la stratégie de diversification qui était à la mode; la divisionnalisation est alors devenue la réponse structurelle appropriée.

3. Hage et al. (1971) donnent de ce fait l'explication suivante : la distance sociale inhibe la communication informelle et favorise au contraire l'utilisation de moyens plus impersonnels et plus formalisés.

le temps perdu a été complètement éliminé... ailleurs dans le monde, une perte de temps de quinze minutes n'est pas considérée comme intolérable.

Ceci reflète la différence qui existe entre la précision en matière de temps et d'argent qui vient de l'insularité japonaise et la générosité inhérente à l'Europe continentale.

Au Japon, on a toujours tout fait pour réduire les mouvements inutiles. C'est le cas par exemple pour le théâtre nô et la cérémonie du thé : seuls restent les mouvements essentiels sous une forme très formalisée. Le théâtre nô est dans ce domaine un extrême : chaque mouvement y atteint une simplicité et une pureté telles qu'il peut paraître plutôt symbolique » (p. 393).

Dans la culture américaine contemporaine, on voit percer des tendances très différentes en matière de mode structurelle. Suivant de très près la divisionnalisation, on voit se développer nettement la mode de la structure par projets, que Toffler (1970) a appelée « l'adhocratie » : pour l'essentiel, une structure organique sélectivement décentralisée qui fait appel de façon massive aux mécanismes de liaison. Il est difficile de trouver un journal de gestion qui ne parle pas de groupes de projets, de cadres intégrateurs, ou de structure matricielle. Il est clair que cette structure correspond aux appels lancés en faveur d'une destruction de la bureaucratie, aux normes démocratiques prévalant aux Etats-Unis ainsi qu'au niveau d'éducation toujours plus élevé qu'y a la main-d'œuvre. Mais bien qu'il puisse s'agir de la structure de notre époque, bien adaptée pour faire face au « choc du futur » dans l'industrie aérospatiale ou le conseil, une telle structure peut être totalement inappropriée pour la plupart des industries plus vieilles. Pas plus que les autres elle n'est une panacée. Comme toutes celles qui l'ont précédée, et qui elles-mêmes ont eu leur heure de gloire, elle convient à certaines organisations et pas à d'autres. On peut espérer que ces autres organisations n'adopteront pas la structure par projet, comme le fit l'un des fabricants d'emballage étudié par Lawrence et Lorsch, uniquement parce qu'elle est à la mode.

On peut conclure notre discussion du pouvoir comme facteur de contingence en notant que le contrôle externe, les besoins de pouvoir des membres de l'organisation, ainsi que la mode elle-même partie de la culture, sont des éléments qui, tous, ont sur l'organisation une influence importante, et qui encouragent parfois les organisations à adopter des structures qui sont inappropriées en regard des exigences des autres facteurs de contingence (l'âge, la taille, le système technique et l'environnement).

Après avoir discuté de l'effet des facteurs de contingence sur la structure, il nous reste à clarifier deux questions importantes : quels sont les effets de facteurs de contingence différents sur le même paramètre de conception, et quelles sont les relations qui existent entre facteurs de contingence et entre paramètres de conception ? En fait, ce que nous avons vu dans cette partie suggère qu'**il y a plus à retirer de l'étude des types d'organisations — les configurations de facteurs de contingence et de paramètres de conception — que de l'étude des relations continues entre variables prises deux à deux.** Nous l'avons vu d'abord lors de la discussion des différentes étapes du déve-

loppement des organisations, puis dans la présentation des travaux de Woodward sur les trois systèmes techniques, et finalement dans la matrice des
quatre structures distinctes correspondant à quatre environnements différents.
Nous nous proposons donc maintenant, pour compléter notre histoire de la
conception des organisations, de présenter les différents types d'organisation
ou configurations. Tel est l'objet de la partie suivante.

4ème partie

LES CONFIGURATIONS STRUCTURELLES

A travers tout ce livre, depuis même l'introduction des cinq mécanismes de coordination dans les premières pages, nous avons vu apparaître progressivement de plus en plus de convergences. Par exemple, on a constaté dans la Partie I que la standardisation des procédés de travail est le mécanisme de coordination le plus utilisé dans les flux régulés de l'organisation. Puis, dans la Partie II, nous avons remarqué que ces deux éléments sont liés à un paramètre de conception particulier — la formalisation du comportement — et de façon plus générale à la structure bureaucratique traditionnelle, où le travail opérationnel est spécialisé mais non qualifié. Plus loin, nous avons vu que les unités, dans une telle structure, sont de grande taille, et qu'elles ont tendance à être regroupées par fonction; nous avons observé aussi que la décentralisation a tendance à être de type horizontal, limitée, avec un pouvoir concentré, d'abord au sommet stratégique, puis dans la technostructure où les analystes formalisent le comportement de tous les autres membres de l'organisation. Dans la Partie II, nous avons alors vu que la présence d'une telle combinaison de paramètres de conception est beaucoup plus probable dans les organisations assez grandes et assez âgées, surtout dans celles qui sont à la seconde étape de leur développement; dans des organisations qui ont un système technique conçu pour la production de masse, régulé mais pas automatisé; dans des organisations qui opèrent dans des environnements simples et stables, et qui sont soumises à un contrôle externe. Bien d'autres convergences sont apparues dans notre étude. En fait, **les éléments de notre analyse — les mécanismes de coordination, les paramètres de conception, et les facteurs de contingence — paraissent tous se regrouper de façon naturelle en types ou configurations.** Nous allons traiter ici de ces configurations.

De combien de configurations avons-nous besoin pour décrire toutes les structures organisationnelles ? Les mathématiciens nous disent que p éléments qui peuvent prendre n formes différentes, permettent d'élaborer p^n combinaisons. Avec nos neuf paramètres de conception, le nombre qu'on obtient est assez grand. On pourrait commencer à construire une grande matrice et à essayer d'en décrire chaque élément. Cependant, le monde ne fonctionne pas comme cela. Il est ordonné, mais d'une façon beaucoup plus profonde : il y a un sens d'union ou d'harmonie qui se dégage du regroupement naturel des éléments, qu'il s'agisse des étoiles, des fourmis ou des caractéristiques des organisations. Il nous a paru suffisant en fait de considérer cinq configurations structurelles. Elles se sont présentées plusieurs fois dans notre recherche; ce sont celles qui sont le plus fréquemment décrites dans la littérature en théorie des organisations [1].

Le nombre « cinq » est apparu à plusieurs reprises dans notre discussion : cinq mécanismes de coordination, cinq parties de l'organisation, cinq types de décentralisation, et maintenant cinq configurations. Il y a là plus qu'une coïncidence; il se trouve qu'il y a même une correspondance entre chaque élément d'un des groupes de cinq et un élément particulier de chacun des autres groupes : dans chaque configuration, il y a un mécanisme de coordination qui est dominant, une partie qui joue le rôle principal et un type de décentralisation qui est utilisé [2]. Cette correspondance est décrite dans le tableau ci-dessous :

On peut expliquer cette correspondance en considérant que l'organisation est tirée dans cinq directions différentes, comme la Figure IV-1. La plupart des organisations sont soumises à ces cinq forces; mais, dans la mesure où les conditions en favorisent une plus que les autres, l'organisation est amenée à se structurer à la manière de l'une des configurations.

Le sommet stratégique pousse à la centralisation par laquelle il peut

---

1. Perrow (1970) décrit quatre structures qui correspondent plus ou moins aux nôtres; Segal (1974) et Van de Ven (1976 a) en décrivent trois; Lawrence et Lorsch (1967) et Pugh et al. (1969 a) deux; comme nous le verrons, un certain nombre d'autres auteurs décrivent une ou plus de ces configurations de façon explicite.

2. Au risque de ne pas être cru, je voudrais indiquer que cette correspondance nette n'a pas été fabriquée. Ce n'est qu'après avoir décidé des cinq configurations que j'ai été frappé par la correspondance qui existe entre elles, les cinq mécanismes de coordination et les cinq parties de l'organisation. Par contre, les cinq configurations m'ont suggéré une légère modification dans le chapitre 11, en ce qui concerne les différents types de décentralisation (cette modification a rendu la typologie plus logique.

Configuration Structurelle	Mécanisme de Coordination Principal	Partie clef de l'Organisation	Type de Décentralisation
Structure Simple	Supervision Directe	Sommet Stratégique	Centralisation Horizontale et Verticale
Bureaucratie Mécaniste	Standardisation de procédés de travail	Technostructure	Décentralisation Horizontale et Verticale limitée
Bureaucratie Professionnelle	Standardisation de qualification	Centre Opérationnel	Décentralisation Verticale et Horizontale
Forme Divisionnalisée	Standardisation des produits	Ligne Hiérarchique	Décentralisation Verticale limitée
Adhocratie	Ajustement Mutuel	Fonctions de support logistique	Décentralisation Sélective

conserver le contrôle sur les décisions, la technostructure pousse à la standardisation — notamment celle des procédés de travail, qui est la forme la plus puissante de standardisation — parce que la conception des standards est sa raison d'être. Par contraste, les membres du centre opérationnel cherchent à minimiser l'influence de l'encadrement et des analystes sur leur travail; ils poussent à la décentralisation horizontale et verticale et, s'ils y parviennent, ils travaillent de façon relativement autonome en coordonnant leurs activités par la standardisation des qualifications; les opérateurs exercent une pression en faveur du professionnalisme, c'est-à-dire du recours à la formation par des organismes extérieurs dans le but d'améliorer leurs compétences. Les cadres opérationnels eux aussi recherchent l'autonomie, mais ils ne peuvent y parvenir que d'une façon très différente; par une décentralisation verticale limitée qui leur permet de concentrer le pouvoir aux dépens du sommet stratégique, et si c'est nécessaire, du centre opérationnel. Par conséquent, ils exercent une pression en faveur de la balkanisation de la structure, de sa division en unités constituées sur la base de marchés dans lesquels ils peuvent

---

3. Comme nous le verrons au chapitre 21, il y a deux types principaux d'Adhocraties. Dans le second type — qui ressemble plus à la Bureaucratie Professionnelle — le centre opérationnel est aussi une partie clé.

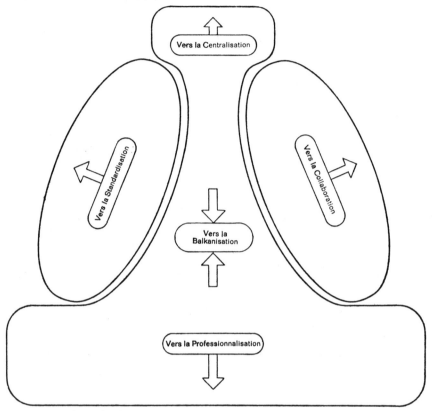

Figure IV-1. — *Les Cinq Forces Pesant sur l'Organisation.*

exercer un contrôle sur leurs propres décisions, en étant seulement soumis à la standardisation des produits par le contrôle de leurs performances. Enfin, les fonctionnels de support logistique, acquièrent de l'influence dans l'organisation, non pas quand ils sont autonomes mais quand l'organisation a besoin de leur collaboration, de leur expertise; ceci arrive lorsque l'organisation est structurée en constellations de travaux qui coordonnent leurs activités par ajustement mutuel au sein d'un ensemble où le pouvoir est décentralisé de façon sélective. Selon que les conditions jouent en faveur de l'une ou l'autre de ces cinq forces, l'organisation prend la forme d'une Structure Simple, d'une Bureaucratie Mécaniste, d'une Bureaucratie Professionnelle, d'une Structure Divisionnalisée ou d'une Adhocratie.

Considérons, par exemple, une entreprise cinématographique. La présence d'un grand directeur jouera en faveur de la centralisation et encouragera l'utilisation de la Structure Simple. S'il y avait plusieurs grands directeurs cherchant chacun leur autonomie, la structure serait balkanisée et prendrait la forme Divisionnalisée. Si, au lieu de cela l'entreprise employait des acteurs et des cameramen hautement qualifiés pour produire des films industriels complexes, elle serait fortement incitée à décentraliser plus avant et à adopter une structure de Bureaucratie Professionnelle. Par contraste, si elle produisait en masse des « westerns spaghettis », elle serait fortement incitée à se standardiser et à devenir une Bureaucratie Mécaniste. Mais, si par contre elle voulait innover, elle serait soumise à des forces très intenses appelant les directeurs, les metteurs en scène, les acteurs et les caméramen à collaborer, et serait fortement incitée à adopter la structure d'une Adhocratie.

Nous décrirons chacune de ces configurations dans les cinq chapitres qui suivent. Ces descriptions ont deux objectifs. D'abord, elles nous permettent de proposer une méthode fondamentale pour ranger les organisations en différentes catégories — les correspondances que nous venons de voir nous permettent de proposer une telle méthode avec une certaine confiance. En second lieu, ces descriptions nous permettront d'intégrer l'ensemble des éléments vus dans les seize premiers chapitres en une *synthèse,* celle qui est l'objectif de ce livre. En décrivant ces configurations structurelles, nous pourrons clarifier dans une grande mesure les confusions dont nous avons fait état dans la dernière partie. Le monde paraît plus ordonné, plus facile à comprendre, lorsqu'on examine de près les différents types d'organisations, plutôt que les relations entre variables prises deux à deux.

En *général,* il peut être impossible de dissocier les effets de la taille, du système technique, de l'environnement et du pouvoir sur la structure. En *particulier,* comme nous le verrons, nombre de ces facteurs de contingence prennent naturellement leur place dans le schéma. **En fait, il paraît y avoir des configurations logiques des facteurs de contingence, comme il y a des configurations des paramètres de conception, et les deux paraissent aller de pair.** En décrivant les deux volets dans cette partie, nous serons amenés par conséquent à ne plus faire l'hypothèse que les facteurs de contingence sont des variables indépendantes qui dictent le choix des paramètres de conception. Nous prendrons plutôt une « approche-système », en traitant les configurations des paramètres de contingence et de structure comme des « gestalt », des regroupements de relations étroitement interdépendantes. Dans un système, il n'y a pas de variables dépendantes ou indépendantes : tout dépend de tout. Une grande organisation peut bureaucratiser sa structure, mais il faut voir par ailleurs que les bureaucraties ont tendance à devenir de grandes organisations; les environnements dynamiques exigent des structures organiques, mais les organisations qui ont une telle structure ont tendance à rechercher des environnements dynamiques où elles se sentent plus à l'aise. Les organisations — au moins celles qui sont efficaces — paraissent modifier tous les paramètres qu'elles peuvent changer (qu'il s'agisse de paramètres de contingence ou de structure) pour maintenir la cohérence de leur gestalt.

Un dernier point doit être abordé avant de passer à l'étude des configurations. Nombre des descriptions que nous ferons ont une apparence de conclusion définitive, comme si les cinq configurations étaient parfaitement distinctes les unes des autres et comme si elles représentaient toute la réalité du monde des organisations. Tel n'est pas le cas, comme on le verra au chapitre 22. Jusque-là, le lecteur fera bien de considérer chaque phrase en partie comme une exagération (y compris la présente phase !). Il arrive que nous ayons besoin de caricaturer la réalité, de la stéréotyper, pour mettre en relief les différences et être mieux en mesure de la comprendre. Ainsi la description de chaque configuration est exagérément nette par souci de clarté, et non pas pour suggérer que toute organisation qui existe coïncide exactement avec l'un des cinq types. Chaque configuration est un type « pur », ce que Weber appelle un type idéal, une combinaison théoriquement cohérente des paramètres de contingence et de structure. On peut considérer ces cinq configurations comme les sommets d'un pentagone à l'intérieur duquel on trouve les structures réelles. Le chapitre 22 nous montrera ce pentagone, avec en son sein les configurations hybrides et les transitions entre configurations. Mais on ne peut comprendre l'intérieur d'un espace qu'en identifiant ses limites. C'est ce que nous allons faire maintenant.

17

LA STRUCTURE SIMPLE

Mécanisme de coordination principal :	Supervision directe.
Partie clé de l'organisation :	Sommet stratégique
Principaux paramètres de conception :	Centralisation, Structure organique
Facteurs de contingence :	Jeunesse, petite taille, système technique non sophistiqué, environnement simple et dynamique, peut-être hostile, ou très fort besoin de besoin de pouvoir de la direction, structure démodée.

Considérons une concession automobile qui a un patron flamboyant, une agence gouvernementale qui vient d'être créée, un magasin de détail d'importance moyenne, une grande entreprise gérée par un entrepreneur agressif, un gouvernement dirigé par un politicien autocratique, un système scolaire en période de crise. Ces organisations sont très différentes les unes des autres.

Mais on dispose de données qui suggèrent qu'elles ont en commun un certain nombre de caractéristiques structurelles. On appelle la configuration de ces caractéristiques la *Structure Simple*.

DESCRIPTION DE LA STRUCTURE SIMPLE.

La Structure Simple n'est pas élaborée — c'est là sa principale caractéristique. De façon typique, la technostructure y est inexistante ou peu développée, elle a peu de fonctionnels de support logistique; la division du travail y est imprécise, la différenciation entre les unités minimales, l'encadrement réduit. Les comportements y sont peu formalisés, elle a peu recours à la planification, à la formation et aux mécanismes de liaison. Cette structure est, par-dessus tout, organique. La Structure Simple est une non-structure : elle évite d'utiliser tous les mécanismes formels de la structure et minimise sa dépendance vis-à-vis de spécialistes fonctionnels. Ces derniers sont typiquement recrutés sur contrat en fonction des besoins plutôt qu'intégrés de façon permanente à l'organisation.

La coordination, dans la Structure Simple, est surtout réalisée par supervision directe. Précisément, toutes les décisions importantes ont tendance à être prises par le directeur général : le sommet stratégique émerge donc comme la partie clé de la structure; en fait, la structure comprend rarement beaucoup plus qu'un seul homme au sommet stratégique et un centre opérationnel organique. Le directeur général a généralement une surface de contrôle importante; en fait, il n'est pas rare que tous les membres de l'organisation soient placés directement sous sa direction. Ainsi, par exemple, des étudiants en gestion de l'Université McGill ont demandé au directeur d'une petite chaîne de magasins de détail de leur établir un organigramme de son entreprise car il n'en existait **pas**.

> Il l'a fait de telle façon que tous les personnels soient placés au même niveau directement sous sa responsabilité... il n'établit pas de différence claire entre les niveaux d'autorité... Le moins qu'on puisse dire est qu'il n'a pas volontiers dessiné l'organigramme; et il ne nous a donné l'indication d'une structure d'autorité que lorsque nous le lui avons demandé [1].

Le regroupement en unités, s'il existe, est le plus souvent réalisé par fonctions et de façon approximative, la coordination entre les unités étant effectuée par le directeur général. De la même façon, la communication circule surtout entre le directeur général et tous les autres membres de l'organisation et elle est de nature informelle. Ainsi, un autre groupe d'étudiants de McGill nous rapporte ce qu'il a constaté lors d'une visite à un fabricant de pompes : « Il n'est pas rare de voir le président en train de discuter à bâtons rompus avec un mécanicien. Ceci lui permet d'être informé des pannes

---

1. D'après un rapport soumis à l'auteur dans le cadre du cours Management 420, McGill University, 1969, par J. Gariepy, R. Miller, G. Nanton, T. Shabrokh.

de machines avant même le chef d'atelier [2]. » Le flux de travail a tendance à être flexible, et le travail du centre opérationnel relativement interchangeable et peu spécialisé.

De la même façon, la prise de décision y est flexible, la centralisation du pouvoir permettant une réponse rapide. Les décisions stratégiques, managériales et opérationnelles peuvent être étroitement coordonnées puisqu'un seul individu les contrôle toutes de près. La formulation de la stratégie reste bien sûr l'apanage du directeur général. Elle tend à être très intuitive, très peu analytique, nourrie par l'incertitude et orientée vers la recherche agressive des opportunités. Il n'est donc pas surprenant de voir que la stratégie qui en résulte est rarement exprimée de façon explicite, et qu'elle reflète la vision implicite du directeur sur la place de l'organisation dans son environnement. En fait, cette stratégie est la plupart du temps une extrapolation directe de ses convictions personnelles, une extension de sa propre personnalité.

La Figure 17.1. nous montre la Structure Simple de façon symbolique,

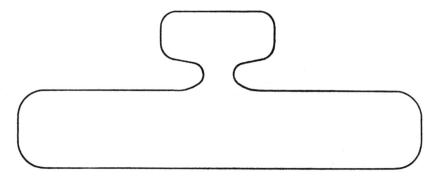

Figure 17.1. — *La Structure Simple.*

avec un sommet stratégique qui a une large surface de contrôle, sans unités fonctionnelles, et muni d'une ligne hiérarchique insignifiante.

Khandwalla (1977) a trouvé ce type de structure, qui est le plus simple qui soit, dans sa recherche sur les entreprises canadiennes. Certaines de ces entreprises avaient peu d'activités de recherche et d'études de marché, pas de formation des opérateurs et des contrôles financiers rudimentaires. Pugh et al. (1969 a) font aussi une allusion à ce type, qu'ils appellent « les organisations implicitement structurées », et Woodward (1965) décrit ce type de structure qu'elle a rencontré parmi les entreprises de fabrication à l'unité les plus petites et parmi les entreprises de production en continu.

LE CADRE D'EXISTENCE DE LA STRUCTURE SIMPLE.

Par-dessus tout, l'environnement de la Structure Simple est à la fois

---

2. D'après un rapport soumis à l'auteur dans le cadre du cours Management Policy 701, McGill University, 1970, par S. Genest et S. Darkanzanli.

simple et dynamique. Un environnement simple est susceptible d'être compris par un seul individu, lui permettant ainsi de contrôler les décisions. Un environnement dynamique exige une structure organique : comme on ne peut pas prédire le futur, il est impossible de coordonner les activités par standardisation. Comme autre condition commune aux Structures Simples, le système technique est simple et non régulateur (s'il était régulateur, on aurait une bureaucratisation du centre opérationnel; s'il était complexe, l'organisation aurait besoin de fonctions de support développées auxquelles l'organisation devrait déléguer une partie du pouvoir sur les décisions techniques).

Parmi les conditions qui amènent l'apparition de la Structure Simple, la plus importante est sans doute l'étape du développement de l'organisation. Les *nouvelles organisations* ont tendance à adopter une telle structure, pratiquement quel que soit leur environnement ou leur système technique, parce qu'elles n'ont pas eu le temps de construire leur structure administrative. Elles sont forcées de s'appuyer sur la direction pour pouvoir fonctionner. Donc, tant que les choses ne sont pas stabilisées, elles ont tendance à être à la fois organiques et centralisées. **La plupart des organisations passent par une Structure Simple au cours de leurs premières années d'existence.**

Beaucoup de petites organisations, cependant, ont tendance à conserver la Structure Simple au-delà de cette période. Pour elles, la communication informelle est à la fois appréciée et efficace. De plus, il se peut que la petite taille ait pour conséquence un travail moins répétitif, et donc moins de standardisation.

Une autre variante — l'organisation de crise — apparaît lorsqu'un environnement extrêmement hostile force l'organisation à centraliser, quelle que soit sa structure habituelle. Le besoin pour l'organisation de pouvoir répondre de façon rapide et coordonnée conduit à concentrer le pouvoir entre les mains du directeur général, et aussi à réduire le degré de bureaucratisation. (Bien entendu, les organisations très élaborées qui sont dans une situation de crise n'éliminent pas leur technostructure et leur encadrement. Mais elles peuvent réduire de façon temporaire leurs pouvoirs de décision.) James D. Thompson (1967), nous décrit un cas particulier de ce type de structure : l'organisation créée de façon temporaire pour faire face à un désastre naturel. La situation est nouvelle et l'environnement extrêmement hostile. Thompson note que la réponse initiale à ce type de crise n'est généralement pas coordonnée. Cependant, « après un temps relativement court... l'autorité est attribuée — de force — à l'individu ou au groupe qui dispose des informations sur les besoins à couvrir et sur les ressources disponibles » (p. 52). (Bien sûr des organisations qui sont permanentes et spécialisées dans ce type de situation, développent généralement des procédures standardisées, et ont donc une structure plus bureaucratique).

Le besoin de pouvoir d'un individu produit une autre variante, qu'on appelle *l'organisation autocratique.* Lorsqu'un directeur général accumule le pouvoir et considère que toute formalisation du comportement empiète sur son droit absolu de décider, ce qu'il fait, en réalité, est de concevoir une

Structure Simple pour son organisation. On aboutit au même résultat dans *l'organisation charismatique* où ce n'est pas le dirigeant qui accumule le pouvoir, mais les dirigés qui le lui prodiguent.

La dimension culturelle paraît essentielle pour comprendre ces deux derniers exemples de Structure Simple. Les sociétés moins industrialisées paraissent y avoir plus recours, peut-être parce qu'il y manque des personnes formées capables d'occuper avec compétence des postes fonctionnels d'une structure bureaucratique. Ainsi, Harbison et Myers (1959) décrivent la structure des entreprises Abboud, « typique de la grande majorité des entreprises privées égyptiennes » :

> Le directeur est ici une personne clé dont le contrôle personnel s'étend à toutes les phases de l'activité de l'entreprise. Il n'y a pas d'organigramme, pas de procédure formalisée pour la sélection et le développement de personnel d'encadrement, pas de système de rémunération et de classification qui fasse partie du domaine public... l'autorité est associée de façon exclusive à un individu... (p. 40-41).

Ces forces de l'autocratie et du charisme peuvent parfois amener de très grandes organisations vers la Structure Simple, au moins quand leurs leaders font un usage habile de leur pouvoir. Voici, par exemple, comment Wilensky (1967) décrit le fonctionnement du gouvernement des Etats-Unis sous la présidence de Franklin D. Roosevelt :

> Non seulement Rossevelt utilisait énormément de circuits non officiels, mais de plus, il suscitait une compétition interne entre eux : il pouvait utiliser les informations lui venant d'une source pour contrôler celles qui venaient d'une autre et mettre ses deux informateurs au pied du mur sans révéler l'identité de ses sources; il recrutait des fortes personnalités et structurait leur travail de façon à ce que les conflits soient inévitables. « Sa technique favorite consistait à déléguer l'autorité de façon incomplète, à maintenir les zones de responsabilité incertaines et se chevauchant les unes les autres (p. 51, la citation incluse est de A.M. Schlesinger).

Les entreprises individuelles ont aussi tendance à adopter des Structures Simples : aucun contrôle externe n'y vient exercer de pression dans le sens d'une plus grande bureaucratisation. **L'organisation dirigée par un entrepreneur paraît être la meilleure illustration de la Structure Simple; pratiquement toutes ses caractéristiques — de structure et de contingence — sont étroitement associées en un système fortement intégré.** Une telle organisation est agressive et souvent innovatrice, elle recherche en permanence les environnements à haut risque où les bureaucraties hésitent à s'aventurer. Ainsi, Pareto (cité par Toffler, 1970, p. 148), qualifie-t-il les entrepreneurs comme « des esprits aventuriers, assoiffés de nouveauté... nullement effrayés par le changement ». Mais ces entreprises font aussi attention à rester dans les créneaux que l'entrepreneur peut parfaitement comprendre. En d'autres termes, elles recherchent des environnements simples et dynamiques. Parallèlement, elles cherchent à garder un système technique simple et non régulateur qui leur permette de rester organiques et centralisées. Elles sont généralement petites pour pouvoir rester organiques et pour que l'entrepreneur puisse maintenir un contrôle étroit. Elles sont aussi généralement jeunes en partie à cause du taux élevé de disparition des entreprises individuelles, en partie parce que celles qui survivent tendent à devenir bureaucratiques en vieillissant. L'entrepreneur a tendance à être autocratique, et parfois même charismatique; il a généralement fondé son entreprise parce qu'il ne supportait pas les contrôles qui lui étaient imposés dans les bureaucraties où il a travaillé (Collins et Moore, 1970). A l'intérieur de la structure, tout tourne autour de l'entrepreneur : les buts de l'entreprise sont les siens, la stratégie de l'entreprise reflète sa vision personnelle de la place de l'organisation dans le monde. La plupart des entrepreneurs ont horreur des procédures bureaucratiques — et des technostructures qui les accompagnent — parce qu'ils y voient des restrictions à leur flexibilité. Et donc leur comportement et leurs manœuvres imprévisibles maintiennent la structure peu étoffée, flexible et organique.

Cette structure est presque parfaitement illustrée dans une petite entreprise de commerce de détail, située dans le nord de la France, que nous appellerons « Chez Lutin ». Elle vend de la mercerie et des articles de mode dans cinq magasins, dont quatre ont été ouverts au cours des cinq années précédant le moment où j'écris. Les deux lignes de produits sont simples, mais le marché des articles de mode est extrêmement dynamique. Il comporte des articles comme des motifs brodés, des écharpes, des ceintures, qui exigent des réponses fréquentes et rapides, en haute saison presque chaque semaine, à cause de l'incertitude de l'offre et de la demande. Le système technique — la vente au détail — est bien sûr extrêmement simple et non régulateur; le seul équipement nécessaire est constitué par les caisses enregistreuses, une automobile qui sert aussi au transport des marchandises, et le téléphone. Chez Lutin est possédée et gérée par deux personnes — mari et femme, une double direction générale. Le mari s'occupe du contrôle et de l'administration, la femme des achats et des stocks, tous deux passant une partie de leur temps à vendre ou à tenir la caisse de l'un des magasins. Cinquante vendeurs sont placés directement sous leur responsabilité bien qu'ils soient dispersés entre cinq magasins dans un rayon de 50 kilomètres. Il n'y a pas de directeur de magasin : les propriétaires visitent chaque magasin chaque jour. Les seuls autres employés — fonctionnels de support logistique pour ainsi dire — sont une secrétaire et une employée qui passe une partie de son temps à la répartition des stocks entre les magasins. Il n'y a pratiquement pas de système d'information : les problèmes sont communiqués verbalement aux propriétaires au cours de leurs visites. L'entreprise tient cependant un état journalier des ventes, mais les états mensuels et annuels sont généralement établis avec douze mois de retard environ. Il n'y a aucune formation des vendeurs, aucune différenciation (à l'exception des caissiers), pas de planification et pratiquement aucune règle. Inutile de dire que Chez Lutin n'a pas d'organigramme, bien que pour ce livre nous en ayons établi un qui est présenté dans la Figure 17.2.

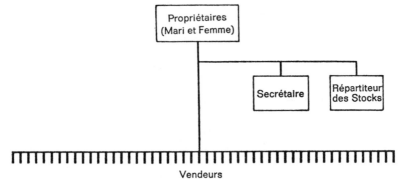

Figure 17.2. — *Chez Lutin* — *La Structure Simple Typique.*

QUELQUES PROBLÈMES DE LA STRUCTURE SIMPLE.

Dans la Structure Simple toutes les décisions — opérationnelles et stratégiques — sont centralisées par la direction générale. **La centralisation présente un avantage important : elle garantit que les décisions stratégiques sont prises avec une parfaite connaissance du centre opérationnel. De plus, elle favorise la flexibilité et l'adaptabilité de la réponse stratégique : il suffit à une personne d'agir. Mais la centralisation peut aussi introduire la confusion entre les questions stratégiques et les questions opérationnelles.** Le directeur général peut être impliqué dans les problèmes opérationnels à un point tel qu'il néglige les considérations stratégiques. Dans l'autre sens, il peut être si enthousiaste à propos des opportunités stratégiques que les opérations plus routinières dépérissent par manque d'attention et finissent éventuellement par amener l'entreprise à une situation critique. On rencontre fréquemment ces deux types de problèmes dans les organisations entrepreneuriales. Dans certaines, l'entrepreneur, qui passe son temps à chercher à conquérir de nouveaux mondes, ne prend jamais le temps de consolider le contrôle que l'organisation a sur un ou deux d'entre eux. Dans d'autres, quand les créanciers arrivent finalement pour fermer l'entreprise, ils trouvent l'entrepreneur dans l'atelier en train de réparer une machine, ignorant la crise.

La Structure Simple est aussi celle qui est la plus risquée, car elle repose sur la santé et la volonté d'un seul individu. Une crise cardiaque peut littéralement balayer le seul mécanisme de coordination de l'organisation. Comme toutes les configurations, la Structure Simple fonctionne en général de façon efficace dans les situations qui lui sont appropriées. Sa flexibilité est bien adaptée aux environnements simples et dynamiques, à ceux qui sont extrêmement hostiles (au moins pour un temps), et aux organisations jeunes et de petite taille. Mais en dehors de cet ensemble restreint de conditions, la Structure Simple devient inadaptée. Sa structure organique l'empêche d'avoir des produits (ou services) standardisés exigés par un environnement qui s'est stabilisé ou par une organisation qui a grandi; et sa centralisation la rend inefficace si l'environnement devient complexe. Malheureusement, lorsque les changements de structure deviennent nécessaires, la seule personne qui ait le pouvoir de les réaliser — le directeur général — résiste souvent. Le plus grand avantage de la Structure Simple — sa flexibilité — devient son inconvénient principal.

Un autre avantage important de la Structure Simple est son sens de la mission. Beaucoup de personnes aiment travailler dans une organisation petite, intime dont le leader — souvent charismatique — sait où il la mène. En conséquence, l'organisation a tendance à croître rapidement, le monde étant pour ainsi dire à ses pieds. Les employés peuvent s'identifier fortement à une telle organisation. Worthy (1950) dit ainsi que les petites organisations sont « des systèmes sociaux mieux intégrés ». Les employés peuvent plus facilement se lier les uns aux autres et au directeur. « Il y a moins de monde, moins de niveaux de la hiérarchie, une division du travail moins poussée. Il est plus facile à l'employé de s'adapter à un système aussi simple et de s'y faire une place. Son travail acquiert plus de signification... parce que lui et les autres peuvent plus facilement voir quelle est son importance relative et sa relation avec les autres fonctions et avec l'entreprise dans son ensemble » (p. 173).

Mais d'autres personnes pensent que la Structure Simple est très restrictive. On la décrit de plus en plus souvent comme paternaliste, parfois autocratique, et on l'accuse de répartir le pouvoir de façon inappropriée. Beaucoup de personnes considèrent aujourd'hui qu'elle est un anachronisme dans des sociétés qui se disent démocratiques. Elle reste pourtant une configuration structurelle importante, prééminente, et le restera tant qu'on créera de nouvelles organisations, que certaines organisations préféreront rester petites et informelles, que d'autres auront besoin d'un pouvoir fort bien qu'elles soient grandes; tant que la société appréciera l'esprit d'entreprise, que de nombreuses organisations se trouveront de façon temporaire face à des environnements extrêmement hostiles ou que des organisations seront dans des environnements simples et dynamiques.

18

LA BUREAUCRATIE MECANISTE

Mécanisme de Coordination principal	Standardisation des procédés de travail.
Partie clé de l'organisation	Technostructure.
Principaux Paramètres de Conception	Formalisation du comportement, spécialisation horizontale et verticale du travail, regroupement en unités généralement fait par fonction, taille des unités élevée, centralisation verticale, décentralisation horizontale limitée, planification de l'action.
Facteurs de contingence	Organisation âgée, de grande taille, système technique régulateur non automatisé, environnement simple et stable, contrôle externe, structure démodée.

Un système postal national, une aciérie, une prison, une compagnie aérienne, un grand constructeur automobile : toutes ces organisations ont en commun un certain nombre de caractéristiques structurelles. Par-dessous tout, leur travail opérationnel est routinier, la plus grande partie en est simple et répétitive, et les procédés de travail sont en conséquence fortement standardisés. Ces caractéristiques sont celles des *Bureaucraties Mécanistes*, qui sont ces structures mises au point avec soin pour fonctionner comme des machines bien intégrées et bien réglées.

Max Weber a été le premier à décrire cette structure où tout est standardisé : les responsabilités, les qualifications, les circuits de communication et le travail, et où il existe une ligne hiérachique clairement définie. C'est le type de structure dont Stinchcombe a montré qu'elle est le produit de la Révolution Industrielle, celle observée par Woodward dans les entreprises de production de masse, par Burns et Stalker dans l'industrie textile, par Crozier dans le Monopole Industriel, par Lawrence et Lorsch dans les entreprises de fabrication d'emballage. C'est celle que le groupe d'Aston appelle « la bureaucratie du flux de travail ».

DESCRIPTION DE LA BUREAUCRATIE MÉCANISTE.

Une configuration des paramètres de conception émerge clairement de la recherche : des tâches opérationnelles routinières et très spécialisées, des procédures très formalisées dans le centre opérationnel, une prolifération de règles, de régulations et de communication formalisée dans toute l'organisation, des unités de grande taille au niveau opérationnel, le regroupement des tâches sur la base des fonctions, une centralisation relativement importante des pouvoirs de décision, une structure administrative élaborée, et une distinction nette entre opérationnels et fonctionnels.

Le Centre Opérationnel. Le point de départ est évidemment le centre opérationnel, avec son flux de travail très rationnalisé. Les tâches opérationnelles sont simples et répétitives, et exigent généralement un minimum de qualification. La formation est donc aussi très réduite : quelques heures, au plus quelques semaines, et elle est généralement réalisée par l'organisation elle-même. Ceci aboutit à une division du travail très poussée dans le centre opérationnel (les postes de travail sont très « étroits », très spécialisés à la fois verticalement et horizontalement), et à une coordination réalisée pour l'essentiel par standardisation des procédés de travail. La formalisation du comportement ressort donc comme un paramètre de conception essentiel. Il reste peu de possibilité pour l'ajustement mutuel dans le centre opérationnel puisque les opérateurs ont une marge de manœuvre faible dans leur travail. L'utilisation de la supervision directe par l'encadrement de premier niveau est elle-même limitée par la standardisation. On peut donc, dans le centre opérationnel, créer des unités de grande taille. (On verra plus loin qu'il existe par ailleurs une autre sorte de supervision nécessaire, liée à la démotivation des opérateurs : elle n'a pas pour but de coordonner leur travail, mais simplement de s'assurer qu'ils le font).

La Ligne Hiérarchique. La régulation étroite du travail opérationnel (c'est-à-dire l'isolation du centre opérationnel des influences perturbatrices de l'environnement) exige une structure administrative très élaborée. Examinons d'abord la ligne hiérarchique : les cadres opérationnels qui en font partie ont trois tâches principales.

D'abord, ils doivent régler les problèmes qui surgissent entre les opérateurs : la plupart des interdépendances opérationnelles sont certes traitées par la standardisation, mais il subsiste inévitablement des ambiguïtés qui donnent naissance à des conflits; et ceux-ci ne peuvent pas être facilement résolus par ajustement mutuel entre les opérateurs car la communication informelle est elle-même inhibée par la standardisation; ils sont donc résolus par la supervision directe de l'encadrement de premier niveau.

Par ailleurs, comme beaucoup de ces conflits apparaissent entre opérateurs qui sont à côté les uns des autres dans le flux de travail, on a tendance dans ces organisations à organiser la supervision sur la base de la proximité, c'est-à-dire à regrouper les postes en unités traitant de parties distinctes du flux de travail : on aboutit à une structure par fonctions pour les unités opérationnelles.

La seconde tâche de l'encadrement est d'assurer la liaison entre la technostructure et les unités opérationnelles pour y incorporer les standards élaborés par les analystes (ce qui explique aussi pourquoi ces unités sont regroupées par fonction).

La troisième tâche de l'encadrement est de servir de support au flux vertical d'information dans la structure : la montée des informations, de plus en plus agrégées, et la descente des plans d'action, de plus en plus précis. Toutes ces tâches exigent des contacts personnels — avec les subordonnés, les supérieurs et les analystes — qui limitent le nombre de personnes pouvant être supervisées. Par conséquent, les unités situées au-dessus du centre opérationnel ont tendance à être relativement petites; la pyramide hiérarchique administrative est donc dans l'ensemble de forme pointue.

La Technostructure. La Bureaucratie Mécaniste dépend essentiellement, pour assurer sa coordination, de la standardisation de ses procédés de travail opérationnel :la technostructure, qui regroupe les analystes effectuant cette standardisation, émerge donc comme une partie essentielle de la structure.

Bien qu'ils n'aient pas d'autorité formelle, les analystes ont donc un pouvoir informel considérable, qu'ils acquièrent aux dépens des opérateurs, mais aussi des membres de l'encadrement de premier niveau puisque la standardisation « institutionnalise » une bonne part de leur travail. De fait, au premier niveau de l'encadrement, le travail peut être soumis à un nombre de contraintes tel qu'on peut à peine dire que les cadres y ont la *responsabilité* de leur unité. Le cas classique est celui de l'agent de maîtrise sur chaîne de montage : la Figure 18.1. montre le réseau serré des contraintes, technocratiques et autres, dans lequel se trouve un tel agent de maîtrise, d'après une observation de Paterson (1969). Mais ce phénomène n'est pas limité aux usines des entreprises industrielles : Anthony Jay (1970) a rencontré de telles contraintes dans son travail de chef d'un département de production de programmes télévisés à la BBC.

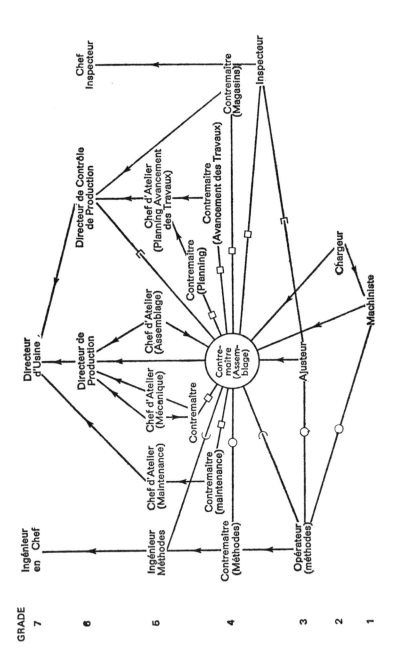

Figure 18.1. — *Le Contremaître au milieu des forces technocratiques*
(d'après Paterson, 1969, p. 164).

L'insistance mise sur la standardisation déborde largement le centre opérationnel de la Bureaucratie Mécaniste, et l'influence des analystes également. Comme l'explique Worthy (1959), les premiers partisans de la gestion scientifique ont trouvé que « c'était très bien d'organiser le travail dans l'atelier, mais, dès que tout y fut bien sous contrôle... les spécialistes de gestion scientifique se sont rapidement préoccupés d'étendre leur contrôle à toute l'entreprise » (p. 75-76). Ainsi, **les règles et les procédures font sentir leur influence dans toute la structure de la Bureaucratie Mécaniste; on y préfère la communication formelle à tous les niveaux; la prise de décision a tendance à y suivre les lignes formelles de la hiérarchie.** Le flux des informations et des décisions ressemble au système de flux régulés que nous avons présenté au chapitre 3 (Figure 3.2.); cette ressemblance est plus accentuée dans la Bureaucratie Mécaniste que dans toute autre configuration. (Ceci ne signifie pas que le travail des cadres dirigeants y est rigide et formalisé mais plutôt qu'à tous les niveaux de la hiérarchie, le comportement y est *relativement* plus formalisé que toutes les autres configurations structurelles).

Il existe une autre conséquence de cette formalisation à tous les niveaux : en général, **des cinq configurations structurelles, c'est la Bureaucratie Mécaniste qui met le plus l'accent sur la division du travail et la différenciation entre les unités sous toutes leurs formes : division verticale, horizontale du travail, différence entre opérationnels et fonctionnels, différence entre les niveaux hiérarchiques, entre les fonctions et entre les statuts.**

La Bureaucratie Mécaniste est donc en général la structure qui fonctionne le plus en accord avec les principes classiques du management : la hiérarchie définie avec précision, l'unité de commandement soigneusement maintenue ainsi que la direction entre opérationnels et fonctionnels. L'erreur réelle ainsi commise par les théoriciens classiques ne réside pas dans leurs principes en soi, mais dans l'affirmation que ces principes sont de portée universelle : ils ne s'appliquent en fait qu'à la Bureaucratie Mécaniste, et, comme nous le verrons, à une autre de nos cinq configurations structurelles [1].

L'obsession du contrôle. Tout ce que nous venons de voir suggère que **la Bureaucratie Mécaniste est une structure dans laquelle existe une obsession : le contrôle.** Une mentalité du contrôle y est répandue, du haut en bas de la structure. Trois citations illustrent ceci, prises à trois niveaux différents de la hiérarchie. D'abord, vers le bas de la structure, voici comment un chef d'atelier de montage de Ford décrit son travail :

Je regarde ma montre tout le temps. Je fais le tour de ma chaîne à peu près une fois toutes les heures. A six heures et demie environ, je passe aux relations sociales pour voir qui est absent. A sept heures, je passe à la fin de la

---

1. Cette autre configuration est, comme nous le verrons, la Structure Divisionnalisée. Pour rendre justice aux auteurs classiques, une et peut-être deux des trois autres configurations existaient à peine en 1916, au moment où Fayol a publié ses premiers travaux importants : l'Adhocratie est une innovation structurelle postérieure à la Seconde Guerre mondiale, et la Bureaucratie Professionnelle ne s'est développée qu'au cours du xxe siècle. On peut seulement reprocher à Fayol d'avoir ignoré la Structure Simple, bien que ceux qui l'ont suivi (et certains jusqu'à ce jour) puissent faire l'objet de plus de critiques car ils ont ignoré les innovations structurelles importantes qui se développaient autour d'eux.

chaîne. Je vérifie la peinture, les griffures, les dégâts. Vers dix heures, je commence à discuter avec les agents de maîtrise. Je m'assure qu'ils sont bien réveillés, et qu'ils s'occupent de ce dont ils ont la responsabilité. Comme ça, on peut fermer la fin de la chaîne à deux heures en ayant tout nettoyé. Le vendredi soir, c'est la paye pour tout le monde et ils cherchent à sortir aussi vite qu'ils le peuvent. Je dois les garder sur la chaîne. Je ne peux pas me permettre de les laisser sortir en avance. On ne peut pas avoir de trous, il ne doit rien y avoir qui cloche (cité par Terkel, 1972, p. 186).

On ne s'étonnera pas de voir qu'il « existe un mot allemand, **Fordismus,** qui représente à lui seul la productivité industrielle maximale où toute autre considération laisse la place à la tyrannie de l'efficacité économique » (Parkinson, 1974, p. 60). Aux niveaux intermédiaires de la hiérarchie, la situation peut être différente, mais la mentalité du contrôle reste la même :

... un ingénieur de développement n'est pas en train de faire ce pour quoi il est payé s'il n'est pas devant sa planche à dessin, et ainsi de suite. La direction a la même réaction instinctive lorsqu'elle trouve des personnes en train de se déplacer, quand des individus qu'elle veut voir ne sont pas « à leur place ». Ces cadres ne peuvent pas avoir confiance dans leurs subordonnés si ces derniers ne sont pas physiquement et visiblement « au travail ». Quand se fit jour un besoin de « meilleures communications », leur réponse fut donc de créer des spécialistes rivés à leurs postes... (Burns, 1971, p. 52-53).

Et au sommet stratégique :

Quand j'étais président de cette grande entreprise, nous vivions dans une petite ville de l'Ohio, où était située la principale usine. L'entreprise spécifiait avec qui vous pouviez avoir des contacts sociaux, et jusqu'à quel point (son épouse ajoute : « qu'elles étaient les femmes avec lesquelles vous pouviez jouer au bridge »). La femme du président pouvait faire ce qu'elle voulait à condition que ce soit avec grâce et dignité. Dans une petite ville ils n'avaient pas besoin de vous contrôler. Tout le monde savait tout (cité par Terkel, 1972, p. 406).

L'obsession du contrôle reflète deux aspects de ces organisations. D'abord, **tout est fait pour éliminer l'incertitude, de façon à ce que la machine bureaucratique puisse fonctionner sans interruption, en douceur.** En second lieu, **dans leur conception même, les Bureaucraties Mécanistes sont des structures où les conflits sont abondants : les systèmes de contrôle sont nécessaires pour les contenir.** La division extrême du travail, la différenciation forte entre les départements, la distinction rigide entre opérationnels et fonctionnels, les problèmes de motivation causés par le travail routinier du centre opérationnel, tous ces éléments sont générateurs de conflits. Comme Woodward (1965) le remarque, les systèmes sociaux et techniques idéaux ne correspondent pas dans ce type de structure :

Il était évident... que le réseau de relations le meilleur pour la production, n'est pas nécessairement le meilleur pour les individus... on ne pouvait certainement pas dire que les entreprises les plus efficaces étaient celles où les relations étaient les meilleures, et où l'identification du personnel à l'entreprise était la plus forte (p. 45).

D'où le développement d'une mentalité du contrôle partout présente : dans la Bureaucratie Mécaniste, le problème n'est pas de créer une atmosphère ouverte où les individus peuvent résoudre les conflits en communiquant, mais de mettre en œuvre, par la contrainte, un système fermé et étroitement contrôlé où le travail peut être fait malgré les individus.

L'obsession du contrôle explique aussi la prolifération des fonctions logistiques dans ces structures : ces organisations pourraient souvent acheter les services correspondants, mais ceci les exposeraient à des incertitudes externes — risquant de perturber le flux de travail qu'elles cherchent si intensément à réguler.

Le Sommet Stratégique. Dans ces organisations, les cadres du sommet stratégique se préoccupent pour une large part du réglage minutieux de leur machine bureaucratique. Comme le note R.G. Hunt (1970), ces organisations sont plus orientées vers l'amélioration des performances que vers la résolution des problèmes. Mais là ne s'arrête pas le travail du sommet stratégique : **une bonne partie de l'énergie de la direction générale est consacrée au maintien de l'intégrité de la structure malgré les conflits.** Comme nous l'avons noté, les conflits ne sont pas *résolus* mais *contenus,* de telle façon que le travail puisse se faire; ils sont comme accumulés dans une bouteille dont le bouchon est naturellement situé au sommet : c'est en dernier ressort à la direction générale de contenir les conflits.

La supervision directe est aussi une préoccupation importante de la direction générale. Aux niveaux intermédiaires de l'organisation, la formalisation est d'application limitée car le travail est plus complexe et moins prévisible que dans le centre opérationnel. La coordination entre les unités des niveaux intermédiaires très différenciées (comme le développement, le marketing et la production dans les entreprises de production de masse) requiert souvent un mécanisme flexible. L'utilisation de l'ajustement mutuel paraît s'imposer, mais l'usage qu'on peut en faire est limité par les divers blocages à la communication informelle qui existent dans l'organisation : différence de statut entre opérationnels et fonctionnels, entre cadres à différents niveaux de la hiérarchie, différenciation nette entre unités au même niveau de la hiérachie, importance accordée à la communication formelle et aux relations hiérachiques. (Dans le continuum des mécanismes de liaison de la Figure 10.5., seuls les mécanismes de premier ordre, comme les postes de liaison et peut-être les comités permanents, sont susceptibles d'être utilisés; une structure matricielle, par exemple, détruirait la ligne hiérarchique et le principe d'unité de commandement qui sont des éléments d'importance centrale dans la bureaucratie mécaniste). La supervision directe reste donc très nécessaire dans ce type de structure : les cadres dirigeants du sommet stratégique doivent fréquemment intervenir dans les activités de la ligne hiérarchique pour y coordonner les activités; ils sont les seuls généralistes de la structure, les seuls qui aient une perspective suffisamment large pour pouvoir le faire : tous les autres sont des spécialistes dont les préoccupations sont limitées à un chaînon du processus de travail.

Tout ceci nous amène à conclure que, **dans la Bureaucratie Mécaniste, les cadres du sommet stratégique ont un pouvoir considérable.** Il s'agit donc d'une structure relativement centralisée; parmi nos cinq configurations, elle vient en fait au second rang pour la centralisation, juste derrière la Structure Simple. Le pouvoir *formel* est clairement situé au sommet : hiérarchie et autorité sont des éléments essentiels. Mais une bonne partie du pouvoir *informel* se trouve aussi au sommet puisque c'est là que réside le savoir, la perspective d'ensemble. Le pouvoir de l'encadrement est relativement faible, et celui des opérateurs est pratiquement nul (sauf comme nous le verrons plus loin, le pouvoir de perturber les opérations). **Les seules personnes qui disposent aussi de pouvoir informel sont les analystes de la technostructure.** La Bureaucratie Mécaniste est donc centralisée verticalement, et décentralisée horizontalement de façon limitée.

L'Elaboration et l'Exécution de la Stratégie. Dans ces structures, la stratégie émane clairement du sommet stratégique qui dispose à la fois du pouvoir et de la perspective d'ensemble. **Le processus stratégique se déroule nettement du haut vers le bas, et la planification des actions y joue un rôle essentiel.** Comme nous l'avons vu au chapitre 9, l'information nécessaire remonte jusqu'au sommet stratégique où une stratégie d'ensemble est formulée. Puis cette dernière descend la ligne hiérarchique pour la mise en œuvre par le moyen de programmes puis de plans d'action.

Ce processus stratégique a deux caractéristiques notables. D'abord, il est supposé être totalement rationalisé. Toutes les décisions de l'organisation doivent être liées en un système étroitement intégré. Les problèmes exceptionnels remontent la ligne hiérarchique et sont traités dès qu'ils atteignent un niveau où tous les aspects de la question sont placés sous la responsabilité d'une même personne; ils remontent éventuellement jusqu'au sommet stratégique s'ils concernent plusieurs des fonctions majeures de l'organisation. Dans l'autre sens, les décisions descendent pour être mises en œuvre. La structure qui émerge n'a pas l'aspect d'un ensemble de constellations où des groupes situés à différents niveaux ont la responsabilité de décisions diverses; elle ressemble plutôt à une hiérarchie des fins et des moyens où des cadres situés à des niveaux différents de la hiérarchie s'occupent des mêmes types de décision avec un niveau de spécificité qui s'accroît à mesure qu'on descend la hiérarchie.

Le processus stratégique a une seconde caractéristique : il existe une distinction très nette entre les phases d'élaboration de la stratégie (réalisée par le sommet stratégique) et de sa mise en œuvre (réalisée par la hiérarchie). Cette distinction est extrêmement claire dans l'organisation militaire, où le « haut commandement » élabore la stratégie d'ensemble, et où les unités combattantes l'exécutent.

La Figure 18.2. montre la Bureaucratie Mécaniste comme une version particulière de notre schéma de base, avec une technostructure et des fonctions logistiques très développées et focalisées sur le centre opérationnel, avec

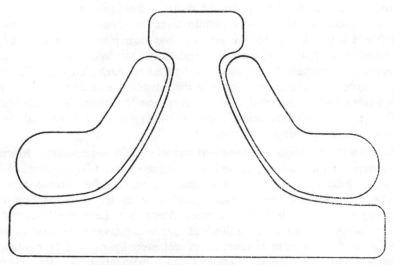

Figure 18.2. — *La Bureaucratie Mécaniste.*

des unités opérationnelles de grande taille, et des unités plus petites au niveau de la hiérarchie pour refléter la forme pointue de la pyramide hiérarchique.

LE CADRE D'EXISTENCE DE LA BUREAUCRATIE MÉCANISTE.

La Bureaucratie Mécaniste est définie avant tout, nous l'avons vu, par l'existence d'un flux de travail hautement rationalisé, où les tâches sont simples et répétitives. Nous voyons maintenant qu'**on rencontre ce type de travail essentiellement dans des environnements simples et stables.** Dans un environnement complexe, le travail ne peut pas être rationalisé et décomposé en tâches simples; dans un environnement dynamique, le travail ne peut pas être prévu à l'avance : on ne peut donc pas le rendre répétitif, ni par conséquent le standardiser.

Par ailleurs, **on trouve surtout la structure de Bureaucratie Mécaniste dans des organisations qui sont matures, qui sont assez grandes pour avoir un volume de travail opérationnel permettant la répétition et la standardisation, qui sont assez âgées pour avoir pu décider des normes qu'elles veulent utiliser.** C'est le type d'organisation qui a déjà rencontré toutes les situations et qui a développé une procédure standard pour chacune d'entre elles. Ces organisations sont clairement à la seconde étape de leur développement structurel, comme nous l'avons décrit au chapitre 13, elles proviennent de Structures Simples qui ont grandi et qui ont vieilli.

Les Bureaucraties Mécanistes ont aussi généralement des systèmes techniques régulateurs : ces systèmes rendent le travail routinier et en permettent donc la standardisation. Ces systèmes peuvent être très simples, ils sont au plus modérément sophistiqués : les systèmes techniques très sophistiqués requièrent une délégation de pouvoirs considérables à des fonctionnels, ce qui aboutit à une décentralisation incompatible avec la structure de Bureaucratie Mécaniste. Le système technique ne peut pas non plus être automatisé, car l'automatisation élimine le travail opérationnel routinier et débureaucratise la structure, aboutissant à une autre configuration. Ainsi, même si l'organisation peut avoir intensément recours à la mécanisation et à l'informatique parce que son travail est standardisé, elle demeure une Bureaucratie Mécaniste tant que l'usage de ces moyens laisse subsister un centre opérationnel essentiellement composé d'opérateurs non qualifiés.

Une autre condition fréquemment associée à la Bureaucratie Mécaniste est l'existence d'un contrôle externe de l'organisation. L'Hypothèse 14 nous indique que plus une organisation est soumise à un contrôle externe important, plus elle est centralisée et formalisée, et on a là les deux paramètres de conception principaux de la Bureaucratie Mécaniste. Le contrôle externe est souvent plus étroit pour les organisations gouvernementales donnant naissance à une forme fréquemment rencontrée de cette configuration : *la bureaucratie mécaniste publique.* Nombre d'agences gouvernementales — les postes, le service de perception des impôts — sont bureaucratiques non seulement parce que leur travail est routinier, mais aussi parce qu'elles sont responsables de leurs décisions vis-à-vis de la collectivité. Tout doit y être équitable, et surtout le traitement des clients et celui des employés (leur recrutement, leur promotion). Le groupe d'Aston distingue les organisations qui sont bureaucratiques à cause du flux de travail, celles qui le sont à cause des procédures de gestion de personnel; il note que les « bureaucraties complètes », celles qui sont bureaucratiques pour les deux raisons à la fois, sont « typiquement des organisations gouvernementales » (Inkson et al., 1970, p. 323; voir aussi Pugh et al., 1969 a).

Puisque le contrôle est le point fort de la Bureaucratie Mécaniste, il est logique de constater que les organisations dont la raison d'être est le contrôle — contrôle des prix, prisons, police — sont attirées vers cette configuration, parfois en dépit de conditions qui en exigeraient une autre [2]. Comme le remarque Loevinger (1968), « de façon typique, la bureaucratie est la structure, la régulation est la fonction, et chacune des deux implique l'autre » (p. 15). De la même façon, McCleery (1957) décrit la « prison de type autoritaire », obsédée par sa mission carcérale (plutôt que par la réhabilitation) : c'est une organisation « totalitaire en ce sens que tous les processus nécessaires à la vie entre les murs sont soumis à des règlements détaillés » (p. 10).

Une autre condition qui conduit l'organisation à adopter une structure de Bureaucratie Mécaniste est le besoin de sécurité : les compagnies aériennes et les corps de pompiers doivent minimiser les risques qu'ils prennent. Les organisations de ce type sont donc conduites à formaliser leurs procédures de façon étendue pour garantir qu'elles soient suivies à la lettre. Il y

---

2. Nous verrons au chapitre 19 que de nombreuses forces de police, qui par tous leurs autres objectifs paraissent devoir être structurées comme des Bureaucraties Professionnelles, sont en fait poussées vers la Bureaucratie Mécaniste à cause de leur orientation vers le contrôle et du besoin de justification de leurs actions vis-à-vis de l'extérieur.

aurait peu de monde dans les avions si les compagnies aériennes avaient une structure organique, où les techniciens de l'entretien feraient ce qui les intéresse selon l'inspiration du moment plutôt que de faire les contrôles en suivant une liste précise, et où les pilotes détermineraient la procédure d'atterrissage par temps de brouillard le jour où ils rencontrent ces conditions climatiques. De la même façon, une brigade de sapeurs pompiers ne peut pas se permettre, lorsqu'elle arrive sur le lieu de l'incendie, d'attendre les ordres du chef ou de discuter pour savoir qui attachera le tuyau à la borne d'incendie et qui montera à l'échelle. L'environnement de ces organisations peut paraître dynamique mais en fait, la plupart des contingences qu'elles rencontrent sont prévisibles — l'organisation les a rencontrées souvent — et des procédures ont donc pu être développées pour y faire face. (Un événement imprévu contraint bien entendu l'organisation à retourner à une structure organique). Des organisations comme les corps de sapeurs pompiers peuvent également être qualifiées de *bureaucraties de contingence.* Elles n'ont pas pour mission de fournir des services routiniers, mais de se tenir prêtes pour le cas où des travaux non routiniers leur sont demandés. Comme ces services sont d'importance critique, ces organisations doivent élaborer des procédures détaillées pour répondre de façon rapide et efficace à tous les événements qui peuvent être prévus. Les opérateurs y passent leur temps à apprendre ces procédures, à s'exercer, et à atteindre l'événement en espérant qu'il s'agira d'une des hypothèses prévues.

Exemples de Bureaucraties Mécanistes. *Les entreprises de production de masse* sont peut-être le type le plus connu de Bureaucratie Mécaniste. Le flux de travail opérationnel y a la forme d'une chaîne continue d'opérations standardisées, qui va de la réception des matières premières à la livraison des produits finis, où les unités sont généralement regroupées par fonctions comme l'illustre la Figure 18.3. Dans certaines entreprises de ce type, de taille gigantesque, les économies d'échelle sont telles que la structure par fonction est maintenue jusqu'au sommet de la hiérarchie. De la même façon, certaines entreprises de production en continu qui ne parviennent pas à automatiser leurs opérations et qui doivent s'appuyer sur un effectif important pour produire, ont tendance à adopter une structure de Bureaucratie Mécaniste[3]. La Figure 18.4. montre par exemple l'organigramme d'une grande entreprise sidérurgique, structure par fonctions du bas jusqu'en haut.

Dans le cas des Bureaucraties Mécanistes gigantesques, on assiste à une modification intéressante de la relation entre la formalisation de la structure et la stabilité de l'environnement. Ces organisations ont par nature un intérêt énorme à ce que l'environnement soit stable : elles ne peuvent pas maintenir leur énorme système technique. Ainsi, alors que dans le passé elles se sont peut-être bureaucratisées parce que leur environnement était stable, elles se sont trouvées de plus en plus, à mesure de leur croissance, dans une position où il leur fallait stabiliser leur environnement parce qu'elles étaient bureau-

---

3. La contradiction avec Woodward, qui décrit la structure des entreprises de fabrication en continu comme organique, paraît provenir d'une hypothèse qu'elle fait dans son travail, selon laquelle les systèmes techniques de production sont toujours largement automatisés.

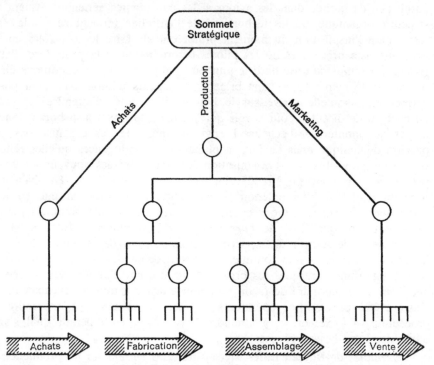

Figure 18.3. — *La Chaîne Opératoire Segmentée en Département dans l'Entreprise de Production de Masse.*

cratiques. Comme le note Worthy (1959), les premiers partisans de la gestion scientifique, après avoir commencé à réguler la structure administrative, n'ont pas tardé à porter leur attention sur l'environnement : « ... il y avait des pressions externes s'exerçant sur l'entreprise elle-même qu'il fallait organiser et contrôler avant que la gestion scientifique ne puisse s'appliquer » (p. 76). Les entreprises gigantesques de secteurs comme les transports, le tabac et la sidérurgie sont bien connues pour leurs tentatives de contrôle sur les forces de l'offre et de la demande, en utilisant la publicité, les contrats de fourniture de matières premières à long terme, parfois par l'établissement de cartels et, comme nous l'avons vu plus haut, le développement de fonctions de support logistique qui intègrent à l'entreprise des activités extérieures. Elles ont aussi adopté des stratégies « d'intégration verticale », qui aboutissent à l'absorption par l'entreprise d'activités situées en amont et en aval de la chaîne de production : l'entreprise devient alors son propre fournisseur et son propre client et peut réguler encore plus son processus de production. La grande entreprise sidérurgique dispose de ses propres mines de fer pour bénéficier d'une fourniture stable de matières premières à des prix qu'elle contrôle, et crée une entreprise de construction pour assurer ses propres débouchés. En fait, lorsqu'elle devient assez grande, la Bureaucratie Mécaniste peut étendre son contrôle à l'environnement, cherchant à réguler tout ce qui peut venir perturber ses opérations routinières.

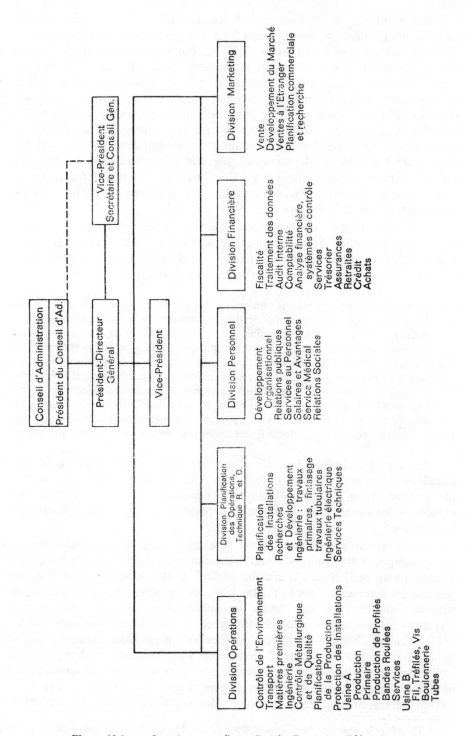

Figure 18.4. — *Organigramme d'une Grande Entreprise Sidérurgique.*

Bien entendu, la Bureaucratie Mécaniste n'est pas une configuration adoptée uniquement par des organisations qui sont grandes, industrielles ou même du secteur privé. Beaucoup de petits fabricants, par exemple dans le secteur des meubles ou dans celui de la papeterie, préfèrent cette structure parce que leur travail opérationnel est simple et répétitif. Beaucoup d'entreprises de services, que l'on peut appeler des *bureaucraties de « cols blancs »*, l'utilisent pour les mêmes raisons, même si leurs opérations ne sont pas intégrées en une chaîne unique. Les ouvriers de la chaîne de montage sont remplacés par des employés de bureau dans les compagnies d'assurance, par des standardistes dans les services téléphoniques, par des guichetiers dans les banques. Leur production ne ressemble pas à celle d'une usine, mais leur travail opérationnel, qui est, comme à l'usine, routinier et non professionnel, n'en est pas moins susceptible d'être formalisé.

Dans le secteur de la restauration rapide, la « chaîne Murray » est peut-être l'exemple parfait d'une Bureaucratie Mécaniste [4]. La serveuse de Montréal a le même aspect que la serveuse de Halifax. Les œufs brouillés avec pommes de terre persillées ont le même goût à Sudbury et à Ottawa.

> « Chaque plat de Murray est confectionné à partir d'une « Formule » soigneusement imprimée sur une carte de dix centimètres sur quinze. Ces cartes indiquent exactement à chaque cuisinier ce qu'il faut utiliser et comment l'utiliser (« utilisez une lame de 0,5 cm pour couper... »). Tant que le cuisinier sait lire, il n'a pas besoin d'être un cordon bleu... Et puis, il y a aussi les cartes contenant les Formules pour le service : elles indiquent au cuisinier où il faut mettre le persil et comment il faut disposer la purée sur l'assiette... Même les menus font partie de la Formule. Ils sont établis selon un cycle de 21 jours... Les prix ne sont changés que deux fois par an. Les planificateurs considèrent qu'il serait trop onéreux de réimprimer des milliers de menus qui changent rarement [4].

Le respect de la Formule Murray est étroitement contrôlé depuis le siège social de l'entreprise, à Montréal. Les restaurants sont tous situés dans la partie centrale du Canada; Murray n'a jamais étendu ses opérations vers l'Ouest : « La distance est synonyme de perte de contrôle, de déviation de la Formule [4]. »

Autre exemple de Bureaucratie Mécaniste, celui d'un grand hôtel de centre ville, de 600 chambres, dont l'organisation a été analysée par un groupe d'étudiants en gestion de l'Université McGill. Cette entreprise, dont l'organigramme est représenté dans la Figure 18.5., est apparue comme la plus mécaniste de celles qui ont fait l'objet des études de ce groupe. Dans ce type d'entreprise, la structure dépend étroitement d'installations qui sont permanentes. Quand l'hôtel est construit, sa localisation est fixée de même que sa taille et, pour une large part, la nature de ses chambres; et donc, en fait, sa stratégie produit-marché. Son succès, par la suite, dépend essentiellement de l'efficacité avec laquelle l'entreprise peut réguler ses opérations à la satisfaction de ses clients. Ces derniers ont des attentes précises : ils veulent la

---

4. D'après « If you like John Diefenbaker... », par M. Enright, week-end Magazine, The Montreal Star, 30 septembre 1972.

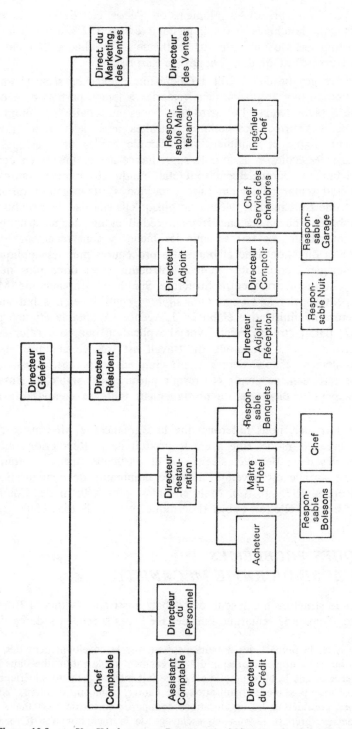

Figure 18.5. — *Un Hôtel comme Bureaucratie Mécaniste de Cols Blancs.*

stabilité, pas la surprise. Au moment où j'écris ces lignes, une des plus grandes chaînes hôtelières (dans laquelle il existe 152 normes à respecter), fait une campagne de publicité sur le thème : « A chaque Holiday Inn, la meilleure surprise est qu'il n'y a pas de surprise. »

Un autre groupe de McGill a étudié une agence de sécurité et de gardiennage comportant 1 200 gardiens (salariés à temps partiel) et neuf cadres travaillant à plein temps. Les gardiens, payés au salaire minimum ou peu s'en faut, étaient surtout des hommes, retraités, assez âgés. Leur travail était extrêmement simple et routinier, par exemple garder des passages cloutés au voisinage des écoles et assurer la surveillance des bâtiments en dehors des heures de bureau. Parallèlement tout était rendu absolument routinier et la structure était remarquablement bureaucratique. Cette organisation n'est pas réellement une Bureaucratie Mécaniste puisqu'elle n'a pas de structure hiérarchique élaborée : elle a un encadrement réduit et une technostructure pratiquement inexistante. Le fait est que les tâches y sont tellement simples et stables que la direction a pu élaborer des procédures puis les appliquer telles quelles, presque à perpétuité : la technostructure n'est donc plus nécessaire. On a en fait un hybride entre Structure Simple et Bureaucratie Mécaniste que l'on peut appeler *la bureaucratie simple :* centralisée, très bureaucratique sans structure administrative élaborée. L'Agence Comptable étudiée par Crozier (1962) paraît être du même type; l'explication que ce dernier en donne est la suivante : « La technique du travail est très élémentaire et n'a pas fondamentalement changé depuis trente-cinq ans » (p. 15). Ainsi, **quand le travail est extrêmement simple et presque parfaitement stable, la Bureaucratie Mécaniste peut se dispenser de pratiquement toute sa composante administrative.**

Pour terminer, nous noterons que la Bureaucratie Mécaniste n'est plus une structure à la mode. Elle a été le produit de la Révolution Industrielle. Au cours des deux derniers siècles — et particulièrement au tournant de notre siècle — elle est devenue la forme dominante de configuration structurelle (Rogers, 1975, p. 83). Mais elle n'est plus à la mode. Comme nous le verrons bientôt, elle fait l'objet de critiques venant de tous côtés.

QUELQUES PROBLÈMES DE LA BUREAUCRATIE MÉCANISTE.

Aucune structure n'a suscité des débats aussi animés que la Bureaucratie Mécaniste. Comme le remarque l'un des meilleurs spécialistes de ce domaine :

> D'un côté, la plupart des auteurs pensent que le développement des organisations bureaucratiques correspond à l'avènement de la rationalité dans le monde moderne et que la bureaucratie est de ce fait intrinsèquement supérieure à toute autre forme possible d'organisation. De l'autre, beaucoup d'auteurs, souvent les mêmes, considèrent les organisations comme de sortes de Leviathans à travers lesquels se prépare la mise en esclavage de la race humaine (Crozier, 1962, p. 216).

Weber a bien entendu insisté sur le premier de ces points de vue, et la comparaison de ces organisations avec des machines vient directement de ses écrits :

La raison décisive du développement des organisations bureaucratiques a toujours été leur supériorité purement technique sur toutes les autres formes d'organisation. Les mécanismes bureaucratiques complètement développés sont en regard des autres organisations exactement comme la machine par rapport aux méthodes non mécaniques de production.

La précision, la vitesse, l'absence d'ambiguïté, la connaissance des dossiers, la continuité, le discernement, l'unité, la subordination stricte, la réduction des frictions, celle des coûts matériels et de personnel; tout est amené au point optimal dans l'administration strictement bureaucratique... (Gheert et Mills, 1958, p. 214).

Une machine est certes précise; elle est aussi fiable et facile à contrôler; et elle est efficace au moins quand elle accomplit le travail pour lequel elle a été conçue. **Quand un ensemble intégré de tâches simples et répétitives doit être réalisé avec précision et constance par des individus, la Bureaucratie Mécaniste est la structure la plus efficace, en fait la seule qui soit concevable.**

Mais les caractéristiques qui sont la source de l'efficacité de ce type de structure sont aussi à l'origine de tous ses désavantages. Les machines sont composées de parties mécanique; les organisations comprennent, en plus, des individus, et c'est là que l'analogie prend fin. Nous présenterons d'abord des problèmes humains qui surgissent dans le centre opérationnel lorsque les individus considèrent qu'ils sont plus que des facteurs mécaniques de production. Nous discuterons ensuite des problèmes de coordination que l'on rencontre dans la partie administrative de l'organisation lorsque les conflits ne peuvent être résolus en ayant recours à la standardisation.

Mais, dans un autre sens, l'analogie avec la machine est valable; elle nous aidera à définir un troisième ensemble de problèmes liés à l'adaptabilité au niveau du sommet stratégique : les machines sont conçues dans des buts précis; il est extrêmement difficile de les modifier lorsque les conditions changent.

Les Problèmes Humains dans le Centre Opérationnel. James Worthy (1959), qui était alors un dirigeant de Sears et Roebuck a fait dans son livre *Big Business and Free Men* une critique pénétrante et mordante de la Bureaucratie Mécaniste. Il voit l'origine des problèmes humains qui affectent ces structures dans le mouvement de gestion scientifique qui a balayé les Etats-Unis puis l'Union soviétique [5] dans le premier tiers du siècle. Il considère

---

5. C'est en Union soviétique que la gestion scientifique eut son développement « le plus florissant », encouragé par Lénine « comme un moyen pour accélérer la production industrielle » (p. 77). Worthy note, de plus, « les parallèles intéressants qui existent entre le communisme et la gestion scientifique. Dans les deux cas, les ouvriers sont considérés comme des moyens plutôt que comme des fins, comme des exécutants plutôt que comme des individus capables de planifier et de prendre des initiatives, comme des personnes qu'il faut manipuler — par la persuasion si c'est possible, par la coercition si c'est nécessaire — dans d'autres intérêts et pour d'autres besoins que les leurs » (p. 78). Worthy établit aussi un parallèle dans

son fondateur, Frederick Taylor, comme le type même de personnalité attirée vers la Bureaucratie Mécaniste :

> L'obsession qu'il avait de contrôler son propre environnement s'exprimait dans tout ce qu'il faisait : dans sa vie à la maison, sa façon de s'occuper du jardin, de faire du golf; même sa promenade de l'après-midi n'était pas une affaire imprévue mais quelque chose qui devait être soigneusement planifié et suivi à la lettre. Rien n'était laissé au hasard si d'une façon ou d'une autre le hasard pouvait être évité...
>
> Ses écrits et sa biographie donnent l'impression d'une personnalité rigide, d'un individu qui ne se sent pas en sécurité, désespérément effrayé par l'inconnu et par l'inattendu, capable de faire face uniquement si tout a été fait pour garder le monde à sa place et se garantir contre tout ce qui pourrait perturber des plans réalisés avec soin et avec effort (p. 74-75) [6].

Worthy reconnaît la contribution qu'a faite Taylor à l'efficacité prise au sens restreint du terme. Cependant, la détermination qu'avait Taylor de soustraire « tout le travail intellectuel possible » (p. 67) de l'atelier a aussi retiré toute initiative aux personnes qui y travaillaient. Taylor « concevait le rôle des individus dans l'organisation exactement comme celui des parties dans un mécanisme » (p. 65-66). Pour ceux qui ont hérité du point de vue de Taylor, « la nature humaine est une gêne, inévitable peut-être mais certainement regrettable, qu'il faut autant que possible canaliser » (p. 79). **Traiter les individus comme des « moyens », comme des catégories de statuts et de fonctions plutôt que comme des individus » a eu pour « conséquence de détruire le sens même du travail »** (p. 70).

Ne pas « reconnaître et utiliser convenablement la ressource la plus précieuse dont dispose la direction — c'est-à-dire les capacités multiples et complexes des individus » — a été la source d'un « gâchis fantastique pour l'industrie et la société » (p. 69, 70). Les organisations ont payé cher cette attitude sous diverses formes de résistance des opérateurs — absentéisme, rotation du personnel, mauvaise exécution du travail, grèves et même sabotage (Björk, 1975).

Mais, comme nous l'avons vu au chapitre 4, s'il est vrai que certaines personnes ont horreur du travail routinier, il est aussi réel que d'autres l'apprécient, peut-être parce qu'ils en aiment la régularité, peut-être parce qu'ils arrivent à bien connaître leur travail, ou parce que ce travail satisfait leur

---

l'autre direction, entre la structure régulée et le gouvernement centralisé. Traitant de la défiance des Américains vis-à-vis de la planification nationale, il fait le commentaire suivant : « Mais s'il y avait une récession sérieuse, si le fonctionnement harmonieux des marchés s'effondrait face à l'adversité économique, les habitudes de pensées orientées vers l'organisation mécaniste de l'entreprise conduiraient facilement à penser en terme d'une organisation mécaniste de l'économie » (p. 79).

6. Worthy retrace la diffusion de la même mentalité chez les successeurs de Taylor, de l'atelier à la structure administrative, et jusqu'à l'environnement de l'organisation et même la société dans son ensemble, culminant dans la proposition faite en 1916 par Gantt d'une « fantastique organisation nommée 'La Nouvelle Machine'... apparemment une sorte d'Etat-Entreprise, à peine entrevu, dont le système économique consisterait pour une large part d'entreprises publiques — gérées, bien sûr, par des ingénieurs formés à la gestion scientifique » (p. 76-77).

besoin d'ordre et sécurité. D'autres personnes ne peuvent pas tolérer le travail qui leur est offert dans les bureaucraties Mécanistes peut-être parce qu'ils ont besoin d'un travail créatif qui leur permette de s'exprimer, peut-être parce qu'ils n'aiment pas qu'on leur dise ce qu'il faut faire.

Il n'y a pas de problème tant que chacun peut trouver le travail qui lui convient. Mais ce n'est apparemment pas le cas. Il semble y avoir dans notre société plus de travail dans les Bureaucraties Mécanistes que de personnes qui aiment ce type de labeur, une étude conduite dans une usine d'assemblage automobile a ainsi montré que 69 % des ouvriers se plaignaient de la monotonie, 87 % d'entre eux voulaient trouver un poste de travail plus qualifié, comportant plus de responsabilité, plus de variété et plus de liberté; la plupart d'entre eux déclaraient rester à cause du salaire, seulement 6 % parce qu'ils aimaient le travail (cité par Melcher, 1976, p. 85).

Et le temps n'est pas du côté de la Bureaucratie Mécaniste : le développement du niveau d'éducation amène une élévation des attentes vis-à-vis du travail, les individus ont besoin de plus de réalisation personnelle et de moins de sécurité. De plus, l'organisation sociale garantit en partie la sécurité et donne au travailleur la possibilité de ne rien faire sans mourir de faim. « La peur de l'ennui a remplacé celle du chômage » (Morris Abrams, cité par Baughman et al., 1974, p. 473) [7]. Le résultat est qu'aujourd'hui les Bureaucraties Mécanistes constatent de plus en plus de résistance de la part de personnes qui, tout simplement, ne veulent pas y travailler. Et celle-ci n'est pas le seul fait des opérateurs : on le constate aussi chez les cadres dirigeants qui, bien qu'ayant eu du succès dans leur carrière, ne supportent plus la mentalité du contrôle et quittent de plus en plus ces organisations après s'être dépensés pendant des années pour parvenir là où ils sont arrivés.

Taylor aimait à dire : « Dans le passé, l'homme venait en premier; dans le futur c'est le système qui doit prévaloir » (Worthy, 1959, p. 73). Paroles prophétiques s'il en est. L'homme moderne paraît exister pour ces systèmes : nombre des organisations qui ont été créées pour le servir en sont venues à le régenter. Il semble que le consommateur ne puisse trouver des biens à bon marché le samedi que s'il accepte de gaspiller ses talents comme producteur du lundi au vendredi. Consommation de masse contre production morne.

Mais la consommation est elle-même affectée par ce que Victor Thompson (1961) a appelé les « bureaupathologies » — les dysfonctions de ces structures, qui amènent l'augmentation des prix, le travail bâclé et le traitement indifférent ou même rude des clients. Comme nous l'avons vu au chapitre 5, ces dysfonctions se renforcent les unes les autres pour former des cercles vicieux. La primauté des moyens sur les objectifs, le mauvais traitement des clients, les diverses manifestations de l'aliénation des travailleurs — tout mène au renforcement des contrôles qui s'exercent sur les comportements.

---

7. *N.d.T. :* Il est certain que le développement très important du chômage a modifié ces priorités. Mais on devra se souvenir du commentaire d'Abrams si la situation de l'emploi s'améliore. Par ailleurs, comme le développement du niveau d'éducation se poursuit, il est possible qu'une société marquée par le sous-emploi fasse l'expérience à la fois de la peur du chômage et de la peur de l'ennui au travail.

La devise de la Bureaucratie Mécaniste paraît être : « Quand il y a un doute, contrôler. » Tous les problèmes doivent être résolus en serrant la vis bureaucratique. Mais comme c'est là la source même des bureaupathologies, le seul effet produit est d'accroître les problèmes, ce qui conduit à l'imposition de contrôles supplémentaires, et ainsi de suite.

La meilleure illustration du point jusqu'auquel tout ceci peut aller est peut-être fournie par une entreprise qui a pris des mesures pour inverser le mouvement. Lorsque Marks et Spencer, la chaîne de magasins britanniques a supprimé les fiches de reconstitution de stocks, les reçus de vente, les horloges pointeuses, et d'autres procédures de contrôle, les propriétaires ont estimé que l'entreprise a pu faire l'économie de 8 000 emplois sur 26 000, et de 26 millions de feuilles de papier par an (Becker et Gordon, 1966-1967, p. 331-332).

Mais toutes les organisations ne peuvent pas éliminer leur système de contrôle d'un seul coup. C'est pourquoi d'autres moyens ont été essayés — par l'organisation ou par ses membres — pour briser les cercles vicieux, de l'élargissement du travail à la démocratisation.

Comme nous l'avons vu au chapitre 4, l'élargissement du travail n'est pas une panacée. De plus, les caractéristiques du travail, dans les Bureaucraties Mécanistes, reflètent avant tout le caractère régulateur de leur système technique ainsi que la simplicité et la stabilité de son environnement; il en résulte une obsession du contrôle, souvent excessive, qui ne permet pas à l'élargissement du travail d'aller bien loin dans ces organisations (bien que beaucoup de postes de travail vaillent la peine d'y être élargis) [8]. Tant que ces conditions restent vraies, c'est-à-dire **tant que la société veut des biens et des services produits en masse à bon marché, de très nombreux postes de travail resteront ce qu'ils sont maintenant, c'est-à-dire affectés de façon minimale par l'élargissement du travail.** Braverman (1974) l'exprime de façon assez brutale : « Le taylorisme domine le monde de la production; les praticiens des « relations humaines » et de la « psychologie industrielle » sont les techniciens de maintenance pour la partie humaine de la machine » (p. 87).

Si on se tourne maintenant vers la démocratisation, les résultats que nous avons vus au chapitre 11 nous montrent qu'il y a peu à en attendre, pour la même raison : **la démocratisation n'élimine pas, dans la Bureaucratie Mécaniste, le conflit fondamental entre l'efficacité et la satisfaction des individus.** Donner aux salariés la possibilité d'élire périodiquement leur direction ne change pas les réalités du travail quotidien, même s'il est possible que leur sentiment d'aliénation s'en trouve réduit. La démocratisation paraît avoir pour effet de centraliser encore la structure (cet effet peut d'ailleurs être prévu à partir de l'Hypothèse 14 : puisqu'ils élisent la direction, les salariés deviennent une force de contrôle externe, et, suivant cette hypothèse, ce contrôle a pour effet de centraliser et de bureaucratiser la structure). Nulle part, ce résultat n'apparaît de façon plus claire que dans les organisations

---

8. Voir Simon (1973 a, b) et Argyris (1973 a, b) pour un débat intéressant sur le besoin de structures qui améliorent l'efficacité « rationnelle » et/ou de structures qui permettent un meilleur développement personnel des individus.

décrites par Crozier (1962) : nous avons vu au chapitre 11 que ces organisations où les ouvriers imposent des règles qui restreignent le pouvoir que leur supérieur a sur eux, sont en fait des types pervers de démocratie; leur structure en devient beaucoup plus centralisée et les nouvelles règles, qui ont pour seul objectif la protection des salariés et non pas l'amélioration de l'efficacité, créent une situation où les clients y perdent aussi.

La conclusion, décourageante, est que la Bureaucratie Mécaniste crée des problèmes humains importants pour lesquels il n'y a pas de solution apparente. Ce qui est bon pour la production n'est tout simplement pas bon pour les individus. Il faudra apparemment effectuer des changements importants, non pas par la confrontation directe ou la législation, mais par la création de conditions nouvelles auxquelles l'organisation devra répondre. Spécifiquement, rien hormis l'automatisation du système technique, ou un environnement qui devient plus complexe et plus dynamique, ne paraît alléger les problèmes sociaux de la Bureaucratie Mécaniste.

Nous avons, par contre, un autre choix possible pour la société : réduire notre demande massive de biens et de services à bon marché. La question est de savoir si nous sommes prêts à en payer le prix : des assiettes en grès remplacées toutes les générations au lieu d'assiettes en plastique remplacées chaque année, une robe tissée à la main de temps en temps au lieu de plusieurs qui viennent d'une usine, une Ferrari tous les vingt ans au lieu d'une Ford tous les deux ans. Bien sûr, si les cercles vicieux s'intensifient à un point tel que la Bureaucratie Mécaniste devient intolérable et que plus personne ne veut y travailler, nous n'aurons pas le choix. Peut-être le système finira-t-il par servir l'homme après tout, malgré lui-même.

Les Problèmes de Coordination en dehors du Centre Opérationnel. Puisque le centre opérationnel de la Bureaucratie Mécaniste n'est pas conçu pour résoudre les conflits, les problèmes humains qui y surgissent débordent son cadre et s'étendent à la structure administrative. Cette dernière, afin d'assurer le contrôle qui est sa fonction, doit adopter une spécialisation étroite qui est l'image même de celle du centre opérationnel. On a alors, comme le remarque Worthy (1959, p. 67-68) une « division du travail considérable à l'intérieur même de l'encadrement », donc un repli de chaque personne sur sa propre fonction, et alors des problèmes de communication et de coordination.

Le fait est, comme nous l'avons noté, que la structure administrative de la Bureaucratie Mécaniste est mal adaptée à l'utilisation de l'ajustement mutuel. Toutes les barrières de communication qui existent dans ces structures (horizontales, verticales, entre statuts, entre opérationnels et fonctionnels) gênent la communication informelle. « Chaque unité devient jalouse de ses propres prérogatives et trouve des moyens de se protéger contre la pression ou les interférences des autres » (Worthy, 1950, p. 176).

L'orientation étroite de chacun vers sa fonction n'a pas seulement pour effet de gêner la coordination : elle encourage aussi la construction d'empires privés, comme l'a décrit Parkinson (1957). Dans de telles structures, il est difficile d'associer la production ou la performance à aucune fonction en particulier. Donc, quand un cadre réclame plus de personnel, personne ne peut être tout à fait certain que sa demande est justifiée ou non. Dans ces conditions on voit apparaître une concurrence entre les responsables qui cherchent tous à créer des unités plus grosses et plus puissantes; et elle est stimulée par une règle administrative qui fait dépendre le salaire du nombre de subordonnés. Tout ceci encourage l'inflation des effectifs et l'apparition d'organisations où l'on se préoccupe plus de gagner dans des jeux politiques que de servir des clients. Une bureaucratie Mécaniste non soumise aux forces du marché, par exemple une agence gouvernementale assurée de son budget et dont les objectifs de performance sont vagues, peut devenir un système pratiquement fermé, responsable vis-à-vis de personne et ne produisant rien, où les rouages administratifs tournent à l'infini et où tout le monde est très affairé.

Si l'ajustement mutuel ne marche pas, s'il crée plus d'activités politiques et de conflits que de coopération, la Bureaucratie Mécaniste se tourne instinctivement vers la standardisation :

> ... l'idéologie de la bureaucratie formelle paraît tellement ancrée dans la gestion industrielle que la réaction courante à des conditions nouvelles ou inhabituelles était de redéfinir de façon plus précise et plus rigoureuse les rôles et les relations entre fonctions dans l'encadrement — en suivant la voie orthodoxe des organigrammes et des manuels d'organisation — et de renforcer la structure d'organisation — et de renforcer la structure formelle (Burns et Stalker, 1966, p. 9).

Mais la standardisation ne permet pas de traiter les problèmes non routiniers de la structure administrative. En réalité, elle ne fait que les aggraver. Les normes « réduisent le pouvoir des opérationnels au profit de celui des fonctionnels », elles diminuent l'adaptabilité et la flexibilité, et suscitent des conflits en forçant les cadres à « faire bonne figure » indépendamment des autres départements avec lesquels ils doivent se coordonner (Worthy, 1950, p. 176).

Ainsi, pour résoudre les problèmes de coordination qui surgissent dans sa structure administrative, la Bureaucratie Mécaniste ne peut avoir recours qu'à la supervision directe. Précisément, les problèmes non routiniers de coordination entre unités remontent la hiérarchie jusqu'au moment où ils atteignent un niveau commun de supervision où le responsable a l'autorité nécessaire pour les résoudre. Ce processus de remontée a, bien sûr, pour effet de centraliser le pouvoir de décision aux niveaux les plus élevés de la hiérarchie, et en fin de compte au sommet stratégique. Les cadres dirigeants qui traitent tous les problèmes de coordination importants deviennent, nous l'avons vu plus haut, les seuls responsables de la stratégie et des décisions les plus importantes de l'organisation. Il en résulte une foule de nouveaux problèmes. **Tout comme les problèmes humains du centre opérationnel se transforment en problèmes de coordination dans la structure administrative, ces derniers se transforment en problème d'adaptation au sommet stratégique.**

Les Problèmes d'Adaptation au sommet stratégique. Tant que l'environnement demeure parfaitement stable, la Bureaucratie Mécaniste ne rencontre pas de grandes difficultés. Les procédures standards résolvent les problèmes de coordination routiniers, et il n'y a pas de problème non routinier.

Mais aucune organisation ne peut espérer autant de stabilité. Les environnements changent inévitablement, créant des problèmes nouveaux. Quand ceux-ci deviennent fréquents dans une Bureaucratie Mécaniste, les cadres dirigeants du sommet stratégique deviennent rapidement surchargés. « Il peut arriver, et il arrive fréquemment que se développe un mode de fonctionnement où un grand nombre de cadres dirigeants trouvent — ou prétendent — qu'ils ne peuvent résoudre les problèmes que par consultation directe avec le responsable suprême de l'entreprise » (Burns et Stalker, 1966, p. 9). Tout organigramme — et notre schéma de base aussi — montre un rétrécissement de la ligne hiérarchique à mesure qu'elle approche le sommet stratégique. La tendance à faire remonter les problèmes non routiniers cause un goulet d'étranglement au sommet dans les périodes de changement, ce qui force les cadres dirigeants à prendre rapidement leurs décisions. Mais comment peuvent-ils le faire lorsqu'il s'agit de décisions dont l'origine est ailleurs dans l'organisation, à des endroits avec lesquels les cadres dirigeants n'ont pas un contact intime.

En théorie, la Bureaucratie Mécaniste est conçue de façon à tenir compte de ce problème. Elle a un système d'information [9] qui fait remonter l'information en l'agrégeant, et qui présente à ceux qui sont au sommet des résumés concis de ce qui se passe plus bas — la solution parfaite pour le cadre dirigeant surchargé. A ceci près que l'essentiel de l'information n'est pas celle qu'il faut.

Nombre de problèmes se posent : d'abord, des pertes surviennent toujours lorsque l'information est transmise par une longue chaîne. Dans la structure administrative de la Bureaucratie Mécaniste, elle doit passer par de nombreux niveaux avant d'arriver au sommet. A chaque niveau il y a des pertes d'information. Pas seulement des pertes naturelles. Comme l'information circule verticalement, entre des personnes qui ont des statuts différents dans la hiérarchie, il y a aussi des distorsions intentionnelles de l'information. Les bonnes nouvelles sont amplifiées et les mauvaises nouvelles sont bloquées à mesure qu'elles montent. Par exemple, en 1941, des experts des services de renseignements ont cherché à prévenir leurs officiers de l'imminence de l'attaque japonaise sur Pearl Harbour. Ces derniers ont refusé de tenir compte de ce qui venait de « simples collecteurs de données ».

Un problème peut-être plus important du système d'information est une insistance sur l'information agrégée et quantitative. De nombreuses recherches suggèrent que ce n'est pas ce type de renseignements dont les cadres dirigeants ont besoin pour prendre leurs décisions stratégiques; il leur faut plutôt des informations qualitatives, spécifiques, ou, pour reprendre l'expres-

---

9. *N.d.T. :* Nous traduisons ici par « système d'information formalisé » le terme « management information system » dont l'abréviation M.I.S. est couramment utilisé. Il s'agit d'informations de gestion, souvent de nature comptable ou financière.

sion de Neustadt (1960) pas des « amalgames insipides » mais des « détails tangibles » (p. 153-154; voir aussi Aguilar, 1967, p. 94; Mintzberg, 1973 a, p. 69-70; Wrapp, 1967, p. 92).

Souvent il arrive aussi que le système d'information soit en retard sur l'événement. Il faut du temps pour que ce dernier soit enregistré, transmis et reconnu officiellement comme un « fait », plus de temps encore pour qu'il soit accumulé avec d'autres dans un rapport, plus encore pour qu'il parcourt la hiérarchie avant d'arriver sur le bureau du directeur général. Dans un environnement parfaitement stable, ce dernier peut peut-être attendre; mais si l'environnement est changeant ce n'est pas possible. Un commandant militaire veut connaître les mouvements de l'ennemi au moment où ils se produisent, pas plus tard lorsqu'ils sont reflétés dans le système d'information sous la forme par exemple du nombre de tués lors d'une bataille. De la même façon, le président d'une entreprise veut être informé aujourd'hui que son client le plus important a été vu hier jouant au golf avec son concurrent le plus important; il ne veut pas le découvrir dans six mois sous la forme d'un écart négatif dans un bilan des ventes. Les rumeurs, les on-dit, la spéculation — l'information la plus qualitative — préviennent le responsable de problèmes imminents; le système d'information bien trop souvent enregistre ces problèmes pour la postérité longtemps après qu'ils soient arrivés. De plus, une bonne partie de l'information importante n'est jamais prise en compte dans le système d'information. Le climat à l'usine, le conflit entre deux responsables, la raison pour laquelle une vente a été manquée, tous ces renseignements riches de signification ne deviennent jamais des « faits » dont un système d'information traditionnel tient compte.

Ainsi, **quand l'information parvient au sommet stratégique par le canal du système d'information, après qu'elle ait été filtrée et agrégée aux différents niveaux de la hiérarchie, elle est souvent si insipide que le responsable ne peut pas s'appuyer sur elle.** Celui qui essaye est forcé de subsister « en se nourrissant uniquement d'abstractions, et en laissant le choix de ce qu'il mange entre les mains de ses subordonnés » (Wrapp, 1967, p. 92). Dans un environnement changeant, un responsable qui se conduit ainsi se trouve déconnecté de la réalité [10].

La solution évidente pour le cadre dirigeant consiste à court-circuiter le système formel et à créer son propre système informel qui puisse lui apporter l'information riche et tangible dont il a besoin, de façon rapide et fiable. Précisément, les cadres dirigeants créent leur propre réseau de contacts et d'informateurs, à l'intérieur comme à l'extérieur de l'organisation et ils cherchent à avoir eux-mêmes autant de renseignements de première main que possible (Aguilar, 1967; Mintzberg, 1973 a).

Mais l'obtention de ces derniers prend du temps. Et c'est précisément le manque de temps qui était le problème au départ : le goulet d'étranglement au sommet stratégique de la Bureaucratie Mécaniste dans un environnement qui a changé. Ainsi **la centralisation de la structure et l'insistance mise sur**

---

10. Cette discussion des problèmes suscités par les systèmes d'informations formalisés est pour une large part tirée de Mintzberg (1975).

la communication hiérarchique placent les cadres dirigeants de la Bureau-cratie Mécaniste devant un dilemme fondamental. Dans des périodes de changement, lorsqu'ils ont le plus besoin de consacrer du temps à obtenir le « détail tangible », ils sont surchargés de décisions à prendre qui remontent de la hiérarchie. Ils en sont, par conséquent, réduits à agir de façon superficielle sur la base d'informations abstraites et inadéquates.

Le problème essentiel vient, dans la Bureaucratie Mécaniste, de la séparation nette entre la formulation et la mise en œuvre de la stratégie. La première est du ressort de la direction générale, la seconde est l'œuvre de tous les autres membres de l'organisation, dans l'ordre hiérarchique. Nulle part, cette dichotomie n'est plus nette que dans l'organisation militaire où la « stratégie » représente la direction générale des armées et la « tactique » le déploiement des hommes et du matériel. Feld (1959) en a donné la meilleure des descriptions :

> Idéalement, les opérations militaires sont laborieusement planifiées puis mises en œuvre avec une résolution aveugle. La première de ces étapes exige des conditions d'ordre et de calme, la seconde crée un environnement de désordre et de confusion. Les planificateurs sont par conséquent à l'arrière, et les exécutants constituent par eux-mêmes le champ de bataille...
> La supériorité des planificateurs est fondée sur l'hypothèse suivant laquelle leur position leur permet d'être informés sur ce qui arrive à l'armée dans son ensemble, alors que l'exécutant a une information limitée à son expérience personnelle. Cette hypothèse est renforcée par la structure hiérarchique de l'organisation militaire qui spécifie en détail les étapes et la direction du flux d'information. Selon cette hiérarchie, l'homme qui reçoit l'information est supérieur à celui qui la transmet... A cause même de sa position dans la structure, le supérieur est mieux informé et donc mieux équipé pour donner des ordres... Lorsqu'un plan d'opérations est arrêté, il doit par conséquent être exécuté même si les informations qui viennent du champ de bataille montrent qu'il est irréaliste. Ce type de détermination est considéré comme essentiel pour le maintien de la structure hiérarchique, du rang et de l'autorité (p. 22).

Ce maintien s'est parfois avéré très coûteux. Au cours de la première guerre mondiale, dans l'infâme bataille de Passchendaele qui a vu 300 000 soldats britanniques sortir des tranchées pour se faire tuer, on a prétendu qu'« aucun officier supérieur de la Section des Opérations du Quartier Général n'a mis le pied (ou l'œil) sur le terrain de Passchendaele pendant les quatre mois qu'a duré la bataille. Les rapports journaliers sur les conditions du champ de bataille ont d'abord été ignorés puis l'ordre a été donné de ne plus les transmettre. Ce n'est qu'après la bataille que le chef d'état-major de l'armée apprit qu'il avait ordonné aux hommes d'avancer à travers un bourbier » (p. 21).

La dichotomie formulation-mise en œuvre suppose, pour fonctionner de façon efficace, que deux conditions fondamentales soient remplies : 1) celui qui formule a toute l'information, ou au moins autant que celui qui met en œuvre, et 2) la situation est suffisamment stable ou prévisible pour garantir qu'il n'y aura pas besoin de reformuler la stratégie lors de la mise en œuvre.

L'absence d'une de ces conditions devrait conduire à l'effondrement de la dichotomie, devrait amener à procéder à la formulation et à la mise en œuvre en même temps, sur un mode d'adaptation plutôt qu'un mode de planification (Braybrooke et Lindblom, 1963; Mintzberg, 1973 b).

La conception de la Bureaucratie Mécaniste suppose aussi qu'une stratégie formulée en un endroit peut être mise en œuvre par un autre. Cette hypothèse est raisonnable dans des conditions de stabilité — tant que le monde ne bouge pas ou, à tout le moins, change de façon prévisible — au cours de la mise en œuvre. Malheureusement le monde refuse trop souvent de se tenir tranquille; il insiste pour changer de façon imprévisible. Ceci rend nécessaire l'adaptation, la modification de la stratégie au cours de la mise en œuvre. **Dans ces conditions de fluidité, l'organisation a deux possibilités : ou bien celui qui formule la stratégie doit la mettre en œuvre lui-même de façon à pouvoir la reformuler en chemin (c'est ce qui arrive dans la Structure Simple qui a un environnement simple et dynamique), ou bien celui qui fait la mise en œuvre doit prendre la responsabilité de la formulation et de le faire de façon adaptable (c'est ce qui arrive dans l'Adhocratie, qui décentralise les décisions stratégiques dans un environnement complexe et dynamique).**

Cette discussion nous amène à deux conclusions. D'abord, **si on veut que les stratégies soient réalistes, il faut les formuler en dehors de la structure de bureaucratie mécaniste.** En second lieu, **la dichotomie entre formulation et mise en œuvre cesse d'être pertinente dans les périodes de changement imprévisible. Prises ensemble, ces conclusions nous disent que les Bureaucraties Mécanistes sont dans leur essence des structures qui ne s'adaptent pas, et qui ne sont pas conçues pour changer leurs stratégies.** Mais ceci ne doit pas surprendre. Après tout, les machines sont produites pour des objectifs particuliers, pas des objectifs généraux. Et c'est aussi vrai pour les Bureaucraties Mécanistes. Le domaine où elles excellent est l'efficacité, pas l'innovation. Une organisation ne peut pas mettre des œillères à son personnel et espérer qu'il ait une vision périphérique. Les cadres de la Bureaucratie mécaniste sont récompensés lorsqu'ils améliorent l'efficacité des opérations, qu'ils réduisent les coûts, qu'ils trouvent de meilleures normes et de meilleurs contrôles; pas lorsqu'ils prennent des risques, essaient de nouveaux comportements, encouragent l'innovation. Le changement désorganise les procédures opérationnelles standards. Dans la Bureaucratie Mécaniste, tout est bien couplé et soigneusement coordonné. Si on change un maillon de la chaîne opérationnelle, il faut la reconcevoir entièrement; si on transforme un élément dans une stratégie intégrée, elle se désintègre.

Ainsi, les entreprises sidérurgiques et les postes ne sont pas des innovateurs remarquables, et l'automobile d'aujourd'hui est à peine différente de celle de l'époque d'Henry Ford (comparez les générations d'ordinateurs et d'avions des vingt-cinq dernières années avec les automobiles des cinquante dernières années). Comme le remarquent Hlavacek et Thompson (1973) :

A un extrême, le besoin ou les problèmes de l'innovation ne sont pas reconnus; aucune structure spéciale n'est établie à cet effet. La création de nouveaux produits, n'est pas une condition importante de la survie. L'industrie automobile est un exemple de cet extrême. Les modifications apportées aux produits sont superficielles; l'apparence du changement résulte pour une large part de dépenses importantes faites pour une publicité qui prétend que le produit est unique. Il n'y a dans l'organisation aucun mécanisme conçu pour traiter de l'innovation; la bureaucratie règne en maître » (p. 365).

Lorsque les Bureaucraties Mécanistes doivent changer leurs stratégies, leurs directeurs généraux ont tendance à agir individuellement : ils n'ont pas l'habitude de telles opérations, leur système d'information formalisé a obscurci le type de changement qui est nécessaire et leurs structures sont mal adaptées à accepter celui qui est éventuellement proposé (Norman, 1971, p. 214). Les directeurs généraux paraissent réussir seulement lorsqu'ils sont assez forts pour mettre de côté leurs systèmes bureaucratiques d'information et de contrôle et prendre les choses en main par eux-mêmes. En d'autres termes, ironiquement, **les PDG ne réussissent à changer la Bureaucratie Mécaniste qu'en retournant temporairement à la Structure Simple, moins étoffée et plus flexible.**

Pour conclure, la Bureaucratie Mécaniste est une configuration structurelle inflexible. Tout comme une machine, elle n'est conçue que dans un but unique. Elle est efficace dans son propre domaine limité, mais ne peut s'adapter facilement à aucun autre. Par-dessus tout, elle ne peut pas tolérer un environnement qui est complexe ou dynamique. Cependant, la Bureaucratie Mécaniste reste une configuration structurelle dominante — peut-être la configuration dominante dans nos sociétés spécialisées. Aussi longtemps que nous demanderons des biens et services standardisés et bon marché, tant que les individus resteront plus efficaces que des machines automatiques pour les produire — et continueront de vouloir le faire — il y aura des Bureaucraties Mécanistes.

19

LA BUREAUCRATIE PROFESSIONNELLE

Mécanisme de Coordination principal	Standardisation des qualifications.
Partie clé de l'organisation	Centre opérationnel.
Principaux paramètres de conception	Formation, spécialisation horizontale du travail, décentralisation horizontale et verticale.
Facteurs de contingence	Environnement complexe et stable, système technique non sophistiqué, configuration structurelle à la mode.

Nous avons vu à diverses reprises dans ce livre qu'une organisation peut être bureaucratique sans être centralisée. Son travail opérationnel est stable, et les comportements y sont donc « prédéterminés ou prévisibles, c'est-à-dire standardisés » (voir notre définition de la bureaucratie au chapitre 3); mais le travail opérationnel y est aussi complexe et doit donc être directement contrôlé par les opérateurs qui l'exécutent. L'organisation se tourne par conséquent vers le mécanisme de coordination qui permet d'obtenir à la fois la centralisation et la décentralisation : la standardisation des qualifications. Ceci donne naissance à une configuration structurelle connue sous le nom de *Bureaucratie Professionnelle,* que l'on trouve souvent dans les universités, les hôpitaux, les systèmes d'éducation, les cabinets d'expertise comptable, les organismes d'action sociale et les entreprises artisanales. Toutes ces organisations s'appuient, pour fonctionner, sur les compétences et le savoir de leurs opérateurs qui sont des professionnels; toutes produisent des biens ou des services standardisés.

DESCRIPTION DE LA BUREAUCRATIE PROFESSIONNELLE.

Le Travail du Centre Opérationnel. Nous avons aussi ici une configuration nettement dessinée des paramètres de conception. Le point le plus important est le suivant : **pour coordonner ses activités, la Bureaucratie Professionnelle s'appuie sur la standardisation des qualifications et sur le paramètre de conception qui y correspond, la formation et la socialisation. Elle recrute des spécialistes dûment formés et socialisés — des professionnels — pour son centre opérationnel, et leur laisse une latitude considérable dans le contrôle de leur propre travail.** Le travail des opérateurs est donc spécialisé dans la dimension horizontale mais élargi dans la dimension verticale

Le professionnel, qui contrôle son propre travail, agit donc de façon relativement indépendante de ses collègues mais reste proche des clients qu'il sert. Par exemple, « l'enseignant travaille seul dans la salle de classe, relativement isolé de ses collègues et de ses supérieurs; il y dispose d'un pouvoir discrétionnaire important » (Bidwell, 1965, p. 975-976). De la même façon, beaucoup de médecins traitent leurs propres patients, et les professionnels qui font l'audit des comptes des entreprises maintiennent avec ses dernières un contact personnel.

La plus grande partie de la coordination nécessaire est réalisée par la standardisation des qualifications et du savoir : chacun sait ce qu'il peut attendre des autres parce qu'il l'a appris. Au cours d'une activité aussi longue et complexe qu'une opération à cœur ouvert, le chirurgien et l'anesthésiste « ont à peine besoin de communiquer pendant la phase qui précède l'ouverture de la cage thoracique et au cours du travail sur le cœur lui-même : les tracés, les pulsations et les lumières clignotantes sur l'équipement indiquent ce que chacun est supposé faire, et qu'il fait — les opérations sont réalisées dans un silence absolu, en particulier après l'ouverture de la cage thoracique » (Gosselin, 1978). Ce même phénomène est peut-être encore mieux illustré si on le prend « à l'envers », comme dans certain dessin humoristique qui montre un patient sur une table d'opération entouré par six chirurgiens dont un est en train de demander « Qui ouvre ? ». Parallèlement, les cours de stratégie d'entreprise et de marketing d'une école de gestion peuvent être coordonnés sans même que les deux professeurs concernés ne se soient rencontrés. Tant que les cours sont standards, chacun sait plus ou moins ce que l'autre enseigne. L'activité d'un professionnel peut en fait être standardisée; nous avons vu au chapitre 6 comment un chirurgien cardio-vasculaire (Spencer, 1976) décrit une opération sous la forme d'une liste de 30 à 40 symboles, mémorisés et révisés mentalement en 60 à 120 secondes la veille de l'opération.

Mais quel que soit le degré de standardisation des qualifications, leur complexité garantit au professionnel une latitude considérable dans leur application. Il n'arrive jamais que deux professionnels — chirurgiens, enseignants ou travailleurs sociaux — utilisent leurs compétences exactement de la même façon. Le professionnel doit souvent faire usage de son jugement, comme Perrow (1970) le note dans le cas des policiers :

> Il existe de nombreux plans : quand suspendre l'assistance, quand retirer le revolver de son étui, quand boucler un quartier, quand appeler le FBI, et quand retirer un enfant à ses parents. L'existence de ces plans ne fournit pas de critère pour choisir la meilleure action... la décision ne dépend pas du calcul, mais du jugement humain. L'agent qui fait sa ronde doit décider s'il faut essayer de disperser la bande de voyous ou appeler des renforts (p. 216).

La formation et la socialisation sont des affaires compliquées dans la Bureaucratie Professionnelle. La formation initiale dure généralement plusieurs années et elle est délivrée par une université ou une institution spécialisée. Mais le processus ne s'arrête pas là : vient ensuite une longue période d'apprentissage comme l'internat en médecine ou le stage de l'expertise comptable. Cette période est consacrée à l'application pratique des connaissances acquises lors de la formation initiale (sous la direction étroite de membres de la profession), mais aussi à la poursuite de la socialisation, de l'apprentissage des normes de la profession. Lorsque cette phase est terminée, l'association professionnelle fait généralement passer au candidat un examen pour vérifier qu'il a les connaissances, les aptitudes et les normes requises pour être admis dans la profession. Ceci ne signifie pas, cependant que « l'individu est examiné pour la dernière fois de son existence et jugé totalement compétent ». L'examen ne fait que tester les conditions minimales requises à un moment précis; le processus de formation se poursuit. Le professionnel améliore sa qualification à mesure qu'apparaissent de nouvelles connaissances. Il lit les journaux professionnels, assiste à des conférences, et retourne peut-être aussi périodiquement en formation continue.

Le Caractère Bureaucratique de la Structure. Toute cette formation est dirigée dans un but : l'internalisation des normes qui servent le client et qui coordonnent le travail professionnel. En d'autres termes, **la structure de ces organisations est essentiellement bureaucratique, sa coordination — comme pour la Bureaucratie Mécaniste — est assurée par des standards qui déterminent à l'avance ce qui doit être fait.** La description faite par Perrow (1970) d'un service hospitalier nous montre à quel point l'organisation peut être bureaucratique :

... le service d'obstétrique et de gynécologie est un service relativement routinier, qui ressemble même à certains égards à une chaîne de montage (ou de démontage) où la mère va de salle en salle et d'infirmière en infirmière au cours de l'évolution prévisible du travail. C'est aussi une des unités de l'hôpital la plus souvent accusée de dépersonnaliser et d'être impersonnelle. Pour la mère, la naissance est unique, mais pour le médecin et pour le reste du personnel, il s'agit d'un travail répété plusieurs fois par jour (p. 74).

Les deux types de bureaucratie diffèrent de façon marquée par la source de leur standardisation. **Alors que dans la Bureaucratie Mécaniste, les standards sont une création interne de la technostructure dont les cadres opérationnels imposent le respect aux opérateurs, les standards de la Bureaucratie Professionnelle sont élaborés pour une large part en dehors de la structure, dans des associations professionnelles autogérées auxquelles les opérateurs de l'organisation adhèrent tout comme leurs collègues des autres Bureaucraties Professionnelles. Ainsi, alors que la Bureaucratie Mécaniste est fondée sur l'autorité de la position (qui est de nature hiérarchique), la Bureaucratie Professionnelle met l'accent sur le pouvoir de la compétence (qui est de nature professionnelle).** (Blau, 1967-1968.) Dans son étude des grandes entreprises d'audit, Montagna (1968) a ainsi trouvé qu'il existe des règles internes et des règles externes, mais que :

pratiquement à une personne près, tous les comptables de l'échantillon ont été d'accord pour dire que les règles externes étaient plus importantes que les règles internes pour leur entreprise comme pour la profession dans son ensemble (p. 143).

Ces règles étaient imposées par l'Institut américain des experts comptables; elles comprenaient un code déontologique détaillé et souvent révisé, un volume de principes comptables nouvellement mis à jour et un recueil de normes et de procédures d'audit.

Les observations de Montagna suggèrent qu'il est difficile à une Bureaucratie Professionnelle de s'appuyer sur d'autres formes de standardisation. Les procédés de travail eux-mêmes sont trop complexes pour être directement standardisés par des analystes. Il suffit pour s'en convaincre d'imaginer un analyste essayant de programmer le travail d'un cardiologue ou le comportement d'un enseignant dans la salle de classe. De la même façon, il est difficile de mesurer, et donc de standardiser, le produit du travail d'un professionnel. Imaginez un planificateur essayant de définir l'amélioration de l'état du patient après un traitement psychiatrique, de quantifier le savoir acquis en classe ou de mesurer la qualité d'un audit. On peut poser la même conclusion pour les deux autres mécanismes de coordination : la supervision directe comme l'ajustement mutuel gênent la relation étroite entre le professionnel et ses clients. Les quatre autres mécanismes de coordination ne peuvent donc pas être utilisés à haute dose dans la Bureaucratie Professionnelle; leur usage est d'ailleurs limité par la capacité qu'a la standardisation des qualifications de réaliser une bonne partie de la coordination nécessaire dans le centre opérationnel.

Le Processus de Classement. Pour comprendre le fonctionnement du centre opérationnel de la Bureaucratie Professionnelle, il est utile de se le représenter comme un répertoire de programmes standards — en fait, ceux que les professionnels sont capables de réaliser et sont prêts à utiliser — qui sont appliqués à des situations répertoriées, prédéterminées, standardisées qu'on peut appeler des cas. On parle parfois à ce propos du *processus de* classement. **Le travail du professionnel comporte deux phases : 1) déterminer dans quel cas standard se trouve le client (phase de diagnostic) et 2) appliquer le programme standard correspondant à ce cas (phase d'exécution).** Le classement simplifie énormément le travail. « Les clients sont classés et rangés en catégories parce que traiter chaque cas comme un cas unique imposant une analyse complète exigerait d'énormes ressources » (Perrow, 1970, p. 58). Ainsi, un psychiatre examine le patient, déclare qu'il est maniaque dépressif et commence une psychothérapie. De la même façon, un professeur constate que 100 étudiants sont inscrits à son cours et fait son cours magistral; si, au lieu de cela, il avait vingt étudiants, il ferait un séminaire. Le consultant de gestion a lui aussi son répertoire de techniques — DPO, MIS, PERT, DO, LRP [1] : le client qui gère un projet se voit appliquer le PERT, celui qui a des conflits internes, le DO. Simon (1977) décrit avec justesse l'esprit de ce processus de classification lorsqu'il écrit que « le plaisir que le professionnel compétent retire de son travail ne se résume pas à la satisfaction qu'il éprouve à traiter des problèmes difficiles; c'est le plaisir qu'il y a à maîtriser l'emploi d'outils bien conçus pour traiter de problèmes dont la structure fondamentale est compréhensible mais qui sont nouveaux dans leur détail » (p. 98).

C'est le processus de classement qui permet à la Bureaucratie Professionnelle de découpler ses diverses tâches opérationnelles et de les affecter à des professionnels relativement autonomes. Chacun d'entre eux peut, au lieu de consacrer beaucoup d'attention à coordonner son travail avec ses pairs, se focaliser sur le perfectionnement de sa propre qualification. Le processus de classement ne nie pas qu'il existe de l'incertitude dans le traitement du client : c'est même pour faire face à cette incertitude que le professionnel a besoin d'une latitude considérable dans son travail.

Dans ce processus de classement réside une différence fondamentale entre la Bureaucratie Mécaniste, la Bureaucratie Professionnelle et l'Adhocratie. La Bureaucratie Mécaniste est une structure qui n'a qu'un seul objectif : lorsqu'elle rencontre un stimulus elle exécute une suite de programme standards, la seule qu'elle connaisse, tout comme nous donnons un coup de pied quand on nous tape sur le genou. Il n'y a dans son activité aucune phase de diagnostic. Dans la Bureaucratie Professionnelle par contre, le diagnostic est une phase fondamentale mais circonscrite : l'organisation cherche à associer

---

1. *N.d.T. :* DPO : Direction par Objectifs; M.I.S. : Management Information System (système d'information formalisé de gestion), PERT : Program Evaluation and Review Technique (technique de recherche opérationnelle utilisée pour la gestion des projets), D.O. : Développement des Organisations (ensemble de techniques utilisées pour améliorer le climat et l'efficacité de l'organisation et mieux permettre le développement des individus), L.R.P. : Long Range Planning (planification à long terme).

à un cas prédéterminé un programme standard. Si on veut un diagnostic complet et ouvert — celui qui cherche une solution créative à un problème unique — il faut se tourner vers une troisième configuration structurelle, que nous appelons Adhocratie, dans laquelle il n'y a aucun cas standard et aucun programme standard.

La Bureaucratie Professionnelle présente une autre caractéristique intéressante : le processus de classement crée une équivalence entre structure par fonctions et structure par marchés. **Comme les clients sont rangés en catégories et qu'à chaque catégorie sont associés les spécialistes d'une même fonction, le regroupement des unités dans la structure de la Bureaucratie Professionnelle se fait à la fois sur la base des marchés et sur la base des fonctions.** Donnons deux illustrations de ce phénomène : le service de gynécologie d'un hôpital et le département de chimie d'une université. Ils peuvent être qualifiés de fonctionnels parce que les spécialistes y sont regroupés en fonction de leur compétence, de leurs aptitudes et des méthodes de travail qu'ils utilisent. Mais on peut dire aussi qu'il s'agit d'unités constituées sur la base de marchés puisque chacune d'elle traite un type particulier de clients — les femmes dans un premier cas, les étudiants en chimie dans le second.

L'IMPORTANCE DU CENTRE OPÉRATIONNEL

Les paramètres de conception dont nous avons discuté jusqu'ici — l'importance de la formation des opérateurs, le contrôle de ces derniers sur leur propre travail, le peu d'importance de la formalisation du comportement et des systèmes de planification et de contrôle — suggèrent tous que **le centre opérationnel est la partie clé de la Bureaucratie Professionnelle. La seule autre partie de l'organisation qui soit complètement développée est l'ensemble des fonctions de support logistique, mais elle a surtout pour mission de servir le centre opérationnel.** Compte tenu du coût élevé des professionnels, il est logique de leur accorder tout le support possible, pour les aider et pour faire en sorte que d'autres accomplissent les travaux routiniers qui peuvent être formalisés. On a vu par exemple, au chapitre 2, le nombre et la variété des fonctions de support logistique qui peuvent exister dans une université.

Comme le travail du centre opérationnel est déjà coordonné par la standardisation des qualifications, l'encadrement et la technostructure ne sont pas des parties très développées dans la Bureaucratie Professionnelle. Dans l'université McGill par exemple, une institution qui compte 17 000 étudiants et 1 200 professeurs, les deux seules unités que je peux identifier comme technocratiques sont deux petits départements chargés des finances et du budget, un petit office de planification et un centre pour le développement des capacités pédagogiques des enseignants (les deux derniers mènent une bataille continuelle pour être acceptés). Et le département de gestion de la même université compte, au moment où j'écris ces lignes, cinquante enseignants et un seul « membre de l'encadrement » : le doyen.

On peut ainsi représenter la Bureaucratie Professionnelle comme une forme particulière de notre schéma de base (voir Figure 19.1.) : c'est une

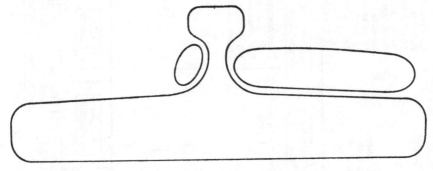

Figure 19.1. — *La Bureaucratie Professionnelle.*

structure aplatie avec une ligne hiérarchique mince, une petite technostructure et un ensemble complet de fonctions de support logistique. Toutes ces caractéristiques sont reflétées dans l'organigramme de l'université McGill qui est présenté dans la Figure 19.2.

La Décentralisation dans la Bureaucratie Professionnelle. Tout ce que nous avons vu jusqu'ici nous indique que **la Bureaucratie Professionnelle est une structure très décentralisée aussi bien verticalement qu'horizontalement.** Une grande partie du pouvoir sur le travail opérationnel est située tout en bas de la structure, partagée par les professionnels du centre opérationnel. Souvent, chacun d'entre eux travaille avec ses propres clients, soumis au seul contrôle collectif de ses collègues, qui l'ont formé et socialisé au départ, et qui se réservent le droit de censurer son activité en cas de faute professionnelle.

Le pouvoir du professionnel a deux origines : d'abord son travail est trop complexe pour pouvoir être supervisé par un supérieur hiérarchique ou standardisé par des analystes, mais, de plus, ses services sont la plupart du temps très demandés. Cette dernière caractéristique donne au professionnel une mobilité qui lui permet d'exiger une autonomie considérable dans son travail. **Le professionnel tend à s'identifier plus avec sa profession qu'avec l'organisation où il la pratique.** C'est le cas pour les médecins hospitaliers (Perrow, 1965, p. 959) comme pour les universitaires (Beyer et Lodahl, 1976). Dans ces organisations, même « la promotion ne correspond pas à l'ascension d'une hiérarchie administrative mais au progrès professionnel, à la capacité de traiter des problèmes professionnels de plus en plus complexes » (SIAR, 1975, p. 62). Ainsi quand le professionnel ne dispose pas de l'autonomie dont il pense avoir besoin, il est tenté d'aller ailleurs.

On peut d'ailleurs se demander pourquoi les professionnels se soucient de faire partie d'organisations. Il y a en fait nombre de bonnes raisons. D'abord, ils peuvent y partager des ressources : un chirurgien ne peut pas se payer une salle d'opérations, mais il peut la partager avec d'autres, comme les professeurs partagent les laboratoires, les amphithéâtres et le service de

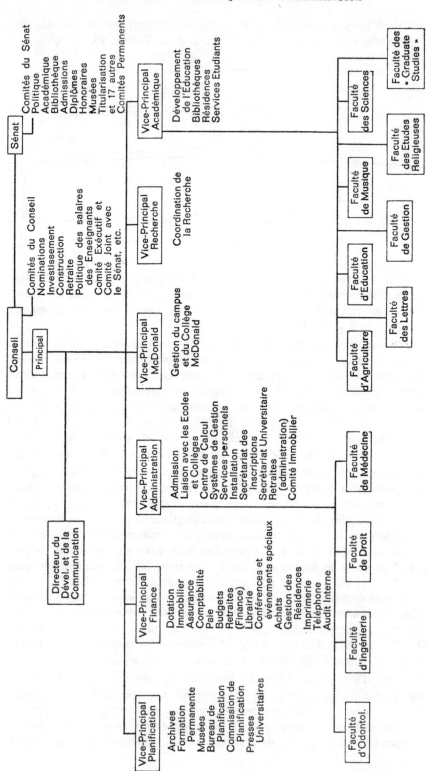

Note : Cet Organigramme non officiel a été établi par l'auteur sur la base de documents de l'Université

reprographie. Les organisations permettent aussi aux professionnels d'apprendre les uns des autres et servent à la formation des nouvelles recrues.

Certains professionnels doivent rejoindre une organisation pour avoir des clients : ces derniers se présentent d'eux-mêmes à une organisation qui a différentes sortes de professionnels, et qui après diagnostic les dirigera vers celui qui peut le mieux les servir. Ainsi, alors que certains médecins ont leurs propres clients, d'autres les reçoivent du service d'urgence ou du service d'admission. Dans les universités, les étudiants choisissent le département dans lequel ils veulent étudier — ils font, en fait, leur propre diagnostic — mais ce département, à son tour, les oriente vers des cours précis donnés par des professeurs.

Une autre raison amène des professionnels à se regrouper pour former des organisations : les clients ont souvent besoin des services de plus d'un professionnel à la fois. Une opération chirurgicale requiert au moins un chirurgien, un anesthésiste et une infirmière; un programme de MBA [2] ne peut pas fonctionner sans une douzaine de spécialistes différents. Enfin, le regroupement de différents types de professionnels permet le transfert des clients de l'un à l'autre lorsque le diagnostic initial s'avère erroné ou quand les besoins du client changent au cours du traitement. Quand un patient qui a des problèmes rénaux développe des troubles cardiaques, ce n'est pas le moment de se mettre en quête d'un cardiologue et de le changer d'hôpital. Parallèlement, quand un comptable estime que son client a besoin de conseils en matière de fiscalité, il est réconfortant de savoir qu'il existe un spécialiste capable de fournir le service correspondant dans un département différent de la même organisation.

La Structure Administrative. Ce que nous avons vu jusqu'ici suggère que la Bureaucratie Professionnelle est une structure très démocratique, au moins pour les professionnels du centre opérationnel. En fait, **non seulement ces derniers contrôlent leur propre travail mais ils cherchent aussi à avoir le contrôle collectif des décisions administratives qui les affectent,** par exemple recruter des collègues, décider des promotions et de l'affectation des ressources. Le contrôle de ces décisions passe par celui de la hiérarchie, qui est réalisé lorsque les professionnels s'assurent que ses membres sont « des leurs ». Une partie du travail administratif est réalisée par les professionnels eux-mêmes. Tout professeur d'université, par exemple, a des obligations administratives et siège dans des comités d'une sorte ou d'une autre, ce qui lui garantit quelque contrôle sur les décisions qui affectent son travail. De plus, les administrateurs à plein temps qui veulent ne pas être complètement démunis de pouvoir dans ces structures, doivent être des membres de la profession, de préférence élus par les opérateurs ou au moins nommés avec leur consentement. Il en émerge par conséquent, une structure plutôt démocratique. Dans une université, les chefs de département (souvent élus), les doyens, les vice-présidents et le président (tous nécessairement des universitaires) doivent travailler de concert avec une hiérarchie parallèle de comités composés

---

2. *N.d.T.* : M.B.A. : Master in Business Administration; il s'agit d'un diplôme nord-américain de gestion, consacrant deux années de formation, délivré par les « Business Schools ».

de professeurs (beaucoup d'entre eux siégeant dans ces comités parce qu'ils y ont été élus) allant du comité des programmes d'un département au puissant sénat universitaire. Ceci se voit clairement dans la Figure 19.3. qui décrit l'organigramme d'un centre hospitalier typique. On remarque sur le côté droit une pléthore de comités, tous issus des différents services et placés sous le Conseil des Médecins et Dentistes lui-même situé directement sous le Conseil d'Administration. Ces comités court-circuitent complètement la hiérarchie de l'organisation. On remarquera, dans la même figure, le grand nombre d'unités fonctionnelles de support logistique et la relative absence d'unités technocratiques.

La nature de la structure administrative — qui elle-même utilise l'ajustement mutuel pour coordonner ses activités — indique que les mécanismes de liaison sont des paramètres de conception importants à l'intérieur de l'encadrement (alors qu'ils sont rares dans le centre opérationnel). Les comités permanents et groupes de projet abondent, comme on l'a vu dans la Figure 19.3.; un certain nombre de positions sont spécialement créées pour réaliser l'intégration des travaux administratifs, comme dans le cas du responsable de service dans l'hôpital; et quelques Bureaucraties Professionnelles utilisent même la structure matricielle.

A cause du pouvoir qu'y ont les opérateurs, les Bureaucraties Professionnelles sont parfois appelées « organisations collégiales ». En fait, quelques professionnels aiment les décrire comme des pyramides inversées où les opérateurs professionnels sont au sommet et les administrateurs au-dessous d'eux, pour les servir — pour garantir que les salles d'opération soient nettoyées et que les salles de classe soient bien approvisionnées en craie. Le commentaire du sociologue bien connu Amitai Etzioni (1959) va dans ce sens :

> Les cadres administratifs des organisations professionnelles sont responsables d'activités secondaires; ils administrent les moyens qui sont mis à disposition de l'activité principale qui est celle des experts... A l'intérieur de la structure, la décision finale est entre les mains des divers professionnels et des organismes de décision dont ils sont les membres (p. 52).

La description d'Etzioni sous-estime peut-être le pouvoir de l'administrateur *professionnel* — une question à laquelle nous retournerons bientôt — mais elle paraît être exacte en ce qui concerne les administrateurs non professionnels, ceux qui dirigent les unités fonctionnelles de support. Les personnels de ces unités sont souvent beaucoup plus nombreux que les professionnels, leur travail est pour l'essentiel de nature non professionnelle, et pour eux il n'existe pas de démocratie dans la Bureaucratie Professionnelle; il n'y a que l'oligarchie des professionnels. Les unités de support, comme le nettoyage et la cuisine dans un hôpital ou le service de reprographie dans une université, peuvent être ou non dirigées de façon étroite. Elles constituent en fait des constellations qui, dans la Bureaucratie Professionnelle, ont une structure de bureaucratie mécaniste.

Dans la Bureaucratie Professionnelle, on a fréquemment deux hiérarchies parallèles, l'une pour les professionnels, qui va du bas vers le haut et

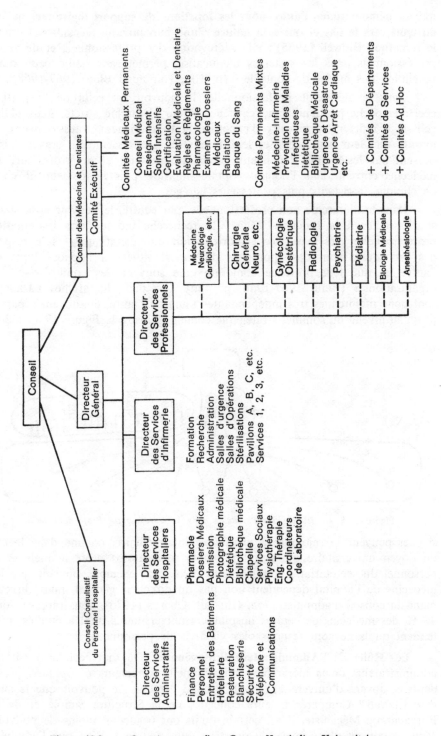

Figure 19.3. — *Organigramme d'un Centre Hospitalier Universitaire.*

qui est démocratique, l'autre pour les fonctions de support logistique, qui va du haut vers le bas et qui a la nature d'une bureaucratie mécaniste. Comme le remarque Bidwell (1965) : « la ségrégation des professionnels et des non-professionnels dans les systèmes d'éducation permet sans doute cette différenciation des modes de contrôle » (p. 106; voir aussi Blau, 1967-1968).

Dans la hiérarchie professionnelle, le pouvoir est celui de l'expertise; ceci n'empêche pas d'ailleurs l'existence d'une hiérarchie stricte, mais oblige celle-ci à refléter les niveaux d'expertise et d'expérience professionnelles. A mesure que leur expérience et leur réputation grandissent, les universitaires passent par les statuts d'assistant, de maître-assistant et de professeur; les médecins entrent dans l'hôpital comme internes, puis ils deviennent chefs de clinique, assistants puis professeurs agrégés.

Dans la hiérarchie non professionnelle, par contre, le pouvoir et le statut sont associés à la fonction. Mais « la recherche indique que l'orientation professionnelle vers le service et l'orientation bureaucratique vers le respect des procédures sont des approches du travail situées à l'opposé l'une de l'autre, et que leur présence conjointe crée souvent des conflits dans les organisations » (Blau, 1967-1968, p. 456). Ces deux hiérarchies parallèles sont donc maintenues très indépendantes l'une de l'autre, et souvent séparées jusqu'au niveau du sommet stratégique comme l'illustre la Figure 19.4., même

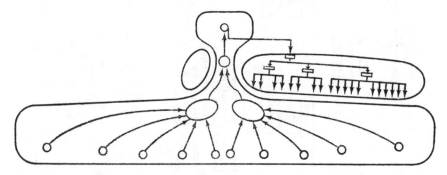

Figure 19.4. — *Hiérarchies Parallèles dans la Bureaucratie Professionnelle.*

si elles peuvent se rejoindre à un niveau intermédiaire, comme dans le cas du doyen universitaire qui a autorité à la fois sur les professionnels et le personnel du secrétariat. Dans la Figure 19.4., par exemple, on voit que les médecins de l'hôpital dépendent non pas du directeur général, mais directement du conseil d'administration. (En fait, Charns (1976), nous rapporte que 41 % des médecins de centres hospitaliers universitaires qu'il a étudiés, prétendent qu'ils ne sont responsables vis-à-vis de personne !).

Les Rôles de l'Administrateur Professionnel. Où tout ceci laisse-t-il les administrateurs de la hiérarchie professionnelle (directeurs d'hôpitaux, présidents et doyens d'université) ? Sont-ils aussi démunis de pouvoir que le suggère Etzioni ? Comparés à leurs collègues de la Structure Simple et de la Bureaucratie Mécaniste, il est certain qu'ils ont beaucoup moins de pouvoir. Mais ce constat n'épuise pas la question, loin s'en faut. Bien que l'administrateur professionnel puisse ne pas contrôler directement les professionnels, il a un ensemble de rôles qui lui donnent dans la structure un pouvoir informel considérable.

D'abord, **l'administrateur professionnel consacre beaucoup de temps à traiter les perturbations qui surgissent dans la structure.** Le processus de classement que nous avons vu plus haut comporte des imperfections qui conduisent à toutes sortes de conflits de compétence entre professionnels. Qui doit enseigner le cours de statistique du programme de MBA, un enseignant du département de mathématiques ou un autre de l'école de gestion ? Qui doit réaliser les mastectomies dans l'hôpital, un chirurgien spécialiste des opérations ou un gynécologue spécialiste des problèmes médicaux féminins ? Un administrateur de haut rang peut en fait rarement *imposer* une solution aux professionnels ou aux unités engagés dans un conflit. On constate plutôt que les responsables concernés — chefs, doyens, etc. — doivent se rencontrer pour négocier une solution en tant que mandataires de leurs groupes respectifs. Des problèmes de coordination surgissent aussi fréquemment entre les hiérarchies parallèles, et c'est souvent l'administrateur professionnel qui doit les résoudre.

En second lieu, **les administrateurs professionnels — et tout particulièrement ceux qui sont de niveau élevé — ont des rôles clés situés à la frontière de l'organisation, entre les professionnels qui sont à l'intérieur et des parties prenantes externes — gouvernements, associations de clients, etc.** D'un côté, les administrateurs sont supposés protéger l'autonomie des professionnels, jouer le rôle de « tampon » entre eux et les pressions externes : « Le directeur d'école est supposé « appuyer l'institutrice » — soutenir son autorité en cas « d'interférence » des parents » (Melcher, 1976, p. 334). De la même façon, le directeur d'un hôpital est supposé empêcher le gouvernement ou les administrateurs d'interférer dans le travail des médecins. D'un autre côté, les administrateurs sont supposés courtiser ces personnes externes pour obtenir leur soutien à l'organisation, moralement et financièrement : « ... les enseignants considèrent qu'une responsabilité essentielle de l'administrateur consiste à obtenir pour eux le plus de ressources possible » (Hills, cité par Melcher, 1976, p. 333); les professeurs des universités et les médecins des hôpitaux les rejoignent dans cette opinion.

Certains voient dans ces rôles dévolus aux administrateurs le signe de leur faiblesse. Comme Etzioni, ils les considèrent comme les garçons de courses des professionnels, ou comme des pions ballottés dans divers conflits — entre un professionnel et un fonctionnel, une personne extérieure ou un autre professionnel. Tous ces rôles sont en fait à la source même du travail de l'administrateur. Le pouvoir, après tout, se conquiert là où est l'incertitude, et c'est exactement à ce point qu'est situé l'administrateur professionnel. Celui qui parvient à obtenir un financement supplémentaire pour son organisation aura son mot à dire sur la distribution de celui-ci. Parallèlement, celui qui parvient à régler un conflit en faveur de son unité ou qui arrive à isoler les professionnels des interférences de l'extérieur devient un membre apprécié — et donc puissant — de l'organisation.

Ironiquement, **le professionnel devient dépendant de l'administrateur efficace.** Le professionnel est face à un dilemme fondamental. Fréquemment il a horreur de l'administration et désire seulement qu'on le laisse en paix exercer sa profession. Mais cette liberté ne peut être acquise qu'au prix d'efforts administratifs — obtenir le financement, résoudre les conflits, limiter les exigences des parties prenantes externes. Ceci laisse deux options ouvertes au professionnel : faire le travail administratif (et avoir moins de temps pour pratiquer sa profession) ou laisser ce travail aux administrateurs mais leur abandonner nécessairement une partie des pouvoirs de décision, alors même que les administrateurs, par le fait même qu'ils ne désirent plus pratiquer la profession, ont probablement des objectifs différents de ceux du professionnel.

On peut conclure que **le pouvoir dans la Bureaucratie Professionnelle passe à ceux des professionnels qui consacrent leurs efforts au travail administratif au lieu de l'activité professionnelle;** ceux qui y excellent ont en fait un pouvoir considérable, surtout dans des organisations professionnelles complexes comme des hôpitaux (Perrow, 1967). **Mais il faut insister sur ce point, l'administrateur ne dispose pas d'un chèque en blanc : il ne conserve son pouvoir que dans la mesure où les professionnels estiment qu'il sert efficacement leurs intérêts.** Les administrateurs des Bureaucraties Professionnelles sont donc loin d'être démunis de pouvoir : même si ce dernier peut facilement être balayé par le pouvoir *collectif* des professionnels, ils ont souvent, *individuellement,* plus de pouvoir que chaque professionnel.

La Formulation de la Stratégie dans la Bureaucratie Professionnelle. Une description de la formulation de la stratégie dans la Bureaucratie Professionnelle est peut-être ce qui illustre le mieux les deux faces du pouvoir de l'administrateur dans ce type de structure. Il faut d'abord remarquer que **le concept de stratégie — pris au sens de structure unique et intégrée des décisions commune à toute l'organisation — perd une bonne partie de son sens dans la Bureaucratie Professionnelle :** la « production » de ces organisations est difficile à mesurer, il est malaisé de s'y mettre d'accord sur les objectifs; de plus, compte tenu de l'autonomie dont dispose chaque professionnel dans son travail, il est plus logique de parler en terme de stratégie individuelle pour chacun d'entre eux. Dans de nombreux cas, le professionnel choisit ses propres clients et les méthodes qu'il utilise pour les traiter : ce faisant, il décide de sa propre stratégie exprimée en termes de produits et de marchés. Mais ce choix n'est pas fait au hasard : il est influencé de façon substantielle par les normes et les compétences professionnelles, et donc par les associations professionnelles et les organismes de formation externes à l'organisation. Toutes les organisations qui appartiennent à la même profession ont donc à un large degré des stratégies similaires qui leur sont imposées de l'extérieur. Celles-ci sont inculquées aux professionnels lors de la formation, et modifiées à mesure qu'apparaissent de nouveaux besoins et que de nouvelles méthodes développées pour y faire face sont acceptées par les associations professionnelles. En médecine par exemple, les chercheurs mettent au point de nouveaux traitements et les testent expérimentalement. Ils publient leurs résultats dans des journaux médicaux, et ces publications suscitent plus d'expériences et d'élaboration, jusqu'à ce que les méthodes soient considérées comme suffisamment sûres pour être intégrées à la pratique courante — c'est-à-dire pour faire partie du répertoire des programmes de tous les hôpitaux. Tout ce processus est placé sous l'égide des associations professionnelles qui jugent du caractère acceptable ou non de ces méthodes et disséminent l'information par leurs journaux, leurs conférences, leurs programmes de formation et leurs lettres d'information. Ce contrôle de la stratégie est parfois très direct : dans l'une des études réalisées à l'université McGill, un hôpital qui avait refusé d'utiliser un nouveau traitement s'est vu, de fait, censuré lorsqu'une des associations de spécialistes a adopté une résolution déclarant que le refus d'utiliser cette méthode était équivalent à une faute professionnelle.

On peut conclure, par conséquent, que **les stratégies de la Bureaucratie Professionnelle sont pour une large part celles des professionnels pris individuellement dans l'organisation ainsi que celles des associations professionnelles externes.** Pour une large part mais pas complètement. Il existe néanmoins des degrés de liberté qui permettent à chaque organisation à l'intérieur de la profession d'adapter les stratégies de base à ses propres besoins et à ses propres intérêts. Il existe par exemple des cliniques psychiatriques, des cliniques gynécologiques et des hôpitaux militaires : tous se conforment à la pratique médicale standard, mais chacune de ces organisations l'applique au segment de marché qu'elle a sélectionné.

Comment ces stratégies sont-elles élaborées ? Il apparaît que **les stratégies propres à une Bureaucratie Professionnelle représentent l'effet cumulé au fil du temps des projets — des « initiatives » stratégiques — que les membres ont réussi à amener l'organisation à entreprendre,** par exemple acheter un nouvel équipement dans un hôpital, créer un nouveau programme menant à un diplôme dans une université, développer un nouveau département spécialisé dans un cabinet d'audit. La plupart de ces initiatives sont proposées par des membres du centre opérationnel, par des professionnels qui jouent le rôle « d'entrepreneur », qui acceptent de consacrer les efforts nécessaires pour négocier l'acceptation des nouveaux projets à travers la structure administrative complexe; si la méthode est nouvelle et controversée (ou si le projet est onéreux), il leur faudra aussi négocier avec les associations professionnelles (et avec les organismes de financement). Par exemple la proposition d'un nouveau programme de doctorat à l'université McGill a été développée par un comité ad hoc, puis approuvée dans la Faculté de Gestion par le Comité des Programmes des Second et Troisième Cycles, par le Comité Académique et le Conseil de Faculté; de là le projet est passé au Comité Directeur et au Conseil des Enseignants des Second et Troisième Cycles; puis au Comité de Politique Académique du Sénat de l'Université avant de passer devant le Sénat lui-même; de là le projet est passé au Comité des Programmes Universitaires du ministère de l'Education du gouvernement du Québec puis au ministère lui-même avant un certain nombre d'allers et retours entre ces organismes et l'administration de l'université, au terme desquels le programme fut finalement accepté (sous la forme d'un programme joint entre quatre universités).

Quel est dans tout ceci le rôle de l'administrateur professionnel ? Il est certainement loin d'être passif. Comme nous l'avons noté plus haut, l'administration n'est ni le point fort ni le centre d'intérêt du professionnel (pour de bonnes raisons, comme l'exemple développé plus haut devrait le montrer clairement !). Le professionnel dépend donc de l'administrateur à plein temps pour l'aider à négocier son projet. D'abord l'administrateur a le temps de se préoccuper de ces choses — après tout l'administration est son travail. Ensuite il a une connaissance approfondie du système de comités et il y a de nombreux contacts personnels, deux éléments nécessaires pour mener à bien un projet. De plus, l'administrateur traite de ce genre de question chaque jour alors que le professionnel peut très bien ne promouvoir qu'un seul projet au cours de sa carrière. Enfin l'administrateur a, selon toutes probabilités, les compétences nécessaires, par exemple celles qu'il faut pour négocer et pour persuader.

Mais le pouvoir de l'administrateur professionnel va au-delà de l'aide qu'il apporte aux professionnels. Tout administrateur compétent essaye de changer l'organisation à sa façon, d'en modifier les stratégies pour les rendre plus efficaces. Dans la Bureaucratie Professionnelle, ceci se traduit par un ensemble d'initiatives stratégiques que l'administrateur prend lui-même. Mais, comme dans ce type de structure, il ne peut pas imposer sa volonté aux professionnels du centre opérationnel, il doit utiliser son pouvoir informel et en faire un usage subtil. Sachant que les professionnels tiennent à leur autonomie par-dessus tout, l'administrateur agit avec précautions — par étapes de faible ampleur dont chacune est à peine discernable. De cette façon, il peut réussir à obtenir au bout du compte des changements que les professionnels auraient rejetés s'ils leur avaient été proposés en une fois.

Pour conclure, nous voyons encore ici que, si l'administrateur faible de la Bureaucratie Professionnelle peut n'être que le garçon de course des professionnels, celui qui est fort — lui-même un professionnel aux aptitudes politiques certaines, clairement conscient de ce qu'est le système de pouvoir de son organisation — peut jouer un rôle majeur dans le changement des stratégies.

LE CADRE D'EXISTENCE DE LA BUREAUCRATIE PROFESSIONNELLE.

Cette troisième configuration structurelle apparaît partout où le centre opérationnel d'une organisation est dominé par des opérateurs qualifiés — des professionnels — qui utilisent des procédures qui sont difficiles à apprendre mais qui sont pourtant bien définies. Ceci correspond à un environnement qui est à la fois complexe et stable — suffisamment complexe pour requérir l'utilisation de procédures dont l'apprentissage exige des années consacrées exclusivement à la formation, mais pourtant suffisamment stable pour que ces compétences aient pu être bien définies, et en fait standardisées. L'envi-

ronnement est ainsi le facteur de contingence principal qui amène la création des Bureaucraties Professionnelles.

Par contraste, l'âge et la taille ont moins d'importance. Les grandes organisations professionnelles tendent à être quelque peu plus formalisées (Holdaway et al., 1975, Bidwell, 1965, p. 1 017)[3] et à avoir des fonctions de support logistique plus développées (Bidwell, 1965, p. 977). Mais ceci n'empêche pas l'existence de Bureaucraties Professionnelles qui soient jeunes ou petites. La bureaucratie mécaniste a besoin d'une période de démarrage pour la mise au point des standards et leur application dans l'organisation; elle doit donc passer par une phase de Structure Simple avant que ses activités puissent être rendues routinières. Dans la Bureaucratie Professionnelle, par contre, les employés qualifiés apportent les standards dans l'organisation avec eux lorsqu'ils la rejoignent. La durée de la période de démarrage est donc faible. Mettez un groupe de médecins dans un nouvel hôpital ou un groupe de juristes dans un nouveau cabinet juridique et très rapidement ils fonctionneront comme s'ils avaient été là pendant des années. La taille paraît être un facteur de contingence relativement mineur pour la même raison et aussi parce que les professionnels travaillent de façon largement indépendante. Un comptable qui travaille seul adhère à la même association professionnelle que les deux mille comptables d'une entreprise géante. Ainsi les Bureaucraties Professionnelles ont-elles à peine besoin de passer par la phase de Structure Simple dans leurs premières années.

Le système technique des Bureaucraties Professionnelles n'est ni sophistiqué, ni automatisé, ni très régulateur. Ces trois caractéristiques sont en effet incompatibles avec la latitude considérable dont disposent les opérateurs professionnels dans ce type de configuration structurelle, où ils servent généralement les clients directement et de façon personnelle. Le système technique est donc un facteur de contingence important à cause des caractéristiques qu'il n'a pas. Comme Heydeband et Noell (1973) le remarquent, le professionnel résiste à la rationalisation de son activité — à sa division en étapes simples à exécuter — parce qu'un tel changement rend son travail programmable par la technostructure, détruit la base de son autonomie et tire la structure vers la forme d'une Bureaucratie Mécaniste.

Le système technique ne peut pas non plus être sophistiqué car il faudrait alors que le professionnel travaille de façon plus proche de ses collègues, l'éloignant ainsi de ses clients et faisant glisser la structure vers une autre configuration : l'Adhocratie. Le chirurgien utilise un scalpel, le comptable se sert d'un crayon : ce sont des instruments simples qui leur permet-

---

3. Boland (1973) les trouve aussi plus démocratiques, ce qui paraît provenir de leur plus grande formalisation. « L'ensemble des enseignants dans les universités aux effectifs nombreux paraît avoir plus de chances de développer un pouvoir important. Dans les institutions plus petites, par contre, les enseignants sont plus souvent sujets aux décisions des administrateurs » (p. 636). Ceci paraît être proche de la situation décrite par Crozier, où les opérateurs de grandes organisations bureaucratiques imposent la création de règles protégeant leurs intérêts. Cependant, un tel phénomène paraît plus bénéficier aux opérateurs des Bureaucraties Professionnelles qu'à ceux des Bureaucraties Mécanistes : dans le premier cas, les règles sont les moyens d'une réelle auto-gestion, dans le second elles ne servent qu'à protéger les ouvriers de l'arbitraire de leurs supérieurs.

tent de faire, de façon indépendante, un travail qui peut être extrêmement complexe. Des instruments plus complexes — l'ordinateur dans un cabinet d'audit, l'unité de soins cardiaques dans un hôpital — réduisent l'autonomie du professionnel en le forçant à travailler dans le cadre d'équipes multidisciplinaires, comme dans l'Adhocratie. Par ailleurs, comme ils ont tendance à être régulateurs et qu'ils sont souvent automatisés, la relation entre le professionnel et ses clients s'en trouve dépersonnalisée. **Donc, dans la forme pure de la Bureaucratie Professionnelle, la technologie de l'organisation — le savoir qu'elle utilise — est sophistiquée, mais son système technique — l'ensemble des instruments qu'elle utilise — ne l'est pas.**

Ainsi l'exemple principal de Bureaucratie Professionnelle est-il celui de *l'organisation de services personnels* où le travail est complexe et stable. Les écoles, les universités, les cabinets de conseil, les conseils juridiques et cabinets comptables, les organismes d'action sociale ont tous cette configuration tant qu'ils se consacrent surtout à l'application de programmes standards, à des problèmes bien définis (et non à trouver de nouvelles solutions pour de nouveaux problèmes). Ceci est également vrai pour les hôpitaux dans la mesure où leur système technique est simple. Bien entendu, la structure évolue vers un hybride qui a certaines des caractéristiques de l'Adhocratie là où un équipement plus sophistiqué est nécessaire, là où le développement de la recherche fait de l'innovation une préoccupation importante [4], là où l'environnement devient plus dynamique. De tels développements paraissent être de plus en plus fréquents, notamment dans les centres hospitaliers universitaires, mais l'influence qu'ils ont sur les structures est fortement modérée par les considérations de sécurité qui sont essentielles dans l'organisation hospitalière : seuls les traitements absolments sûrs sont appliqués de façon régulière. Les institutions à qui les clients s'en remettent pour leur vie ont une aversion naturelle pour les structures organiques comme l'Adhocratie.

Une bonne partie du secteur des services dans la société contemporaine applique en fait des programmes standards à des problèmes bien définis. La Bureaucratie Professionnelle est donc une structure qui a tendance à y dominer. Avec la croissance énorme de ce secteur dans les dernières décennies, la Bureaucratie Professionnelle est devenue une configuration structurelle fort importante.

Jusqu'ici tous nos exemples viennent du secteur des services. Mais la Bureaucratie Professionnelle est une structure qu'on rencontre aussi dans l'activité de fabrication là où le travail est complexe et stable et le système technique ni régulateur ni sophistiqué. C'est le cas de *l'entreprise artisanale* qui est une des variantes importantes de la Bureaucratie Professionnelle.

Ces organisations utilisent des instruments relativement simples pour fabriquer des produits standards. Le terme même *d'artisan* fait référence à un

---

4. Cependant, la description que donne Kuhn (1970) de la pratique de la recherche scientifique donne nettement l'impression que la plupart du temps — c'est-à-dire dans les périodes de science « normale » comme il les appelle, lorsque les chercheurs, pour l'essentiel, perfectionnent un « paradigme » donné — la structure de bureaucratie professionnelle pourrait également convenir. La structure adhocratique est réellement la plus appropriée seulement lors des périodes de « révolution » scientifique.

type de professionnel qui acquiert sa qualification au terme d'un long apprentissage, puis qui peut pratiquer son art sans être soumis à une supervision directe. Les entreprises artisanales ont typiquement une composante administrative très réduite — pas de technostructure, peu de cadres et des cadres qui, d'ailleurs, travaillent avec les artisans. Beaucoup de ces organisations ont été éliminées par la Révolution industrielle : la rationalisation du travail les a transformées en Bureaucraties Mécanistes. Mais quelques-unes d'entre elles subsistent : verrerie, poterie et photographie artisanale, cuisine gastronomique. Comme l'indiquent ces exemples, le terme « artisanal » est aujourd'hui synonyme d'art fonctionnel : des produits faits main qui ont une fonction mais qui sont achetés pour leur valeur esthétique.

Il existe par ailleurs au moins un secteur d'activité important qui est largement resté au stade artisanal : le bâtiment. On y compte peu d'employés, le système de communication y est peu formalisé, et les mécanismes bureaucratiques de contrôle de la production — évaluation des coûts, ordonnancement, inspection des opérations — moins développés que dans les organisations de production de masse.

Les Bureaucraties professionnelles opèrent souvent dans des marchés diversifiés : les hôpitaux ont des gynécologues pour traiter les femmes et des pédiatres pour traiter les enfants; les universités ont des professeurs de philosophie pour ceux qui veulent une formation générale et des professeurs de gestion pour ceux qui recherchent les compétences débouchant sur une carrière précise. L'Hypothèse 11 nous indique que ces structures sont donc amenées à regrouper leurs unités sur la base des marchés (mais nous avons vu plus haut que ce regroupement est, dans la Bureaucratie Professionnelle, équivalent au regroupement par fonctions).

Les marchés des Bureaucraties Professionnelles sont parfois géographiquement diversifiés, et on a alors une variante qu'on appelle *la bureaucratie professionnelle dispersée.* C'est le cas de Police Montée canadienne, des organisations de renseignements généraux, des cabinets de conseils internationaux et des services forestiers. Dans ces organisations, entre les caractéristiques que nous avons vues, la socialisation, la formation et les mutations prennent un relief particulier, car l'organisation doit s'assurer que les professionnels, qui travaillent de façon extrêmement autonome, gardent un comportement qui va dans le sens des intérêts de l'ensemble. Nous avons vu ceci en détail au chapitre 6.

Il existe une variante de la Bureaucratie Professionnelle où la socialisation a encore plus d'importance : *l'organisation missionnaire,* qu'on rencontre communément dans les ordres religieux, les fondations charitables (Sills, 1957) et parfois aussi dans les entreprises (Perrow, 1970, p. 166-170). Dans ces organisations, la socialisation prend même le pas sur la formation comme paramètre de conception principal; dès lors, puisque l'organisation peut faire confiance à ses membres pour poursuivre ses buts et ses stratégies, il en résulte une décentralisation importante, donc une structure qui, d'une certaine façon, ressemble à la Bureaucratie Professionnelle.

On trouve parfois la Bureaucratie Professionnelle sous une forme hybride;

nous avons déjà vu, pour l'organisation hospitalière, la possibilité d'un hybride qui a certaines des caractéristiques de l'Adhocratie. Il existe une autre forme hybride dans laquelle des professionnels sont placés sous une direction étroite ou même autocratique, comme dans la Structure Simple. Considérez par exemple la description qui est donnée ci-dessous d'un orchestre symphonique, où des musiciens très qualifiés jouent le répertoire classique :

> Cette dernière méthode a été essayée, notamment en Russie dans les années vingt, mais le célèbre orchestre sans chef, Persimfans, n'a duré que quelques années. Il y avait des répétitions sans nombre où les musiciens discutaient de la façon dont il fallait traiter chaque passage; chaque membre avait le droit démocratique, à tour de rôle, de poser son instrument et d'aller dans la salle écouter l'effet produit. Il fut finalement décidé qu'il serait plus efficace et moins coûteux de permettre à un individu aux compétences reconnues d'imposer ses idées au reste de l'orchestre...
> Je pense à l'un des musiciens de Szell qui a dit un jour : « C'est un fils de p..., mais il nous fait jouer de façon sublime [5]. »

Notons enfin brièvement l'influence du facteur de contingence qu'est le pouvoir sous deux formes : la mode et l'influence des opérateurs. Professionnalisme est un terme aujourd'hui populaire chez toutes sortes de spécialistes; en conséquence, la **bureaucratie professionnelle est une structure très à la mode** — et pour de bonnes raisons puisqu'elle est très démocratique. Il est donc à l'avantage de tout opérateur de rendre son travail plus professionnel — d'accroître les compétences requises, d'empêcher les analystes de la technostructure de le rationaliser, et de créer des associations qui établissent des standards protégeant ces compétences dans tout un secteur d'activité. L'opérateur peut de cette façon obtenir ce que la Bureaucratie Mécaniste lui a toujours dénié : le contrôle sur son travail et sur les décisions qui l'affectent.

QUELQUES PROBLÈMES
DE LA BUREAUCRATIE PROFESSIONNELLE.

Parmi les cinq configurations structurelles, la Bureaucratie Professionnelle répond de façon unique aux besoins essentiels des hommes et des femmes de notre époque. Elle est démocratique, disséminant directement le pouvoir aux opérateurs (au moins à ceux qui sont professionnels) à qui elle donne une autonomie considérable, les libérant même du besoin de coordonner étroitement leur activité avec celle de leurs collègues, et de toutes les pressions et de l'activité politique qui en résulte. Le professionnel joue donc gagnant sur les deux tableaux : il appartient à une organisation, mais il est

---

5. Tiré de M.S.D. Crisis Plus ça change de E. McLean, Canada, Wide Feature Service, Montreal Star, 4 décembre 1976.

libre de servir ses clients comme bon lui semble, seulement soumis aux standards de sa profession.

En conséquence, les professionnels ont tendance à être des individus responsables et très motivés, qui se consacrent avec dévouement à leur travail et à leurs clients. Sa structure ne met pas ici, contrairement à ce qui se passe dans la Bureaucratie Mécaniste, de barrière entre l'opérateur et le client : elle permet le développement entre eux d'une relation personnelle. Le système technique et le système social sont ici en complète harmonie.

De plus, **l'autonomie permet aux professionnels de perfectionner leur qualification, sans interférences :** répétant sans cesse les mêmes programmes complexes ils en réduisent continuellement l'incertitude jusqu'à les rendre presque parfaits. Les professionnels ont des mécanismes de raisonnement similaires, « convergents »; le chirurgien cardio-vasculaire Spencer (1976) nous rapporte l'histoire de cet amateur de bridge qui, après s'être tenu derrière le champion Charles Goren pendant les trois jours d'un tournoi, a conclu : « Il n'a rien fait que je ne puisse faire, à ceci près qu'il n'a commis aucune erreur » (p. 1 181). Cette anecdote illustre bien le sentiment de sécurité des professionnels et de leurs clients dans les Bureaucraties Professionnelles. Le potier provençal s'attend à peu de surprises lorsqu'il ouvre son four, ainsi que les patients du docteur Spencer lorsqu'ils montent sur la table d'opération. Ils savent que le programme a été exécuté tant de fois — par ce chirurgien comme par les nombreux autres dont il a lu les expériences dans les journaux professionnels — que la possibilité d'erreur a été minimisée. Les hôpitaux n'exécutent d'ailleurs pas les nouveaux programmes avant qu'ils aient été complètement testés et approuvés par la profession. Le client de la Bureaucratie Professionnelle peut être satisfait de savoir que le professionnel qui va le servir puisera dans une vaste quantité d'expériences et de connaissances, l'appliquera d'une façon perfectionnée mais non expérimentale, et sera probablement très motivé dans l'exécution de la procédure.

Mais, dans ces mêmes caractéristiques de démocratie et d'autonomie résident les problèmes majeurs de la Bureaucratie Professionnelle car **il n'y a en dehors de la profession pratiquement aucun contrôle sur le travail, aucun moyen de corriger les déficiences sur lesquelles les professionnels eux-mêmes choisissent de fermer les yeux.** Et ils ont tendance à négliger les problèmes essentiels de coordination, de contrôle et d'innovation qui surgissent dans ces structures.

Les Problèmes de Coordination. Comme nous l'avons vu, la Bureaucratie Professionnelle ne peut coordonner ses activités qu'en ayant recours à la standardisation des qualifications. **Mais la standardisation des qualifications est un mécanisme de coordination peu puissant, qui ne parvient pas à régler tous les problèmes qui surgissent dans la Bureaucratie Professionnelle.**

Il y a d'abord le besoin de coordination entre le professionnel et les fonctionnels de support logistique. Pour le professionnel, la question est simple : c'est lui qui donne les ordres. Mais ceci a pour conséquence de mettre les fonctionnels dans une situation difficile où ils sont tiraillés à la fois par leur hiérarchie et par les opérateurs.

Les problèmes de coordination entre les professionnels eux-mêmes sont peut-être plus sérieux encore. Le processus de classement ne peut pas être parfait à un point tel que chaque cas corresponde très exactement à un programme standard : ceux qui se trouvent à la marge ou qui chevauchent deux catégories tendent à être — artificiellement — rangés dans une catégorie ou dans une autre. La médecine contemporaine, par exemple, ne traite pas le corps humain comme un ensemble intégré dont les parties sont indépendantes, mais comme une collection d'organes faiblement couplés entre eux qui correspondent aux différentes spécialités. Pour le patient dont la maladie correspond bien à une des spécialités il n'y a pas de problème de coordination. Mais pour d'autres — par exemple le patient qui tombe entre la psychiatrie et la médecine interne — le processus de classement a pour conséquence des transferts répétés effectués en quête du département adéquat, ce qui prend du temps à un moment critique. Dans les universités le processus de classement peut être tout aussi artificiel, comme dans le cas du professeur qui s'intéressait à la structure des systèmes de production : comme sa spécialité était située entre celles pratiquées dans les départements de sciences du comportement et de gestion de la production de l'école de gestion, il s'est vu refuser la titularisation.

Le processus de classement. apparaît en fait comme la source d'un grand nombre des conflits dans la Bureaucratie Professionnelle. Beaucoup d'énergie est dissipée dans la redéfinition continuelle des cas qui font l'objet de distinctions artificielles en terme de programmes.

Les problèmes de contrôle. Même lorsque le processus de classement fonctionne, la Bureaucratie Professionnelle rencontre des problèmes parce que le travail de l'opérateur exige qu'il fasse usage d'une capacité de jugement considérable. Ceci est sans doute approprié pour des professionnels qui sont compétents et consciencieux. Malheureusement ils ne le sont pas tous; et les **Bureaucraties Professionnelles sont relativement impuissantes face à des professionnels qui ne sont pas consciencieux ou qui sont incompétents.**

Il n'y a pas deux professionnels qui soient également compétents, et le client qui est forcé de choisir entre eux décide sans savoir puisqu'il fait précisément appel au professionnel parce qu'il n'a pas la connaissance nécessaire. Le client est donc exposé à une sorte de roulette russe — presque au sens littéral du terme en médecine où il se peut qu'une décision soit une affaire de vie ou de mort. Mais ceci est inévitable : il y a peu de choses à faire hormis utiliser les toutes meilleures procédures de recrutement dans les écoles de formation.

Le cas du professionnel non consciencieux est plus préoccupant : celui qui refuse d'actualiser ses connaissances après qu'il a obtenu son diplôme, celui qui se préoccupe plus de son revenu que de ses clients, ou celui qui est si amoureux de son art qu'il en oublie les besoins réels de ses clients. Ce dernier cas représente une inversion des fins et des moyens fréquente dans les Bureaucraties Professionnelles, différente de celle qu'on rencontre dans les Bureaucraties Mécanistes, mais tout aussi sérieuse. Le professionnel confond les besoins de ses clients avec ce qu'il a à leur offrir. Il se concentre sur ses programmes favoris — ceux qu'il exécute le mieux ou qui lui plaisent le plus — à l'exclusion de tous les autres. Un tel comportement ne pose pas de problème tant que tous les clients qui lui sont adressés ont besoin de son programme favori. Mais les complications surgissent si un autre client se glisse dans le lot. Ainsi, on a des psychiatres qui pensent que tout malade (en fait tout le monde) a besoin d'une psychanalyse, les cabinets de conseil prêts à concevoir le même système de planification pour toutes les entreprises, quelques dynamiques que soient leurs environnements, les professeurs qui font un cours magistral qu'ils aient cinq cents étudiants ou qu'ils en aient cinq, les travailleurs sociaux qui se sentent obligés de donner du pouvoir aux individus même si les individus n'en veulent pas.

Il est difficile de traiter ce problème d'inversion des fins et des moyens d'abord parce qu'il est difficile de « mesurer » l'activité professionnelle : quand les psychiatres ne peuvent même pas définir les mots « guérison » ou « sain », comment peuvent-ils prouver que la psychanalyse est meilleure que la chimiothérapie pour traiter les maniaques dépressifs ? C'est là une raison pour laquelle la solution évidente — la censure par les associations professionnelles — est rarement utilisée. Autre raison pour laquelle cette solution est peu employée : les professionnels ont une aversion notoire à agir contre l'un des leurs, à « laver leur linge sale en public » pour ainsi dire. Ils le feront dans des cas extrêmes : certains comportements grossièrement fautifs ne peuvent être ignorés. Mais de tels cas sont relativement rares. Ils ne révèlent que la partie émergée de l'iceberg.

L'autonomie permet non seulement à certains professionnels d'ignorer les besoins de leurs clients, elle encourage aussi beaucoup d'entre eux à ignorer les besoins de l'organisation. Les professionnels dans ces structures ne se considèrent généralement pas comme faisant partie d'une équipe. Pour beaucoup d'entre eux, l'organisation est presque accessoire, c'est un endroit commode pour exercer la profession. Ils sont loyaux vis-à-vis de la profession mais pas envers l'organisation où ils se trouvent l'exercer. Mais l'organisation a aussi besoin de loyauté — de support pour ses stratégies, de personnes qui fassent partie de ses comités administratifs et qui traitent les conflits entre elle et les associations professionnelles. La coopération, nous l'avons vu, est cruciale pour le fonctionnement de la structure administrative. Pourtant, comme nous l'avons également vu, les professionnels y résistent furieusement. Les professeurs répugnent à siéger dans les comités de programme; ils ne veulent tout simplement pas dépendre les uns des autres. On peut dire qu'ils se connaissent trop bien !

Les problèmes d'innovation. Dans les Bureaucraties Professionnelles, les innovations majeures dépendent aussi de la coopération. Les programmes existants peuvent être perfectionnés par des spécialistes individuels. Mais ceux qui sont nouveaux concernent nécessairement plusieurs spécialités : par essence ils exigent une modification du processus de classement et donc des efforts interdisciplinaires. Par conséquent la résistance des professionnels à coopérer se traduit par des problèmes d'innovation.

Comme la Bureaucratie Mécaniste, la Bureaucratie Professionnelle est

une structure rigide, bien adaptée à sa production standardisée mais pas à l'innovation. Toutes les bureaucraties sont faites pour des environnements stables.

Les problèmes de l'innovation dans la Bureaucratie Professionnelle trouvent leur origine dans la méthode de raisonnement déductif utilisée par les professionnels, celle qui les conduit à forcer les problèmes nouveaux à entrer dans les anciennes catégories. L'étudiant de doctorat qui vise l'obtention d'un diplôme interdisciplinaire (le doctorat n'est-il pas après tout le diplôme universitaire le plus élevé créé pour encourager la création d'un savoir nouveau ?) se trouve inévitablement contraint de choisir entre les départements traditionnels : « Vous devez faire un doctorat de gestion ou un doctorat en sciences de l'éducation; nous n'avons pas ici de doctorat en gestion des institutions éducatives. » Nulle part les effets du raisonnement déductif ne sont mieux illustrés que dans ce que nous rapporte Spencer (1976) : « Les cas de tous les patients développant des complications importantes ou qui meurent dans nos trois hôpitaux... font l'objet d'un rapport à un bureau central, comportant une description de la suite des événements longue d'un tiers de page à une page entière » (p. 1 181). Six à huit de ces rapports sont discutés dans les conférences hebdomadaires de « mortalité-morbidité », qui durent une heure et qui comprennent pour chaque cas une présentation par le chirurgien, et des « questions et commentaires » de l'auditoire. Une page « entière » et dix minutes de discussion pour des cas comportant des « complications importantes ! » C'est peut-être suffisant pour lister les symptômes et les ranger en catégories. Ça l'est à peine pour commencer à penser à des solutions créatives. Comme Lucy dit un jour à Charlie Brown, on ne peut pas faire une grande œuvre d'art en une demi-heure; ça demande au moins quarante-cinq minutes !

Le fait est que le grand art et les problèmes nouveaux exigent un raisonnement *inductif* qui permette de passer des expériences particulières à des nouveaux concepts et des nouveaux programmes. Ce mode de pensée est *divergent,* il brise avec les anciennes routines et les anciens standards plutôt que d'améliorer ce qui existe. Et cela va à l'encontre de tout ce pour quoi la Bureaucratie Professionnelle est conçue.

On n'est pas surpris dans ces conditions de constater que les Bureaucraties Professionnelles et les associations professionnelles qui contrôlent leurs procédures ont tendance à être des organismes conservateurs qui hésitent à changer leurs méthodes éprouvées. Lorsqu'un membre entreprenant brandit la torche de l'innovation, il en résulte inévitablement des conflits politiques importants. Même dans la Bureaucratie Mécaniste quand les cadres dirigeants du sommet stratégique reconnaissent enfin le besoin du changement, ils sont capables de l'imposer à la hiérarchie. Dans la Bureaucratie Professionnelle, à cause de l'autonomie des opérateurs et du pouvoir de la base dans les décisions, et dans l'association professionnelle et ses propres procédures démocratiques, le pouvoir de changer la stratégie est diffus. Tout le monde doit être d'accord sur le changement, pas seulement une poignée de responsables ou de représentants des professionnels. Le changement est donc long et douloureux, il vient après de nombreuses intrigues politiques et manœuvres habiles des professionnels et des administrateurs.

Tant que l'environnement reste stable, la Bureaucratie Professionnelle ne rencontre pas de problème. Mais un environnement plus dynamique exige le changement — de nouvelles compétences, un nouveau mode de classement, des efforts de coopération de la part d'équipes multidisciplinaires de professionnels, et tout ceci appelle une autre configuration structurelle, comme nous le verrons au chapitre 21.

Les réponses dysfonctionnelles. Quelles réponses les problèmes de coordination, de contrôle de l'autonomie et d'innovation suscitent-ils ? Le plus souvent, **ceux qui sont en dehors de la profession — les clients, les administrateurs non professionnels, les membres de la société dans son ensemble et leurs représentants au gouvernement — conçoivent le problème comme provenant d'un manque de contrôle sur le professionnel et sur sa profession. Ils font donc ce qui paraît s'imposer : essayer de contrôler le travail en utilisant un autre mécanisme de coordination. Précisément ils essayent d'utiliser la supervision directe, la standardisation des procédés de travail ou la standardisation des produits.**

La supervision directe peut donner des résultats en cas de fautes professionnelles graves. Il est possible de « tancer » le chirurgien négligent ou le professeur qui manque trop de classes, et peut être à la fin de les licencier. Mais il est difficile à d'autres que le professionnel lui-même de contrôler son travail, car son exécution est complexe et les résultats difficiles à définir. L'administrateur qui veut utiliser la supervision directe n'a d'autres possibilités que de s'engager dans des activités fastidieuses. Comme dans le cas d'un certain responsable de district, intermédiaire entre un conseil des écoles de Montréal et ses établissements et qui, d'après les rapports de quelques directeurs, leur téléphonait à 4 h 59 le vendredi après-midi pour vérifier qu'ils n'étaient pas partis en week-end. La création d'un tel niveau intermédiaire de supervision repose sur l'hypothèse suivant laquelle le travail des professionnels peut comme les autres être contrôlé du haut vers le bas, une hypothèse qui s'est révélée fausse, constamment fausse.

De la même façon, les autres formes de standardisation, au lieu d'aboutir au contrôle du travail professionnel, ont souvent seulement pour effet de gêner et de décourager les professionnels : un processus de travail complexe ne peut pas être formalisé par des règlements, et des « productions » complexes ne peuvent pas être standardisés par des systèmes de planification et de contrôle. Si ce n'est de façon erronée, en forçant l'opérateur à respecter la règle plutôt qu'à servir le client : encore une fois l'inversion des fins et des moyens. Ceci arrive par exemple dans les systèmes d'éducation où la technostructure gouvernementale estime qu'elle peut programmer le travail de l'enseignant, comme en Allemagne de l'Est (qu'un planificateur du gouvernement a décrit à l'auteur avec fierté) où chaque jour chaque enfant dans le pays ouvre le même livre à la même page. Les besoins individuels des élèves — qu'ils soient rapides ou lents, de la ville ou de la campagne — et les styles individuels des enseignants doivent être subordonnés à la netteté du système.

Le fait est qu'un travail complexe ne peut être réalisé correctement que s'il est fait sous le contrôle de l'opérateur lui-même. La société peut avoir à contrôler les dépenses globales de ses Bureaucraties Professionnelles — les limiter — et passer des lois à l'encontre des fautes professionnelles les plus graves. Mais un contrôle externe trop fort amène, d'après l'Hypothèse 14, la centralisation et la bureaucratisation de la structure, la transformant en une Bureaucratie Mécaniste où le travail opérationnel est contrôlé par les normes élaborés par les analystes de la technostructure. Ceci a pour effet de « jeter le bébé avec l'eau du bain ». Les contrôles technocratiques ne peuvent pas améliorer le travail de nature professionnelle, ni distinguer entre les comportements professionnels responsables et ceux qui ne le sont pas : ils font peser leurs contraintes également sur les deux. Ceci peut, bien sûr, être approprié pour des organisations dans lesquelles les comportements responsables sont rares. Mais dans le cas contraire — c'est-à-dire probablement dans la majorité des cas — **les contrôles technocratiques ont pour seul effet de faire baisser la conscience professionnelle.** Comme l'ont trouvé Sorensen et Sorensen (1974), il y a dans les grands cabinets d'audit d'autant plus de conflits et d'insatisfaction au travail que l'organisation est plus bureaucratique.

Les contrôles ont aussi pour effet d'apporter une gêne à la relation, d'importance critique, entre le professionnel et son client, relation fondée sur l'existence d'un contact sans entrave entre eux deux. Ainsi, un responsable policier, Cizanckas, note-t-il que l'officier de police, qui est placé tout en bas de la structure d'une « organisation paramilitaire », est plus que tenté de passer sa frustration sur le contrevenant (paraphrase de Hatvarry, 1976, p. 73). Les contrôles ôtent la responsabilité aux opérateurs pour la donner à la structure administrative, où elle ne sert à rien au client. Ce n'est pas le gouvernement qui enseigne aux étudiants, ce n'est pas la technostructure de l'organisation policière qui arrête le criminel; pas plus que ce n'est l'administration hospitalière qui met au monde un enfant ou celle de l'action sociale qui aide une famille en détresse. Chacune de ces choses est faite par un individu qui est un professionnel. Si cet individu est incompétent, aucun plan et aucun règlement élaboré de la technostructure ne pourront le rendre compétent. Mais de telles règles, de tels plans et de tels ordres peuvent empêcher celui qui est compétent de faire son travail de façon efficace. Dans la Bureaucratie Mécaniste, la rationalisation a au moins pour effet de permettre au client de disposer de biens et de services bon marché. Dans le cas de la Bureaucratie Professionnelle elle ne laisse au client qu'un service impersonnel et inefficace.

De plus, les contrôles externes peuvent avoir pour effet de faire baisser l'incitation au perfectionnement, et même l'incitation à l'innovation (qui est déjà faible dans les meilleures époques de la Bureaucratie Professionnelle). En perdant le contrôle sur le travail, les professionnels deviennent passifs comme les opérateurs de la Bureaucratie Mécaniste. Même le travail de l'administrateur professionnel — qui n'est jamais facile — devient très difficile avec une poussée du contrôle externe. Dans les systèmes d'éducation par exemple, le directeur d'établissement se trouve pris entre une technostructure gouvernementale avide de contrôle et un centre opérationnel qui s'accroche à son autonomie jusqu'au bout. Tout le monde y perd.

N'y a-t-il donc aucune solution pour une société soucieuse de contrôler ses Bureaucraties Professionnelles. Les contrôles financiers et législatifs sont évidemment nécessaires. Mais qu'y a-t-il au-delà ? Des solutions existent, mais elles passent par la reconnaissance du travail professionnel pour ce qu'il est. **Dans la Bureaucratie Professionnelle, le changement ne vient pas de nouveaux administrateurs qui prennent leurs postes et annoncent des réformes majeures, ni de technostructures gouvernementales qui cherchent à contrôler les professionnels. Le changement vient plutôt du processus, lent, d'évolution des professionnels : changer le recrutement, la formation, la socialisation, la motivation au perfectionnement professionnel.** Là où il y a des résistances à de tels changements, la société peut se trouver bien inspirée d'en appeler au sens de la responsabilité des professionnels vis-à-vis du service rendu au public, ou, en cas d'échec, de faire porter les pressions sur les associations professionnelles plutôt que sur la Bureaucratie Professionnelle.

20

LA STRUCTURE DIVISIONNALISEE

Mécanisme de Coordination Principal :	Standardisation des résultats.
Partie clé de l'Organisation :	Ligne hiérachique.
Principaux Paramètres de Conception :	Regroupement des unités sur la base des marchés, systèmes de contrôle des performances, décentralisation verticale limitée.
Facteurs de Contingence :	Marchés diversifiés (particulièrement en ce qui concerne les produits ou les services), organisation âgée, de grande taille, besoin de pouvoir des cadres, structure à la mode.

Comme la Bureaucratie Professionnelle, la Structure Divisionnalisée est moins une organisation intégrée qu'un ensemble d'entités quasi autonomes couplées par une structure administrative centrale. Mais, alors que les entités en question sont dans le cas de la Bureaucratie Professionnelle des individus (les professionnels du centre opérationnel), dans la Structure Divisionnalisée, il s'agit d'unités de l'organisation, appelées **divisions;** nous appellerons ici la structure centrale le **siège.** La Structure Divisionnalisée est très utilisée dans le secteur privé des économies industrialisées : les 500 plus grandes entreprises américaines sont de ce type dans leur immense majorité. Mais on les rencontre aussi dans d'autres secteurs : l'université à plusieurs établissements (comme l'Université de Californie), le système hospitalier qui comporte plusieurs hôpitaux spécialisés et l'économie socialiste utilisent des variantes de cette structure (dans ce dernier cas, les entreprises d'Etat jouent le rôle des divisions et les agences gouvernementales le rôle du siège).

La Structure Divisionnalisée diffère des quatre autres configurations sur un point important : il ne s'agit pas d'une structure complète — qui va du sommet stratégique au centre opérationnel — mais plutôt d'une structure qui chapeaute d'autres structures. Chaque division y a sa structure propre; la Structure Divisionnalisée est focalisée sur les relations entre le siège et les divisions, entre le sommet stratégique et le sommet de la ligne hiérarchique.

DESCRIPTION DE LA STRUCTURE DIVISIONNALISÉE.

Les Paramètres de Conception.

D'abord et surtout, **la Structure Divisionnalisée s'appuie sur le regroupement en unités sur la base des marchés au sommet de la ligne hiérarchique.** Chaque division comporte toutes les fonctions nécessaires aux opérations sur ses marchés. Ainsi, dans la Figure 20.1., qui représente un organigramme

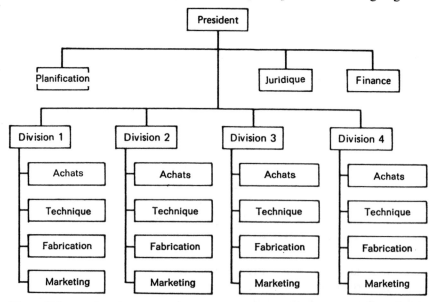

Figure 20.1. — *Organigramme Typique d'une Entreprise Industrielle Divisionnalisée.*

typique pour une entreprise industrielle divisionnalisée : chaque division a ses propres départements pour les achats, le développement, la fabrication et le marketing. **Cette dispersion (et cette duplication) des fonctions opérationnelles minimise l'interdépendance entre les divisions, si bien que chacune peut fonctionner comme une entité quasi-autonome, libérant chacune du besoin de coordonner son activité avec celle des autres.** Pour reprendre le terme utilisé par Weick (1976), on a un système où « le couplage est souple », où les éléments sont « reliés ensemble de façon faible, peu fréquente, lente, ou avec des interdépendances minimales » (p. 5).

Cet aspect de la structure, à son tour, permet de regrouper un grand nombre de divisions sous l'égide du siège; en d'autres termes, **la surface du contrôle au sommet stratégique de la Structure Divisionnalisée peut être assez grande.**

Cette forme de structure conduit naturellement à une décentralisation importante : le siège délègue à chaque division les pouvoirs nécessaires à la prise des décisions concernant ses propres opérations. Mais la décentralisation **requise dans la Structure Divisionnalisée est très limitée : elle ne va pas nécessairement plus loin que la délégation accordée par les quelques cadres du siège aux quelques directeurs des divisions. En d'autres termes, la Structure Divisionnalisée requiert une décentralisation globale et verticalement limitée.** Par ailleurs, il faut, naturellement, une certaine forme de contrôle ou de coordination exercée par le siège sur les divisions, et la question qui se pose est alors de savoir comment le siège peut maintenir son contrôle tout en laissant aux divisions suffisamment d'autonomie dans la gestion de leurs opérations. La réponse à cette question est fournie par un autre paramètre de conception : le système de contrôle des performances. **En général le siège laisse aux divisions presque toute latitude de décision, puis contrôle les résultats de ces décisions.** Ce contrôle est effectué **a posteriori,** en termes quantitatifs, dans le cas des entreprises par le recours aux mesures de profit, de volume des ventes et de rentabilité des investissements. Comme le note Ackerman (1975) :

> Il n'est pas impossible que des erreurs d'interprétation soient commises sur les rapports comptables, mais celui qui étudie ces rapports se trouve libéré du besoin d'examiner et de comprendre des données opérationnelles venant de secteurs d'activités différents. De façon ironique, mais peut-être inévitable, les jauges utilisées pour contrôler les grandes entreprises deviennent plus simples à mesurer que ces dernières deviennent plus complexes.
>
> Ce qui est le plus important à noter, c'est que les contrôles financiers sont orientés vers les résultats : ils portent sur ce qui est réalisé ou sur ce qui est attendu (p. 49).

Le siège peut ainsi maintenir le contrôle face à l'autonomie des divisions. Ainsi **le mécanisme de coordination principal de la Structure Divisionnalisée est la standardisation des résultats, et le système de contrôle des performances y est un paramètre de conception essentiel.**

Ce mécanisme de coordination et les trois paramètres de conception dont nous avons discuté jusqu'ici donnent sa forme à la configuration structurelle de base. Mais d'autres mécanismes de coordination et d'autres paramètres de conception y jouent aussi un rôle, quoique moins important.

Le siège ne peut recourir à la standardisation des procédés de travail sous peine d'interférer avec l'autonomie des divisions : il ne peut donc pas formaliser le comportement de ces dernières. De même, le siège évite de planifier les actions, car il imposerait alors aux divisions des décisions qu'elles doivent prendre elles-mêmes. Il est aussi exclu d'avoir recours à l'ajustement mutuel entre divisions, ainsi qu'aux mécanismes de liaison qui l'encouragent, puisqu'il n'y a pas d'interdépendance entre divisions.

Il reste néanmoins deux mécanismes de coordination qui peuvent jouer un rôle limité : la standardisation des qualifications et la supervision directe. Le succès de la Structure Divisionnalisée dépend des compétences de ses directeurs de divisions; beaucoup de pouvoirs de décisions sont délégués à ces « mini-directeurs généraux » pour qu'ils gèrent leur unité; ils apparaissent donc comme une partie clé de la structure, et le siège doit donc assurer leur formation du mieux qu'il est possible (c'est-à-dire standardiser leur qualification). Ainsi, le gouvernement hongrois a « décentralisé » son économie en 1968, c'est-à-dire réduit le rôle de planification en faveur d'une plus grande autonomie des entreprises d'Etat et opéré un glissement vers une forme plus pure de divisionnalisation; la formation des responsables de ces entreprises est alors devenue une préoccupation majeure du gouvernement : ces responsables sont passés du rôle d'exécutant à celui de véritable directeur général [1]. De la même façon, la socialisation est utilisée pour garantir que les directeurs de divisions poursuivront les buts d'ensemble du siège plutôt que les objectifs particuliers de leur division : les directeurs de division sont périodiquement ramenés au siège pour des conférences et des réunions avec les administrateurs centraux, et on les fait passer parfois de division en division pour qu'ils développent une vue d'ensemble de l'organisation.

Dans la Structure Divisionnalisée, la supervision directe sert de mécanisme de coordination à titre d'appoint. Lorsqu'une division rencontre des problèmes, les responsables du siège peuvent avoir à intervenir, peut-être pour remplacer le directeur de division. Une certaine connaissance des opérations de la division est donc requise, pour savoir quand intervenir et comment. Ce besoin de supervision directe réduit quelque peu la surface de contrôle du sommet stratégique.

La Structure des Divisions. En théorie, la Structure Divisionnalisée peut servir à regrouper des divisions de toutes formes structurelles : des Bureaucraties Professionnelles dans un cabinet comptable qui a des bureaux régionaux ou dans une université à plusieurs établissements, des Adhocraties dans une chaîne de journaux, des Structures Simples dans le cas de sociétés de portefeuille qui prennent le contrôle du capital de firmes entrepreneuriales, ou même des structures diverses comme dans le cas de la structure munici-

---

1. D'après mes conversations avec des officiels hongrois, au cours d'une conférence organisée en Hongrie en 1972 sur la gestion de l'éducation.

pale qui a quatre « divisions » — un programme de lutte contre la pauvreté qui a une structure simple, un service de nettoiement qui a une structure de bureaucratie mécaniste, un service de police qui a une structure de bureaucratie professionnelle et un groupe de développement urbain qui a une structure adhocratique.

Mais la Structure Divisionnalisée est plus efficace lorsque les divisions ont une structure de bureaucratie mécaniste, et elle tend à faire évoluer les divisions vers ce type de structure quelle que soit leur penchant naturel. Ceci provient du fait qu'il n'existe qu'un mécanisme de coordination permettant de concilier contrôle et autonomie : la standardisation des résultats. La mise en œuvre de ce mécanisme requiert l'élaboration de normes de performance bien définies, ce qui n'est possible qu'à deux conditions. D'abord **chaque division doit être traitée comme un système intégré comportant un ensemble cohérent d'objectifs** (alors que les divisions ont, entre elles, un couplage souple). Ensuite, **ces objectifs doivent être opérationnels, c'est-à-dire pouvoir se prêter à des mesures quantitatives de contrôle des performances.** De telles mesures sont difficiles à élaborer pour les Structures Simples et les Adhocraties (qui ont des environnements dynamiques) et même impossibles dans les Bureaucraties Professionnelles à cause de la complexité du travail (et aussi parce que ces structures ne sont pas des systèmes intégrés mais des collections d'individus aux objectifs très divers). Il ne reste qu'une configuration qui soit intégrée et dispose de buts opérationnels : la Bureaucratie Mécaniste, qui est donc, pour les divisions, la forme d'organisation qui s'intègre le mieux dans une Structure Divisionnalisée.

Maintenant, qu'arrive-t-il lorsque dans une Structure Divisionnalisée, certaines divisions ont l'une des trois autres configurations ? Pour que l'ensemble fonctionne, il faut que les deux conditions soient remplies : chaque division doit donc fonctionner comme un ensemble intégré auquel on impose un ensemble de mesures de performance. Le directeur de division qui a reçu délégation de pouvoir du siège, doit être capable d'imposer ces mesures à sa division; en d'autres termes, il doit la traiter comme un système régulé depuis le sommet. Si la division a une structure de bureaucratie professionnelle ou d'adhocratie — qui sont figurations pour une large part non régulée et où le pouvoir est à la base — ceci équivaut à une pression s'exerçant dans le sens d'une grande centralisation. De plus, quand la division est organisée par fonctions — ce qui est typique pour la Structure Simple et l'Adhocratie — le directeur de division est forcé d'avoir recours à la planification des actions pour garantir que le personnel de la division poursuivra les objectifs de performance, et ceci impose encore d'autres normes spécifiques aux décisions et aux actions de ce personnel, contribuant ainsi à formaliser davantage (à bureaucratiser) la structure de la division, tout particulièrement pour la Structure Simple et pour l'Adhocratie qui sont au départ des structures organiques. La divisionnalisation conduit donc les divisions à être plus centralisées et plus formalisées qu'elles ne seraient si elles étaient des organisations indépendantes (ceci est bien sûr l'effet prévu par l'Hypothèse 14, puisque le siège est une source de contrôle externe pour la division); elle fait donc évoluer les divisions vers une structure de Bureaucratie Mécaniste, quelle que soit leur penchant naturel.

Structure Divisionnalisée et Décentralisation. Ce que nous venons de voir conduit à nous demander pourquoi le terme « divisionnalisation » est dans une grande partie de la littérature considéré comme synonyme de « décentralisation » (et implicitement aussi de bureaucratisation). La réponse paraît être située dans les origines de cette configuration : à mesure que certaines grandes entreprises américaines du début du siècle ont grandi et diversifié leurs marchés, leur structure de Bureaucratie Mécaniste est devenue de plus en plus pesante : trop centralisée et trop bureaucratique. Le développement de la Structure Divisionnalisée par Dupont en 1921 (Chandler, 1962) est• apparu comme une bénédiction. Au lieu d'une structure fonctionnelle intégrée, on pouvait en créer plusieurs, une par marché, réduisant ainsi le goulet d'étranglement au sommet stratégique et permettant d'avoir moins de centralisation et moins de formalisation. En créant de nombreuses petites Bureaucraties Mécanistes là où il y en avait une seule grande, la divisionnalisation réduit donc la centralisation globale de la structure.

Mais la Structure Divisionnalisée est-elle intrinsèquement décentralisée ou, pour être plus précis, est-elle plus décentralisée que les autres configurations structurelles ? D'abord, elle est moins centralisée que la Structure Simple où tous les pouvoirs sont concentrés entre les mains du directeur général, et plus centralisée que la Bureaucratie Professionnelle ou l'Adhocratie où un nombre important d'opérateurs ou de spécialistes fonctionnels disposent de pouvoirs notables. Si on la compare à la Bureaucratie Mécaniste, par contre, la conclusion n'est pas claire : quelle est la structure qui distribue le pouvoir de la façon la plus large, celle qui est marquée par une décentralisation *horizontale* limitée (aux analystes de la technostructure) ou celle qui est marquée par une décentralisation *verticale* (limitée aux directeurs de division) ? De plus, il existe une alternative logique à la Structure Divisionnalisée — la fragmentation complète de l'organisation — qui est aussi plus décentralisée qu'elle. La différence est assez petite entre des divisions quasi-autonomes contrôlées par un siège central et des organisations complètement autonomes contrôlées chacune par son propre conseil d'administration. En fait, la Structure Divisionnalisée est souvent le produit, non pas de la « décentralisation » d'une Bureaucratie Mécaniste opérant dans de nombreux marchés, mais de la *centralisation* d'un ensemble d'organisations indépendantes opérant dans des marchés différents. Elles se consolident en une seule « fédération » qui adopte la configuration de Structure Divisionnalisée, donnant par là-même une partie de leur pouvoir au nouveau siège central.

Ce processus est, ironiquement, celui qui s'est produit dans l'exemple le plus connu de divisionnalisation, qui est le plus souvent cité comme cas de « décentralisation » : la restructuration de General Motors par Alfred P. Sloan dans les années vingt. De fait, le prédécesseur de Sloan, William C. Durand, avait créé G.M. sous la forme d'un holding mais n'avait pas réussi à en faire une entité, et Sloan fut nommé pour faire ce travail. Il créa des contrôles centraux, réduisant le pouvoir des responsables d'unités en soumettant leur performance au contrôle du siège (Chandler, 1962; Sloan, 1963). En d'autres termes, Sloan a consolidé l'organisation en la transformant en Structure Divisionnalisée. Comme le dit un spécialiste bien connu de l'action menée par Sloan : « Si on doit utiliser un mot pour décrire la structure de General Motors après la transformation opérée par Sloan et le groupe d'individus brillants qui l'entourait, ce mot n'est pas décentralisation mais bien centralisation » (Harold Wolff, cité par Perrow, 1974, p. 38). Nous verrons plus loin que ce processus de centralisation de General Motors a apparemment continué sans interruption jusqu'à ce jour, et que la structure actuelle de la division automobile de l'entreprise ne peut plus être qualifiée de divisionnalisée [2].

Revenant au cas général, on constate que les Structures Divisionnalisées peuvent être assez *centralisées*. Les directeurs de division peuvent y détenir l'essentiel du pouvoir, et ne pas décentraliser à l'intérieur de leurs propres divisions, ni verticalement à la ligne hiérarchique, ni horizontalement aux fonctionnels ou aux opérateurs. Comme l'indique le PDG d'un conglomérat — une organisation qui inévitablement utilise la Structure Divisionnalisée :

Toute notre philosophie est centrée sur la localisation de la responsabilité en matière de profit : au niveau du directeur de division. Je ne veux pas que quiconque de cette organisation ait le moindre doute que c'est le directeur de division qui est le patron. C'est là que l'esprit d'entreprise commence » (cité par Lorsch et Allen, 1973, p. 55).

Rien n'empêche bien entendu que le pouvoir soit plus décentralisé à *l'intérieur* des divisions. Mais la Structure Divisionnalisée a tendance à amener les divisions à centraliser le pouvoir plus que ne le feraient les divisions si elles étaient des entités indépendantes.

Les pouvoirs respectifs du siège et des divisions. Le flux des décisions et des communications dans la Structure Divisionnalisée reflète une caractéristique centrale de ces organisations : **il existe une division nette du travail entre siège et divisions. La communication entre ces deux niveaux est pour une large part de nature formelle, limitée à la transmission des normes de performance du siège aux divisions et des résultats (performances) dans le sens inverse. Les communications plus personnelles existent aussi, mais elles sont soigneusement circonscrites. Si le siège a une information trop détaillée, il peut être tenté d'intervenir dans les décisions des divisions, ce qui casserait le ressort même de la structure : l'autonomie des divisions.** Même les communications entre les cadres et leur environnement externe sont très différents aux deux niveaux de la structure :

---

2. Perrow (1974, p. 37-38) soutient que Peter Drucker, puis Ernest Dale, puis Alfred Chandler (bien que plus « circonspect ») et finalement Sloan lui-même ont donné dans leurs livres l'impression que Sloan a décentralisé General Motors : « Sloan lui-même a de façon caractéristique une position ambiguë sur la décentralisation. Son livre commence par une louange à la décentralisation dans General Motors; un peu plus loin, cependant, il critique Durant, son prédécesseur, pour avoir permis trop de décentralisation; et plus loin encore, il en appelle à un équilibre heureux entre centralisation et décentralisation » (p. 38).

Le siège maintenait des contacts centrés pour l'essentiel autour des actionnaires, de la communauté financière, des candidats potentiels pour une acquisition, et des agences gouvernementales. Par contraste, les niveaux les plus élevés des divisions se préoccupaient essentiellement des groupes externes qui avaient une influence sur leur capacité à développer, vendre et produire les biens et services dans leurs industries particulières (Allen, 1970, p. 22-23).

Lorsch et Allen (1973) ont trouvé qu'à ces modes de comportement différents correspondent des orientations cognitives et des styles de travail assez différents. Le siège a une structure moins formelle, l'orientation y est vers le plus long terme et l'accent y est plus mis sur les objectifs financiers (p. 23).

Dans la Structure Divisionnalisée, les divisions ont le pouvoir de gérer leurs propres affaires : elles contrôlent les opérations et déterminent les stratégies pour les marchés qui sont placés sous leur responsabilité. Ainsi, dans le conglomérat Texton, « les divisions doivent formuler les stratégies pour leurs propres produits... déterminer la façon dont ils affronteront la concurrence, fixer les prix, décider des dates de livraison, des canaux de distribution de la conception et du lancement des produits »; ils « sont produits »; elles sont tout à fait libres de déterminer leurs propres sources d'approvisionnement »; et elles doivent résoudre leurs propres problèmes techniques et de marketing (Wrigley, 1970, p. V-96).

Quels sont donc les pouvoirs qui restent au siège ? Holden et al. (1968) ont posé la question aux PDG des grandes entreprises divisionnalisées américaines, et ont reçu une réponse affirmative unanime sur les éléments suivants : déterminer les objectifs de l'entreprise dans son ensemble, assurer la planification stratégique, déterminer les politiques de base pour les finances, les systèmes comptables, la recherche fondamentale, la réalisation des fusions et des acquisitions, approuver les dépenses au-delà de limites prescrites, déterminer les salaires et primes, et sélectionner les candidats pour les postes situés au-dessus d'un certain niveau. Dans notre discussion, nous nous concentrerons sur six de ces fonctions en particulier.

La première de ces fonctions du siège est de déterminer la *stratégie* d'ensemble de l'organisation : alors que chaque division s'occupe de la stratégie de produits *donnés,* le siège choisit les produits qui seront intégrés à l'activité. **Le siège gère le portefeuille stratégique,** par la création, l'acquisition, la vente et la fermeture de divisions, de façon à changer la composition du portefeuille de produits et de marchés. Cette séparation nette entre les fonctions stratégiques du siège et des divisions a été une des raisons majeures pour lesquelles la Structure Divisionnalisée a été développée au départ, chez Dupont par exemple (Chandler, 1962, p. 111). Le second des pouvoirs retenus par le siège est **l'allocation des ressources financières d'ensemble** par lesquelles les divisions ont entre elles un couplage de communauté : le siège retire aux divisions les excédents de fonds dont elles n'ont pas besoin, se procure des fonds supplémentaires sur les marchés de capitaux lorsque c'est nécessaire, et alloue les fonds disponibles entre les divisions qui en ont besoin. Comme le disait le PDG de Textron, « la clé numéro un dans cette opération est de garder les rênes serrées sur les finances et de contrôler l'expansion des divisions » (cité par Wrigley, 1970, p. V-82). Pratiquement :

> Toutes les recettes des divisions étaient déposées à un compte central de Textron. Les versements aux divisions étaient effectués par le trésorier du siège à des échéances négociées à l'avance. L'ouverture et la fermeture des comptes bancaires, le changement des personnes ayant la signature sur les comptes, l'accord de facilités de paiement, et d'autres activités de nature financière exigeaient l'autorisation du trésorier du siège (p. 5-78).

Le pouvoir du siège sur l'allocation des ressources inclut aussi l'autorisation des projets d'un volume tel qu'ils sont susceptibles d'affecter le budget en capital de l'entreprise. Il peut y avoir là une interférence du siège dans l'autonomie des divisions, mais elle est nécessaire pour assurer une allocation équilibrée des fonds. En général cependant, l'évaluation par le siège des projets des divisions est effectuée sur des critères purement financiers, fondée sur le risque et la disponibilité des fonds et pas sur des questions liées à la stratégie (les produits ou les marchés).

La clé du contrôle des divisions dans cette troisième configuration structurelle est le **système de contrôle des performances, qui est conçu par le siège;** c'est là son troisième pouvoir important. Les cadres du siège, aidés par leur propre technostructure, décident des mesures de performance, de la périodicité des mesures, des formats qui seront utilisés pour les plans et les budgets, et du système d'information formalisé grâce auquel les résultats seront transmis au siège. Puis ils utilisent ces systèmes, définissent des objectifs peut-être en collaboration avec les directeurs de divisions, et évaluent les résultats.

Que se passe-t-il lorsque le système d'information signale qu'une division rencontre des problèmes et qu'elle n'atteindra pas ses objectifs de performance ? Le siège doit décider si le problème a une cause qui aurait pu ou non être contrôlée par le directeur de division. Dans le second cas, si par exemple le problème est causé par une récession ou l'arrivée d'un nouveau concurrent, le siège peut choisir de désinvestir (de vendre la division) ou d'apporter à la division son support pour la tirer d'affaire (ce faisant le siège utilise l'un de ces premiers pouvoirs : la gestion du portefeuille stratégique et l'allocation des ressources financières). Si par contre le problème paraît être causé par l'incompétence du directeur de division, le siège peut utiliser son quatrième pouvoir : **remplacer et nommer les directeurs des divisions.** Il s'agit d'un pouvoir crucial dans la Structure Divisionnalisée, puisque cette forme d'organisation suppose qu'il n'y a pas d'interférence directe du siège dans les opérations des divisions. A un degré important par conséquent le succès de la Structure Divisionnalisée dépend de l'usage qui est fait de ce quatrième pouvoir, de la sélection aux postes de directeurs de divisions de personnes appropriées qui ont la confiance et la capacité nécessaires pour gérer des opérations quasi indépendantes de façon efficace dans le cadre des objectifs d'ensemble de l'organisation.

Pour détecter l'existence de problèmes, le siège utilise le système d'information formel; mais il ne peut s'en contenter car ce système, nous l'avons vu au chapitre 18, présente des défauts : s'appuyant sur des données historiques quantitatives, il lui arrive de ne pas percevoir les nuances qui signalent les problèmes imminents (il peut être aussi manipulé par les divisions, comme lorsque les budgets publicité et recherche font l'objet de coupures pour faire apparaître un meilleur profit à court terme). Ceci nous conduit à la cinquième fonction : **le siège exerce sur les divisions un contrôle de nature personnelle.** Ainsi l'entreprise Textron, parmi d'autres, utilise des « responsables de groupes », qui sont conçus comme « des prolongements du président ». Ces derniers, rattachés au siège... passent peut-être, trois jours par semaine à voyager et à visiter les usines des divisions dont ils ont la charge. Thompson (le PDG) a dit : « je n'aime pas les surprises » et le poste de responsable de groupe a été créé pour « minimiser les surprises »...

> Le rôle du responsable de groupe n'était pas limité... à déterminer la viabilité des plans des divisions. Il devait aussi intervenir en tant que consultant en cas de problèmes dans l'une de ses divisions, et avait aussi la responsabilité majeure de s'assurer que les directeurs de divisions étaient à la hauteur de leur tâche, et de leur rechercher un remplaçant si c'était nécessaire. De plus, il avait pour rôle clé de déterminer si les plans de la division, une fois arrêtés, étaient en fait correctement mis en œuvre et, spécifiquement, si les rapports formels sur les résultats d'ensemble correspondaient à la réalité. Il devait aussi anticiper ces résultats, particulièrement dans les cas où des mauvaises surprises étaient à craindre. Ceci dit, la partie centrale de son travail consistait, considérant les quatre ou cinq divisions placées sous sa charge et leurs plans, à indiquer à la direction générale dans lesquelles de ces divisions il recommandait que cette dernière « mette son argent » (p. V-73, 85, 87).

Mais trop de supervision directe va à l'encontre de l'objectif de la Structure Divisionnalisée, qui est de donner l'autonomie aux divisions. Les cadres du siège sont donc, en temps normal, dans un équilibre instable entre l'ignorance des problèmes des divisions et une familiarité avec ces problèmes qui les amènerait à être tenté d'intervenir dans leur solution. Certaines entreprises essayent d'obtenir un juste équilibre en limitant les effectifs du siège : trente cadres pour Textron, une entreprise ayant un chiffre d'affaire supérieur à 1,5 milliards de dollars et comportant trente divisions, et dont les vice-présidents de groupes ont chacun une seule secrétaire et pas d'assistant (Wrigley, 1970, p. V-77).

Sixième et dernier pouvoir : **le siège fournit aux divisions certains services communs** [3]. Stieglitz (1971, p. 316-317) par exemple, a étudié les unités fonctionnelles du siège et des divisions dans 82 entreprises; il a trouvé que les fonctions les plus fréquemment représentées au siège étaient :

— les finances (fréquence 100 %) : fiscalité, assurance, régimes de retraite, aide à la décision d'allocation des ressources;

---

3. Voir le chapitre 7 pour une discussion de la concentration et de la dispersion des unités de l'organisation.

— les questions juridiques (fréquence 100 %);

— la gestion du personnel (fréquence 95 %): rémunération des directeurs de division; identification, formation et socialisation des futurs directeurs de divisions; gestion prévisionnelle de personnel; échelles générales des salaires;

— la recherche et le développement (fréquence 80 %): une fonction dont la présence au siège reflète peut-être le coût élevé des installations de recherche, ainsi que des interdépendances entre divisions (en d'autres termes, une forme impure de divisionnalisation);

— les relations publiques (fréquence 70 %).

Pour conclure notre discussion, nous présentons dans la Figure 20.2. une représentation symbolique de la Structure Divisionnalisée; le siège y a trois parties : un sommet stratégique, une petite technostructure (sur la gauche)

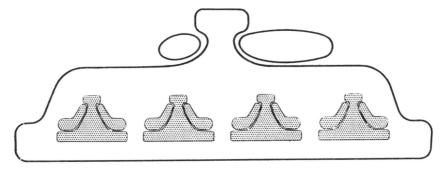

Figure 20.2. — *La Structure Divisionnalisée.*

chargée de la conception et du fonctionnement du système de contrôle des performances, et un ensemble plus important de fonctions de support logistique (sur la droite). Le diagramme représente, dans sa partie inférieure, quatre divisions (aux sommets desquelles sont situés les directeurs de division) auxquelles nous avons donné des structures de Bureaucratie Mécaniste pour illustrer le fait que la divisionnalisation pousse les divisions à adopter cette configuration.

LE CADRE D'EXISTENCE
DE LA STRUCTURE DIVISIONNALISÉE.

La diversité des marchés. Il existe un facteur de contingence qui, plus que tous les autres, pousse l'organisation à adopter la Structure Divisionnalisée : la diversité des marchés. Child (1977) par exemple, a décrit deux compagnies aériennes — toutes deux entreprises à hautes performances — qui avaient en commun de nombreux facteurs de contingence : leurs environnements, leurs flottes et leurs technologies étaient similaires (ces entreprises, toutes deux de grande taille, étaient en concurrence sur certaines lignes), et les décisions opérationnelles y étaient presque identiques. Seule différence majeure : l'une avait un ensemble de lignes plus diversifié et moins compact que l'autre; c'était aussi celle qui avait une Structure Divisionnalisée, l'autre ayant conservé une structure intégrée par fonctions. La relation entre diversification et divisionnalisation, comme nous l'avons noté au chapitre 15, est fortement corroborée par de nombreuses recherches portant aussi bien sur les entreprises américaines (Chandler, 1962; Wrigley, 1970; Rumelt, 1974) qu'anglaises (Channon, 1973), italiennes (Pavent, 1974), françaises et allemandes (Dyas et Thanheiser, 1976). Ces recherches ont montré que la divisionnalisation suit la diversification (avec un certain retard pour les entreprises européennes), et donc, comme le soutient Chandler, que la structure suit la stratégie. Mais la relation paraît aussi vraie dans l'autre sens : **la divisionnalisation encourage la poursuite de la diversification** (Rumelt, 1974, p. 76-77; Fouraker et Stopford, 1968). La facilité avec laquelle le siège peut ajouter de nouvelles divisions à la structure l'encourage à aller dans ce sens; de plus, le processus produit un afflux régulier de directeurs généraux qui cherchent à gérer des divisions plus nombreuses et plus grandes; ceci paraît expliquer pourquoi Fouraker et Stopford ont trouvé que les entreprises américaines dont les activités étaient les plus diversifiées aux Etats-Unis étaient aussi celles qui avaient le plus tendance à développer des activités internationales.

Au chapitre 7, nous avons discuté de trois types de diversité de marchés : en terme de produits et services, de clientèle ou de région. En théorie, chacun de ces types de diversité peut conduire à la divisionnalisation. Pourtant, **la diversité des clientèles et la diversité géographique, en l'absence d'une diversité des produits ou des services, conduit souvent à une divisionnalisation incomplète :** le siège est alors souvent encouragé à centraliser une bonne partie des décisions et des fonctions de support pour donner à toutes les divisions des normes opérationnelles communes. Cette centralisation et la concentration de certaines fonctions — dont certaines ont une importance critique pour la formulation des stratégies concernant les produits et les marchés — réduisent sérieusement l'autonomie des divisions. En fait, la structure est poussée vers celle d'une Bureaucratie Mécaniste intégrée dont les opérations sont divisées en unités constituées sur la base des marchés. Channon (1975, 1976) a trouvé que ce type de structure — qu'il appelle « l'hybride fonctionnel/divisionnel » ou la « structure à fonction critique » — est fréquente dans le secteur des services (assurance, chaînes de magasins, banques).

Nous utiliserons le terme de *bureaucratie à clones* pour cet hybride de la Structure Divisionnalisée et de la Bureaucratie Mécaniste où certaines fonctions critiques sont concentrées au siège et où les divisions sont identiques les unes aux autres (à l'exception de leur localisation). On trouve ce type de structure dans tous les cas de divisionnalisation régionale, et peut-être le plus fréquemment dans la distribution, les postes, les chaînes hôtelières et la restauration rapide [4].

4.Les unités de pompiers et les restaurants de la chaîne Murray, dont nous avons discuté comme Bureaucraties Mécanistes au chapitre 18, sont en réalité des bureaucraties à clones,

La Structure Divisionnalisée a aussi été observée dans certaines chaînes privées de télévision aux Etats-Unis (Lourenço et Glidewell, 1975, p. 492-495). Cette structure est aussi utilisée dans l'industrie, quand un environnement simple et stable amène l'organisation vers une forme de Bureaucratie Mécaniste, et lorsque, de plus, la dispersion des marchés s'ajoute au caractère périssable de la production ou à l'importance des coûts de transport. Comme exemples couramment rencontrés on peut citer les boulangeries industrielles, les brasseries, la production de ciment et la mise en bouteille de boissons non alcoolisées. On a dans ces cas production et distribution dans chaque ville, soumises à des normes étroites que le siège élabore et dont il fait assurer le respect (le développement récent dans la région de Montréal d'une chaîne de boulangerie où chaque établissement a son propre four suggère que la structure de bureaucratie à clones peut exister dans le secteur industriel à une petite échelle).

L'entreprise multinationale géante qui a des gammes de produits identiques dans divers marchés nationaux tend à ressembler à une bureaucratie à clones. Certaines fonctions critiques restent concentrées au siège — notamment le développement des nouveaux produits — et bien entendu les diverses filiales nationales doivent adopter leur production et leur marketing aux besoins locaux : plus les marchés sont divers dans leurs caractéristiques et plus on a des forces qui poussent à la divisionnalisation. Mais ces entreprises peuvent éviter d'être sujettes à ces forces en se concentrant sur des produits qui peuvent être standardisés avec les mêmes normes pour tous les pays (Coca-Cola en est un exemple classique) ou en évitant les marchés dont les caractéristiques sont trop éloignées. C'est ainsi que les entreprises américaines ont typiquement commencé leur expansion internationale par le Canada avant de passer à l'Europe, puis éventuellement à d'autres marchés, mais se sont peu fréquemment aventurées dans des pays de culture trop différentes de celle de l'Ouest.

Au Canada, en fait, on rencontre couramment un cas particulier de ce type de structure : la filiale d'une entreprise américaine qui fabrique des produits créés en fonction des spécifications américaines à l'aide d'installations conçues aux Etats-Unis. Ces filiales n'ont aucun contrôle sur leur stratégie, et elles ont bien sûr été créées à cause des droits de douanes canadiens sur l'importation des produits manufacturés. Il est intéressant de constater que ces entreprises ont souvent réagi aux attaques des nationalistes canadiens en disant que tous leurs salariés, sauf un, sont canadiens. Ce « un » est bien sûr le PDG placé à la tête de la filiale pour recevoir les ordres du siège new-yorkais.

Le système technique. Bien entendu, la divisionnalisation n'est possible

---

ainsi que la chaîne McDonald's Hamburgers (voir A. Lucas : « As American as McDonald's Hamburger on the Fourth of July », *New York Times Magazine*, 4 juillet 1971). Une caractéristique intéressante des restaurants est qu'ils peuvent adopter des configurations structurelles si différentes. On a ici un hybride entre la Bureaucratie Mécaniste et la Structure Divisionnalisée. Le restaurant gastronomique penche vers la Bureaucratie Professionnelle, il est centré sur les qualifications de ses chefs qui sont hautement formés. Par contraste le petit restaurant, unique, à service rapide a été décrit par Whyte (1969) comme Structure Simple.

que si le système technique de l'organisation peut efficacement être séparé en segments, un segment pour chaque division. Pour les entreprises qui n'ont qu'une seule ligne de produits, la question qui est en jeu n'est pas celle de la taille, mais celle des économies d'échelle et des coûts de transports : un producteur d'aluminium conservera une structure fonctionnelle. Lorsque par contre l'entreprise opère avec des lignes de produits diverses, la divisionnalisation est la règle puisqu'à des produits équivalents correspondent naturellement des systèmes techniques équivalents.

Certaines observations, cependant, conduisent à penser qu'il existe une relation plus importante, quoiqu'indirecte, entre économies d'échelle et divisionnalisation. Les organisations qui doivent réaliser des investissements très importants dans des installations techniques — aluminium, acier, et autres « poids lourds » de l'industrie américaine — ont tendance à ne pas diversifier; et lorsqu'elles diversifient elles n'ont pas tendance à divisionnaliser (Rumelt, 1974; Wrigley, 1970). Pour être plus précis, elles ont, en tant que groupe, très peu d'enthousiasme pour la diversification « horizontale » — dans des lignes de produits parallèles ou totalement nouvelles. Elles diversifient, mais « verticalement » en intégrant les activités amont et aval de leur propre production. Mais, comme nous le verrons plus loin, l'existence d'interdépendances très fortes entre ces activités successives les conduit à une forme incomplète de divisionnalisation.

L'environnement. Pour les quatre autres configurations, l'environnement qui constitue le cadre naturel d'existence de l'organisation est défini par références aux dimensions de stabilité et de complexité — dont nous avons discuté au chapitre 15. Par contre, l'environnement naturel de la Structure Division-nalisée est défini par une dimension plus restrictive : la diversité des produits. Le domaine d'application de cette structure s'en trouve considérablement restreint, par rapport à celui des autres configurations. Cependant, nous avons vu que la divisionnalisation entraîne l'usage de standards de performances appliqués par le siège aux divisions. Il en résulte que **la Structure Division-nalisée marche le mieux lorsque les environnements des divisions permettent l'élaboration de telles normes, c'est-à-dire lorsqu'ils ne sont ni très complexes ni très dynamiques; en fait ce sont les mêmes environnements qui favorisent la Bureaucratie Mécaniste.** Tout ceci conduit à une spécification précise des conditions qui donnent le plus souvent naissance à ce type d'organisation : **la Structure Divisionnalisée est la forme structurelle adoptée par une Bureau-cratie Mécaniste qui opère dans un environnement simple et stable (typique-ment sans économies d'échelle importantes) et qui a diversifié horizontale-ment ses lignes de produits ou de services.**

Cependant, lorsqu'une organisation cherche à imposer la divisionnalisa-tion à des unités qui opèrent dans d'autres environnements — complexes ou dynamiques — où les résultats ne peuvent pas être mesurés par un système de contrôle, il en résulte normalement une structure hybride : la nature de cet hybride dépend du mécanisme de coordination utilisé par le siège pour remplacer le contrôle des performances : s'il s'agit de la supervision directe on a un hybride de la Structure Divisionnalisée et de la Structure Simple;

s'il s'agit de la standardisation des procédés de travail on a une bureaucratie à clones hybride entre Structure Divisionnalisée et la Bureaucratie Mécaniste; s'il s'agit de la socialisation, on a un hybride de la Structure Divisionnalisée qui a certaines caractéristiques d'une Bureaucratie Professionnelle (le siège cherche alors à contrôler les divisions en n'y nommant que des cadres en qui il peut avoir pleine confiance parce qu'ils sont passés par des programmes intensifs de socialisation ou parce qu'ils s'identifiaient déjà à l'organisation lorsqu'ils y sont entrés).

La concurrence est une variable qui paraît lier environnement et divisionnalisation : Franko (1974), après avoir étudié les entreprises multinationales européennes, conclut que l'absence de concurrence peut retarder la divisionnalisation malgré la diversité des produits. De même, Scott (1973, p. 141), a trouvé que la divisionnalisation a gagné du terrain plus rapidement aux Etats-Unis lorsque la législation antitrust et les conditions économiques augmentaient la pression de la concurrence, et en Europe lorsque de telles pressions étaient suscitées par la création du Marché Commun et par l'importance de la demande dans les années soixante.

L'âge et la taille. Stopford et Wells (1972) soutiennent que la diversification est le seul facteur conduisant à la divisionnalisation et que la taille n'a en soi aucune influence. Mais, ça n'est sûrement pas par hasard qu'en 1968, d'après les données de Wrigley, 99 % des cent plus grandes entreprises américaines (et 88 % des 500 plus grandes) utilisaient une version ou une autre de la Structure Divisionnalisée. Mais nous avons vu au chapitre 12 l'hypothèse de configuration étendue, selon laquelle tous les paramètres de conception et toutes les variables de contingence sont liés en un système unique dont chaque élément est bien souvent variable à la fois dépendante et indépendante; sans qu'il y ait peut-être d'influence directe, le fait est que **les organisations ont tendance, lorsqu'elles grandissent, à diversifier puis à divisionnaliser.** Les raisons en sont multiples. Une des raisons est la protection : les grandes entreprises industrielles ont tendance à être organisées à la façon de Bureaucraties Mécanistes, et nous avons vu au chapitre 18 que ces structures essayent d'éviter les risques. La divisionnalisation répartit les risques. Par ailleurs plus une entreprise grandit vis-à-vis de ses concurrents, plus elle domine ses marchés traditionnels et moins elle peut continuer son expansion — à cause de la saturation du marché ou des lois antitrusts — : l'entreprise doit alors diversifier, puis divisionnaliser. De plus, la divisionnalisation produit un groupe de directeurs généraux agressifs qui poussent à plus de diversification et plus de croissance.

En fait, beaucoup d'entreprises sont devenues si grandes et si diversifiées que la Structure Divisionnalisée telle que nous l'avons vue n'est pas suffisante. Elles utilisent une variante qu'on peut appeler la structure divisionnalisée multiple où les divisions responsables chacune de produits sont elles-mêmes regroupées en divisions sur la base des régions comme dans la Figure 7-8, ou sur la base de gammes des produits (« groupes ») comme dans le cas de General Electric (voir plus loin la Figure 20.8.).

L'âge de l'organisation est, comme la taille, lié à la divisionnalisation.

Dans les entreprises plus âgées, il est possible que la direction se lasse des marchés traditionnels et en cherche de nouveaux pour trouver une diversion, ou qu'elle soit contrainte à diversifier par l'arrivée de nouveaux concurrents sur les marchés traditionnels. Cependant, certaines organisations se constituent d'emblée sous la forme divisionnalisée : des organisations indépendantes s'associent, s'allient, pour bénéficier d'économies d'échelle, pour partager des ressources financières ou des services communs. On parle à ce propos d'associations ou de *fédérations;* c'est le cas par exemple des organisations coopératives créées par des agriculteurs pour commercialiser leurs produits ou par des petites entreprises de construction pour faire face à la concurrence des plus grandes. Bien entendu, toutes les fédérations ne sont pas des créations volontaires : offres publiques d'achat et nationalisations peuvent amener la création de Structures Divisionnalisées. Lorsque des organisations fédérées ont des produits ou des services communs, de fortes pressions apparaissent naturellement qui les poussent à consolider leurs activités dans des structures plus intégrées (plus précisément à concentrer des fonctions critiques au siège) et leurs structures divisionnalisées ont tendance à être poussées vers des structures intégrées de bureaucraties mécanistes.

Le Pouvoir. Nous venons de voir comment le pouvoir peut expliquer la création de fédérations : des petites organisations s'unissent pour faire face sur un pied d'égalité au pouvoir des plus grandes, les gouvernements et les actionnaires utilisent leur pouvoir pour créer des fédérations par la contrainte. Nous avons aussi vu, plus haut, quel est le rôle du pouvoir à l'intérieur de la structure : les directeurs de division cherchent à accroître leur pouvoir en poussant à la croissance, à la diversification et à la divisionnalisation. Même dans les organisations structurées par fonctions, la recherche d'autonomie par des cadres intermédiaires agressifs aboutit à une poussée de divisionnalisation à leur niveau de la hiérarchie. Par ailleurs, du point de vue de la direction générale, la Structure Divisionnalisée est celle qui est la plus propice à l'accroissement du pouvoir puisqu'elle permet d'ajouter de nouvelles unités à l'organisation avec relativement peu d'effort et de perturbation (le directeur général doit bien sûr partager ce pouvoir accru avec les directeurs de divisions). En fait, le mouvement de diversification des conglomérats américains apparaît comme un gigantesque jeu de pouvoir entre des PDG qui cherchent chacun à bâtir l'empire le plus grand possible. Ces mêmes facteurs liés au pouvoir jouent bien entendu en dehors du domaine industriel, et ils contribuent à expliquer la popularité croissante de la Structure Divisionnalisée dans les syndicats, les systèmes d'éducation, les universités, et en particulier les gouvernements. Ainsi on a l'exemple du président d'une des six universités provinciales canadiennes qui justifiait sa tentative pour prendre le contrôle des deux plus petites universités avec l'argument suivant : il serait plus « pratique » pour le gouvernement de négocier avec quatre administrations qu'avec six. » Aucune mention de l'accroissement de son pouvoir, aucune mention des coûts administratifs supplémentaires (son université devrait négocier avec les deux campus en question), aucune mention de l'effet sur ces petites Bureaucraties Professionnelles de l'introduction d'un niveau d'encadrement supplémentaire.

On peut par ailleurs considérer un gouvernement comme une Structure Divisionnalisée où l'administration centrale qui ne peut contrôler directement tous les départements (qui jouent ici le rôle de divisions) laisse une autonomie considérable aux responsables de ces départements, puis essaie de contrôler leur performance (on a bien sûr ici une simplification excessive puisqu'il y a toutes sortes d'interdépendances entre les départements). Dans cette « structure divisionnalisée », les services du Budget sont les unités technocratiques chargées du contrôle des performances, les services de la Fonction Publique (aussi en partie technocratique) sont chargés du recrutement et de la formation des cadres, et le Conseil des ministres est chargé de l'examen des propositions les plus importantes et des initiatives des départements. Cette conception du gouvernement comme une Structure Divisionnalisée géante est peut-être poussée à l'extrême dans les pays communistes où les entreprises publiques et autres agences sont étroitement régulées par les systèmes de planification et de contrôle gérés par une technostructure centrale puissante.

Enfin, nous avons noté au chapitre 16 avec Chandler (1962) et Rumelt (1974, p. 149), que « la structure suit aussi la mode » et que la divisionnalisation est devenue une mode : dans les années récentes, certaines entreprises se sont réorganisées dans ce sens « en réponse à la théorie normative plus que par nécessité administrative » (p. 77). Et nous avons vu qu'en Europe jusqu'à une date récente, la Structure Divisionnalisée n'était pas à la mode et de nombreuses entreprises qui avaient diversifié résistaient à son utilisation. Il semble qu'il y ait actuellement en Europe un retour du balancier : la Structure Divisionnalisée est à la mode et, sans aucun doute, quelques entreprises dont les marchés sont intégrés l'adopteront, et seront éventuellement amener à le regretter.

LES ÉTAPES DE LA TRANSITION VERS LA STRUCTURE DIVISIONNALISÉE.

De nombreuses recherches ont été effectuées (surtout à Harvard Business School) sur l'évolution de l'entreprise de la structure par fonctions à la Structure Divisionnalisée; ces recherches se sont particulièrement intéressées à la structure de la grande entreprise [5]. La Figure 20.3. et la discussion qui suit, empruntent à ces recherches pour décrire les quatre étapes de cette évolution.

On commence avec la grande entreprise qui fabrique tous ses produits sur une seule chaîne et qui garde donc ce qu'on appelle la forme intégrée :

5. On se réfère ici à Wrigley (1970), Salter (1970), Scott (1971, 1973), Lorsch et Allen (1973) et Rumelt (1974) qui se sont tous focalisés sur les grandes entreprises américaines; Fouraker et Stopford (1968) qui se sont focalisés sur la diversification internationale; Channon (1973) qui a étudié la divisionnalisation en Grande-Bretagne puis a poursuivi par une étude des industries de service dans ce pays (1975, 1976); Paven (1974) qui a étudié la divisionnalisation en Italie; Dyas et Tannheiser (1976) qui l'ont étudiée en France et en Allemagne; et Franko (1972, 1974) qui a étudié les entreprises multinationales européennes en général. Le papier de Scott (1973) passe en revue les résultats d'un certain nombre de ces études.

une structure purement fonctionnelle, une Bureaucratie Mécaniste ou, peut-être, une Adhocratie. A mesure que l'entreprise commence à commercialiser certains de ses produits intermédiaires, elle fait le premier pas vers la divisionnalisation, et prend ce qu'on appelle la forme à sous-produits. Si le mouvement s'accentue, les sous-produits prennent plus d'importance bien que la stratégie de l'entreprise (vis-à-vis des produits et des marchés) conserve un thème central : l'entreprise prend alors une forme plus proche de la Structure Divisionnalisée, qu'on appelle la forme à produits liés. Finalement, si les produits n'ont aucun rapport les uns avec les autres, on obtient la Structure Divisionnalisée pure. Certaines entreprises passent par ces différentes étapes dans cet ordre. D'autres s'arrêtent en chemin à une étape parce qu'elles ont un système technique à coûts fixes élevés (c'est typique dans le cas de la forme intégrée), parce qu'elles ont une seule matière première (typique dans le cas de la forme à sous-produits) ou parce qu'elles sont focalisées sur une technologie ou un marché (typique dans le cas de la forme à produits liés).

La Forme Intégrée. On voit au sommet de la Figure 20.3. la structure purement fonctionnelle où les activités de production forment une chaîne

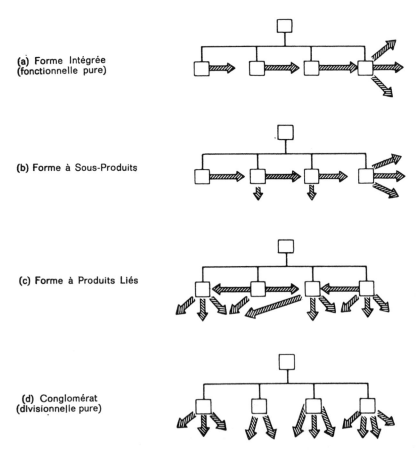

(a) Forme Intégrée
(fonctionnelle pure)

(b) Forme à Sous-Produits

(c) Forme à Produits Liés

(d) Conglomérat
(divisionnelle pure)

Figure 20.3. — *Etapes dans la Transition vers la Structure Divisionnalisée.*

intégrée et continue; seul le produit final est vendu au consommateur. Les fortes interdépendances entre les différentes activités mettent ces entreprises dans l'impossibilité d'avoir recours à la Structure Divisionnalisée — c'est-à-dire à laisser de l'autonomie au responsable d'une unité quelconque de la chaîne : elles adoptent donc des structures de Bureaucraties Mécanistes (ou d'Adhocraties si leurs environnements sont complexes et dynamiques). Elles ont typiquement un produit unique ou au moins dominant. Les grandes entreprises de ce type ont tendance à être verticalement intégrées et à avoir des immobilisations élevées (Fouraker et Sopford, 1968; Salter, 1970; Stewart, 1970, p. 37-38). Les unités de ces entreprises sont parfois appelées « divisions » et peuvent en fait fabriquer des produits semblables à ceux des divisions d'autres entreprises : le minerai de fer peut être produit par une unité d'une entreprise sidérurgique verticalement intégrée comme par une division d'un conglomérat. Mais, différence essentielle, ces productions ne sont pas des *fins* en soi mais des *moyens* utilisés pour aboutir au produit final. Les unités n'ont pas le choix : elles doivent vendre et acheter à d'autres unités de l'entreprise; elles n'ont donc pas l'autonomie de véritables divisions.

Ironiquement, malgré la réputation qu'elle a d'être le véritable modèle de la divisionnalisation, General Motors paraît bien entrer dans cette catégorie (à l'exception de la division chargée des activités non automobiles qui représente moins de 10 % du chiffre d'affaire). Le processus a commencé dès les années 1920 :

> quand Sloan est arrivé il a radicalement et continuellement centralisé l'organisation. Il a introduit des mécanismes de contrôle des stocks et de la production, des systèmes de prix internes, il a réparti les marchés entre les diverses unités, contrôlé les dépenses de capital, centralisé la publicité et la gestion du personnel, standardisé les pièces et rendu l'innovation routinière. A chaque étape, les divisions ont perdu de l'autonomie (Perrow, 1974, p. 38).

Ce processus paraît s'être poursuivi sans discontinuer jusqu'à ce jour (Perrow, 1974, p. 38; Scott, 1971, p. 24). Wrigley (1970) nous donne quelques détails : il décrit le processus de production de General Motors comme un « système fermé » (p. VI-23) représenté dans la Figure 20.4. Par exemple « ni la division Assemblage ni la division Fisher Carrosserie n'ont le

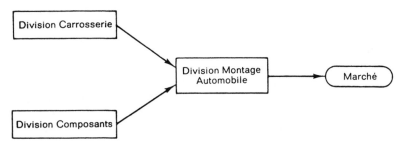

Figure 20.4. — *Version Simplifiée du Système de Production Automobile de General Motors (d'après Wrigley, 1970, VI-23).*

droit de vendre leurs produits ou leurs services sur le marché; les divisions automobiles (Chevrolet, Pontiac, Buick, Oldsmobile, Cadillac) n'ont pas non plus le droit de se fournir sur le marché » (p. V-5). Le siège contrôle les relations sociales, les prévisions d'évolution des marchés, la recherche, l'ingénierie, le contrôle de qualité, les prix, le planning de production, le niveau des stocks, et les relations avec les concessionnaires; il décide de la construction des usines ainsi que des produits nouveaux et de leur style (les nouvelles voitures doivent toutes avoir « un style General Motors » (p. V-29) et être testées au Terrain d'Essai de l'entreprise. Wrigley conclut son étude en citant Sloan (1965) : les directeurs de divisions prennent « presque toutes les décisions opérationnelles au niveau de leur division » et en donnant son avis sur les décisions que ces directeurs de division prennent réellement (et qu'il a observées) :

> ... Tout ceci est dans le domaine des opérations routinières... Le rôle de la division automobile est d'atteindre les objectifs que le siège lui assigne avec les moyens déterminés par le siège. Les directeurs de divisions ont peu d'autonomie » (p. V-37, V-38).

La Forme à Sous-Produits. Lorsqu'une entreprise intégrée cherche de nouveaux marchés elle peut choisir de diversifier ses produits et de passer d'un coup à la Structure Divisionnalisée. Une alternative moins risquée, cependant, consiste à commencer de commercialiser ses produits intermédiaires : la chaîne de production s'en trouve peu affectée. Ceci conduit l'organisation à faire un pas vers la Structure Divisionnalisée en adoptant ce qu'on peut appeler *la forme à sous-produits*. Chaque unité peut se voir conférer un peu d'autonomie pour commercialiser ses produits, étant entendu que la plus grande partie de sa production sera faite pour une autre unité de l'entreprise. Beaucoup d'organisations de ce type sont des entreprises verticalement intégrées dont les activités sont centrées sur une matière première unique : le bois, le pétrole, l'aluminium qu'ils transforment en une variété de produits finaux. La Figure 20.5. décrit la chaîne de transformation d'Alcoa en 1969 : 69 % des revenus de l'entreprise viennent de produits finaux tirés de l'aluminium (instruments de cuisson et pièces automobiles) et 27 % de produits intermédiaires (fret, produits chimiques, bauxite, gueuses et lingots d'aluminium) (l'immobilier, qui est un service horizontalement diversifié, procure les 4 % restant).

Dans la forme à sous-produits, comme la chaîne de transformation reste plus ou moins intacte, le siège garde un pouvoir considérable sur la formulation de la stratégie ainsi que sur certains aspects des opérations. Plus précisément, il utilise la planification des actions pour gérer les interdépendances entre divisions. La Figure 20.6. représente, telles qu'elles ont été décrites par Lorsch et Allen (1973), les relations entre le siège et les divisions dans une entreprise papetière verticalement intégrée comportant deux produits finaux et un sous-produit. Ici le siège et les divisions se partagent la responsabilité de la planification et de l'ordonnancement des activités : le siège coordonne

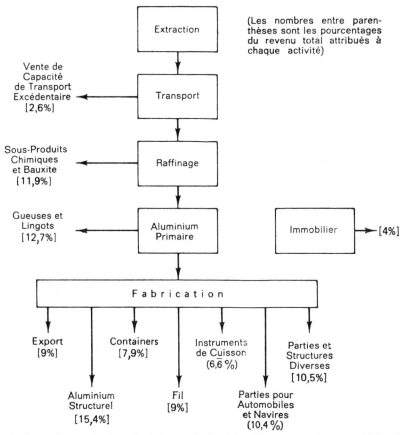

Figure 20.5. — *Ventes de Sous-Produits et de Produits Finaux par Alcoa en 1969* (*d'après Rumelt, 1974, p. 21; préparé à partir de données figurant dans des rapports de l'entreprise*).

les productions, il est le seul à disposer des informations sur les marchés qui sont nécessaires pour planifier l'expansion (p. 126).

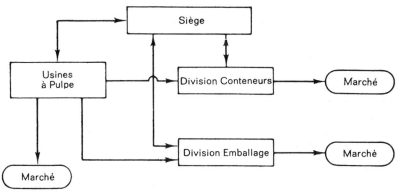

Figure 20.6. — *Interdépendances dans une Entreprise à Sous-Produits du Secteur Papetier* (*d'après Lorsch et Allen, 1973, p. 117*).

La Forme à Produits Liés. Certaines entreprises continuent à diversifier les marchés de leurs sous-produits, jusqu'à ce que les divisions vendent plus à l'extérieur qu'aux autres divisions. L'organisation prend alors la *forme à produits liés.* Par exemple, une entreprise fabriquant des machines à laver le linge peut créer une division chargée d'en produire les moteurs, et cette division avoir tellement de succès que la division du montage des machines à laver le linge n'est plus son principal client. Une forme plus sérieuse de divisionnalisation est alors requise pour refléter l'indépendance plus grande des divisions. Wrigley a ainsi trouvé que 85 % des entreprises de ce type avaient des structures divisionnalisées.

Ce qui maintient ensemble les différentes divisions est typiquement une certaine forme d'unité entre les différents produits, parfois une technologie, parfois un marché (les divisions ont souvent des clients communs). En fait, l'entreprise garde une sorte de stratégie intégrée vis-à-vis des produits et des marchés. Rumelt (1974) décrit la diversification de Carborundum entre 1949 et 1969 (les lignes de produits de l'entreprise sont décrites dans la Figure 20.7.):

> En 1949, toutes les activités de l'entreprise étaient étroitement liées à ses points forts :la fabrication efficace de granulés de haute qualité d'oxyde d'aluminium et de carbure de silicium et les compétences en sciences des matériaux nécessaires pour la transformation de ces matières premières...
>
> Dans les années cinquante cependant, Carborundum commença à fabriquer des machines à meuler, à couper et à polir comme compléments à la gamme d'abrasifs. Puis, à partir de 1962..., les compétences acquises dans la fabrication de ces machines furent appliquées à la fabrication d'autres machines industrielles, et l'entreprise se lança dans la fabrication d'équipements de nettoyage et de détartrage n'utilisant pas d'abrasifs. La technologie des céramiques conduisit aux composants électriques en céramique ainsi qu'aux matériaux en graphite et en carbone, qui à leur tour servirent de base à une expansion dans le domaine des filtres, des machines à nettoyer, des machines industrielles en général et des hautes températures furent associées pour amener l'entreprise à acquérir une position dans les domaines de la destruction des déchets solides et du contrôle de la pollution (p. 17-19).

Dans la forme à produits liés, la planification centrale effectuée par le siège doit faire peser moins de contraintes sur les unités que dans la forme à sous-produits, et y être plus préoccupée de mesurer des performances que de donner des directives. Une bonne partie de la stratégie vis-à-vis des produits encourage le siège à garder les fonctions centrales, « critiques », par exemple la recherche et développement si l'unité de l'entreprise se fait autour d'une technologie, ou l'investissement dans une compagnie d'assurance. Les hybrides fonctionnel/divisionnel de Channon, plus précisément ceux qui ont des divisions produits ou services, entrent dans cette catégorie.

Wrigley (1970, p. V-40-V-69) décrit de façon assez détaillée la structure de General Electric. Cette structure est divisionnalisée, en fait de façon multiple avec des groupes de divisions comme on peut le voir dans l'organigramme reproduit dans la Figure 20.8. Exception à cette forme divisionnelle :

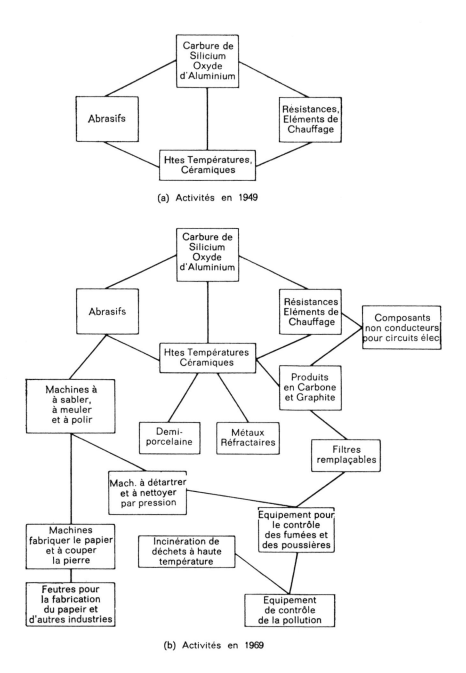

Figure 20.7. — *La Diversification à Produits Liés de Carborundum Inc.* (*d'après Rumelt, 1974, p. 17, 19; préparé à partir de données tirées des rapports annuels de l'entreprise.*)

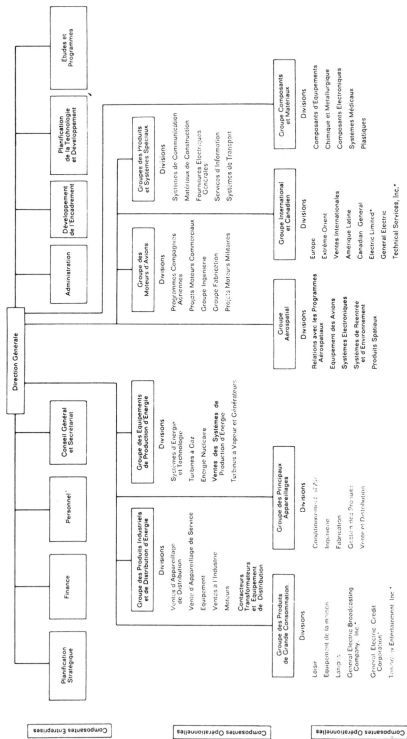

Figure 20.8. — *Organigramme de l'Entreprise General Electric vers 1975.*

le « fer de lance » de son effort massif « de recherche et de développement », avec, au moment où Wrigley a fait son étude, 1 850 personnes dont 650 scientifiques et ingénieurs (p. V-54). Recherche et développement sont apparemment des fonctions critiques pour General Electric. De plus, on trouve au siège, en outre, des fonctions habituellement rencontrées dans le siège d'une entreprise divisionnalisée : les relations sociales (qui a autorité pour conduire les négociations les plus importantes), la prévision d'évolution des marchés, et des services de conseil interne pour les questions techniques et de marketing. D'après Wrigley, les directeurs de divisions ont peu d'autonomie en ce qui concerne les achats ainsi que la formation et les carrières des cadres, deux fonctions apparemment considérées comme critiques. Dans tous autres domaines, les directeurs de division ont une latitude considérable pour gérer leurs opérations et pour formuler leur stratégie en matière de produits et de marchés, dans le cadre des normes de performance qui leur sont imposées.

Le Conglomérat. A mesure que l'entreprise à produits liés poursuit son expansion dans de nouveaux marchés ou acquiert de nouvelles filiales en étant de moins en moins focalisée sur un thème stratégique central, l'organisation évolue vers une structure de conglomérat [6], qui est la forme pure de structure divisionnalisée décrite au début de ce chapitre. Les interdépendances entre divisions sont alors limitées au partage des ressources communes.

Wrigley (1970), a trouvé que ces entreprises (qu'il appelle entreprises à « produits non liés ») ont tendance à avoir peu de personnel au siège et des divisions fortes.

Il est une chose qui, cependant, peut varier de façon considérable d'un conglomérat à un autre : la pression exercée par le système de contrôle des performances — qui est toujours de nature financière. A un extrême on a le système bien connu d'ITT, décrit de la façon suivante par un de ses cadres dirigeants.

Depuis le siège de New York nous utilisons un système de contrôle rigide des stocks, des comptes clients, du niveau d'endettement, des dépenses administratives, des prévisions de profit, etc., à travers un système de comptes rendus très sophistiqué. Par exemple aucune filiale n'est autorisée à augmenter son niveau d'endettement au-delà du niveau prévu au budget sans avoir fourni de justification au trésorier et obtenu son approbation. Autre trait caractéristique de notre attention continuelle : nous faisons deux fois par mois le point des prévisions de résultats d'exploitation de chaque division. Si une division, quelle qu'elle soit, prévoit que dans ce domaine le niveau prévu au budget ne sera pas atteint, des mesures immédiates de redressement sont prises soit par une visite sur place de la personne compétente du bureau new-yorkais, soit par le personnel du siège régional (Martyn, 1967, p. 17).

---

6. Salter (1970) introduit une autre étape avant celle-ci : les « entreprises mono-produit géographiquement décentralisées » (p. 30). Ces entreprises sont exactement ce que nous avons appelé les bureaucraties à clones; nous les avons traitées plus haut dans ce chapitre parce qu'elles semblent être un cas particulier de la Bureaucratie Mécaniste qui n'est pas à sa place dans ce continuum de la divisionnalisation progressive.

En fait, si l'on en croit les résultats d'Allen (1978), la tendance est actuellement au développement de tels systèmes de contrôle rigoureux : dix-sept des trente entreprises qu'il a étudiées ont augmenté de façon significative, « l'importance accordée aux systèmes de planification à long terme, l'examen mensuel des budgets, les rapports descriptifs sur les opérations, les systèmes formels d'élaboration des objectifs, les systèmes d'évaluation des performances des directeurs de division et l'incorporation dans les rémunérations de ces derniers de primes de résultats » (p. 29).

A l'autre extrême, on a la structure de holding (qui est bien moins à la mode) qui est une fédération d'entreprises où les liens sont si lâches qu'il n'est probablement pas approprié de la considérer comme une entité. Le holding n'a typiquement aucun personnel au siège et aucun système de contrôle à l'exception de la réunion occasionnelle des différents présidents. Cette structure met de façon logique le point final à notre discussion sur la transition vers la Structure Divisionnalisée : on a ici une structure fragmentée à un point tel qu'on ne peut plus parler d'une seule organisation [7].

QUELQUES PROBLÈMES DE LA STRUCTURE DIVISIONNALISÉE.

Nous commençons notre discussion en énumérant quelques-uns des avantages traditionnellement avancés en faveur de la Structure Divisionnalisée considérée par rapport aux structures fonctionnelles plus intégrées. Puis, du point de vue de la société, nous suggérons que la Structure Divisionnalisée devrait logiquement être comparée à une autre alternative : celle qu'on obtiendrait si les divisions étaient des organisations indépendantes. Dans ce contexte nous sommes amenés à réexaminer les avantages vus plus haut. Ces deux discussions sont centrées sur les conséquences économiques et administratives de la divisionnalisation. Nous nous tournons ensuite vers les conséquences sociales et plus précisément vers les problèmes de responsabilité sociale et de centralisation du pouvoir de la société. Nous focaliserons la discussion sur la structure de conglomérat dans le secteur privé : conglomérat parce qu'il s'agit de la forme la plus achevée de divisionnalisation, secteur privé parce que nous verrons que la Structure Divisionnalisée pure n'est pas appropriée dans les autres secteurs. Nous terminerons la discussion en décrivant la Structure Divisionnalisée comme la plus vulnérable de nos cinq configurations, une structure dont on peut dire, de façon imagée, qu'elle est au bord d'une falaise.

Les avantages Economiques de la Divisionnalisation. Par rapport aux structures fonctionnelles où les opérations sont intégrées, la Structure Divisionnalisée présente quatre avantages principaux. D'abord elle encourage

---

7. Le holding peut, en fait, être une forme instable, qui, éventuellement, se consolide en une Structure Divisionnalisée plus intégrée ou se sépare en entreprises distinctes. Chandler (1962, p. 4), indique que les holdings des industries qu'il a étudiées ont eu tendance à se consolider avant 1909 en organisations uniques, centralisées, fonctionnelles. Si la Structure Divisionnalisée avait existé à cette époque, ils l'auraient sans doute choisie comme configuration.

l'allocation efficace du capital. Le siège peut choisir de mettre son argent où il veut, et donc de le concentrer sur les marchés les plus forts, retirant le surplus de quelques divisions en faveur d'autres. La structure fonctionnelle met tous ses œufs dans le même panier stratégique pour ainsi dire. En second lieu, en offrant à certaines personnes la possibilité de gérer des unités quasi-indépendantes, la Structure Divisionnalisée aide à former des directeurs généraux. Par contraste, les cadres de niveau intermédiaires des structures fonctionnelles dépendent les uns des autres, ce qui empêche l'existence de responsabilité et d'autonomie individuelles. En troisième lieu, la Structure Divisionnalisée répartit les risques : un problème affectant une unité n'affecte pas le reste de l'organisation (Weick, 1976, p 7), alors que dans une structure fonctionnelle un tel problème arrête toute l'organisation. Le quatrième point est peut-être le plus important : la Structure Divisionnalisée a une capacité de réponse stratégique. Pour reprendre les termes utilisés par Ansoff et Brandenburg (1971), sa « supériorité sur l'organisation par fonctions est qu'elle combine l'efficacité du régime de croisière avec la capacité de réponse organisationnelle » (p. 722). Les divisions peuvent se consacrer au réglage minutieux de leur machine bureaucratique alors que le siège se concentre sur le portefeuille stratégique. Il peut acquérir de nouvelles activités et désinvestir des activités plus vieilles et inefficaces alors que les directeurs de divisions sont libres de perfectionner leurs propres opérations.

Par conséquent, **du point de vue de l'organisation elle-même, la diversification stratégique, parce qu'elle est suivie d'une divisionnalisation, offre nombre d'avantages : elle encourage l'allocation efficace du capital dans l'organisation; elle permet la formation de directeurs généraux, elle réduit les risques et accroît la capacité de réponse stratégique. En d'autres termes, elle résoud nombre des problèmes qui surgissent dans la Bureaucratie Mécaniste.**

Mais, lorsqu'une organisation a diversifié et s'est divisionnalisée, il y a de bonnes raisons de changer la base de la comparaison. La véritable alternative n'est plus l'organisation fonctionnelle intégrée, mais la poursuite du même mouvement, jusqu'à l'élimination du siège et l'obtention de divisions fonctionnant comme des organisations indépendantes. Textron avait trente divisions quand Wrigley l'a décrite, et Beatrice Foods, 397 divisions d'après l'article publié par Martin (1976) dans la revue *Fortune*. La question est de savoir si ces entreprises sont plus efficaces que 30 ou 397 entreprises distinctes. La perspective passe en fait du point de vue de l'organisation à celui de la société, et on peut dans ce contexte réexaminer les quatre avantages présentés plus haut.

Dans la Structure Divisionnalisée, c'est le siège qui réalise l'allocation du capital entre les divisions; si ces divisions étaient des entreprises indépendantes, cette allocation serait faite par le marché. Quelle est la solution la plus efficace ? Deux études suggèrent que la réponse à cette question n'est pas simple.

Williamson (1975) soutient que la Structure Divisionnalisée fait un meilleur travail et qu'elle est la réponse administrative à certaines inefficiences des marchés de capitaux comme l'opportunisme des comportements et la similitude de façons de penser, entre autres. Le siège d'une Structure Divisionnalisée, parce qu'il se concentre sur un nombre limité de divisions et qu'il dispose de moyens d'information et de contrôle, est mieux à même que le marché d'apprécier le potentiel des divisions. De plus, le transfert du capital entre divisions est plus flexible que les mécanismes de marché équivalents.

D'un autre côté, Moyer (1970), suggère que ces avantages ont un prix et qu'en particulier, la constitution de conglomérats par acquisition — la méthode la plus couramment suivie — s'est avérée plus coûteuse et d'une certaine façon moins flexible que les mécanismes du marché :

> Une entreprise qui en achète une autre et réalise la fusion, paye normalement 15 % de plus que le prix du marché. Les SICAV complètement diversifiées coûtent, quant à elles, de 7 à 9 % de plus que le prix du marché... De plus, un investisseur individuel peut diversifier son propre portefeuille en payant seulement les coûts de transaction : 1,5 % à 3,5 % de la valeur des actions qu'il achète... Comme les conglomérats n'ont pas, dans le passé, été obligés de publier les revenus de leurs filiales... l'actionnaire n'est pas en mesure de savoir si les filiales que la direction a cru bon d'acheter, améliorent son pouvoir d'achat. Un portefeuille individuel diversifié, a plus de flexibilité que le portefeuille d'un conglomérat. L'individu peut acheter et vendre avec un minimum d'effort en fonction des performances de chaque action. La vente d'une filiale par un conglomérat est une affaire différente et plus complexe (p. 22).

Moyer pense que l'existence de conglomérats prive l'actionnaire d'une des rares prérogatives qui lui reste : choisir une industrie — et donc un niveau de risque — où il investira son capital. Le choix entre les actions de différents conglomérats est en fait un choix entre différents portefeuilles.

En ce qui concerne le développement de cadres dirigeants, la question est de savoir si les directeurs de divisions ont une meilleure formation et une meilleure expérience que les PDG d'entreprises indépendantes. Les possibilités de ces derniers sont, dans ce domaine, plus limitées que celles des Structures Divisionnalisées. Mais si l'autonomie est réellement la clé du développement des cadres — et c'est ce que soutiennent les partisans de la divisionnalisation — alors il faut voir que le PDG d'une entreprise indépendante est dans une meilleure situation : il peut faire ses propres erreurs et en tirer les enseignements, ce qui n'est pas possible pour un directeur de division qui, lui, peut s'appuyer sur le siège et dépend du siège de son entreprise.

En troisième lieu, la Structure Divisionnalisée permet certes de réduire le risque en apportant son support aux divisions en cas de récession affectant leurs marchés. Le contre-argument est qu'un tel comportement peut dissimuler des faillites : les divisions malades sont parfois soutenues plus longtemps qu'il n'est nécessaire, là où le marché aurait résolu le problème une fois pour toute en mettant en faillite l'entreprise indépendante. Par ailleurs, la Structure Divisionnalisée répartit non seulement le risque mais aussi ses conséquences. Si une division a un problème très sérieux — par exemple si une division a conclu un contrat d'achat de grandes quantités de combustible nucléaire et que le prix du combustible subit une hausse énorme — alors il est possible que les ressources des divisions saines se trouvent siphonnées et même que le problème d'une division conduise toute l'organisation à la faillite. Le couplage souple s'avère plus risqué que *l'absence de couplage!* Finalement, examinons la question de la capacité de réponse stratégique. Le système de contrôle de la Structure Divisionnalisée encourage les directeurs de divisions à se dépenser pour obtenir des performances financières toujours meilleures. En même temps, par contre, il est une entrave à leur capacité d'innover. « La direction de Textron a... appris que le développement de nouvelles inventions n'est pas un de ses points forts » (cité par Wrigley, 1970, p. V-89). Wrigley explique pourquoi :

> ... le risque d'une invention majeure pour un directeur de division peut être considérable s'il est mesuré à court terme sur la base des revenus annuels. Il en résulte que les développements nouveaux les plus importants sont, à quelques exceptions près, réalisés en dehors des plus grandes entreprises du secteur d'activité concerné. Ces exceptions ont tendance à être les entreprises mono-produit dont les directions sont déterminées à être réellement les leaders pour leur produit : Bell Laboratories, IBM, Xerox et Polaroïd. Ces directions peuvent décider des actions stratégiques majeures pour leur entreprise dans son ensemble. Au lieu de cela, les entreprises diversifiées nous alimentent de façon constante en changements de faible amplitude (p. 194).

L'innovation se développe mal lorsqu'elle est soumise à un contrôle externe standardisé. En fait, de nombreux entrepreneurs ont créé leur propre entreprise pour échapper aux contrôles bureaucratiques (Collins et Moore, 1970). Ainsi l'entreprise indépendante paraît-elle avoir une capacité de réponse stratégique plus importante que la division, tout en étant peut-être moins motivée pour atteindre de façon constante une performance économique élevée. En fait, de nombreuses entreprises divisionnalisées dépendent de ces entreprises indépendantes pour leur capacité de réponse stratégique puisqu'elles ne diversifient pas en innovant elles-mêmes, mais en achetant les innovations les plus importantes réalisées par les entrepreneurs indépendants.

Le Rôle du Siège. Pour évaluer l'efficacité de la Structure Divisionnalisée, il est nécessaire d'évaluer la contribution que le siège apporte aux divisions et de comparer ce qu'il leur apporte avec ce qu'apporte le conseil d'administration à une entreprise indépendante [8].

Il n'est une chose que ni le siège ni le conseil d'administration ne peuvent apporter : la gestion quotidienne d'une entreprise. Tous deux n'y sont en effet impliqués qu'à temps partiel [9]. En fait, la tendance à oublier ce point essentiel affecte plus la Structure Divisionnalisée que l'entreprise individuelle à cause de l'existence de liens plus étroits entre le siège et la division. **Un ensemble de forces puissantes encourage le siège à usurper les pouvoirs des**

---

8. Il est intéressant de noter que Williamson (1975) ignore le rôle de contrôle du conseil d'administration. Les actionnaires sont sans doute extérieurs à l'organisation et ont un accès limité à l'information, mais Williamson oublie qu'ils sont supposés être représentés par les membres du conseil d'administration qui n'ont aucune limitation de cet ordre.

9. Si les membres du conseil d'administration interviennent à temps plein, ils deviennent en fait la direction, et il n'y a plus de contrôle externe formel sur l'entreprise.

divisions, à centraliser certaines décisions concernant les produits et les marchés et donc à aller à l'encontre de l'objectif même de la divisionnalisation.
Les cadres du siège peuvent se croire capables de faire mieux; ils peuvent être tentés d'éliminer la duplication (un seul département de publicité au lieu de 397); ils peuvent apprécier l'exercice d'un pouvoir qui est potentiellement le leur; ou ils peuvent être séduits par de nouvelles techniques administratives. Une technostructure enthousiaste ou un cabinet de conseil peuvent conduire l'entreprise à adopter un système d'information sophistiqué ou un système qui suggère que les décisions concernant les produits ou les marchés peuvent être prises sur la base de données concernant les parts du marché ou le cycle de vie des produits. Le problème avec nombre de ces techniques est qu'elles donnent l'illusion du savoir mais pas le savoir lui-même. Comme nous l'avons vu au chapitre 18 et ailleurs, les décisions ne peuvent pas être prises uniquement sur la base de telles informations formalisées : elles requièrent des informations qui ne peuvent pas être quantifiées, des imprssions, des rumeurs, des « détails tangibles ». De plus, même si les cadres du siège pouvaient avoir ces informations — verbalement, par téléphone par exemple — ils n'auraient pas le temps de les absorber. Ainsi les lignes de transmission d'information à grande vitesse induisent certains cadres du siège à prendre des décisions qu'ils feraient mieux de laisser aux divisions.

Comme le note Antony Jay (1970), les choses allaient mieux lorsque de telles lignes n'existaient pas :

> ... une des raisons pour lesquelles l'Empire romain s'est tant développé et a survécu si longtemps — un exploit prodigieux de gestion — est qu'il n'y avait pas de chemins de fer, de voitures, d'avions, de radio, de journaux ou de téléphones. Par-dessus tout pas de téléphones. Vous ne pouviez pas par conséquent garder l'illusion que vous aviez un contrôle direct sur un général ou sur le gouverneur d'une province; vous ne pouviez pas avoir à l'esprit qu'il était possible de lui téléphoner, ou qu'il pouvait vous appeler, si se développait une situation à laquelle il ne pouvait faire face, ou que vous pourriez vous rendre sur place en avion pour résoudre un problème si la situation commençait à se dégrader... Par conséquent il n'était pas question de nommer à un poste une personne qui n'avait pas reçu une formation complète ou qui n'était pas capable de « tenir le poste ». Et donc, vous procédiez à sa sélection avec grand soin et, plus encore, vous vous assuriez avant qu'il ne parte qu'il connaisse parfaitement Rome, le gouvernement romain et l'armée romaine (p. 69).

Jay cite, plus loin, un amiral britannique après l'opération de Suez en 1956 : « Nelson n'aurait jamais gagné une seule bataille si le télex avait existé à son époque » (p. 79). Le rapport du groupe suédois SIAR (1975) décrit à ce propos un « cercle vicieux » qui se forme lorsque le siège, qui n'a pas une connaissance intime des conditions locales, se considère comme supérieur et investi d'une fonction de supervision. Les divisions manifestent alors de moins en moins d'empressement à répondre aux initiatives du siège, et le siège est donc de plus en plus isolé des « réalités », ce qui accentue encore le phénomène. Le groupe SIAR estime que « l'une des raisons pour lesquelles tant de conglomérats multinationaux ont eu des problèmes sévères au cours de ces dernières années est sans nul doute cette incapacité à comprendre les différences entre leurs nombreuses filiales » (p. 13). Les sièges élaborent des politiques « par déduction abstraite ou en imitant d'autres organisations » (p. 15). Les divisions ont tendance à ignorer ces politiques, ce qui encourage le siège à renforcer son contrôle sur les divisions : en ayant avec elles plus de communications formelles, en accroissant la socialisation du personnel des divisions et en plaçant des inspecteurs dans les divisions. Tout ceci a pour effet d'accroître les effectifs du siège, ce qui aggrave le problème de la centralisation inappropriée que l'organisation avait au départ. « Dans une entreprise multinationale que nous avons étudiée, la table des matières (du manuel des divisions) était à elle seule aussi épaisse que l'annuaire téléphonique d'une grande ville » (p. 16).

Parmi les fonctions que le siège assure vis-à-vis des divisions, il y a l'élaboration des objectifs et le contrôle des performances des divisions. Il est intéressant de noter que ces fonctions sont, en théorie, assurées vis-à-vis de l'entreprise indépendante par le conseil d'administration. En pratique cependant, beaucoup de ces conseils — et surtout si les actions sont largement diffusées — sont peu efficaces dans ce domaine et laissent carte blanche à la direction (Mace, 1971). Il semble donc qu'on ait ici un avantage de la Structure Divisionnalisée vis-à-vis d'un ensemble d'entreprises indépendantes.

Cependant, il faut aussi tenir compte du fait que, lors de la constitution progressive d'un conglomérat par acquisition, le mécanisme de la conversion des actions a pour effet de diffuser la propriété de façon de plus en plus large (Moyer, 1970, p. 29), et que le conseil d'administration exerce, à mesure que cette diffusion progresse un contrôle de plus en plus faible sur le conglomérat. Par ailleurs, ce contrôle est d'autant plus difficile à assurer par les membres d'un conseil — qui ne sont pas là à plein temps — que l'entreprise est plus diversifiée [10].

Il existe deux autres domaines importants dans lequel il est difficile de dire quel est le mécanisme le plus efficace, la Structure Divisionnalisée ou un ensemble d'entreprises indépendantes : ces domaines sont le camouflage des problèmes et la capacité d'intervention du siège (ou du conseil d'administration) lorsqu'un problème est détecté.

Une des faiblesses bien connues de l'entreprise indépendante est que la direction générale peut aveugler le conseil et camoufler des problèmes sérieux (Mace, 1971). Mais cette possibilité est loin d'être inconnue dans la Structure Divisionnalisée, et pour la même raison : ce sont les responsables des divisions qui ont l'information détaillée, pas ceux qui, au siège, ne consacrent qu'une partie de leur temps à contrôler chacun d'eux. L'histoire qui suit, rapportée par un cadre de siège, illustre clairement ce point :

Notre direction générale aime prendre toutes les décisions les plus importantes.

---

10. Ces développements sur le pouvoir et le contrôle du conseil d'administration sont traités plus longuement dans un ouvrage à paraître de l'auteur (H. Mintzberg : « Power in and around organizations »).

Ils pensent qu'ils le font, mais j'ai vu un cas où une division les a « court-circuités ».

J'ai reçu d'une division une demande pour une grande cheminée. Je ne pouvais pas comprendre ce qu'on pouvait bien faire avec une cheminée toute seule, et donc je me suis rendu sur place en avion. Ils avaient construit et équipé toute une usine sur des dépenses courantes. La cheminée était le seul élément indivisible excédant la limite de 50 000 dollars que nous assignons aux dépenses courantes.

Apparemment ils avaient appris de façon informelle que le siège ne serait pas favorable à la construction d'une nouvelle usine, et ils l'avaient construite tout seuls. Je ne sais pas exactement ce que je vais pouvoir dire (cité par Bower, 1970, p. 189).

Qu'arrive-t-il lorsqu'un problème est détecté ? Comme le dit le PDG de Textron : « Il n'est pas trop difficile de coordonner cinq entreprises qui sont bien gérées » (cité par Wrigley, 1970, p. V-78). C'est vrai. Mais qu'en est-il de cinq divisions qui sont mal gérées ? Les cadres du siège de Textron peuvent-ils traiter les problèmes de trente divisions ? Renforcer les contrôles n'est en général d'aucune aide lorsque le problème est détecté, et, comme nous l'avons noté plus haut, les cadres du siège ne peuvent pas gérer les divisions. La seule chose qu'ils puissent faire est de remplacer le directeur de division ou de vendre la division. Un conseil d'administration peut bien sûr aussi remplacer le directeur général — il semble même que ce soit la seule prérogative réelle. La question est alors de savoir quel est le meilleur mécanisme pour le remplacement des directeurs généraux. Et la réponse à cette question n'est pas claire non plus : le siège d'une Structure Divisionnalisée est plus rapide et il dispose dans les autres divisions d'un ensemble de personnes qualifiées; mais il doit se préoccuper de 30 ou de 397 divisions à la fois alors que le conseil d'administration n'est en charge que d'une entreprise. Quant à la solution qui consiste à désinvestir, elle ne fait que déplacer le problème : du point de vue de la société, elle ne le résoud pas (sauf si, bien entendu, c'est la constitution du conglomérat qui est elle-même la source du problème !).

Dans l'ensemble, la question de savoir si le siège d'une Structure Divisionnalisée est plus ou moins efficace qu'un ensemble de conseils d'administration distincts d'entreprises indépendantes paraît être complexe. Il ne devrait pas nous surprendre de constater, avec Rumelt (1974), que les entreprises « à diversité contrôlée » font des profits plus élevés que les conglomérats : la diversité contrôlée, synonyme d'interdépendance entre les divisions, appelle une divisionnalisation imparfaite dans laquelle quelques fonctions critiques restent centralisées au siège.

La divisionnalisation pure remédie à certaines inefficiences des marchés de capitaux mais elle en introduit d'autres; elle permet de former des directeurs généraux mais leur donne moins d'autonomie que n'en ont ceux d'entreprises indépendantes; elle diversifie les risques mais aussi les conséquences de ces risques; elle protège, lors des récessions, des activités vulnérables, dont certaines ne s'avèrent après coup pas dignes d'avoir été protégées; ces systèmes

de contrôle encouragent l'amélioration constante des performances financières, mais découragent l'innovation réelle : le siège contrôle mieux les performances des divisions que le conseil d'administration, celles de l'entreprise indépendante dont les actions sont largement diffusées, mais sa diversification est en soi source de la dispersion du capital et du manque d'information du conseil d'administration; et en fin de compte elle peut à peine faire mieux qu'un conseil d'administration pour corriger les problèmes fondamentaux : à la limite, les deux en sont réduits à changer le directeur. Dans l'ensemble, la Structure Divisionnalisée pure (c'est-à-dire le conglomérat) peut avoir certains avantages par rapport à un ensemble de conseils d'administration faibles et de marchés de capitaux inefficients; mais la plupart de ces avantages disparaîtraient si certains problèmes des marchés de capitaux et des conseils d'administration étaient résolus [11]. Et il existe des raisons qui permettent de soutenir que la société tirerait bénéfice de la correction d'inefficiences fondamentales du système économique, plus qu'en encourageant des arrangements administratifs privés qui les pallient. De fait, en nous tournant des conséquences administratives et économiques de la Divisionnalisation à ses conséquences sociales, nous allons maintenant voir deux raisons supplémentaires qui vont en faveur de cette conclusion : l'une est liée à la responsabilité sociale de la Structure Divisionnalisée, l'autre à sa tendance à concentrer le pouvoir dans la société.

La Performance Sociale du Système de Contrôle des Performances. Dans la Structure Divisionnalisée, le système de contrôle des performances est un paramètre de conception fondamental et la source principale de l'effica- les les plus sérieuses. Le problème vient de ce que les critères de perforcité économique. Pourtant, ce système produit l'une des conséquences sociamance utilisés sont essentiellement quantitatifs et typiquement financiers, et qu'ils deviennent pratiquement des obsessions, évacuant les buts qui ne peuvent pas être mesurés : la qualité des produits, la fierté vis-à-vis du travail, la qualité du service aux consommateurs, la protection et la beauté de l'environnement. En fait, les buts économiques chassent les buts sociaux. « Nous, à Textron, vénérons le dieu de l'Actif Net » (cité par Wrigley, 1970, p. V-86).

Ceci ne poserait aucun problème si les conséquences sociales et économiques des décisions pouvaient être facilement séparées. Le gouvernement s'occuperait des unes et l'entreprise des autres. Mais les deux sont en fait indissociables. En conséquence, **le système de contrôle de la Structure Divisionnalisée l'amène à agir, au mieux, sans tenir compte du social et, au pis, de façon socialement irresponsable.** Forcé qu'il est de se concentrer sur les conséquences économiques de ses décisions, le directeur de division en vient à ignorer leurs conséquences sociales. Et on doit se souvenir du fait que les décisions spécifiques dans une Structure Divisionnalisée — celles qui ont un impact social — sont contrôlées par les directeurs de divisions, pas par le siège. Ainsi Bower (1970) a-t-il trouvé que « les meilleures performances

---

11. Mace (1971) par exemple, propose un système d'administrateurs professionnels qui travailleraient à plein temps comme membres du conseil d'administration de peut-être cinq entreprises, et qui auraient ainsi le temps d'apprendre à connaître chacune d'entre elles suffisamment pour exercer efficacement leurs fonctions d'administrateurs.

dans le domaine des relations raciales sont celles des entreprises mono-produit (non divisionnalisées) où une direction puissante est profondément impliquée dans la marche des affaires » (p. 193).

Robert Ackerman (1975), dans une étude conduite à Harvard Business School, a testé l'hypothèse selon laquelle, bien que les dirigeants d'entre-prises, « aimeraient éviter de faire ce qu'ils estiment être irresponsables » (p. 4), la difficulté qu'ont leurs entreprises « à satisfaire ceux qui les critiquent du point de vue social pourrait précisément provenir des innovations en matière d'organisation qui leur ont permis de faire face de façon efficace à la diversification et aux conditions de la concurrence » (p. VII). Ackerman a trouvé que les bénéfices d'un comportement socialement responsable — tels qu'une « image publique plus flatteuse... la fierté de l'encadrement... une meilleure position pour le recrutement » (p. 55) — ne peuvent pas faci-lement être mesurés. « Du point de vue comptable, ils sont malheureusement intangibles, impossibles à affecter aux coûts des unités de l'organisation qui les ont créées » (p. 55-56). En d'autres termes, ces critères ne peuvent pas être intégrés au système de contrôle des performances.

Les cadres dirigeants du siège, qui sont préoccupés par les relations publiques et la responsabilité de l'entreprise, peuvent être tentés d'intervenir, mais une telle intervention va à l'encontre de l'autonomie des divisions et « peut diminuer la possibilité qu'ils ont de tenir les divisions pour respon-sables des résultats financiers » (p. 54).

Tant que la vis du système de contrôle des performances n'est pas trop serrée, le directeur de division conserve une certaine latitude lui permettant de prendre en compte les conséquences sociales de ses actions. Mais, nous l'avons vu, la tendance va dans le sens inverse, à l'imitation du système de contrôles étroits mis en place par ITT. Ceci peut expliquer pourquoi Collins et Ganotis (1974) ont trouvé dans une enquête générale « un sentiment de futilité vis-à-vis de la capacité des cadres de niveau moyen ou bas à affecter la politique sociale de l'entreprise, et une attitude peut être liée à la pre-mière qui consiste à considérer que les buts sociaux peuvent être le mieux atteints par des individus travaillant en dehors de leur entreprise » (p. 306). Le cadre qui doit soumettre un bilan et un compte d'exploitation tous les mois ne peut qu'à peine se soucier de ce que ces résultats ne mesurent pas. Il garde son attention fermement fixée sur la performance financière.

Quand la vis est vraiment serrée, le directeur de division qui veut attein-dre les normes, peut ne pas avoir d'autres choix que d'agir de façon irres-ponsable. Bower (1970) cite le cas de l'entente illicite sur les prix dans lequel la General Electric a été impliquée en 1962 :

Le siège exigeait des cadres dirigeants qu'ils signent la « directive 20.5 » qui interdisait de façon explicite l'entente sur les prix et toute autre violation des lois antitrusts. Mais un système de gestion énergique des récompenses et des punitions qui exigeaient des améliorations annuelles des revenus, de la rentabilité et de la part de marché, et qui était appliqué sans discrimination à toutes les divisions, créa une situation qui — à tout le moins — invitait à la collusion dans les marchés d'équipement électriques qui étaient bien établis et de nature oligopolistique (p. 193).

Les cadres du siège peuvent essayer de se laver les mains de tels errements des divisions en proclamant qu'ils n'étaient pas au courant, comme le fit Ralph Cordiner (qui était le président de General Electric à l'époque). Mais ils doivent accepter la responsabilité d'avoir conçu et géré une structure qui a incité aux comportements en question.

Ainsi on peut conclure, avec Bower, que « si le processus de planification de l'entreprise diversifiée (et divisionnalisée) peut être efficace », au moins au sens strict de l'efficacité économique, il peut aussi avoir tendance à rendre l'entreprise « socialement irresponsable » (p. 193).

Les Problèmes de la Concentration du Pouvoir. Nous avons discuté plus haut de la relation entre taille et divisionnalisation et conclu que non seulement les grandes entreprises ont tendance à divisionnaliser, mais que la divisionnalisation encourage les petites organisations à devenir grandes et les grandes à devenir plus grandes encore. La liste des 500 plus grandes entreprises américaines comporterait peu d'entreprises dont le chiffre d'affaire se compte en milliards de dollars si la Structure Divisionnalisée n'existait pas.

Du point de vue de la société, nous devons nous demander quel est le prix à payer. Clairement, **la taille a potentiellement des coûts économiques, notamment sous la forme d'une menace pesant sur la concurrence.** Les thèses exposées par John Kenneth Galbraith dans *le Nouvel Etat Industriel* (1967) ont été répétitivement combattues par les économistes les plus conservateurs, mais il paraît difficile de nier que la taille peut en soi affecter la concurrence, par exemple en rendant plus difficile l'entrée de la concurrence sur un marché par le recours massif à la publicité, ou par des accords de « réciprocité » (je me fournis chez vous si vous vous fournissez chez moi) entre les entreprises.

Mais les coûts sociaux du gigantisme sont peut-être les plus sérieux. D'abord parce que plus sa taille est grande et plus l'organisation est bureaucratique, comme nous l'avons vu dans l'Hypothèse 5. De plus, nous avons vu plus haut que le système de contrôle conduit les unités de la Structure Divisionnalisée à être plus bureaucratiques qu'elles ne seraient s'il s'agissait d'entreprises indépendantes. La divisionnalisation exerce une poussée dans le sens de la Bureaucratie Mécaniste, dans une société où il y a déjà trop de telles structures comme nous l'avons vu au chapitre 18.

De plus, il existe dans la Structure Divisionnalisée des forces qui poussent à la centralisation au niveau des divisions comme au niveau du siège, avec pour résultat la concentration de pouvoirs considérables par un nombre très réduit de personnes. L'une de ces forces est l'illusion que le système d'information et de contrôle permet au siège d'élaborer efficacement des stratégies; et s'il s'agit d'une réalité et non d'une illusion, le danger n'en est que plus grand. Une autre force qui pousse à la centralisation est l'existence d'une seule entité portant un seul nom : le tout est responsable de chacune des parties. Le système de contrôle, comme nous l'avons vu, encourage des comportements marqués par l'indifférence ou l'irresponsabilité sociale, ce qui a amené à l'entreprise divisionnalisée de plus en plus de mauvaise publicité, conséquence qui a conduit le siège à concentrer de plus en plus de pouvoir pour se protéger. En un sens, l'entreprise géante paraît avoir le choix entre l'irresponsabilité sociale et la centralisation.

Une autre force qui pousse à la centralisation est illustrée par l'adage célèbre de Lord Acton : « Le pouvoir corrompt et le pouvoir absolu corrompt absolument. » Les cadres dirigeants des entreprises géantes ont d'énormes pouvoirs potentiels, ce qui pousse à la centralisation pour elle-même. Les forces du marché jouent, certes, un rôle modérateur, mais nous avons vu que l'entreprise est d'autant moins soumise au marché qu'elle est plus grande.

Jusqu'ici nous avons vu que la divisionnalisation conduit à la centralisation du pouvoir dans l'entreprise. Paradoxalement, **la concentration du pouvoir dans l'entreprise conduit aussi à la divisionnalisation et à la concentration du pouvoir en dehors de l'entreprise.** Les syndicats se fédèrent et les gouvernements créent des unités pour établir des **contre-pouvoirs qui puissent faire face à ceux de l'entreprise.** Le gouvernement est en fait amené à intervenir directement dans les affaires de l'entreprise à cause même des problèmes que nous avons décrits plus haut; et les citoyens qui remettent en question la légitimité de la base du pouvoir de l'entreprise géante se tournent naturellement vers le gouvernement pour qu'il intervienne.

Ironie suprême, les arguments mêmes, avancés en faveur de la Structure Divisionnalisée suggèrent la forme que doit revêtir l'intervention du gouvernement. Considérez l'argument clé de Williamson : les arrangements administratifs sont efficients mais pas les marchés de capitaux. Si les premiers fonctionnent aussi bien que le dit Williamson, pourquoi le gouvernement ne les utiliserait-il pas ? Si Béatrice Foods peut réellement contrôler 397 divisions, qu'est-ce qui peut empêcher Washington de croire qu'il peut contrôler 397 Beatrice Foods ? En utilisant les mêmes systèmes. Avec un public qui réclame de plus en plus de contrôle du comportement des entreprises, et avec l'adage de Lord Acton toujours présent, qu'est-ce qui arrêtera éventuellement les administrateurs gouvernementaux d'être séduits par l'illusion qu'un système d'information peut leur donner ce qu'il faut pour contrôler l'entreprise, par nationalisation ou planification nationale ?

Bien sûr, comme l'entreprise, les gouvernements seraient amenés à favoriser les buts économiques par rapport aux buts sociaux. Cela signifie que le contrôle gouvernemental, tout en apportant peut-être une légitimité à l'entreprise, ne résoudrait pas les problèmes sociaux fondamentaux créés par la divisionnalisation et en fait aggraverait le problème de la concentration du pouvoir dans la société.

En général, la Structure Divisionnalisée pure ne fonctionne pas efficacement hors du secteur privé. et ce malgré de nombreuses tentatives faites pour l'utiliser : dans des systèmes d'éducation, des universités, des hôpitaux, des entreprises publiques, en fait dans l'ensemble de ces organisations considérées comme un gigantesque service public monolithique et divisionnalisé.

Un des problèmes est que le gouvernement (et parfois d'autres institutions) ne peut pas désinvestir, ou au moins que les réalités du pouvoir sont telles qu'il ne le fait pas. Il n'y a donc aucun mécanisme pour le renouvellement organisationnel. Un autre problème est posé par l'interférence de la réglementation du service public en matière de recrutement et de nomination avec la notion de responsabilité de gestion : « Si on veut qu'un supérieur ait une complète confiance dans ses subordonnés, il faut qu'il ait sur eux un certain contrôle.

Il doit avoir une certaine latitude dans leur sélection, leur discipline et, si nécessaire, leur mutation ou leur licenciement. Le fonctionnariat cependant, impose des restrictions dans ces domaines » (Worthy, 1959, p. 113).

Mais le problème le plus sérieux reste celui de la mesure : les objectifs que les gouvernements et d'autres institutions doivent intégrer au système de contrôle — fondamentalement des objectifs sociaux — ne se prêtent pas à la mesure. Et sans mesure, la Structure Divisionnalisée pure ne peut pas fonctionner. Rien n'empêche la création de divisions, mais en l'absence de mesures de performance il faut trouver d'autres moyens pour contrôler les divisions ou préparer des mesures artificielles qui ne parviennent pas à représenter l'esprit des buts sociaux. Une de ces méthodes est la socialisation : la nomination de responsables qui croient aux buts sociaux en question. Mais cette méthode a des effets limités et des pressions se font jour pour recourir à d'autres moyens. Les moyens évidents sont la supervision directe et la standardisation du travail : les directives et les règlements. Mais tous deux vont à l'encontre de l'autonomie des divisions. **Ainsi le choix en face duquel se trouve le gouvernement — et toute organisation qui cherche à utiliser la Structure Divisionnalisée alors qu'elle a des buts non quantifiables — est d'abandonner tout contrôle en dehors de la nomination de responsables « socialisés », de contrôler à la manière d'une bureaucratie mécaniste, ou d'imposer aux divisions des normes de performance artificielles.**

On trouve des exemples abondants dans les trois domaines. On voit régulièrement dans la presse que des départements gouvernementaux sont devenus incontrôlés. On rencontre peut-être plus fréquemment le cas du contrôle de type « bureaucratie mécaniste » : des départements qui n'ont pas l'autonomie qui leur est nécessaire pour agir parce qu'ils sont paralysés par une pléthore de règles générales imposées par le gouvernement à tous les départements. Et on rencontre aussi le cas de normes de performances artificielles, le meilleur étant celui du contrôle des usines par le gouvernement soviétique, décrit par Frank (1958-1959). Il y avait une foule de normes : type de produit, quantité, qualité, quantités de main-d'œuvre et de matériel requises, salaires, normes de production pour les ouvriers, et bien d'autres. Les normes étaient si strictes et si souvent contradictoires que le cadre à qui elles étaient imposées n'avait d'autre alternative que d'agir de façon irresponsable (tout comme les directeurs de divisions surcontrôlés des entreprises américaines) s'ils voulaient garder leur poste. Ils mentaient à propos des besoins de leur usine; ils constituaient des stocks de matériaux; ils obéissaient à la lettre mais pas à l'esprit des normes; par exemple en réduisant la qualité des produits (qui est difficile à mesurer); ils embauchaient le « tolkach », la personne influente, pour négocier de façon informelle en dehors du système de contrôle.

En fin de compte, la meilleure méthode qui puisse être utilisée par le gouvernement et les institutions qui veulent utiliser la Structure Division-nalisée est de nommer des responsables qui croient aux buts poursuivis, puis de mettre en place un mécanisme d'examen périodique de leur performance personnelle (ce qui exige en fait la création d'une sorte de conseil d'admi-nistration indépendant).

En conclusion : une Structure au Bord d'une Falaise ? Notre discussion nous a amenés à une conclusion du type : il est mauvais d'adopter cette struc-ture et mauvais de ne pas l'adopter. La Structure Divisionnalisée pure (le conglomérat) paraît être une configuration structurelle symboliquement située au bord d'une falaise, au bout d'un long chemin. Un pas de plus et c'est la désintégration : la rupture en organisations distinctes sur les rochers, tout en bas. Derrière, on a des formes plus stables, peut-être un hybride entre cette structure et celle de la Bureaucratie Mécaniste quelque part le long du chemin. Et tournoyant sans cesse au-dessus il y a l'aigle, attiré par cette position au bord de la falaise et attendant l'occasion d'attirer la Structure Divisionnalisée vers une forme de contrôle social plus centralisé, sur une autre falaise, peut-être plus dangereuse. Le bord d'une falaise est une position inconfortable — peut-être même une position temporaire dans l'attente d'un changement inévitable.

En d'autres termes, **notre conclusion est que la Structure Divisionnalisée est parmi toutes les configurations celle qui a le domaine d'application le plus étroit. Elle n'a pas d'environnement spécifique; au mieux, elle joue à saute-mouton par-dessus la Bureaucratie Mécaniste et se sent par conséquent toujours attirée vers un retour à cette forme structurelle plus intégrée. La Structure Divisionnalisée pure peut s'avérer intrinsèquement instable, une tendance légitime dans un contexte social. Les avantages économiques qu'elle a par rapport à des organisations indépendantes sont le reflet des inefficiences fondamentales des marchés de capitaux et des systèmes de contrôle des action-naires, inefficiences qui devraient elles-mêmes être corrigées. Et elle crée des problèmes sociaux fondamentaux.** Peut-être est-elle justifiée seulement sous ses formes intermédiaires — la forme à sous-produits et la forme à produits liés. C'est après tout les interdépendances entre ses activités qui donnent à une organisation sa justification, sa raison d'« organiser ». Peut-être la Struc-ture Divisionnalisée pure, où il y a trop peu de ces interdépendances, est-elle réellement un « type idéal », un type qui doit être rapproché mais jamais atteint.

21

L'ADHOCRATIE

Mécanisme de coordination principal :	Ajustement mutuel.
Partie clé de l'Organisation :	Fonctions de support (dans l'Adhocratie Administrative; de concert avec le centre opérationnel dans l'Adhocratie Opérationnelle).
Principaux paramètres de conception :	Mécanismes de liaison, structure organique, décentralisation sélective, spécialisation horizontale du travail, formation, regroupement des unités concurremment sur la base des fonctions et des marchés.
Facteurs de Contingence :	Environnement complexe, dynamique (parfois disparate), organisation jeune (surtout pour l'Adhocratie Opérationnelle), système technique sophistiqué et souvent automatisé (dans l'Adhocratie Administrative), structure à la mode.

Aucune des structures dont nous avons discuté jusqu'ici n'est capable d'innovations sophistiquées, du type de celle qu'il faut pour une agence spatiale, une entreprise cinématographique produisant des films d'avant-garde, une usine fabriquant des prototypes complexes, ou une entreprise pétrochimique intégrée. La structure simple peut certainement innover mais de façon relativement simple. Les Bureaucraties Mécanistes et Professionnelles sont des structures conçues pour perfectionner des programmes standards, pas pour en inventer des nouveaux. Et même si la Structure Divisionnalisée permet de résoudre le problème de rigidité stratégique, elle n'est pas non plus conçue pour l'innovation, surtout à cause du fait qu'elle est focalisée sur le contrôle par standardisation des résultats.

L'innovation sophistiquée requiert une cinquième configuration structurelle, très différente des autres, qui permet de fusionner les travaux d'experts appartenant à des disciplines diverses dans des groupes de projets constitués en fonction des besoins et travaillant sans à-coups. Pour emprunter à Alvin Toffler (1970) le terme qu'il a popularisé dans « *Le Choc du Futur* », il s'agit d'*Adhocratie*. Ces structures sont apparues à plusieurs reprises dans notre analyse; les entreprises de fabrication de matières plastiques de Lawrence et Lorsch, les entreprises d'électronique de Burns et Stalker, les entreprises de fabrication à l'unité et de fabrication en continu de Woodward, la NASA décrite par Chandler et Sayles et l'entreprise Boeing décrite par Galbraith.

Avant de commencer à traiter de l'Adhocratie, nous voudrions noter que la Structure Simple, qui est presque une non-structure, a suscité un chapitre bref et simple. La Bureaucratie Mécaniste, la Bureaucratie Professionnelle et la Structure Divisionnalisée, qui sont pour l'essentiel des configurations très structurées, ont conduit à des chapitres eux aussi très structurés. L'Adhocratie, par contre, est parmi les cinq la configuration la plus complexe, et cependant elle n'est pas très structurée. De plus, c'est aussi la structure la plus récente des cinq, celle à propos de laquelle nous avons le moins de connaissances. Nous prévenons le lecteur que la structure de ce chapitre reflète les caractéristiques de la configuration étudiée.

DESCRIPTION DE LA STRUCTURE.

Les Paramètres de Conception. Dans l'Adhocratie nous avons une cinquième configuration distincte : une structure très organique avec peu de formalisation du comportement : une spécialisation horizontale poussée basée sur la formation; une tendance à regrouper les spécialistes en unités fonctionnelles pour la gestion du personnel, et à les déployer en petites unités (groupes de projets) pour la réalisation du travail; une utilisation importante des mécanismes de liaison pour encourager l'ajustement mutuel (qui est le mécanisme de coordination principal) à l'intérieur des équipes et entre les équipes; et une décentralisation sélective vers ces équipes et à l'intérieur de

ces équipes, qui sont situées à divers endroits de l'organisation et regroupent divers « assortiments » de cadres hiérarchiques et d'experts opérationnels.

Innover signifie se placer en rupture avec les routines établies. L'organisation innovatrice ne peut donc s'appuyer sur aucune forme de standardisation pour coordonner ses activités. En d'autres termes, elle doit éviter tous les pièges de la structure bureaucratique, notamment la division poussée du travail, la différenciation marquée entre les unités, les comportements très formalisés et l'utilisation intensive des systèmes de planification et de contrôle. Comme Goodman et Goodman (1976) l'ont trouvé dans le cas d'une compagnie théâtrale : la définition précise des rôles inhibe l'innovation. « La coordination ne peut plus être planifiée mais doit venir des interactions » (p. 494-495). La structure des Adhocraties doit être flexible, organique, se renouvelant d'elle-même. Toffler (1970) note qu'elles « changent actuellement de structure interne avec une fréquence — et parfois avec une brutalité — qui fait valser les têtes. Les titres changent de semaine en semaine. Les postes sont transformés. Les responsabilités changent de mains. De vastes structures organisationnelles sont démantelées, remontées sous de nouvelles formes, puis réarrangées de nouveau. Des départements et des divisions apparaissent en un jour pour disparaître le lendemain » (p. 128). Le Centre des Vols Habités de la NASA a, par exemple, été organisé dix-sept fois au cours de ses huit premières années d'existence (Litzinger et al., 1971, p. 7). Cherchant pour illustrer ce chapitre un organigramme, nous nous sommes adressés à une entreprise bien connue pour sa structure adhocratique, et nous nous sommes vus répondre : « ... nous préférerions ne pas vous donner d'organigramme, car il changerait trop rapidement pour servir à quoi que ce soit. »

Comme le notent Chandler et Sayles (1971), ces organisations n'ont pas les avantages de celles qui font des travaux répétitifs. Comme le travail dans le cadre d'un projet est généralement « fait pour la première fois... les politiques et les précédents sont dans une certaine mesure inappropriés » et « il est difficile de séparer nettement les domaines de responsabilités » (p. 202). En conséquences, « l'organisation *ne peut pas* ranger ses activités en catégories bien différenciées comme celles qu'utilisent les consultants... Des responsabilités trop compartimentalisées peuvent conduire à une rigidité excessive » (p. 201).

De toutes les configurations structurelles, l'Adhocratie est celle qui respecte le moins les principes classiques de gestion, et spécialement l'unité de commandement. Le système de flux régulés ne compte pas beaucoup lui non plus. Dans cette structure, les informations et les processus de décision circulent de façon flexible et informelle, là où ils doivent le faire pour promouvoir l'innovation. Et ceci a pour conséquence le débordement de la structure d'autorité quand il le faut. Par exemple, d'après un de ses responsables, la NASA « implique tous ceux qui de près ou de loin peuvent influencer la décision ou sa mise en œuvre... Dans un effort permanent pour échanger l'information en temps réel, elle utilise le téléphone, la communication en urgence, des avions appartenant à l'organisation pour le déplacement des cadres, les conférences téléphoniques et la transmission de données par vidéo ou informatique (cité par Chandler et Sayles, 1971, p. 20).

La Structure Simple a aussi une structure organique et elle est donc aussi capable d'innover. Mais cette innovation doit rester confinée à des environnements simples qui peuvent être facilement compris par la personne centrale de l'organisation, le leader. Les innovations de type sophistiqué, elles, sont faites dans des environnements difficiles à comprendre. Une autre forme de structure organique est donc nécessaire, qui s'appuie sur l'application d'une expertise sophistiquée. **L'Adhocratie doit recruter des experts — des professionnels dont les connaissances et les aptitudes ont été hautement développées dans des programmes de formation — et leur donner du pouvoir.** Mais, à la différence de ce qui se passe dans la Bureaucratie Professionnelle, **l'Adhocratie ne peut pas s'appuyer sur les qualifications standardisées de ces experts pour assurer la coordination de ses activités,** sous peine d'aboutir à la standardisation et non à l'innovation. Elle doit plutôt traiter les aptitudes et connaissances existantes comme de simples bases sur lesquelles en construire de nouvelles.

De plus, l'élaboration de nouvelles aptitudes et de nouvelles connaissances requiert les combinaisons de celles qui existent. Donc, plutôt que de permettre à la spécialisation des experts et à la différenciation entre unités fonctionnelles de dominer son fonctionnement, l'Adhocratie doit briser ces barrières conventionnelles. Ainsi, alors que dans la Bureaucratie Professionnelle chaque spécialiste travaille de façon indépendante, ceux de l'Adhocratie doivent combiner leurs efforts : **les différents spécialistes doivent joindre leurs forces dans des équipes multidisciplinaires créées chacune pour un projet ou une innovation spécifique.**

Comment ces organisations résolvent-elles le problème posé par « le déracinement du professionnel et le maintien de ses liens avec le domaine de son expertise » (Chandler et Sayles, p. 15) ? La solution est évidente : **l'Adhocratie tend à utiliser à la fois le regroupement par fonction et le regroupement par projet, dans une structure matricielle.** Les experts sont regroupés en unités fonctionnelles pour ce qui concerne le recrutement, la communication professionnelle, etc. et sur la base de projets pour le travail d'innovation.

Comment la coordination est-elle réalisée à l'intérieur de ces groupes de projets et entre ces groupes ? Comme nous l'avons vu plus haut, le recours à la standardisation comme mécanisme principal de coordination est impossible; il en est de même pour la supervision directe à cause de la complexité du travail : la coordination doit être faite par ceux qui ont le savoir, par des experts qui font le travail dans le cadre du projet. Reste l'ajustement mutuel, qui est le mécanisme de coordination principal de l'Adhocratie. Comme le note Khandwalla (1976), le « travail de coordination n'est pas laissé à un petit groupe de responsables, mais assumé par la plupart des membres de l'organisation, de façon assez semblable à ce qui se passe dans une équipe de hockey ou de cricket bien intégrée où les membres associent spontanément leurs efforts de façon à garder les activités de l'équipe centrées sur leur objectif qui est la victoire » (p. 10). Et, bien entendu, la **concen-**

tration sur l'ajustement mutuel dans l'Adhocratie va de pair avec le recours massif au paramètre de conception qui l'encourage : l'ensemble des mécanismes de liaison. Des cadres intégrateurs et des postes de liaison sont créés pour coordonner le travail dans les groupes de projets et entre les groupes; comme nous l'avons noté plus haut c'est la structure matricielle qui est de préférence utilisée pour permettre d'opérer des regroupements par projets et par fonctions concurremment. Comme le note Sayles (1976), la structure matricielle « *réutilise* de vielles organisations au lieu d'en créer de nouvelles pour des objectifs et des problèmes nouveaux. Elle force les organisations à se changer elles-mêmes sans cesse à cause de conflits d'objectifs, de valeurs et de priorités et incorpore l'instabilité dans la structure même de l'organisation » (p. 15).

Ainsi, **il y a abondance de cadres dans l'Adhocratie : responsables de fonctions, responsables de projets, cadres intégrateurs.** Ces derniers sont particulièrement nombreux puisque les groupes de projets doivent être de petite taille de façon à encourager l'ajustement mutuel entre leurs membres. Par ailleurs, chaque groupe de projet a besoin d'un responsable, et la surface de contrôle dans l'Adhocratie est donc faible par rapport à ce qu'elle est ailleurs. Mais ceci n'a rien à voir avec le « contrôle » : et cette caractéristique ne fait que refléter la petite taille des unités de travail. La plupart des cadres n'ont pas un rôle d'encadrement au sens usuel du terme : ils ne donnent pas de directives et n'ont pas l'exclusivité dans l'allocation des ressources. Au lieu de cela, ils consacrent une bonne partie de leur temps à des activités de liaison et de négociation, ils réalisent la coordination latérale entre les différentes équipes et entre ces équipes et les unités fonctionnelles. Beaucoup de cadres sont en fait eux aussi des experts qui participent avec les autres au travail effectué dans des groupes de projets.

Dans la mesure où elle s'appuie sur des experts qui ont reçu une formation poussée, l'Adhocratie — comme la Bureaucratie Professionnelle — est décentralisée. Mais pas de la même façon, parce que dans l'Adhocratie les experts sont répartis dans toute la structure, dans les fonctions de supports et dans la hiérarchie comme dans le centre opérationnel. Ainsi, plutôt qu'une concentration du pouvoir dans le centre opérationnel, on y a une distribution plus égalitaire du pouvoir entre toutes les parties de l'organisation. **La décentralisation dans l'Adhocratie est sélective à la fois dans la dimension horizontale et dans la dimension verticale. Le pouvoir de décision est distribué entre cadres et non-cadres à tous les niveaux de la hiérarchie, en fonction de la nature des décisions à prendre.** Dans l'Adhocratie, personne ne monopolise le pouvoir d'innover.

Pour poursuivre notre discussion et traiter des mécanismes de décision dans l'Adhocratie, nous devons maintenant la diviser en deux types : l'Adhocratie Opérationnelle et l'Adhocratie Administrative.

L'Adhocratie Opérationnelle. L'Adhocratie Opérationnelle innove et résoud des problèmes directement pour ses clients. Ses équipes multidisciplinaires d'experts travaillent souvent dans le cadre de contrats, comme dans les cabinets de conseil, les agences de création publicitaire, ou les fabricants de prototypes. Dans certains cas, par contre (par exemple une compagnie théâtrale et une agence de cinéma), il n'y a pas de contrat en soi[1].

En fait, **à chaque Adhocratie Opérationnelle correspond une Bureaucratie Professionnelle qui fait le même travail avec une orientation plus étroite.** Face à un problème posé par un client, l'Adhocratie Opérationnelle s'engage dans un effort de création pour trouver une solution nouvelle, alors que la Bureaucratie Professionnelle le classe parmi les cas connus auxquels elle peut appliquer un programme standard. La première entreprend une réflexion divergente dans le but d'innover la seconde, une réflexion convergente visant la perfection. « L'esprit de l'investigateur insiste sur l'inconnue et sur ce qui intrigue, et il consacre souvent son ardeur à mettre en évidence les doutes et les difficultés. » Par contraste, « l'esprit de l'artisan s'applique à ce qu'il connaît, et il adore utiliser et montrer son savoir » (Sir Thomas Lewis, cité par Carlson, 1951, p. 112-113). Un cabinet de conseil traitera chaque problème comme un défi créatif, un autre verra dans chaque problème le besoin qu'a son client de divisionnaliser sa structure, ou de renforcer son système de planification, ou les deux à la fois. Une compagnie théâtrale est à la recherche de pièces d'avant-garde, une autre perfectionne année après année, son interprétation de Shakespeare. Les missions sont les mêmes, mais les structures et les produits sont radicalement différents. Dans les deux cas on a une décentralisation du pouvoir à des spécialistes hautement formés. Mais, parce que l'Adhocratie Opérationnelle cherche à innover, ses spécialistes doivent interagir de façon informelle dans des groupes organiquement structurés; et la Bureaucratie Professionnelle, parce qu'elle standardise ses services, se structure comme une bureaucratie dans laquelle chaque spécialiste peut travailler de façon indépendante, la coordination résultant directement de la standardisation des qualifications.

Une caractéristique essentielle de l'Adhocratie Opérationnelle est que les activités administratives et opérationnelles tendent à y être confondues dans un seul effort : dans le cadre d'un projet, la planification et la conception du travail sont difficiles à distinguer de l'exécution. En conséquence, l'Adhocratie Opérationnelle peut même ne pas se soucier de distinguer l'encadrement du centre opérationnel. Les cadres de la ligne hiérarchique et les membres des unités de support — qui forment dans cette structure un groupe typiquement important d'individus hautement formés — peuvent prendre place à côté des spécialistes opérationnels dans les groupes de projets. Même lorsque la distinction est faite entre les deux, des rapports étroits doivent se développer entre les niveaux opérationnels et administratifs, parfois au point qu'ils sont capables d'échanger leurs rôles librement. Considérons par exemple la description que donne Joan Woodward (1965) de la construction de prototypes :

> Certains produits étaient réalisés et expédiés aux clients directement depuis les ateliers de développement. Il semblait n'y avoir aucune ligne de démarcation

---

1. *N.d.T. :* Il faut noter dans ce domaine que les directeurs des théâtres nationaux sont, en France, liés par un contrat individuel à durée limitée prévoyant entre autres un certain nombre de créations.

précise entre les ateliers de développement et ceux de production. En théorie, les prototypes complexes qui étaient simultanément développés et fabriqués, étaient de la responsabilité des ateliers de développement. En pratique cependant, un grand nombre d'autres facteurs influençaient le circuit emprunté par un travail à faire. Parmi ces facteurs figuraient les intérêts personnels des ingénieurs de développement, la pression du travail dans les ateliers de développement et de production, et la nature du produit (p. 133).

La Figure 21.1. montre l'organigramme du National Film Board du Canada qui est une agence du gouvernement fédéral canadien produisant essentiellement des films de courte durée, pour beaucoup des documentaires. Nous verrons qu'il s'agit d'une Adhocratie Opérationnelle classique, même cette organisation fournit un organigramme (qui change souvent, on peut l'ajouter). Cet organigramme montre un grand nombre d'unités de support et de postes de liaison (par exemple coordinateurs technique, de recherche et de production). On peut aussi voir que le centre opérationnel inclut à la

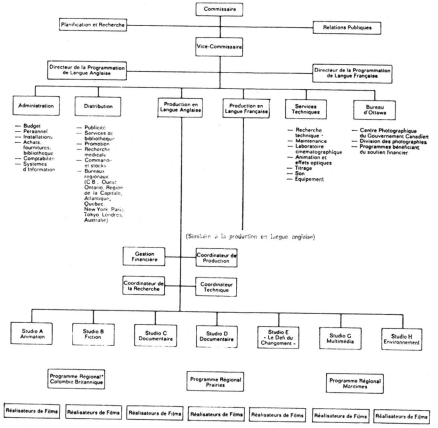

Figure 21.1. — *Le National Film Board Canadien :
une Adhocratie Opérationnelle (vers 1975).*

fois des regroupements par fonctions et des regroupements par marchés (dans ce dernier domaine à la fois par régions et par types de films produits). Les groupes ainsi formés ont peu de cohésion.

L'Adhocratie Administrative. Le second type majeur d'Adhocratie fonctionne aussi avec des groupes de projets, mais avec un objectif différent. Au lieu d'entreprendre des projets pour servir ses clients et d'enchevêtrer les activités administratives et opérationnelles comme l'Adhocratie Opérationnelle, **l'Adhocratie Administrative entreprend ses projets pour se servir elle-même, et sépare distinctement sa composante administrative de son centre opérationnel. Ce dernier est séparé du reste de l'organisation de façon à ce que la composante administrative qui reste puisse être structurée comme une Adhocratie.**

Cette « ablation » peut être réalisée de multiples façons. D'abord, le centre opérationnel peut être établi comme une entité distincte, lorsque l'organisation a particulièrement besoin d'innover (peut-être à cause d'une concurrence intense sur les produits ou d'une technologie très dynamique) alors même que son centre opérationnel doit être structuré comme une Bureaucratie Mécaniste. Comme on l'a vu au chapitre 18, les tensions qui existent à la base de la Bureaucratie Mécaniste débordent du centre opérationnel et s'étendent à toute la structure. L'ensemble de l'organisation devient envahie de conflits, obsédée par le contrôle, trop bureaucratique pour innover. La séparation du centre opérationnel permet à la principale composante administrative de l'organisation de rester structurée de façon organique en vue de l'innovation [2], [3].

En second lieu, le centre opérationnel peut être complètement supprimé, et ses activités sous-traitées à d'autres organisations, ce qui laisse l'organisation libre de se concentrer sur le travail de développement. C'est ce qu'a fait par exemple la NASA dans les années soixante lorsque son attention était centrée sur le programme Apollo, dont le but singulier était d'envoyer un Américain sur la lune avant 1970. La NASA a réalisé elle-même la plus grande partie du travail de développement mais sous-traité la production à des entreprises industrielles indépendantes. Les deux fonctions, tout simplement, exigeaient des structures d'organisation très différentes (Chandler et Sayles, 1971, p. 180) [4].

---

2. Il ne faut pas confondre l'organisation qui réalise l'ablation de son centre opérationnel bureaucratique avec celle qui crée en son sein une structure organique séparée pour l'innovation. Dans ce cas, l'unité innovatrice est séparée du reste de l'organisation qui demeure bureaucratique.

3. Goodman et Goodman (1976, p. 500) proposent une structure similaire pour les compagnies théâtrales : l'Adhocratie pour la planification de la production et la Bureaucratie Professionnelle pour la réalisation. Dans la mesure où cette séparation est possible, il est plus approprié de considérer la compagnie théâtrale comme une Adhocratie Administrative que comme une Adhocratie Opérationnelle.

4. On obtient une variante quand c'est le travail de développement qui est sous-traité. En effet, une organisation devient l'antenne innovatrice pour une autre ou un groupe d'autres. Dans ce cas, les Adhocraties Administratives et Opérationnelles se rejoignent, car l'organisation qui réalise le développement est une Adhocratie Opérationnelle qui travaille plus pour ses clients que pour elle-même. Un exemple de cette forme d'organisation est le projet « clé en main » où une entreprise monte une usine dans le cadre d'un contrat, typiquement dans un pays étranger, puis la remet aux autorités locales qui n'ont plus qu'à « tourner la clé » pour la faire fonctionner.

Une troisième forme de séparation consiste en l'automatisation du centre opérationnel, ce qui équivaut à une séparation puisqu'un centre opérationnel automatisé est capable de se gérer tout seul, et qu'il n'a presque pas besoin de supervision directe ou d'autres contrôles de la part d'une composante administrative. Cette dernière, puisqu'elle n'a pas besoin de consacrer son attention à des questions opérationnelles routinières, peut adopter une structure d'Adhocratie, se préoccuper du changement et de l'innovation, et concevoir la mise en œuvre de nouvelles installations opérationnelles. « L'usine automatisée... se gère de plus en plus elle-même; les cadres dirigeants se préoccupent de plus en plus, non de gérer l'usine d'aujourd'hui, mais de concevoir celle de demain » (Simon, 1977, p. 32-33). Simon représente l'organisation qui émerge comme un gâteau composé de trois couches :

> Au niveau inférieur, on a les processus de travail centraux — dans une organisation industrielle, ceux qui procurent les matières premières, fabriquent le produit, l'entreposent et l'expédient. Au niveau intermédiaire, on a les processus de décision programmés — ceux qui gouvernent les opérations quotidiennes de fabrication et de distribution. Au niveau supérieur on a les processus de décision non programmés, ceux qui sont requis pour concevoir et repenser le système dans son ensemble, pour lui donner ses buts et ses objectifs de base, et pour contrôler sa performance (p. 110).

Les compagnies pétrolières, à cause de l'automation de leurs processus de production sont au moins en partie attirées vers la configuration de l'Adhocratie Administrative. La Figure 21.2. montre l'organigramme d'une compagnie pétrolière exactement tel qu'il est présenté par l'entreprise (à l'exception de modifications faites à la demande de l'enttreprise pour masquer son identité). On notera la domination de la partie « Administration et Services » au bas de l'organigramme. En comparaison, les fonctions opérationnelles, et en particulier la « Production », sont perdues dans le schéma. On notera aussi la description du sommet stratégique sous la forme de comités permanents et non de cadres dirigeants.

La Composante Administrative des Adhocraties. La conclusion importante qu'il faut retirer de la discussion qui précède est que dans les deux types d'Adhocraties, les relations entre le centre opérationnel et la composante administrative sont très différentes de ce qu'elles sont dans les autres configurations. Dans les deux cas il y a peu besoin de cadres hiérarchiques pour exercer sur les opérateurs une supervision directe étroite. Plutôt, **les cadres deviennent des membres à part entière des groupes de projets où ils travaillent, investis d'une responsabilité spéciale de coordination.** Mais en cette capacité, ils agissent plus comme pairs que comme supérieurs, et leur influence vient plus de leur expertise et de leurs capacités de relations interpersonnelles que de leur position. Bien entendu, dans la mesure où l'importance de la supervision directe et de l'autorité formelle diminue, **la distinction entre opérationnels et fonctionnels s'estompe.** Il n'est plus pertinent de distinguer entre ceux qui ont le pouvoir formel de décider et ceux qui ont le droit informel de conseiller. Dans l'Adhocratie, le pouvoir sur les décisions va

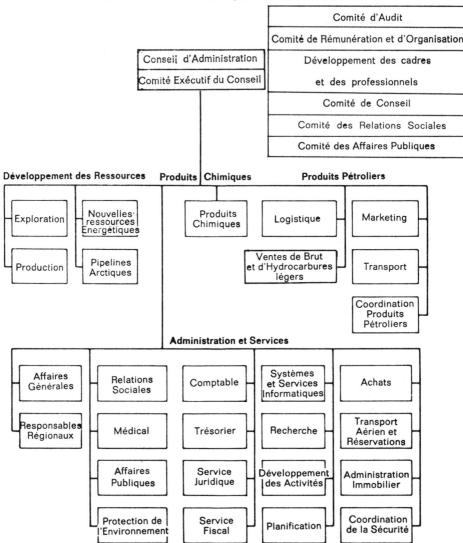

Figure 21.2. — *Organigramme d'une Compagnie Pétrolière : une Adhocratie Administrative.*

à tous ceux qui ont de l'expertise, quelle que soit leur position. **Les fonctionnels de support jouent un rôle clé dans l'Adhocratie.** En fait ils constituent la partie clé de l'Adhocratie Administrative, celle où sont les experts desquels l'organisation dépend tellement. L'Adhocratie Opérationnelle dépend aussi des experts, mais comme elle garde son centre opérationnel, elle y place nombre de ses experts comme dans ses fonctions de support. Mais dans les deux cas, comme nous l'avons vu plus haut, la différence n'est pas nette entre les fonctions de support et les autres parties de l'organisation : elles ne sont pas placées en marge, pour intervenir seulement si on le leur demande, comme dans les configurations bureaucratiques. Elles forment plutôt, avec les cadres hiérarchiques (et les opérateurs dans l'Adhocratie Opérationnelle), le réservoir central de talents et d'expertise où l'organisation puise le personnel pour l'affecter à ses projets. (Il y a bien sûr des exceptions; certaines unités de support doivent toujours rester bureaucratiques et séparées : même la NASA a besoin d'un restaurant d'entreprise.) Comme l'Adhocratie ne s'appuie pas sur la standardisation pour coordonner ses activités, elle a peu besoin de technostructure pour développer des systèmes de régulation. L'Adhocratie Administrative utilise des analystes pour l'adaptation à l'environnement externe, spécialistes de recherche marketing ou de prévision économique par exemple. Comme nous le verrons, elle a aussi un peu recours à la planification des actions, bien qu'il s'agisse d'une forme assez générale de planification. Mais ces analystes sont moins là pour élaborer des systèmes destinés à contrôler d'autres personnes que pour prendre place aux côtés des responsables hiérarchiques et des fonctionnels de support dans les groupes de projets.

En résumé : **la composante administrative d'une Adhocratie apparaît comme une masse organique de cadres hiérarchiques et d'experts fonctionnels (et d'opérateurs dans l'Adhocratie Opérationnelle) qui travaillent ensemble sur des projets ad hoc sur la base de relations changeant constamment.** Le cas de la NASA nous fournit, ici encore, une bonne illustration :

> Même s'il peut y avoir nombre d'opérations permanentes dans de tels projets, la plus grande partie du travail est temporaire. Les individus sont transférés et les plans sont changés dans un environnement totalement différent de la monotonie lassante dont se plaignent tant de personnes appartenant à des organisations traditionnelles. L'existence de projets, de « task forces », et d'« équipes » temporaires signifie aussi que les individus ont de multiples « patries » organisationnelles. Un scientifique peut appartenir à une université, être responsable de la conception et des essais d'une expérience qui se fera dans un vaisseau spatial lancé par la NASA, servir comme consultant auprès d'une entreprise qui a décroché un contrat de construction d'un équipement pour l'Agence, et être membre d'un comité créé pour conseiller la NASA et d'autres agences gouvernementales, et les aider à élaborer leur future politique scientifique. (Chandler et Sayler, 1971, p. 6).

La Figure 21.3. montre l'Adhocratie sous la forme de notre schéma de base, avec ses parties fondues ensemble en une masse amorphe au milieu. Dans l'Adhocratie Opérationnelle, cette masse inclut la ligne hiérarchique, les fonctions de support, la technostructure et le centre opérationnel. L'Adhocratie Administrative inclut toutes ces parties à l'exception du centre opérationnel qui est placé à part, dans une structure bureaucratique séparée, indiquée par la partie en pointillé située au-dessous de la masse centrale [5]. Le lecteur notera aussi que le sommet stratégique est, sur ce schéma, partiellement intégré lui aussi à la masse centrale. Nous verrons pourquoi dans la discussion sur la formulation de la stratégie qui suit.

Formulation de la stratégie dans l'Adhocratie. Dans la bureaucratie professionnelle, la formulation de la stratégie est essentiellement contrôlée par

---

5. Dans leur étude sur la forme des organisations, Kaufman et Seidman (1970) ont trouvé un type en forme de diamant avec une « concentration des effectifs aux niveaux intermédiaires, et des effectifs faibles aux niveaux les plus élevés et les plus bas » (p. 442). Ceci paraît décrire l'Adhocratie Administrative telle que la représente la Figure 21-3.

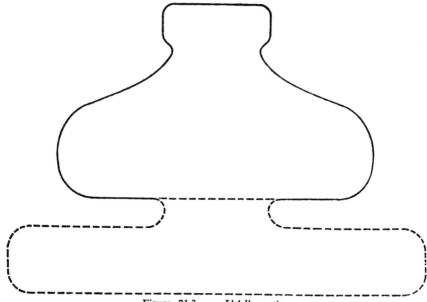

Figure 21.3. — *L'Adhocratie.*

les associations professionnelles situées en dehors de la structure, en second lieu par les professionnels du centre opérationnel eux-mêmes, et enfin seulement par la composante administrative. En fait, le processus va de bas en haut et à l'extérieur vers l'intérieur. Dans toutes les autres configurations structurelles dont nous avons discuté jusqu'ici, le processus se déroule clairement de haut en bas, et il est contrôlé par le sommet stratégique (et aussi par les sommets stratégiques des divisions dans la Structure Divisionnalisée). De façon fortement contrastée, **le contrôle sur le processus de formulation de la stratégie dans l'Adhocratie n'est pas clairement localisé, ni au sommet stratégique ni ailleurs.**

Il est en fait plus exact de le concevoir comme un processus de formation de la stratégie : cette dernière est moins formulée consciemment par des individus que formée de façon implicite par les décisions qu'ils prennent, une à la fois. La distinction entre formulation et la mise en œuvre de la stratégie — un des piliers de la Bureaucratie Mécaniste — perd son sens dans l'Adhocratie. D'abord parce que l'objectif central de l'organisation étant d'innover, les résultats de ses efforts ne peuvent jamais être prédéterminés : l'organisation ne peut donc pas spécifier à l'avance une stratégie, une cohérence dans le flux de ses décisions. Ensuite parce que tout processus qui sépare la conceptualisation de l'action, la planification de l'exécution, la formulation de la mise en œuvre, inhibe la flexibilité de l'organisation et sa capacité à répondre créativement à son environnement incertain. (Le recours à la planification des actions est donc nécessairement limité) [6].

---

6. Les mêmes conditions d'incertitude s'appliquent à la Structure Simple, avec les mêmes résultats : l'organisation ne peut s'appuyer sur la planification, et la formulation de la stratégie

Considérons le cas de l'Adhocratie Opérationnelle, une structure qui n'est jamais tout à fait sûre de ce qu'elle fera par la suite. Tout dépend des projets qui viendront, et ceci dépend à son tour en partie de la qualité de ce qu'elle fait sur les projets en cours. Ainsi la stratégie ne se stabilise jamais réellement, elle change sans cesse à mesure que les projets changent. Pour l'exprimer d'une façon différente, quand la stratégie se stabilise, la structure cesse d'être Adhocratique. Une stratégie stable signifie que l'organisation a déterminé quels marchés elle va servir, comment elle va les servir, c'est-à-dire les cas qu'elle va traiter et les programmes standards qu'elle va utiliser. Elle s'est en fait restructurée comme une bureaucratie, mécaniste si elle se concentre sur un programme unique, professionnelle si elle reste ouvert à quelques-uns.

Maintenant, si la stratégie évolue continuellement en fonction des projets réalisés, il s'en suit logiquement que la formation de la stratégie est contrôlée par tous ceux qui décident quels projets seront entrepris et comment ils seront réalisés. Et, dans l'Adhocratie Opérationnelle, ceci inclut les cadres hiérarchiques, les spécialistes fonctionnels et les opérateurs : en d'autres termes, potentiellement tout le monde dans l'organisation — par le biais de divers groupes de projets et comités permanents — a une chance d'influencer la stratégie qui est formée.

C'est pourquoi nous avons conclu plus haut que l'Adhocratie Opérationnelle est décentralisée de façon sélective, verticalement comme horizontalement. Le pouvoir de décision y est distribué largement, sous les formes les plus compliquées, aux cadres et aux non-cadres, à tous les niveaux de la hiérarchie. On aboutit à des conclusions similaires dans le cas de l'Adhocratie Administrative, bien que le processus d'élaboration de la stratégie y soit un peu plus clair. L'Adhocratie Administrative tend à concentrer son attention sur un nombre plus faible de projets qui impliquent des effectifs plus importants et peuvent durer des années (dix ans dans le cas du projet Apollo, des années pour une installation de production d'une entreprise pétrochimique). De plus, comme elle entreprend les projets pour elle-même et pas pour un nombre de clients externes, l'Adhocratie Administrative tend à avoir des opérations plus concentrées en terme de produits ou de marchés. Il résulte de ces caractéristiques que les efforts des divers spécialistes doivent être plus soigneusement structurés que dans l'Adhocratie Opérationnelle. En conséquence, **l'Adhocratie Administrative prend la forme d'un système de constellations de travaux; la position de chacune d'entre elles dépend des types de décisions fonctionnelles qu'elle doit prendre..** Nous en avons vu un exemple au chapitre 11 : les entreprises de fabrication de matière plastique décrites par Lawrence et Lorsch, avec leur constellation de production, de marketing et de recherche située à différents niveaux de la hiérarchie; chaque

---

ne peut être séparée de sa mise en œuvre. Mais, parce qu'elle innove de façon plus simple, cette structure résoud le problème en concentrant le contrôle des deux au sommet stratégique. Le directeur général formule une vision générale — une vague stratégie — dans son esprit puis la met en œuvre, en reformulant sa vision de façon continuelle à mesure qu'il obtient un retour d'information sur ses actions. Il n'explicite pas sa stratégie, car une telle démarche la révèlerait aux autres et réduirait la flexibilité qu'il a de la changer à son gré (Mintzberg, 1973 b).

constellation puise dans l'ensemble des cadres hiérarchiques et des spécialistes fonctionnels à mesure de ses besoins, et leur donne du pouvoir en fonction de l'utilité de leur expertise dans les décisions qu sont à prendre. L'Adhocratie Administrative décentralise donc de façon sélective verticalement comme horizontalement. Et une fois de plus, il n'est pas possible de localiser une partie de l'organisation comme étant *celle* où la stratégie est formulée, bien que l'existence des constellations de travaux nous permette d'associer certaines parties de l'organisation à certaines décisions stratégiques.

Le besoin de structurer les efforts des spécialistes suggère aussi le recours à la planification des actions. Le problème posé par une telle planification, cependant, est que même si les fins et les buts de l'organisation sont peut-être clairement définis, les moyens pour les atteindre ne le sont pas : ils doivent être développés au fur et à mesure, par essais et erreurs. Il ne peut donc y avoir qu'une planification de nature générale, qui définit les lignes directrices larges et flexibles à l'intérieur desquelles les constellations peuvent prendre leurs décisions spécifiques. Ici aussi, une fois de plus, les stratégies ne se développent que par l'accumulation des décisions spécifiques (celles qui déterminent que les projets seront entrepris et comment ils seront conduits). Même dans le cas de la NASA, qui est une organisation réputée pour avoir fortement recours à la planification, il s'agit

d'une fonction assez différente dans ces grands systèmes investis d'une mission de développement où l'incertitude prédomine. Traditionnellement, on apprend aux cadres à identifier leurs buts et leurs fins, à définir des objectifs qui les aideront à atteindre ces fins, puis à développer des plans opérationnels. Malheureusement, cette suite logique et réconfortante se trouve perturbée dans le monde réel des grands systèmes. Des objectifs clairs dissimulent souvent des objectifs conflictuels qui reflètent des divergences entre groupes temporairement alliés... La planification devient un processus dynamique et itératif. Inévitablement, ceci disperse l'autorité puisqu'il n'existe pas un petit groupe d'experts, de « planificateurs » de haut niveau qui définissent la stratégie (Chandler et Sayler, 1971, p.7).

Les Rôles du Sommet Stratégique. Les cadres dirigeants du sommet stratégique de l'Adhocratie peuvent ne pas consacrer beaucoup de temps à la formulation de stratégies explicites, mais ils doivent passer une partie appréciable de leur temps à traiter les différends qui se font jour à propos des choix stratégiques, ainsi que les nombreuses perturbations qui apparaissent dans ces structures fluides. L'Adhocratie combine la forme organique de structure, où les relations de travail sont sans cesse redéfinies, et la détention du pouvoir par les experts. Ces deux conditions sont source d'agressivité et de conflit. Mais le rôle des cadres dirigeants n'est pas de peser sur cette agressivité pour la contenir comme dans la Bureaucratie Mécaniste — ce qui serait impossible de toute façon — mais de la canaliser pour la mettre au service de fins productives. Ainsi les cadres dirigeants (et ceux de la ligne hiérarchique) doivent-ils, dans l'Adhocratie, être des maîtres en relations humaines capables d'utiliser la persuasion, la négociation, la coalition et tout ce qui peut amener à rassembler les individus en équipes multidisciplinaires fonctionnant sans à-coups.

Les cadres dirigeants doivent aussi consacrer une bonne partie de leur temps au pilotage des projets. Le travail d'innovation effectué dans le cadre d'un projet est notoirement difficile à contrôler. Aucun système d'information formalisé ne peut donner d'un projet une image complète et exempte d'ambiguïté : il faut donc que le pilotage soit fait avec soin par un individu pour garantir que le projet est réalisé à temps, dans les limites budgétaires fixées et dans le respect des spécifications (ou, plus exactement, sans que le retard et l'écart par rapport au budget ne soient excessifs).

Mais le rôle le plus important de la direction générale dans l'Adhocratie (et particulièrement dans l'Adhocratie Opérationnelle) consiste peut être à assurer la liaison avec l'environnement externe. L'Adhocratie Opérationnelle ne survit que si elle trouve des projets et, comme les projets sont tous différents, l'organisation ne peut jamais connaître avec certitude la provenance du prochain contrat. De plus, alors que dans la Bureaucratie Professionnelle ce sont fréquemment les opérateurs qui apportent leurs propres clients, c'est moins fréquent dans l'Adhocratie Opérationnelle, où les opérateurs travaillent en équipe. Cette responsabilité échoit donc souvent aux cadres dirigeants du sommet stratégique, qui doivent par conséquent consacrer une bonne partie de leur temps à assurer à l'organisation un afflux régulier et équilibré de projets et donc développer et négocier des contrats avec des clients potentiels.

Ce phénomène n'est nulle part illustré plus clairement que dans les cabinets de conseil, particulièrement dans ceux qui ont une approche innovatrice et dont la structure est par conséquent adhocratique. Un dirigeant d'une de ces entreprises m'a dit un jour que : « Tout cabinet de conseil est à trois mois de la faillite. » En d'autres termes, trois mois sans contrats suffisent pour assécher les ressources et mettre l'entreprise dans l'incapacité de payer les hauts salaires des professionnels. Lorsqu'un consultant devient associé dans une de ces entreprises — et qu'il passe donc au sommet stratégique — il « raccroche » normalement sa calculatrice et devient pratiquement un vendeur à plein temps. Dans nombre d'Adhocraties Opérationnelles, la fonction de vente est ainsi concentrée au sommet stratégique; c'est une caractéristique peu communément rencontrée dans d'autres organisations.

La situation est similaire dans les Adhocraties Administratives. Reeser (1969) a demandé à un groupe de cadres de trois entreprises aérospatiales de décrire « quelques problèmes humains posés par la gestion des projets ». Parmi les réponses les plus fréquentes à cette question, on compte la suivante : à cause de la nature temporaire du travail, les professionnels peuvent se trouver « entre deux contrats » pendant une durée telle qu'ils perdent leur initiative, et attendre longtemps avant de retrouver une affectation comportant le même niveau de responsabilité (p. 463). Les cadres dirigeants de l'Adhocratie Administrative doivent donc eux aussi consacrer leur attention de façon considérable à leur rôle de liaison et de négociation pour assurer à l'organisation un flux régulier de travail. Les responsables de la NASA, par exemple, doivent maintenir « les relations avec le Congrès, avec différentes parties de l'Exécutif et avec des groupes représentant divers intérêts du monde des affaires, des universités, de la communauté scientifique et des intérêts internationaux » (Chandler et Sayles, 1971, p. 173).

LE CADRE D'EXISTENCE DE L'ADHOCRATIE.

Un Environnement Complexe et Dynamique. Ce sont les caractéristiques de l'environnement qui sont les plus importantes pour cette configuration; de façon précise, **l'Adhocratie est clairement située dans un environnement qui est à la fois complexe et dynamique.** D'après les Hypothèses 9 et 10, un environnement dynamique exige une structure organique et un environnement complexe une structure décentralisée : et l'Adhocratie est la seule structure qui reste à la fois organique et relativement décentralisée. En effet, le travail d'innovation, parce qu'il est imprévisible, est associé à un environnement dynamique; et le fait que l'innovation doit être sophistiquée signifie qu'elle est difficile à comprendre : elle correspond donc à un environnement complexe. Toffler (1970), en fait, se focalise sur ces deux caractéristiques dans sa discussion de l'Adhocratie : « ... quand le changement est accéléré, de plus en plus de problèmes totalement nouveaux apparaissent et les formes traditionnelles d'organisation s'avèrent inadéquates » et c'est la « demande combinée de *plus* d'information à *plus grande* vitesse qui sape actuellement les grandes hiérarchies si typiques de la bureaucratie » (p. 135, 139).

Toffler suggère que les caractéristiques de l'environnement dictent les paramètres de la structure. Mais, comme nous l'avons noté pour toutes les configurations, les organisations qui préfèrent certaines structures essaient aussi de « choisir » les environnements appropriés à ces structures. C'est particulièrement clair dans le cas de l'Adhocratie Opérationnelle : comme nous l'avons vu, les agences de publicité et les cabinets de conseil qui préfèrent une structure de Bureaucratie Professionnelle recherchent les environnements stables; ceux qui préfèrent l'Adhocratie trouvent des environnements dynamiques où les clients sont imprévisibles. Dans tous les cas, on trouve des Adhocraties partout où règnent la complexité et le dynamisme, dans des organisations qui vont des unités de guérilla aux agences spatiales. Il n'existe aucune autre façon d'envoyer un homme sur la lune ou de mener une guerre dans la jungle :

> Le Viêt-Cong comme les Bérets Verts essaient de maintenir... une flexibilité de structure intrinsèque. Ces deux organisations cherchent à être capable d'entrer dans un village et, en fonction des circonstances, de développer un programme sanitaire, d'établir un gouvernement civil ou de détruire l'ennemi. Chacune de ces diverses fonctions requiert des variations de structures et de rôles... l'organisation doit être capable d'adapter sa structure aux exigences de la tâche (Segal, 1974, p. 229).

Les organisations fondées sur la recherche, qu'il s'agisse de laboratoires qui ne font rien d'autre ou d'entreprises à haute technologie qui sont très influencées par leurs efforts de recherche, sont attirées vers la structure adhocratique parce que leur travail est par sa nature même complexe, imprévisible et souvent concurrentiel. Les hôpitaux et les universités sont attirés vers ce type de structure quand ils font de la recherche innovatrice, alors que leurs activités routinières de soin et d'enseignement les conduisent vers la forme de Bureaucratie Professionnelle comme nous l'avons vu au chapitre 19 : si leurs professionnels peuvent chacun travailler seul quand ils appliquent leurs aptitudes et leurs connaissances *standards,* ils doivent typiquement travailler en équipes multidisciplinaires organiquement structurées pour créer de *nouvelles* aptitudes et connaissances.

Un Environnement Hétérogène. L'Hypothèse 13 dit que si **des disparités existent dans l'environnement d'une organisation, celle-ci est encouragée à décentraliser sélectivement le pouvoir à des constellations de travaux; en d'autres termes à adopter une structure adhocratique.** L'organisation doit créer différentes constellations de travaux pour traiter les différents aspects de son environnement, puis intégrer tous leurs efforts. C'est ce qui paraît s'être produit récemment pour un certain nombre d'entreprises multinationales : face à la nécessité de tenir compte à la fois des interdépendances créées par les régions et par les produits, elles n'ont pu maintenir leur structure divisionnalisée (qui privilégie les unes ou les autres selon que les divisions sont créées sur la base des régions ou sur la base des produits) ou elles ont été amenées à changer sans cesse la base de regroupement dans une sorte de jeu de ping-pong perpétuel. La structure matricielle permanente est apparue comme une solution logique à leur problème, aboutissant à une structure hybride que l'on peut appeler *l'adhocratie divisionnalisée* avec des caractéristiques des deux configurations dont elle tire son nom. Ses marchés sont diversifiés, comme ceux de toutes les organisations qui utilisent la Structure Divisionnalisée, mais certaines parties de son environnement sont plus complexes et dynamiques (par essence, disparates) que d'autres.

Goggin (1974) décrit une telle structure dans le cas de Dow Corning. Le caractère adhocratique était reflété dans la conception matricielle et le grand nombre de « task forces » et de comités permanents utilisés pour encourager l'ajustement mutuel entre les différentes unités. Mais Goggin note aussi l'accent mis sur le contrôle des performances par le biais de la direction par objectifs, de rapports périodiques sur les profits, et de mécanismes similaires qui, tous, reflètent le caractère divisionnalisé de la structure. Goggin indique que cette structure est adaptée pour des entreprises qui « développent, fabriquent et distribuent de nombreux produits et matériels divers mais technologiquement liés », qui ont des intérêts larges en matière de marchés, qui sont dans un « secteur d'activité en expansion *globalement rapide* » et dans un « environnement où les changements sont rapides et de grande ampleur et la concurrence forte » (p. 64).

Knigh (1976) et Stopford et Wells (1972, p. 82-95) discutent d'autres entreprises multinationales qui utilisent l'adhocratie divisionnalisée. Une recherche plus récente d'Allen (1978) suggère par contre qu'il n'y a pas de tendance générale allant dans cette direction : parmi les entreprises divisionnalisées qu'il a étudiées, celles qui ont accru « la complexité de leurs mécanismes de coordination » l'ont fait en ayant recours à des systèmes de contrôle des performances plus sophistiqués, et non en mettant plus l'accent sur les mécanismes de liaison (p. 29-30). Quoi qu'il en soit, il fait peu de doute que **parmi les entreprises multinationales dont les lignes de produit sont interdépendantes, celles dont l'environnement est de plus en plus complexe et dynamique à la fois se sentiront attirées par la forme hybride d'adhocratie divisionnalisée.** Pour elles au moins, l'Adhocratie devient naturellement une quatrième étape du développement structurel, après la Structure Simple, la Bureaucratie Mécaniste et la Structure Divisionnalisée.

L'Adhocratie Divisionnalisée peut aussi être adaptée à des organisations à but non lucratif placées dans des conditions similaires. Dans une étude qui invite à la réflexion réalisée pour l'UNICEF, l'Institut Scandinave pour la Recherche Administrative (SIAR, 1975) propose une telle structure pour cette agence des Nations Unies. Ils décrivent la structure de l'UNICEF au moment de leur étude comme une Structure Divisionnalisée sur une base régionale mais avec une tendance allant vers un contrôle excessif par le siège. Ceci mène au cercle vicieux de la communication à sens unique décrit au chapitre 20 : le personnel du siège essaye de contrôler les divisions régionales, qui ignorent ses politiques parce qu'elles ne correspondent pas aux besoins locaux, ce qui conduit le siège à intensifier ses efforts pour contrôler les divisions jusqu'à ce que le siège en vienne à dominer les canaux de communication. Selon l'opinion du groupe SIAR, il fallait à l'UNICEF une structure différente à cause du « besoin extrêmement fort d'apprentissage et d'adaptation qui existait partout dans l'organisation » (p. 17). Ce besoin résultait de son orientation vers le service régional, de la nature intangible de sa tâche et d'incertitudes majeures en ce qui concernait son futur (par exemple en terme de disponibilité des ressources). SIAR a ainsi proposé pour l'UNICEF une structure équivalente à l'adhocratie divisionnalisée, marquée par la délégation de pouvoirs considérables aux régions, en fonction de leur expertise; le rôle du siège tiendrait plus du conseil que de la supervision et, sur le terrain, une structure interactive ou par équipe devrait être utilisée. Il en résulterait une structure plus organique, construite autour de projets flexibles menés à bien par des constellations de travaux (p. 28, p. 33).

Le changement fréquent des produits. Un certain nombre d'organisations sont attirées vers la structure adhocratique à cause des conditions dynamiques résultant de fréquents changements des produits. Ce cas extrême est celui de **l'entreprise** de fabrication à l'unité : l'entreprise industrielle qui fabrique chacun de ses produits sur mesure à la commande, ou celle qui fabrique des prototypes. Comme chaque commande constitue un nouveau projet, l'entreprise est encouragée à adopter une structure d'Adhocratie Opérationnelle. Woodward (1965), a observé de telles structures et nous les a décrites : organiques, plutôt décentralisées, caractérisées aussi par les pouvoirs considérables des ingénieurs de développement. Samuel et Manheim (1970) décrivent, dans la même veine, le cas nouveau des entreprises industrielles israéliennes qui sont la propriété des syndicats et qui produisent par petits lots des équipements faits sur mesure (p. 226).

Cas similaire du précédent : celui des petites entreprises à haute technologie telles que celles qui se sont établies sur la Route 128 aux environs de Boston. Pour la plupart, ces entreprises réalisent des projets sophistiqués (dont elles assurent la conception et parfois la fabrication) dans le cadre de contrats passés avec le gouvernement des Etats-Unis ou avec les plus grandes entreprises de secteurs tels que la défense, l'aérospatiale ou l'énergie atomique. Comme leur travail est complexe et leur environnement dynamique, ces entreprises dépendent d'experts hautement formés qui travaillent dans le cadre de groupes de projets multidisciplinaires. Mais ces entreprises sont aussi petites et gérées chacune par un entrepreneur qui maintient un contrôle personnel (ce qu'il ne peut faire, bien sûr, que parce qu'il a une formation aussi poussée que celle de ses employés). La structure qui émerge est donc un hybride entre l'Adhocratie Opérationnelle et la Structure Simple, que nous appellerons *l'adhocratie entrepreneuriale*. Une autre variante de cette structure est celle du journal ou du magazine. Du point de vue de la rédaction, chaque produit — c'est-à-dire chaque numéro — est différent. De plus, l'environnement est typiquement dynamique et souvent assez complexe spécialement dans le cas du quotidien et du magazine d'information générale qui doivent rendre compte dans des délais très courts d'un vaste ensemble de nouvelles. De plus, les efforts de toutes sortes de journalistes, de photographes, d'éditorialistes et d'autres personnes doivent être intégrés en un seul produit. La structure adhocratique s'impose donc dans la rédaction du journal. Par contre, l'impression et la distribution sont des opérations très répétitives et leur environnement est extrêmement stable : la structure de bureaucratie mécaniste s'impose donc à ce niveau. L'organisation a donc besoin d'avoir deux structures différentes et elle y parvient bien entendu en les séparant. La rédaction — qui est adhocratique — fait son travail puis le convertit en un format standardisé (articles dactylographiés, mise en page, photographies) qui sert de matériau de base au processus bureaucratique de production. Dans le cas d'un magazine analysé par un groupe d'étudiants de McGill, la fonction de rédaction (jointe à la publicité et aux relations externes) et la fonction d'impression étaient des entreprises différentes bien qu'ayant les mêmes propriétaires.

Quelques fabricants de produits de grande consommation opèrent dans des marchés si concurrentiels qu'ils doivent continuellement changer leurs produits. Ici aussi le caractère dynamique de l'environnement, couplé à une certaine complexité, pousse l'organisation vers la forme adhocratique. Un excellent exemple de ce que nous appellerons *l'adhocratie concurrentielle* est constitué par une entreprise d'enregistrement de disques de variété. L'extrême brièveté du cycle de vie du produit ainsi que la variété et l'abondance des talents exigeaient une réponse très rapide, fondée sur une connaissance intime du milieu. Comme le note le groupe d'étudiants qui a réalisé l'étude, « un 45 tours a une durée de vie de trois mois, entre la décision d'enregistrer et la vente du dernier disque aux magasins. Il n'y a rien de plus mort que la chanson qui était hier première au hit parade » [7]. On trouve d'autres exemples d'adhocraties concurrentielles dans l'industrie pharmaceutique et celle de matières plastiques. Dans le dernier secteur les entreprises efficaces décrites par Lawrence et Lorsch (1967) ont une structure qui correspond très bien à celle de l'Adhocratie Administrative, de même, apparemment qu'une entreprise comme Procter et Gamble dont le rôle de leader dans le domaine de l'utilisation des mécanismes de liaison est bien connu.

Il faut aussi noter que, d'après les travaux de Khandwalla, c'est en réalité seulement la concurrence sur les produits qui conduit à ce type de structure. La concurrence sur les prix ou le marketing est plus simple à comprendre et à traiter : elle est donc souvent compatible avec une Structure Simple ou une Bureaucratie Mécaniste. Par contraste, la concurrence sur les produits exige une innovation plus sérieuse et des décisions plus complexes, elle est souvent fondée sur une activité sophistiquée de recherche et développement. Dans ces conditions, l'Adhocratie devient la meilleure structure.

Jeunesse de l'Organisation Adhocratie. L'Adhocratie est souvent une organisation jeune; parce qu'il s'agit de la forme la moins stable de structure. Il est difficile de maintenir longtemps une structure dans cet état, d'empêcher les comportements de se formaliser, d'assurer un flux régulier de projets réellement innovateurs. **Toutes sortes de forces poussent l'Adhocratie à se bureaucratiser à mesure qu'elle vieillit.** Dans l'autre sens, d'après l'Hypothèse 1, les organisations jeunes tendent à avoir une structure organique puisqu'elles cherchent encore leur voie et qu'elles sont en quête de projets innovateurs sur lesquels elles pourront se tester. On peut donc conclure que **la structure adhocratique tend à être associée à la jeunesse de l'organisation et aux premières étapes du développement structurel.**

L'Adhocratie Opérationnelle a tendance à avoir une vie brève. D'abord parce qu'elle opère dans un marché risqué : un retournement de la conjoncture ou la perte d'un contrat majeur peut littéralement la balayer d'un jour à l'autre. Mais, si certaines Adhocraties Opérationnelles ont une **vie courte** parce qu'elles échouent, d'autres ont une vie courte parce qu'elles réussissent. Le succès — et la maturation — encouragent une métamorphose de l'Adhocratie Opérationnelle, et la conduisent vers un cadre d'existence plus stable et une structure plus bureaucratique : au fil du temps, l'organisation développe une réputation pour ce qu'elle fait le mieux et se trouve encouragée à répéter certains projets ou à se spécialiser dans le traitement de certains cas; ceci a tendance à convenir aux employés qui, prenant de l'âge eux aussi, apprécient d'avoir plus de stabilité dans leur travail. L'Adhocratie Opérationnelle est ainsi attirée vers la structure de Bureaucratie Professionnelle si elle se concentre sur quelques programmes, parfois même vers la Bureaucratie Mécaniste si elle se localise sur un seul programme ou une seule invention. L'organisation survit mais avec une autre structure. On a vu un exemple de cette métamorphose au chapitre 13 lorsque nous discutions de la seconde étape du développement structurel : celui de la clinique psychiatrique qui met

---

7. D'après un papier soumis à l'auteur dans le cadre du cours Management Policy 276-661, novembre 1972, Alain Berranger et Philip Feldman.

au point un nouveau traitement qui a beaucoup de succès et qu'elle exploite de façon systématique : « Les nouvelles méthodes sont vites figées, elles deviennent un dogme, et la clinique devient une usine... » (Perrow, 1970, p. 66-67).

L'Adhocratie Administrative vit typiquement plus longtemps. Mais bien qu'elle subisse les mêmes pressions dans le sens de la bureaucratisation que l'Adhocratie Opérationnelle, elle ne peut généralement pas, comme cette dernière, changer de structure et rester dans la même industrie : en choisissant une industrie, elle choisit un environnement complexe et dynamique. L'innovation stéréotypée détruira éventuellement l'organisation. Les journaux, les entreprises pharmaceutiques et de matières plastiques — au moins celles qui font face à une concurrence sévère — peuvent ne pas avoir d'autre choix que se structurer comme des Adhocraties.

Tenant compte de cette tendance à se bureaucratiser avec l'âge, une variante est apparue : Goodman et Goodman (1976) l'appellent « système temporaire », Toffler (1970), l'organisation « jetable », « équivalent à une robe en papier » (p. 133). Ces adhocraties temporaires, comme nous les appellerons, sont créées pour la réalisation d'un projet unique; dans de nombreux domaines, ces structures deviennent d'utilisation courante : la troupe qui ne joue qu'une pièce de théâtre, le comité constitué pour mener la campagne électorale d'un seul candidat, le groupe de guérilleros qui renverse un seul gouvernement, le Comité Olympique constitué pour une seule édition des Jeux. Harris (1975), décrit l'organisation constituée pour mettre fin à une « pagaille » administrative dans une bureaucratie mécaniste. Clark (1965-1966) décrit le Comité des Etudes en Sciences Physiques constitué d'enseignants et soutenu par un financement provenant du gouvernement fédéral et de fondations, qui avait pour objectif la réforme des études de physique dans les « high schools » américaines. Ce comité a non seulement développé du matériel pédagogique, mais aussi supervisé sa fabrication et sa dissémination par le moyen de la formation des enseignants.

Une variante voisine est le *projet géant,* adhocratie temporaire qui rassemble des milliers d'experts pour la réalisation d'une seule tâche qui peut durer de un à dix ans.

Quand Lockheed Aircraft Corporation a décroché le contrat controversé pour la construction de 58 avions géants de transport militaire C-54, elle a créé dans ce seul but une organisation totalement nouvelle de 11 000 personnes. Pour mener à bien ce projet de plusieurs milliards de dollars, Lockheed eut à coordonner non seulement le travail de son propre personnel, mais aussi celui de centaines de sous-traitants. En tout 6 000 entreprises furent impliquées dans la production des 120 000 pièces et plus requises pour la construction de ces avions énormes. L'organisation chargée du projet avait sa propre direction et sa propre structure interne complexe... créée pour une durée de cinq ans (Tof-(fler, 1970, p. 132-133).

Dans la même veine, Chandler et Sayles (1971, p. 2) traitent de la « polyorganisation », créée par des organisations existantes qui joignent leurs forces pour mener à bien un projet important et complexe. Par exemple, la

Columbia Broadcasting Corporation, d'autres producteurs et distributeurs de la communication de masse, des entreprises d'électronique et des fabricants de films ont joint leurs forces pour exploiter une nouvelle technique d'enregistrement des programmes de télévision.

Ces exemples suggèrent que la taille est moins importante que l'âge comme condition de l'Adhocratie. Les Adhocraties Administratives, en particulier, peuvent croître et atteindre une très grande taille. Les Adhocraties Opérationnelles ont tendance à rester petites ou moyennes parce qu'elles sont contraintes par la taille des projets qu'elles entreprennent, par le nombre et la taille des équipes multidisciplinaires qu'elles peuvent organiser et par leur désir d'éviter la pression vers la bureaucratisation qu'amène une organisation de grande taille.

Système Technique et Adhocratie. Le système technique est un autre facteur de contingence important dans certains cas pour l'Adhocratie. Alors que les Adhocraties Opérationnelles (comme leurs sœurs les Bureaucraties Professionnelles) tendent à avoir des systèmes techniques simples et non régulateurs, le cas est fréquemment opposé pour l'Adhocratie Administrative : **beaucoup d'organisations utilisent l'Adhocratie Administrative parce que leur système technique est sophistiqué, et peut être aussi automatisé.**

Comme l'indique l'Hypothèse 7, un système technique sophistiqué exige des fonctions de support élaborées employant des personnels hautement formés pour le concevoir ou l'acheter, le modifier et l'entretenir; l'organisation doit leur donner des pouvoirs considérables sur les décisions techniques et eux-mêmes doivent utiliser des mécanismes de liaison pour coordonner leur travail en restant flexibles. Ces fonctionnels de support accumulent le pouvoir aux dépens du sommet stratégique, de la ligne hiérarchique et du centre opérationnel. L'organisation est attirée vers la structure d'Adhocratie Administrative.

L'automation du système technique engendre des forces encore plus puissantes dans la même direction. « Loin d'affermir l'emprise de la bureaucratie, l'automation élimine la bureaucratie » (Toffler 1970, p. 141). Comme nous l'avons vu au chapitre 14, la Bureaucratie Mécaniste qui réussit à automatiser son centre opérationnel subit une métamorphose complète. Le problème de la motivation des opérateurs désintéressés disparaît, et avec lui la mentalité du contrôle qui est partout présente dans la Bureaucratie Mécaniste; la distinction entre opérationnels et fonctionnels s'estompe (les machines sont indifférentes à ceux qui tournent leurs boutons), ce qui conduit à une autre réduction importante du niveau de conflit, la technostructure perd son influence, puisque le contrôle est incorporé au système technique lui-même par ceux qui l'ont conçu plutôt qu'imposé aux ouvriers par les règles et les normes élaborées par les analystes. Dans l'ensemble la structure administrative devient plus décentralisée et plus organique, aboutissant à une structure que nous appelons *l'adhocratie automatisée.*

L'automation est commune dans les industries où la fabrication se fait en continu, comme la pétrochimie et les cosmétiques (une autre raison pour

laquelle des entreprises comme Procter et Gamble sont attirées vers l'Adhocratie). C'est sans doute pourquoi la description que Woodward (1965) donne
de ces entreprises correspond si bien à celle de l'Adhocratie Administrative.
Mais il faut noter que toutes les entreprises de fabrication en continu n'ont
pas recours à ce type de structure. Nombre d'entre elles sont, en fait, loin
d'être totalement automatisées, et ont par conséquent besoin d'une main-
d'œuvre opérationnelle importante, qui la conduit vers la structure de Bureaucratie Mécaniste. C'est précisément le cas des entreprises sidérurgiques, dont
nous avons discuté au chapitre 18. Il existe aussi des entreprises de fabrication en continu qui, bien que hautement automatisées, manifestent une
forte inclination à la Bureaucratie Mécaniste *et* à l'Adhocratie Administrative,
dans certains cas parce qu'elles ont besoin d'effectifs nombreux pour réaliser
un travail routinier dans d'autres fonctions que la production (comme le
marketing dans une compagnie pétrolière qui possède la plupart de ses stations-services), dans d'autres cas, parce qu'elles opèrent sans concurrence dans
des industries où les coûts fixes sont élevés. C'est le cas par exemple des entreprises américaines de fabrication et de distribution d'électricité décrites par
Perrow (1970, p. 154-155) qui se consacrent plus à exercer des pressions pour
obtenir le support du gouvernement qu'à réaliser des innovations pour le
bénéfice du consommateur. Finalement, on a les entreprises de fabrication en
continu qui ont des environnements et des systèmes techniques si simples —
c'est le cas par exemple du petit fabricant d'une seule gamme de crèmes de
soin pour les mains — que la Structure Simple suffit au lieu de l'Adhocratie
Administrative.

L'Adhocratie est une structure à la mode. Nous en venons maintenant
aux facteurs de contingence liés au pouvoir. Le pouvoir lui-même n'est pas
une condition majeure de l'Adhocratie, sauf dans le cas où les fonctionnels
de support d'une Bureaucratie Mécaniste sont capables de prendre le contrôle
de certaines décisions techniques, et dans le cas où les opérateurs de la
Bureaucratie Professionnelle s'appliquent à encourager l'innovation plus que
la standardisation, poussant ainsi leur structure vers l'Adhocratie. Mais **la
mode est très nettement une condition de l'Adhocratie.** Toutes les caractéristiques de l'Adhocratie sont très en vogue aujourd'hui : l'accent mis sur
l'expertise, le caractère organique de la structure, l'existence de groupes de
projets, la décentralisation du pouvoir sans concentration à aucun endroit de
l'organisation, la structure matricielle, les systèmes automatisés et sophistiqués, les environnements complexes et dynamiques. L'enthousiasme d'Ansoff
(1974) est typique de celui de nombre des « futurologues » contemporains :

> ... dans les dix prochaines années, les concepts de structure et de capabilité subi-
> ront un changement aussi révolutionnaire que la transition entre la guerre de
> tranchées statique et la guerre mobile. Une vaste majorité de la technologie
> utilisée dans la conception des organisations d'aujourd'hui est fondée sur un
> concept de type « ligne Maginot » de structures « permanentes » ou mieux
> « semi-permanentes ». Si le raisonnement présenté dans ce papier est seulement
> à moitié vrai, la tendance va vers le concept de capacités construites en fonc-
> tion de la tâche dans un esprit de « guerre mobile » (p. 83).

Si la Structure Simple et la Bureaucratie Mécaniste sont les structures d'hier, et si la Bureaucratie Professionnelle et la Structure Divisionnalisée sont celles d'aujourd'hui, l'Adhocratie est clairement la structure de demain. C'est la structure adaptée à une population qui devient toujours plus éduquée et plus spécialisée, et qui est constamment exhortée à adopter une approche « système » : à voir le monde comme un tout intégré et non comme une collection de parties faiblement couplées. C'est la structure adaptée aux environnements qui deviennent plus complexes et plus exigeants en matière d'innovation, et pour des systèmes techniques qui deviennent plus sophistiqués et plus hautement automatisés. C'est la seule structure actuellement disponible pour ceux qui croient que les organisations doivent devenir à la fois plus démocratiques et moins bureaucratiques.

Pourtant, malgré notre engouement actuel à son endroit, l'Adhocratie n'est pas la structure adaptée à toutes les organisations. Comme toutes les autres configurations, elle a aussi sa place propre; les exemples de ce chapitre indiquent clairement que cette place paraît être celle des nouvelles industries de notre époque : aérospatiale, électronique, conseil, recherche, publicité, fabrication de films, pétrochimie, pratiquement toutes les industries qui se sont développées depuis la Seconde Guerre mondiale.

QUELQUES PROBLÈMES ASSOCIÉS A L'ADHOCRATIE.

Les problèmes suscités par les quatre autres configurations ont été abondamment discutés dans la littérature car ces configurations existent depuis longtemps. Tel n'est pas le cas pour l'Adhocratie qui est une structure nouvelle. Et toute structure nouvelle, parce qu'elle résout des problèmes que les autres structures ne pouvaient pas résoudre, s'attire des supporters enthousiastes — qui sont séduits par ses avantages et aveugles à ses problèmes. Il faut donc du temps pour qu'on apprenne à vivre avec la structure et à connaître ses faiblesses aussi bien que ses forces. C'est particulièrement vrai pour une structure aussi complexe que l'Adhocratie.

Néanmoins, quelques problèmes associés à cette structure ont fait l'objet de discussion, et en particulier trois d'entre eux : les réactions des individus qui doivent vivre avec les ambiguïtés de l'Adhocratie, les inefficiences de cette structure et sa propension à se transformer de façon inappropriée en d'autres structures.

Les Réactions Humaines à l'Ambiguïté. Nombre d'individus, particulièrement ceux qui sont créatifs, n'aiment pas la rigidité structurelle, ni la concentration du pouvoir. Il ne leur reste qu'une configuration : l'Adhocratie est la seule structure qui soit à la fois organique et décentralisée. **L'Adhocratie est la seule structure pour ceux qui croient à plus de démocratie avec moins de bureaucratie.** Mais, comme nous avons vu au chapitre 18, il existe des individus qui préfèrent la vie dans la Bureaucratie Mécaniste, une vie faite de stabilité et de relations bien définies. Ces personnes, en fait, n'aiment pas le type de relations qui existent dans l'Adhocratie, et considèrent cette dernière comme un type d'organisation agréable à visiter mais pas comme un endroit où passer sa carrière. **Même les membres des Adhocraties qui apprécient des organisations et s'y sentent impliqués manifestent de façon périodique la même tolérance faible pour l'ambiguïté :**

> Parce qu'elle s'écarte de la clarté familière et de la fixité de la structure hiérarchique, la forme organique est souvent perçue par le cadre en tant qu'individu comme une quête difficile, embarrassée et chroniquement anxieuse de l'information à propos de ce qu'il devrait faire, de ce qu'on attend de lui et d'une appréhension similaire à propos de ce que font les autres... Dans ces situations, tous les cadres, à un moment ou à un autre, et nombre de cadres tout le temps, aspirent à plus de structure et de définition (Burns et Stalker, 1966, p. 122-123).

Nous avons discuté plus haut de l'enquête conduite par Reeser (1969) auprès de cadres d'entreprises aérospatiales sur « les problèmes humains de l'organisation par projets », et vu deux des réponses les plus fréquentes qu'il a obtenues. Six autres réponses, dans cette enquête, ont trait à l'ambiguïté structurelle :

- savoir que le projet sur lequel ils travaillent touche à sa fin, est la cause d'anxiétés et de sentiments de frustration pour les membres de l'organisation;
- ces derniers n'ont pas le sentiment qu'ils savent réellement qui est leur supérieur, et quelles sont les personnes qu'ils devraient essayer d'impressionner et de satisfaire pour obtenir une augmentation ou une promotion;
- les individus qui ont été transférés plusieurs fois d'une organisation à l'autre au fur et à mesure des contrats, peuvent avoir un sentiment de loyauté faible vis-à-vis de l'organisation dont ils font temporairement partie;
- la confusion et l'ambiguïté sont des phénomènes courants parce que les postes ne sont pas clairement définis dans l'organisation, que les relations d'autorité sont obscures et que les lignes de communication sont souples et inorganisées;
- le développement personnel des individus est aléatoire et non planifié parce qu'il y a rarement un cadre en place assez longtemps pour se sentir responsable du fait qu'ils obtiennent la formation et l'expérience nécessaires à leur développement;
- l'environnement du travail est marqué par une forte concurrence avec les autres organisations sur les ressources, les récompenses, et la reconnaissance des mérites. Il en résulte fréquemment des conflits entre les membres de l'ogranisation (p. 462, 464, 465).

Le dernier point évoqué par Reeser indique un autre problème majeur lié à l'ambiguïté : la politisation de la structure. **En couplant ses ambiguïtés et ses interdépendances, l'Adhocratie émerge comme la plus politisée des cinq configurations structurelles.** Aucune structure ne peut être plus darwinienne que l'Adhocratie, ne peut soutenir plus celui qui convient — tant qu'il convient —, et ne plus détruire le faible. Des structures à ce point fluides tendent à être très concurrentielles et parfois brutales. Ce sont des terrains fertiles pour toutes sortes de forces politiques, que l'expression « paniers de crabes » décrit très bien. Considérez par exemple la structure matricielle : comme nous l'avons vu au chapitre 10, elle en arrive à créer un système d'oppositions qui institutionnalise le conflit dans l'organisation [8].

Il existe aussi dans les autres configurations des conflits qui amènent une activité politique, comme nous l'avons vu dans les quatre derniers chapitres. Mais ces conflits sont toujours contenus dans le cadre de règles du jeu bien définies. Rien de tel dans l'Adhocratie où des spécialistes de différentes professions doivent travailler ensemble dans des équipes multidisciplinaires et où, à cause du caractère organique de la structure, les jeux politiques qui en résultent sont joués sans aucune règle. L'Adhocratie exige des spécialistes qu'ils fassent passer les besoins du groupe avant leurs objectifs individuels et les règles de leur profession, bien qu'ils restent, au moins potentiellement, des individualistes forts comme leurs collègues de la Bureaucratie Professionnelle.

Dans la bureaucratie, en particulier dans celle qui est de type mécaniste, l'encadrement doit consacrer une bonne partie de son temps à étouffer les conflits. Mais dans l'Adhocratie, ceci ne doit pas être fait, même si c'est possible. De tels efforts ne font qu'apporter un frein à la créativité (Burns et Stalker, 1966, p. 3). **Les conflits et l'agressivité sont des éléments nécessaires dans l'Adhocratie : le travail de l'encadrement consiste à les canaliser en vue de fins productives.**

Des Problèmes d'Efficience. Aucune structure n'est mieux adaptée que l'Adhocratie à la résolution de problèmes complexes et peu structurés. Aucune ne peut rivaliser avec elle pour l'innovation sophistiquée. Ni, malheureusement pour le coût de cette innovation. L'Adhocratie n'est tout simplement pas une structure efficiente.

> L'organisation non bureaucratique perd les économies d'échelle, elle sacrifie les avantages qu'on peut retirer de la spécialisation en matière de personnel, de programmes et d'équipement, elle subit des coûts élevés du fait du manque de coordination et court le risque d'avoir des informations comptables inadéquates qui ne sont pas disponibles quand il le faudrait. Une telle organisation peut même être particulièrement ouverte à l'exploitation de leur position par des cadres, et à la création de « baronnies ». Là où l'incertitude est grande, les contrôles faibles et les standards de performance incertains, les individus ont beaucoup plus de latitude pour orienter leur activité dans le sens de valeurs et d'intérêts qui ne sont pas ceux de l'organisation. De tous ces points de vue, l'efficience **interne** est faible, comparable à celle de l'organisation bureaucratique (Perrow, 1970, p. 64-65).

En d'autres termes, alors qu'elle est idéalement adaptée pour le projet

---

8. Voir Lindblom (1965) pour une discussion très détaillée des techniques employées pour obtenir un accord par ajustement mutuel, incluant diverses formes de négociation, d'accords réciproques et de manipulation.

unique en son genre, **l'Adhocratie n'est pas compétente pour faire des choses ordinaires.** Elle est conçue pour les activités *extra* ordinaires. Les bureaucraties sont des organisations de production de masse : elles atteignent l'efficience par la standardisation. L'Adhocratie fabrique à façon : elle ne peut pas standardiser, ni donc être efficiente.

La racine de l'inefficience de l'Adhocratie est le coût élevé des communications. (Knight, 1976, p. 126). Dans ces structures, les gens parlent beaucoup : c'est ainsi qu'ils combinent leurs savoirs pour développer de nouvelles idées. Mais ceci prend du temps, beaucoup de temps. Quand il y a une décision à prendre dans une bureaucratie mécaniste, quelqu'un d'en haut donne un ordre et c'est tout. Mais ce n'est pas ainsi que les choses se passent dans l'Adhocratie : tout le monde est impliqué, responsables des projets, responsables de fonctions, cadres de liaisons et spécialistes de toutes sortes, dans un processus long et tortueux. Lorsqu'enfin la décision émerge — ce qui est en soi un exploit — elle est modifiée par la suite. Tout ceci est le coût à payer pour trouver une solution créative à un problème complexe et mal défini.

Il faut noter, cependant, que les coûts élevés subis pour la prise de décision sont en partie récupérés lors de l'exécution. Une participation importante au cours de la première étape suscite un support important lors de la mise en œuvre. Cette dernière s'effectue plus en douceur dans l'Adhocratie que dans la Bureaucratie Mécaniste et la Structure Simple, où il y a souvent une résistance des opérateurs qui n'ont pas pris part dans la décision [9].

Une autre source d'inefficience dans l'Adhocratie vient de l'irrégularité du flux de travail, comme on l'a noté plus haut. Il est presque impossible de garder le personnel occupé de façon continue (et c'est un personnel cher, il faut le noter) : « ... le travail nécessaire pour résoudre un problème non familier n'est pas bien planifié et il y a donc alternance de périodes d'activité intense et de périodes d'attente improductive » (Goodman et Goodman, 1976, p. 495). En janvier, les spécialistes jouent au bridge parce qu'ils n'ont rien à faire, en mars ils font des heures supplémentaires sans espoir de finir le projet à temps.

Les Dangers du Changement de Structure Inapproprié. Bien sûr une solution aux problèmes d'ambiguïté et d'inefficience est de changer la structure. Les employés qui ne peuvent plus tolérer l'ambiguïté et les clients qui en ont assez de l'inefficience, essayent d'attirer la structure vers une forme plus stable et plus bureaucratique. C'est assez facile à faire dans l'Adhocratie Opérationnelle comme nous l'avons vu plus haut : l'organisation sélectionne simplement les programmes standards qu'elle réalise le mieux et s'y consacre à l'exclusion du reste : elle devient une Bureaucratie Professionnelle. Ou bien elle utilise une dernière fois ses talents créatifs pour trouver un unique créneau et se transforme en Bureaucratie Mécaniste pour produire en masse dans ce créneau.

---

9. En discutant de l'ajustement mutuel, Lindblom (1965, chapitre 14), développe ce point de façon importante. Mais sa discussion des techniques d'ajustement mutuel indique aussi leurs coûts élevés de communication.

Mais le changement d'une Adhocratie Opérationnelle en bureaucratie, bien qu'il soit facile à réaliser, n'est pas toujours approprié : la production standardisée d'une bureaucratie ne convient pas lorsque la créativité est nécessaire. Et la bureaucratie fait apparaître dans la société une forme d'organisation qui est déjà trop répandue dans de nombreux domaines. La société manque d'organisations réellement capables de résoudre des problèmes. Elle n'a que faire d'un laboratoire qui produit une modification quand c'est une conception nouvelle qui est nécessaire, ni d'un cabinet de conseil qui applique une technique standard lorsque le client a des besoins uniques en leur genre, ni d'un chercheur qui, dans le domaine universitaire ou le domaine médical, voit chaque problème nouveau sous l'angle d'une vieille théorie.

Ceci paraît décrire quelques problèmes des stations de télévision. Elles ont besoin d'être créatives mais elles subissent une pression irrésistible vers la bureaucratisation : celle qui vient de leur exigence de produire de façon routinière, heure après heure, soir après soir, sans une interruption. On pourrait penser qu'elles sont attirées vers la structure de Bureaucratie Professionnelle, mais la description que Jay (1970) fait de son travail de producteur à la BBC, et celle que Lourenço et Glidewell (1975) donnent d'une station de télévision ont des éléments très forts de la Bureaucratie Mécaniste. Il en résulte ce qu'on peut attendre de telles structures : des programmes stéréotypés, des plaisanteries éculées suivies de rires préenregistrés, des rôles de médecins et de détectives interchangeables entre les chaînes, et la reprogrammation de vieux films. De façon intéressante les deux parties les plus brillantes sont les informations et les émissions spéciales, celles qui sont produites par des Adhocraties.

Il existe d'autres organisations qui subissent aussi ces deux pressions : produire de façon routinière et être créative. Les universités et les centres hospitalo-universitaires par exemple doivent servir leurs clients réguliers mais aussi produire des recherches créatives. Certaines de ces organisations créent des centres de recherche pour séparer nettement les deux fonctions. D'après l'étude de Charns et al. (1977), les médecins hospitaliers mélangent les rôles qu'ils ont dans le travail clinique, d'enseignement et de recherche »... les arrangements organisationnels utilisés pour ces différentes fonctions sont approximativement les mêmes... compte tenu des différences entre ces fonctions on peut douter que les mêmes formes d'organisation soient appropriées pour toutes » (p. 82). Ils suggèrent qu'une forte différenciation entre ces rôles pourrait s'avérer plus efficace : par exemple, en les séparant plus nettement dans le temps ou dans l'espace.

L'Adhocratie Administrative rencontre des difficultés plus sérieuses lorsqu'elle succombe aux pressions qui s'exercent dans le sens de la bureaucratisation. Elle existe pour innover, dans sa propre industrie. Les conditions de dynamisme et de complexité qui exige l'innovation sophistiquée, sont généralement communes à tout le secteur d'activité. Ainsi, à la différence de l'Adhocratie Opérationnelle, l'Adhocratie Administrative ne peut pas choisir ses clients et rester dans le même secteur. Sa conversion en une Bureaucratie Mécaniste — qui est la transition naturelle pour une Adhocratie Administrative fatiguée du changement perpétuel — en détruisant la capacité de l'organisation à innover, peut éventuellement détruire l'organisation elle-même.

Pour réitérer le thème central de tout ce livre : **en général, il n'y a pas de structure optimale; en particulier, il peut y en avoir une, tant que les paramètres de conception sont cohérents entre eux et qu'ils forment avec les facteurs de contingence une configuration structurelle.** Nous avons vu cinq de ces configurations dans cette partie du livre; leurs dimensions sont présentées de façon résumée dans le tableau 21-1.

TABLEAU 21.1. — *Dimensions des Cinq Configurations Structurelles*

	Structure Simple	Bureaucratie Mécaniste	Bureaucratie Professionnelle	Structure Divisionnalisée	Adhocratie
Mécanisme de Coordination Principal	Supervision Directe	Standardisation du Travail	Standardisation des qualification	Standardisation des productions	Ajustement Mutuel
Partie clef de l'Organisation	Sommet Stratégique	Technostructure	Centre Opérationnel	Ligne Hiérarchique	Fonctions de Support (avec le centre opérationnel dans l'Adhocratie Opérationnelle)
Paramètres de Conception					
Spécialisation des postes de travail	Peu de Spécialisation	Spécialisation horizontale et verticale importantes	Spécialisation horizontale importante	Spécialisation horizontale et verticale modérée (entre le siège et les divisions)	Beaucoup de spécialisation horizontale
Formation et socialisation	Peu de formation et de socialisation	Peu de formation et de socialisation	Beaucoup de formation et de socialisation	Formation et socialisation modérées (des directeurs de divisions)	Beaucoup de formation
Formalisation du comportement	Peu de formalisation	Formalisation importante	Peu de formalisation	Beaucoup de formalisation (à l'intérieur des divisions)	Peu de formalisation
Bureaucratique/organique	Organique	bureaucratique	Bureaucratique	Bureaucratique	Organique
Regroupement en unités	Généralement par fonctions	Généralement par fonctions	Par fonction et par marché	par marché	par fonction et par marché
Taille des Unités	Grande	Grande à la base, petite ailleurs	Grande à la base petite ailleurs	Large (au sommet)	petite partout
Système de planification et de contrôle	Peu de planification et de contrôle	Planification des actions	Peu de planification et de contrôle	Beaucoup de planification et de contrôle	Planification des actions limitée (particulièrement dans l'Adhocratie Administrative)
Mécanismes de liaison	Peu de mécanismes de liaison	Peu de mécanismes de liaison	Mécanismes de liaison dans la partie administrative de l'organisation	Peu de mécanismes de liaison	Beaucoup de mécanismes de liaison partout
Décentralisation	Centralisation	Décentralisation horizontale limitée	Décentralisation horizontale et verticale	Décentralisation verticale limitée	Décentralisation sélective
Fonctionnement					
Sommet stratégique	Tout le travail administratif	Réglage minutieux, coordination des fonctions, résolution des conflits	Liaison avec l'extérieur, résolution des conflits	Gestion du portefeuille stratégique, contrôle des performances	Liaison avec l'extérieur, résolution des conflits, équilibrage du flux de travail contrôle des projets
Centre opérationnel	Travail informel, peu de latitude d'action	Travail routinier, formalisé, peu de latitude d'action	Travail qualifié, standardisé; beaucoup d'autonomie individuelle	La divisionnalisation induit une tendance à la divisionnalisation	Séparation (dans l'Adhocratie Administrative) ou fusion avec la partie administrative pour la

des flux verticaux

Technostructure	Aucune	Elaborée, formalise le travail	Peu	Elaborée au siège pour le contrôle des performances	Petite et confondue avec le reste dans le travail sur les projets
Fonctions de Support	Petites	Souvent élaborées pour réduire l'incertitude	Elaborés: structure de Bureaucratie Mécaniste	Partagées entre le siège et les divisions	Très élaborées (particulièrement dans l'Adhocratie Administrative) mais confondue au reste dans le travail sur les projets
Flux d'autorité	Important, du sommet	Important partout	Insignifiant (sauf dans les fonctions de support)	Important partout	Insignifiant
Système de Flux Régulés	Insignifiant	Important partout	Insignifiant (sauf dans les fonctions de support)	Important partout	Insignifiant
Flux de communication Informelle	Important	Découragé	Important dans la partie administrative	Modéré, entre le siège et les divisions	Important partout
Constellations de travaux	Aucune	Insignifiantes, particulièrement aux niveaux les plus bas	Un peu dans la partie administrative	Insignifiantes	Importantes partout (surtout dans l'Adhocratie administrative)
Flux des décisions	Du haut vers le bas	Du haut vers le bas	Du bas vers le haut	Différencié entre le siège et les divisions	Complexe à tous les niveaux
Facteurs de Contingence					
Age et Taille	Typiquement jeune (première étape)	Typiquement vieille et grande (seconde étape)	ça dépend	Typiquement vieille et très grande (troisième étape)	Typiquement jeune (Adhocratie Opérationnelle)
Système Technique	Simple, non régulateur	Régulateur mais pas automatisé, pas très sophistiqué	ni régulateur, ni sophistiqué	Divisible, sinon typiquement comme la Bureaucratie Mécaniste	Très sophistiqué, souvent automatisé (dans l'Adhocratie Administrative); ni régulateur ni sophistiqué (dans l'Adhocratie Opérationnelle)
Environnement	Simple et dynamique; parfois hostile	Simple et stable	Complexe et stable	Relativement simple et stable; marchés diversifiés (spécialement en ce qui concerne les produits et les services)	Complexe et dynamique parfois disparate (dans l'Adhocratie Administrative)
Pouvoir	Contrôle par le directeur-général; souvent entreprise individuelle; structure démodée	Contrôle technocratique et externe; structure démodée	Contrôle par les opérateurs professionnels structure à la mode	Contrôle par la ligne hiérarchique; structure à la mode (particulièrement dans l'industrie)	Contrôle par les experts; très en vogue

* Les caractères en gras signalent les paramètres clé de conception.

22

CONCLUSION

Est-ce que l'une quelconque des cinq configurations structurelles existe réellement ? C'est une étrange question à poser après plus de 100 pages de discussion remplies d'exemples. Mais il vaut la peine de la poser, pour tirer une ligne de démarcation plus précise entre les cinq configurations et la réalité qu'elles ont pour objectifs de décrire.

En un sens, les cinq configurations structurelles n'existent pas du tout. Après tout, elles ne sont que des mots et des figures tracés sur du papier, pas la réalité elle-même. Dans toutes les organisations sauf les plus triviales, les structures sont énormément complexes, bien plus que l'une quelconque des cinq configurations. Ce que ces dernières constituent est une théorie, et chaque théorie, par nécessité, simplifie et par conséquent déforme la réalité. C'est pourquoi nous avons au départ demandé au lecteur de considérer chaque phrase (y compris celle-ci) comme une exagération.

Mais ceci ne doit pas nous conduire à rejeter les configurations. Car le choix du lecteur n'est pas tant entre la théorie et la réalité qu'entre différentes théories. Personne n'a la réalité en tête; aucune tête n'est assez grande. Ce que nous avons, plutôt, ce sont des pensées, des impressions et des croyances à propos de la réalité, et des mesures que nous appelons des faits. Mais tout ceci est inutile tant que ce n'est pas mis en ordre d'une certaine façon, tout comme une bibliothèque est inutilisable tant que les livres ne sont pas catalogués. Ainsi, et c'est le plus important, nous avons en tête des simplifications compréhensibles — des concepts, des modèles, des théories — qui nous permettent de cataloguer nos données et notre expérience. Le choix du lecteur s'exerce alors entre différents systèmes pour cataloguer différentes théories.

Le lecteur peut avoir confiance dans les théories qu'il élabore lui-même, celles qui sont fondées sur ses propres expériences, ou il peut faire son choix entre celles qui sont offertes dans des ouvrages tels que celui-ci, celles qui sont fondées sur les expériences des organisations qui ont fait l'objet de recherches. Ou, de façon plus réaliste, il fait sa sélection à partir de l'ensemble et construit ses propres modèles de la réalité. Son choix entre les théories est normalement fondé sur deux critères : la richesse de la description (avec quelle puissance reflète-t-elle la réalité ou, alternativement, quelle est la faiblesse des distorsions qu'elle lui fait subir), et la simplicité. Les théories les plus utiles sont exposées de façon simple et pourtant puissantes lorsqu'on les applique, comme $E = MC^2$.

Et ainsi dans un autre sens — au moins si j'ai bien fait mon travail — les configurations existent réellement, dans l'esprit du lecteur. C'est dans l'esprit que tout le savoir existe. Les principes classiques en matière de structure ont existé parce que des individus y ont cru et en ont fait une partie de leur réalité. Et il en est de même pour le concept de structure informelle et pour celui de relations de contingence. Les cinq configurations existeront aussi si elles s'avèrent constituer une théorie simple mais puissante, plus utile de certaines façons que d'autres qui existent actuellement.

Pour donner à la théorie des configurations une petite poussée dans cette direction, ce dernier chapitre discute d'un certain nombre de ses applications possibles. D'abord nous en discuterons comme d'un ensemble de cinq forces tirant presque toutes les organisations dans des directions différentes; puis comme d'un ensemble de cinq types idéaux qui reflète la structure de nombreuses organisations; en troisième lieu comme une base pour la description de structures hybrides; enfin comme une base pour décrire les transitions entre structures. La Figure 22.1. essaye de saisir l'esprit de ces quatre discussions. De façon symbolique, elle montre les cinq configurations structurelles comme les sommets d'un pentagone, constituant le cadre à l'intérieur duquel on peut trouver les structures réelles. Chaque configuration est située à un sommet et attire vers elle les structures réelles. La Structure Simple, qui est la première étape pour de nombreuses organisations, est située au sommet. Au niveau suivant, de part et d'autre, on a les deux structures bureaucratiques : la Bureaucratie Mécaniste à gauche et la Bureaucratie Professionnelle à droite. Plus bas, au troisième et dernier niveau, on a les deux configurations les plus élaborées; la Structure Divisionnalisée à gauche et l'Adhocratie à droite. Quelques structures réelles sont proches d'un sommet — d'une des structures pures — alors que d'autres tombent entre plusieurs sommets comme des hybrides, peut être en transition d'une forme pure à une autre.

LES CONFIGURATIONS COMME ENSEMBLE DE FORCES ATTIRANT L'ORGANISATION.

Pour répéter ce que nous avons dit au début de cette partie, les **configurations représentent un ensemble de cinq forces attirant les organisations des différentes directions structurelles.** Ces forces sont indiquées sur le pentagone et reprises dans la liste ci-dessous :

- en premier lieu on a la force exercée par le sommet stratégique dans le sens de la centralisation, de la coordination par supervision directe, celle qui tire l'organisation vers la Structure Simple;
- en second lieu on a la force exercée par la technostructure pour coordonner par standardisation — notamment celle des procédés de travail, qui est la plus forte — pour accroître son influence et donc tirer l'organisation vers la Bureaucratie Mécaniste;
- en troisième lieu on a la force exercée par les opérateurs dans le sens de la professionnalisation, pour coordonner par la standardisation des qualifications de façon à maximiser leur autonomie et donc structurer l'organisation comme une Bureaucratie Professionnelle;
- en quatrième lieu, on a la force exercée par les membres de la ligne hiérarchique dans le sens de la balkanisation pour obtenir l'autonomie dans la gestion de leurs unités, avec une coordination limitée à la standardisation de la production; cette force attire l'organisation vers la Structure Divisionnalisée;
- en cinquième lieu on a la force exercée par les fonctionnels de support (et aussi par les opérateurs dans l'Adhocratie Opérationnelle) pour la collaboration (et l'innovation) dans les décisions, pour la coordination par ajustement mutuel; cette force tire la structure de l'organisation vers celle de l'Adhocratie.

Presque toutes les organisations sont soumises à ces cinq forces : la structure qui en résulte dépend pour bonne part de leurs intensités relatives. Considérons par exemple la compagnie théâtrale décrite par Goodman et Goodman (1972, toutes les citations sont tirées de la page 104). Les auteurs notent « le sens de la propriété exprimé par les directeurs », et aussi leur pouvoir « de modeler dans une certaine mesure une pièce à leur propre image », de choisir l'équipe qui jouera la pièce, et même de limiter les contributions créatives des membres de cette équipe. On a là des forces qui tirent toutes vers la Structure Simple. Bien sûr, mettez plusieurs de ces directeurs dans une organisation et vous aurez des forces tirant vers la Structure Divisionnalisée où chacun peut maximiser son autonomie. Goodman et Goodman citent aussi le cas d'un directeur qui gardait « un manuel détaillé qu'il avait rédigé et utilisé pour la production d'une comédie musicale à grande échelle ». Ce manuel était une force tirant l'organisation vers la Bureaucratie Mécaniste. Dans le théâtre expérimental, par contre, la « capacité à planifier de façon détaillée diminue », car le directeur « sait avec moins de certitude ce qu'il veut » : les coupures et les additions sont plus fréquentes. La force tire ici l'organisation vers l'Adhocratie. Dans la plupart des compagnies théâtrales,

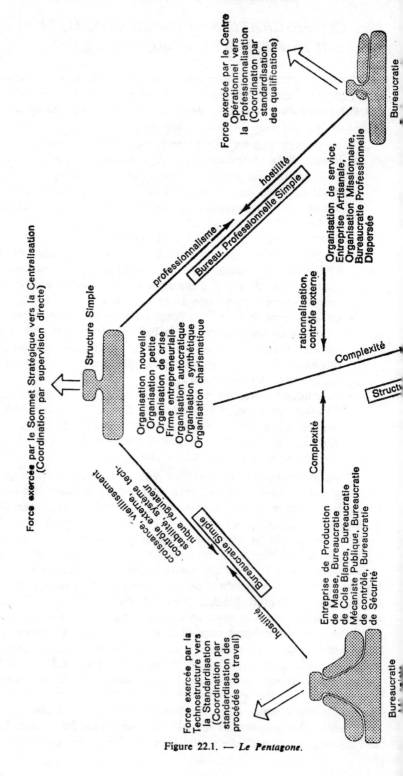

Figure 22.1. — *Le Pentagone.*

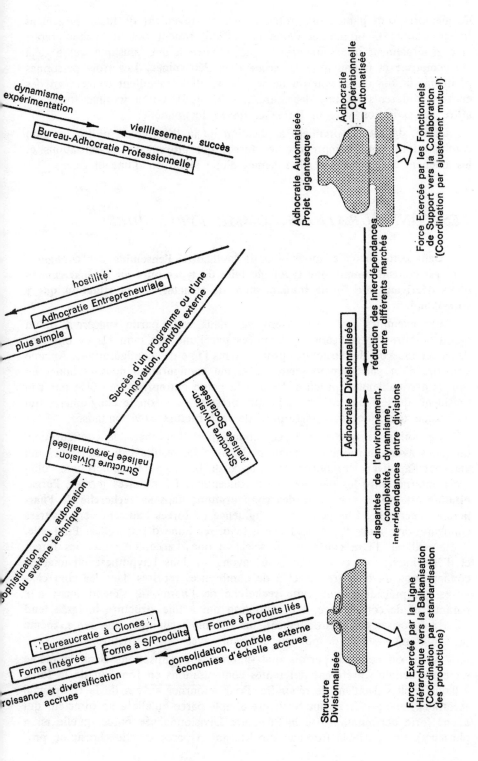

les membres sont hautement professionnels et travaillent de façon largement indépendante : Goodman et Goodman (1976) notent que le « chorégraphe crée généralement une séquence dansée adaptée à une musique qui a déjà été composée et à une mise en scène déjà déterminée. Les trois personnes n'ont pas besoin de se voir ou de se parler; elles travaillent souvent en des endroits différents les uns des autres... » (p. 496). On a ici une force qui attire l'organisation vers la Bureaucratie Professionnelle.

Ainsi, dans cette première application de la théorie, on utilise les cinq configurations pour comprendre les forces qui attirent les organisations et les amènent à se structurer elles-mêmes d'une façon ou d'une autre.

LES CONFIGURATIONS COMME TYPES PURS.

Dans cette seconde application de la théorie, **l'ensemble des configurations est conçue comme une typologie faite de types purs ou idéaux, chacun d'eux décrivant une forme fondamentale de structure et la situation qui y correspond.**

Les exemples que nous avons vus dans cette partie suggèrent qu'un grand nombre d'organisations, dominées par l'une des cinq forces ont tendance à concevoir des structures proches dans l'une des configurations. Aucune structure n'est parfaitement identique à une configuration mais certaines en sont remarquablement proches, comme la petite entreprise contrôlée par son président, qui est une Structure Simple presque pure, ou le conglomérat qui a presque toutes les caractéristiques de la Structure Divisionnalisée.

La notion de type pur est corroborée par l'hypothèse de configuration, que nous avons introduite au chapitre 12 avec les résultats de recherches qui viennent l'appuyer : la conception efficace de la structure requiert une cohérence interne entre les paramètres de conception. En d'autres termes, **l'organisation est attirée vers l'une des configurations dans sa recherche de l'harmonie structurelle.** Elle peut subir l'influence de forces l'attirant vers diverses configurations, mais elle a tendance à favoriser l'une d'entre elles. Pour elle, il est meilleur d'être cohérente et sélective que d'accepter toutes les forces et d'être indéterminée. En fait, nous avons vu dans l'hypothèse étendue de configuration du chapitre 12, et à de nombreuses reprises dans les cinq chapitres qui précèdent, que cette recherche de l'harmonie s'étend aussi aux paramètres de contingence. L'organisation qui a une structure intégrée tend aussi à favoriser un environnement, un système technique, une taille, même un âge et un système de pouvoir cohérents avec cette structure.

Ainsi, on constate parfois que différentes organisations dans le même secteur d'activités préfèrent différentes configurations en fonction de la force à laquelle elles décident de répondre. Pour retourner au cas de la compagnie théâtrale, l'une préférera une Structure Simple parce qu'elle a un directeur qui a une forte personnalité (ou la Structure Divisionnalisée parce qu'elle en a plusieurs), une autre la Bureaucratie Mécaniste parce qu'elle choisit de produire des comédies musicales en suivant le livret à la lettre, une autre la Bureaucratie Professionnelle de façon à perfectionner son interprétation de Shakespeare année après année, et une dernière l'Adhocratie pour produire des pièces expérimentales.

LES CONFIGURATIONS COMME BASE POUR LA DESCRIPTION DES STRUCTURES HYBRIDES.

Dans cette troisième application de la théorie, on voit que **l'ensemble des cinq configurations peut être considéré comme la base permettant de décrire les structures hybrides.**

Nous avons vu dans notre discussion que toutes les organisations ne choisissent pas la cohérence dans la conception de leur structure. Elles utilisent ce qu'on a appelé des structures, qui empruntent leurs caractéristiques à plus d'une configuration. **Certains des hybrides que nous avons rencontrés** paraissent être dysfonctionnels, et nous signalent des organisations qui n'arrivent pas à se décider ou qui, cherchant à combiner les meilleurs éléments de plusieurs configurations, finissent en fait par en accumuler les inconvénients. C'est le cas par exemple de l'organisation qui donne à son encadrement l'autonomie dans le cadre d'un système de contrôle des performances (comme dans la Structure Divisionnalisée) mais qui la reprend aussitôt en ayant recours à la supervision directe (comme dans la Structure Simple). Dans certains cas cependant, les organisations n'ont pas le choix : des facteurs de contingence contradictoires sur lesquels elles n'ont aucun contrôle les forcent à adopter une structure hybride dysfonctionnelle. Nous avons vu de nombreux exemples de cet ordre dans le cas des systèmes d'éducation, des forces de police, et d'autres organisations où les opérateurs ont reçu une formation : ces organisations paraissent exiger une structure de Bureaucratie Professionnelle mais sont conduites, au détriment de leur performance, à adopter certaines caractéristiques de la Bureaucratie Mécaniste sous l'impulsion d'un contrôle externe concentré.

Mais d'autres hybrides paraissent être parfaitement logiques, et indiquer le besoin de répondre en même temps à plus d'une force légitime. C'est le cas de l'orchestre symphonique, une bureaucratie professionnelle simple dont nous avons discuté au chapitre 19, qui recrute des musiciens hautement formés et s'appuie pour une large part sur leurs qualifications standardisées pour produire sa musique, mais qui a aussi besoin d'un leader parfois autocratique pour assurer une coordination étroite du jeu des exécutants. C'est le cas aussi de la structure à produits liés dont nous avons discuté au chapitre 20, qui a besoin de divisionnaliser mais qui doit aussi concentrer certaines fonctions critiques près du sommet stratégique comme la Bureaucratie Mécaniste. C'est le cas encore de l'adhocratie entrepreneuriale que nous avons vu au chapitre 21, où le directeur général, qui est lui-même un expert, est capable de maintenir une sorte de contrôle central malgré l'utilisation de groupes de projets multidisciplinaires. Tous les hybrides dont nous avons discuté dans les cinq derniers chapitres sont indiqués sur le pentagone de la Figure 22.1.; chacun d'entre eux est placé sur la ligne joignant les configurations auxquelles il emprunte ses caractéristiques.

Les hybrides de la Figure 22.1. sont tous des intermédiaires entre deux configurations. Mais rien n'empêche la combinaison des caractéristiques de trois configurations, ou plus. Ainsi, un groupe d'étudiants de McGill a décrit un centre de convalescence géré par une congrégation religieuse comme étroitement contrôlé par son directeur général — qu'ils appelaient la « nonne en chef » — mais comportant aussi une prolifération de règles et dépendant des qualifications de son personnel médical. Nous avons ici une structure hybride entre la Structure Simple, la Bureaucratie Mécaniste et la Bureaucratie Professionnelle. Un autre groupe de McGill a décrit une filiale d'une entreprise japonaise de négoce comme une « adhocratie divisionnalisée professionnelle mécaniste » (Dieu qu'elle n'était pas simple !)

L'existence des hybrides aboutit-elle à une négation de la théorie ? Il est certainement vrai que plus les hybrides sont nombreux, plus ce sont eux qu'il faut qualifier de types purs (et il faut alors traiter les configurations comme des hybrides). Mais la présence d'hybrides dans une typologie ne la détruit pas. Il y a toujours du gris entre le blanc et le noir. La théorie demeure utile tant qu'elle nous aide à décrire une grande variété de structures, même s'il s'agit d'hybrides. En fait, ce qui importe n'est pas que la théorie représente toujours la réalité, mais qu'elle nous aide à la comprendre. C'est là son objectif. Si on peut mieux décrire l'entreprise japonaise de négoce en utilisant des termes tels que adhocratie, mécaniste, professionnelle et divisionnalisée, alors la théorie nous a servi. En identifiant les sommets, on est capable de faire la carte du pentagone.

Jusqu'ici nous avons discuté des hybrides en les considérant seulement comme des structures dont chaque caractéristique est intermédiaire entre les caractéristiques correspondantes de plusieurs configurations. Mais **il existe aussi une autre sorte d'hybride qui utilise différentes configurations dans différentes parties de l'organisation.** De cette façon il peut y avoir cohérence dans la structure de chaque partie, si ce n'est dans l'organisation prise dans son ensemble. Nous en avons vu un exemple dans le cas du journal, dont la rédaction a la structure d'une Adhocratie et dont la partie impression a la structure d'une Bureaucratie Mécaniste. Ce concept de différentes structures pour différentes parties de l'organisation va-t-il à l'encontre du thème général des cinq derniers chapitres, selon lequel les organisations dans leur ensemble peuvent être décrites chacune à l'aide d'une seule configuration ? Pas nécessairement. Il existe des forces qui attirent un grand nombre d'organisations vers une seule structure d'ensemble. Mais à l'intérieur de ces organisations il existe toujours des forces qui attirent différentes parties vers différentes structures. Par exemple, **chacun des paramètres de conception dont nous avons discuté dans les chapitres 4 à 11 entre en jeu de façon différente dans les différentes parties de l'organisation.** Chacune de ces parties cherche à atteindre la structure qui est la plus appropriée à ses propres besoins, tout en étant soumise aux pressions qui vont dans le sens de la structure la plus appropriée pour l'organisation dans son ensemble, et on aboutit à une sorte de compromis. Les restaurants d'entreprises de la NASA sont sans nul doute gérés comme des bureaucraties, mais ils peuvent s'avérer plus organiques que beaucoup d'autres; de même, les laboratoires de recherche de General Motors préfèrent sans nul doute la structure adhocratique, mais ils sont probablement plus bureaucratiques que ceux de la NASA. Dans cette mesure, si la théorie peut être un moyen commode pour décrire l'ensemble d'une organisation à l'aide d'un type pur, cette description doit toujours être considérée comme une simplification qu'il faut faire suivre d'examens plus approfondis portant sur la structure de chacune de ses parties.

Au chapitre 19 par exemple, nous avons vu que parmi les cinq configurations, c'est la Bureaucratie Professionnelle qui paraît le mieux décrire la structure de l'hôpital général. Mais nous avons aussi noté que les fonctions de support ont tendance à être des Bureaucraties Mécanistes et la fonction de recherche une Adhocratie. La Bureaucratie Professionnelle s'applique en fait réellement à la mission clinique, qui est la mission centrale de l'organisation. Mais, même quand on examine en profondeur cette mission, comme l'a fait Gosselin (1978), on trouve un ensemble d'interdépendances et des variations qui en résultent dans l'utilisation des paramètres de conception. Les hôpitaux ont des structures incroyablement complexes : pour les comprendre complètement, il faut en examiner chacune des composantes : le service de nettoyage, les unités de recherche et de soin, parmi ces dernières l'obstétrique, la radiologie et la chirurgie plastique, la chirurgie cardiovasculaire et la chirurgie thoracique. Encore une fois nous concluons en insistant sur le fait que les cinq configurations sont faites pour être traitées non comme cinq structures mutuellement exclusives que les organisations peuvent utiliser, mais comme un cadre de référence intégré, une théorie — un pentagone — fait pour nous guider dans la compréhension et la conception d'organisations réelles complexes.

LES CONFIGURATIONS COMME BASE POUR LA DESCRIPTION DES TRANSITIONS ENTRE STRUCTURES.

La théorie des configurations structurelles peut aussi nous servir de base pour nous aider à comprendre comment et pourquoi les organisations entreprennent des transitions d'une structure à une autre. On a vu dans les cinq derniers chapitres de nombreux exemples de telles transitions, comme celle qui fait passer une organisation de la Structure Simple à la Bureaucratie Mécaniste à mesure qu'elle vieillit et qu'elle croît, ou comme celle qui fait passer de l'Adhocratie Opérationnelle à la Bureaucratie Professionnelle une organisation qui est fatiguée d'innover et qui cherche à se stabiliser. Tous les facteurs pouvant être la cause de telles transitions et dont nous avons discuté dans ces chapitres sont indiqués sur le pentagone de la Figure 21.1., le long des lignes joignant les configurations.

Deux formes majeures de transition sont apparues, toutes deux liées aux étapes du développement structurel. La première s'applique aux organisations qui commencent dans des environnements simples; elle parcourt le côté gauche du pentagone en commençant au sommet. La plupart des organisations commencent leur existence sous une forme proche de la Structure Simple. A mesure qu'elles vieillissent et croissent, et peut-être qu'elles passent sous contrôle externe, elles ont tendance à formaliser leurs comportements et à devenir éventuellement des Bureaucraties Mécanistes. Lorsqu'elles continuent à grandir, ces organisations ont éventuellement tendance à se diversifier puis à commencer une nouvelle transition structurelle les amenant à la Structure Divisionnalisée. Elles peuvent s'arrêter en chemin à l'une des formes intermédiaires hybrides — comme la forme à sous-produits ou la forme à produits liés — ou aller jusqu'au bout. Mais cette extrémité — la Structure Divisionnalisée — peut s'avérer être une structure instable comme nous l'avons noté au chapitre 20 : des pressions peuvent se faire jour poussant à une autre transition, amenant l'organisation à retourner vers la Bureaucratie Mécaniste pour se consolider ou à prendre la forme d'un nouvel hybride tenant de l'Adhocratie.

De nombreuses forces peuvent, bien entendu, intervenir pour altérer cette évolution. Si l'environnement d'une nouvelle organisation devient complexe ou son système technique sophistiqué, elle se trouvera attirée vers l'Adhocratie plutôt que vers la Bureaucratie Mécaniste. De même si une Bureaucratie Mécaniste rencontre plus de complexité et moins de stabilité, par exemple à cause du développement de la concurrence sur les produits ou de la nécessité d'utiliser un système technique plus sophistiqué ou même automatisé, elle aura aussi tendance à aller vers l'Adhocratie. Dans le même ordre d'idée, l'hostilité de l'environnement et le contrôle externe attirent toutes les organisations vers la Structure Simple et la Bureaucratie Mécaniste respectivement.

Le second type de transition s'applique aux organisations qui sont nées dans des environnements complexes. Ces transitions sont indiquées sur le côté droit du pentagone en commençant à la base. Dans ce cas, les organisations commencent leur existence comme Adhocraties et parfois restent sous cette forme parce qu'elles sont bloquées dans un environnement complexe et dynamique. Mais parmi celles qui peuvent quitter cette structure, beaucoup auront le désir de le faire. Elles deviendront des Bureaucraties Professionnelles si elles concentrent leur activité sur le traitement de quelques cas répertoriés, ou des Bureaucraties Mécanistes si elles se focalisent sur un programme d'activité rigide. Quelques organisations, en fait, planifient ces changements en fonction de l'évolution prévisible de leur fonctionnement : une phase de développement adhocratique suivie par une phase de production bureaucratique (professionnelle ou mécaniste).

Bien sûr, certaines organisations commencent leur vie sous la forme de bureaucraties professionnelles, imitant la structure d'organisations créées avant elles. Elles maintiennent souvent ces structures pendant toute leur existence, sauf si un contrôle externe ou si la rationalisation des tâches professionnelles les pousse vers la Bureaucratie Mécaniste, ou si le désir de plus d'expérimentation de la part des opérateurs professionnels (qui, peut-être, reflète un nouveau dynamisme de l'environnement) les pousse vers l'Adhocratie.

Il faut noter que **les transitions structurelles suivent souvent avec retard les conditions qui les ont provoquées.** Le changement de structure est très difficile : il exige des réarrangements majeurs des comportements établis et suscite donc une résistance. Cette résistance peut en fait expliquer un grand nombre des dysfonctions rencontrées dans les structures — comme dans le cas de l'entrepreneur qui s'accroche à la Structure Simple même si son organisation est trop grande pour une telle structure, ou comme dans le cas de l'organisation qui continue à formaliser bien que l'environnement, qui est devenu plus complexe et plus dynamique, exige une structure plus proche de l'Adhocratie. Leurs structures peuvent être intérieurement cohérentes, mais elles ont perduré au-delà des conditions qui leur ont donné naissance.

Lorsque le besoin d'un changement de structure est enfin reconnu, l'organisation commence sa transition, peut-être par étapes pour adoucir le choc. Nous avons vu ceci dans le cas de la Bureaucratie Mécaniste qui diversifie par étapes en passant par la forme à sous-produits et la forme à produits liés dans leur transition vers la Structure Divisionnalisée. Mais certaines organisations ne réalisent jamais complètement la transition : elles restent dans un état intermédiaire, hybride parce qu'elles sont en proie à des forces contradictoires, les nouvelles qui poussent au changement et les anciennes qui poussent au maintien de l'ancienne structure. Ainsi, de nombreuses organisations demeurent de façon permanente dans la forme à sous-produit ou dans la forme à produits liés : elles ont diversifié, mais des interdépendances subsistent entre leurs lignes de produits. Mais, lorsque les forces qui appellent au changement sont sans équivoque, le mieux à faire est probablement d'effectuer le changement de façon rapide et décisive. La valse-hésitation entre deux structures — l'ancienne, qui est établie mais qui n'est plus appropriée, et la nouvelle, qui est incertaine mais maintenant nécessaire — conduit à une sorte de schizophrénie organisationnelle qui est peut-être la pire des situations.

Pour conclure, nous avons vu dans cette discussion une quatrième application de la théorie, qui consiste à l'utiliser comme une base pour la compréhension des transitions entre structures. C'est au travers de ces transitions, en fait, que les inter-relations entre les cinq configurations deviennent le plus évident.

Finalement : existe-t-il une sixième configuration ? On est près de reconnaître l'existence d'un sixième sens. Pourquoi n'y aurait-il pas une sixième configuration ? A condition bien entendu qu'elle maintienne l'harmonie de notre théorie : elle doit avoir son propre mécanisme de coordination original et une nouvelle, sixième, partie de l'organisation doit y jouer le rôle dominant.

Nous avons en fait un candidat pour une sixième configuration, que nous avons traitée comme variante de la Bureaucratie Professionnelle au chapitre 19 et de la Structure Simple au chapitre 17. Comme l'organisation *missionnaire* peut avoir confiance dans ses opérateurs et être sûre qu'ils poursuivront ses objectifs sans contrôle central, sa structure peut être très décentralisée et c'est pourquoi nous l'avons rapprochée de la Bureaucratie Professionnelle. Et comme les membres de l'organisation *charismatique* attribuent une bonne partie de pouvoir à leur leader, nous l'avons décrite comme une Structure Simple. Mais il peut en fait s'agir de la même organisation, car les objectifs de type missionnaire et le leadership charismatique vont typiquement de pair. Ceci suggère l'existence d'une structure hybride. De plus, le travail d'une telle organisation est souvent répétitif et routinier, comme dans la Bureaucratie Mécaniste; ses membres travaillent souvent en cellules ou ordres quasi-autonomes, comme dans la Structure Divisionnalisée; et les membres sont prêts à coopérer les uns avec les autres lorsque c'est nécessaire comme dans l'Adhocratie. Une forme composée des cinq configurations devrait probablement être considérée comme un signal pour en introduire une sixième.

La configuration Missionnaire aurait son propre mécanisme de coordination — la socialisation, ou, si vous préférez, la standardisation des normes — et un paramètre de conception principal lui correspondant — l'endoctrinement. L'organisation aurait une sixième partie, évidente au moins pour ceux qui ont un sixième sens. Il s'agirait de *l'idéologie,* une partie vivante, sinon animée, de l'organisation missionnaire. Le visiteur ayant suffisamment d'acuité la « sentirait » immédiatement. L'idéologie représente en fait une sixième force importante dans toutes les organisations, une poussée s'exerçant dans le sens de l'accomplissement d'une mission. Il est possible que nos descendants, n'étant plus satisfaits des cinq configurations de leur époque « post-adhocratique » se tournent de plus en plus vers l'idéologie et la configuration missionnaire dans la conception de leurs organisations.

Et ainsi il faut dire qu'un jour Mme Raku quitta son bureau du cinquante-cinquième étage pour présider la cérémonie d'inauguration de la plus grande usine jamais construite par Ceramico; et en posant la première pierre elle glissa et tomba dans la boue. Son sentiment de dégoût à l'idée d'avoir sali sa robe fit soudainement place à une profonde nostalgie, quand elle prit conscience de ce que c'était son premier contact avec la terre depuis qu'elle avait quitté l'atelier de poterie. Vint alors la révélation soudaine : faire des poteries était plus important que faire de l'argent. Et ainsi l'organisation s'engagea dans une nouvelle mission — la fabrication à la main de poteries belles mais aussi fonctionnelles — et elle développa une nouvelle structure pour refléter sa nouvelle idéologie. La dernière décision que Mme Raku prit comme président fut de changer une dernière fois le nom de l'organisation, et de l'appeler les Potiers de la Terre.

Bibliographie [1]

ACKERMAN, R. W., *The Social Challenge to Business* (Harvard University Press, 1975).

AGUILAR, F. J., *Scanning the Business Environment* (Macmillan, 1967).

ALDRICH, H. E., Technology and Organizational Structure: A Reexamination of the Findings of the Aston Group, *Administrative Science Quarterly* (1972: 26–43).

———, Reaction to Donaldson's Note, *Administrative Science Quarterly* (1975: 457–459).

ALLEN, L. A., The Line-Staff Relationship, *Management Record* (September 1955: 346–349, 374–376).

ALLEN, S. A. III, Organizational Choices and General Management Influence Networks in Divisionalized Companies, *Academy of Management Journal* (September, 1978).

ALLEN, T. J., and COHEN, S. I., Information Flow in Research and Development Laboratories, *Administrative Science Quarterly* (1969: 12–19).

ANDERSON, T. R., and WARKOV, S., Organizational Size and Functional Complexity: A Study of Administration in Hospitals, *American Sociological Review* (1961: 23–28).

ANSOFF, H. I., *Corporate Structure: Present and Future* (Working Paper, European Institute for Advanced Studies in Management, Brussels, 1974). Used with permission.

ANSOFF, H. I., and BRANDENBURG, R. G., A Language for Organization Design: Part II, *Management Science* (1971: B717–731).

(1) Nous avons indiqué, dans toute la mesure du possible, les titres traduits en langue française.

ARGYRIS, C., "Excerpts from Organization of a Bank," in A. H. Rubenstein and C. J. Haberstroh (eds.), *Some Theories of Organization* (Irwin-Dorsey, 1966).

————, Some Limits of Rational Man Organizational Theory, *Public Administration Review* (1973a: 253–267).

————, Organization Man: Rational *and* Self-Actualizing, *Public Administration Review* (1973b: 354–357).

AZUNI, K., and MCMILLAN, C. J., Culture and Organizational Structure: A Comparison of Japanese and British Organizations, *International Studies of Management and Organization* (1975: 35–47).

BAUGHMAN, J. P.; LODGE, G. C.; and PIFER, H. W., *Environmental Analysis for Management* (Irwin, 1974).

BAVELAS, A., Communication Patterns in Task-Oriented Groups, *Journal of the Acoustical Society of America* (1950: 725–730).

BECKER, S. W., and GORDON, G., An Entrepreneurial Theory of Formal Organizations Part I: Patterns of Formal Organizations, *Administrative Science Quarterly* (1966–67: 315–344).

BEER, S. *Neurologie de l'entreprise* (Les Presses Universitaires de France 1979)

BENNETT, R. C., *General Motors (F): Organizing a Corporate Purchase Agreement* (Case Study, copyright by the President and Fellows of Harvard College, Harvard Business School, 1977).

BENNIS, W. G., The Coming Death of Bureaucracy, *Think Magazine* (November–December 1966: 30–35).

BERGMANN, A. E., Industrial Democracy in Germany—The Battle for Power, *Journal of General Management* (1975: 20–29).

BEYER, J. M., and LODAHL, T. M., A Comparative Study of Patterns of Influence in United States and English Universities, *Administrative Science Quarterly* (1976: 104–129).

BIDWELL, C. E., "The School as a Formal Organization," in J. G. March (ed.), *The Handbook of Organizations* (Rand McNally, 1965), Chapter 23.

BJORK, L. E., An Experiment in Work Satisfaction, *Scientific American* (March 1975: 17–23).

BLAU, P. M., The Hierarchy of Authority in Organizations, *American Journal of Sociology* (1967–68: 453–467).

————, A Formal Theory of Differentiation in Organizations, *American Sociological Review* (1970: 201–218).

BLAU, P. M.; FALBE, C. M.; MCKINLEY, W.; and TRACY, D. K., Technology and Organization in Manufacturing, *Administrative Science Quarterly* (1976: 20–40).

BLAU, P. M., and SCHOENHERR, P. A., *The Structure of Organizations* (Basic Books, 1971).

BLAU, P. M., and SCOTT, R., *Formal Organizations* (Chandler, 1962).

BOLAND, W. R., "Size, Eternal Relations, and the Distribution of Power: A Study of Colleges and Universities," in W. V. Heydebrand (ed.), *Comparative Organizations* (Prentice-Hall, 1973), 428–441.

BONINI, C. P., *Stimulation of Information and Decision Systems in the Firm* (Prentice-Hall, 1963). Used with permission.

BOS, A. H., Development Principles of Organizations, *Management International Review* (1969: 17–30).

BOULDING, K. E., *Conflict and Defense* (Harper & Row, 1962).

BOWER, J. L., Planning Within the Firm, *The American Economic Review* (1970: 186–194).

BRAVERMAN, H., *Labor and Monopoly Capital: The Degradation of Work in the Twentieth Century* (Monthly Review Press, 1974).

BRAYBROOKE, D., and LINDBLOM, C. E., *A Strategy of Decision* (Free Press, 1963).

BUCHELE, R., B., *Business Policy in Growing Firms* (Chandler, 1967).

BURNS, J., "Effective Management of Programs," in J. W. Lorsch and P. R. Lawrence (eds.), *Studies in Organization Design* (Irwin-Dorsey, 1970).

BURNS, T., The Directions of Activity and Communication in a Departmental Executive Group, *Human Relations* (1954: 73–97).

———, Management in Action, *Operational Research Quarterly* (1957: 45–60).

———, "The Comparative Study of Organizations," in V. Vroom (ed.), *Methods of Organizational Research* (University of Pittsburgh Press, 1967).

———, "Mechanistic and Organismic Structures," in D. S. Pugh (ed.), *Organization Theory* (Penguin, 1971).

BURNS, T., and STALKER, G. M., *The Management of Innovation*, 2nd ed. (Tavistock, 1966). Used with permission.

CAPLOW, T., "Rumors in War," in A. H. Rubenstein and C. J. Haberstroh (eds.), *Some Theories of Organization* (Irwin-Dorsey, 1966).

CARLSON, S., *Executive Behaviour: A Study of the Workload and the Working Methods of Managing Directors* (Stockholm: Strombergs, 1951).

CARTER, E. E., The Behavioral Theory of the Firm and Top Level Corporate Decisions, *Administrative Science Quarterly* (1971: 413–428).

CARZO, R., JR., and YANOUZAS, J. N., Effects of Flat and Tall Organization Structure, *Administrative Science Quarterly* (1969: 178–191).

CHANDLER A.D., *Stratégie et Structure* (Les Editions d'Organisation, épuisé)

CHANDLER, M. K., and SAYLES, L. R., *Managing Large Systems* (Harper & Row, 1971). Used with permission.

CHANNON, D. F., *The Strategy and Structure of British Enterprise* (Division of Research, Harvard Graduate School of Business Administration, 1973).

———, *The Strategy, Structure and Financial Performance of the Service Industries* (Working Paper, Manchester Business School, 1975). Used with permission.

———, "Corporate Evolution in the Service Industries 1950–1974," in L. Hannah (ed.), *Corporate Strategy and Management Organization* (London: Macmillan, 1976).

CHAPPLE, E. D., and SAYLES, L. R. *The Measure of Management* (Macmillan, 1961). Used with permission.

CHARNS, M. P., Breaking the Tradition Barrier: Managing Integration in Health Care Facilities, *Health Care Management Review* (Winter, 1976: 55–67).

CHARNS, M. P., LAWRENCE, P. R., and WEISBORD, M. R., Organizing Multiple-Function Professionals in Academic Medical Centers, in *TIMS Studies in the Management Sciences* (5, 1977: 71-88).

CHILD, J., Organizational Structure, Environment, and Performance: The Role of Strategic Choice, *Sociology* (1972a: 1-22).

——, Organization Structure and Strategies of Control: A Replication of the Aston Study, *Administration Science Quarterly* (1972b: 163-177).

——, Parkinson's Progress: Accounting for the Number of Specialists in Organizations, *Administrative Science Quarterly* (1973: 328-349).

——, What Determines Organization? *Organizational Dynamics* (Summer 1974: 2-18).

——, Comments on Donaldson's Note, *Administrative Science Quarterly* (1975: 456).

——, Organizational Design and Performance—Contingency Theory and Beyond, *Organization and Administrative Sciences* (Summer-Fall 1977: 169-183).

CHILD, J., and KEISER, A., "Organization and Managerial Roles in British and West German Companies—An Examination of the Culture-Free Thesis," in C. J. Lamers and D. J. Hickson (eds.), *Organisations Alike and Unlike* (Routledge and Kegan Paul, 1978).

CHILD, J., and MANSFIELD, R., Technology, Size, and Organization Structure, *Sociology* (1972: 369-393).

CLARK, B. R., Interorganizational Patterns in Education, *Administrative Science Quarterly* (1965-66: 224-237).

COLLINS, J. W., and GANOTIS, G. G., "Managerial Attitudes Toward Corporate Social Responsibility," in S. P. Sethi (ed.), *The Unstable Ground: Corporate Social Policy in a Dynamic Society* (Melville, 1974).

COLLINS, O., and MOORE, D. G., *The Organization Makers* (Appleton-Century-Crofts, 1970).

CONRATH, D. W., Communications Environment and Its Relationship to Organizational Structure, *Management Science* (1973: 586-602). Used with permission.

CRESSEY, D. R., Achievement of an Unstated Organizational Goal: An Observation of Prisons, *The Pacific Sociological Review* (Fall 1958: 43-49).

——, "Prison Organizations," in J. G. March (ed.), *Handbook of Organizations* (Rand McNally, 1965), Chapter 24.

CROZIER, M., *Le phénomène bureaucratique* (Le Seuil, 1964)

CUMMINGS, L. L., and BERGER, C. J., Organization Structure: How Does It Influence Attitudes and Performance? *Organizational Dynamics* (Autumn 1976: 34-49).

CYERT, R. M., and MARCH, J. G., *A Behavioral Theory of the Firm* (Prentice-Hall, 1963).

DALTON, M., *Men Who Manage* (Wiley, 1959). Used with permission.

DAVIS, K., Management Communication and the Grapevine, *Harvard Business Review* (September–October 1953: 43-49).

——, Success of Chain-of-Command Oral Communication in a Manufacturing Management Group, *Academy of Management Journal* (1968: 379-387).

DAVIS, L.; CANTER, R. R.; and HOFFMAN, J., Current Job Design Criteria, *Journal of Industrial Engineering* (March–April 1955: 5–8, 21–23).

DELBECQ, A., and FILLEY, A. C., *Program and Project Management in a Matrix Organization: A Case Study* (Monograph No. 9, Graduate School of Business, Bureau of Business Research and Service, University of Wisconsin, Madison, 1974). Used with permission.

DESSLER, G., *Organization and Management: A Contingency Approach*, Prentice-Hall, 1976.

DILL, W. R., Environment as an Influence on Managerial Autonomy, *Administrative Science Quarterly*, 1957–58: 409–443.

———, "Business Organizations," in J. G. March (ed.), *Handbook of Organizations* (Rand McNally, 1965), Chapter 25.

DONALDSON, L., Organizational Status and the Measurement of Centralization, *Administrative Science Quarterly* (1975: 453–456).

DOWNEY, H. K.; HELLREIGEL, D.; and SLOCUM, J. W., JR., Reply to Tinker, *Administrative Science Quarterly* (1976: 508–510).

DRIVER, M. J., and STREUFERT, S., Integrative Complexity: An Approach to Individuals and Groups as Information-Processing Systems, *Administrative Science Quarterly* (1969: 272–285).

DUNCAN, R. B., Characteristics of Organizational Environments and Perceived Environmental Uncertainty, *Administrative Science Quarterly* (1972: 313–327).

———, Multiple Decision-Making Structures in Adapting to Environmental Uncertainty: The Impact on Organizational Effectiveness, *Human Relations* (1973: 273–291).

DYAS, G. P., and THANHEISER, H. T., *The Emerging European Enterprise: Strategy and Structure in French and German Industry* (Macmillan of London, 1976).

EMERY, F. E., Democratization of the Work Place: A Historical Review of Studies, *International Studies of Management and Organization* (1971: 181–201).

EMERY, F. E., and TRIST, E. L., "Socio-Technical Systems," in C. W. Churchman and M. Verhulst (eds.), *Management Science Models and Techniques, Vol. 2,* (Pergamon, 1960), 83–97.

EMERY, J., *Organizational Planning and Control Systems* (Macmillan, 1969).

ETZIONI, A., Authority Structure and Organizational Effectiveness, *Administrative Science Quarterly* (1959: 43–67).

———, *A Comparative Analysis of Complex Organizations* (Free Press, 1961).

FAYOL, H., *Administration générale et industrielle* (Dunod, 1979).

FELD, M. D., Information and Authority: The Structure of Military Organization, *American Sociological Review* (1959: 15–22). Used with permission.

FIEDLER, F. E., "The Contingency Model: A Theory of Leadership Effectiveness," in H. Proshansky and B. Seidenberg (eds.), *Basic Studies in Social Psychology* (Holt, Rinehart, and Winston, 1966).

FILLEY, A. C., and HOUSE, R. J., *Managerial Process and Organizational Behaviour* (Scott, Foresman, 1969); also second edition with S. Kerr, 1976.

FOURAKER, L. E., and STOPFORD, J. M., Organizational Structure and the Multinational Strategy, Administrative Science Quarterly (1968: 47–64).

FRANK, A. G., Goal Ambiguity and Conflicting Standards: An Approach to the Study of Organization, Human Organization (Winter 1958–59: 8–13).

FRANKO, L. G., Strategy + Structure — Frustration = The Experiences of European Firms in America, The Business Quarterly (Autumn 1972: 70–83).

————, The Move Toward a Multidivisional Structure in European Organizations, Administrative Science Quarterly (1974: 493–506).

GALBRAITH, J. K. Le nouvel état industriel (Gallimard, 1979).

GALBRAITH, J. R., Matrix Organization Designs, Business Horizons (February 1971: 29–40).

————, Designing Complex Organizations (Addison-Wesley, 1973). Used with permission.

GALBRAITH, J. R., and EDSTROM, A., "Creating Decentralization Through Informal Networks: The Role of Transfer," in R. H. Kilmann, L. R. Pondy, and D. P. Slevin (eds.), The Management of Organization Design, Volume II (Elsevier, 1976), 289–310.

GERTH, H. H., and MILLS, C. W. (eds.), From Max Weber: Essays in Sociology (Oxford University Press, 1958). Used with permission.

GLANZER, M., and GLASER, P., Techniques for the Study of Group Structure and Behavior: Empirical Studies of the Effects of Structure in Small Groups, Psychological Bulletin (1961: 1–27).

GOGGIN, W. C., How the Multidimensional Structure Works at Dow Corning, Harvard Business Review (January-February 1974: 54–65). Copyright by the President and Fellows of Harvard College. Used with permission.

GOODMAN, L. P., and GOODMAN, R. A., Theater as a Temporary System, California Management Review (Winter 1972: 103–108).

GOODMAN, R. A., and GOODMAN, L. P., Some Management Issues in Temporary Systems: A Study of Professional Development and Manpower — Theater Case, Administrative Science Quarterly (1976: 494–501).

GOSSELIN, R., A Study of the Interdependence of Medical Specialists in Quebec Teaching Hospitals (Ph.D. Thesis, Faculty of Management, McGill University, 1978). Used with permission.

GREENWOOD, R., and HININGS, C. R., A Research Note: Centralization Revisited, Administrative Science Quarterly (1976: 151–155).

GREINER, L. E., Evolution and Revolution as Organizations Grow, Harvard Business Review (July-August 1972: 37–46).

GUETZKOW, H., "Communications in Organizations," in J. G. March (ed.), Handbook of Organizations (Rand McNally, 1965), Chapter 12.

GUETZKOW, H., and SIMON, H. A. The Impact of Certain Communication Nets Upon Organization and Performance in Task-Oriented Groups, Management Science (1954–55: 233–250). Used with permission.

GULICK, L. H., and URWICK, L. F. (eds.), Papers on the Science of Administration (Columbia University Press, 1937).

GUSTAVSEN, B., Redefining the Role of the Board, *Journal of General Management* (Spring 1975: 35–44).

HAGE, J., and AIKEN, M., Relationship of Centralization to Other Structural Properties, *Administrative Science Quarterly* (1967: 72–92).

HAGE, J., and DEWER, R., Elite Values versus Organizational Structure in Predicting Innovation, *Administrative Science Quarterly* (1973: 279–290).

HAGE, J.; AIKEN, M., and MARRETT, C. B., Organization Structure and Communications, *American Sociological Review* (1971: 860–871).

HAIRE, M., "Biological Models and Empirical Histories of the Growth of Organizations," in M. Haire (ed.), *Modern Organization Theory* (Wiley, 1959), 272–306. Used with permission.

———, *Psychologie et commandement* (Les Editions d'Organisation, épuisé)

HALL, R. H., Intraorganizational and Structural Variation: Application of the Bureaucratic Model, *Administrative Science Quarterly* (1962: 295–308).

———, The Concept of Bureaucracy: An Empirical Assessment, *American Journal of Sociology* (1963: 32–40).

———, Professionalization and Bureaucratization, *American Sociological Review* (1968: 92–104).

———, *Organizations: Structure and Process* (Prentice-Hall, 1972).

HALL, R. H.; HASS, J. E.; and JOHNSON, N. J., Organizational Size, Complexity, and Formalization, *American Sociological Review* (1967: 903–912).

HAMBLIN, R. L., Leadership and Crises, *Sociometry* (1958: 322–335).

HAMPDEN-TURNER, C., "Synergy as the Optimization of Differentiation and Integration by the Human Personality," in J. W. Lorsch and P. R. Lawrence (eds.), *Studies in Organization Design* (Irwin–Dorsey, 1970), 187–196.

HARBISON, E., and MYERS, C. A., *Management in the Industrial World* (McGraw-Hill, 1959).

HARRIS, K. L., Organizing to Overhaul a Mess, *California Management Review* (Spring 1975: 40–49).

HARRISON, F., The Management of Scientists: Determinants of Perceived Role Performance, *Academy of Management Journal* (1974: 234–241).

HARVEY, E., Technology and the Structure of Organizations, *American Sociological Review* (1968: 247–259).

HATVANY, N. G., Review of "A Profile of Tomorrow's Police Officer and his Organization" by Victor Cizanckas, in A. M. Jaeger (ed.), *Seminars on Organizations* (Stanford University, Winter and Spring, 1976: 72–74).

HEDBERG, B. L. T.; NYSTROM, P. C.; and STARBUCK, W. H., Camping on Seesaws: Prescriptions for a Self-Designing Organization, *Administrative Science Quarterly* (1976: 41–65).

HELLRIEGEL, D., and SLOCUM J. W., JR., Organizational Design: A Contingency Approach, *Business Horizons* (April 1973: 59–68).

HERZBERG, F., One More Time: How Do You Motivate Employees? *Harvard Business Review* (January-February 1968: 53–62).

HEWES, J. E., JR., *From Root to McNamara: Army Organization and Administration, 1900-1963* (Center of Military History, United States Army, Washington, D.C., 1975).

HEYDEBRAND, W. V., "Autonomy, Complexity, and Non-bureaucratic Coordination in Professional Organizations," in W. V. Heydebrand (ed.), *Comparative Organizations* (Prentice-Hall, 1973) 158-189.

HEYDEBRAND, W. V., and NOELL, J. J., "Task Structure and Innovation in Professional Organizations," in W. V. Heydebrand (ed.), *Comparative Organizations* (Prentice-Hall, 1973) 294-322.

HICKSON, D. J., A Convergence in Organization Theory, *Administrative Science Quarterly* (1966-67: 224-237).

HICKSON, D. J.; PUGH, D. S.; and PHEYSEY, D. C., Operations Technology and Organization Structure: An Empirical Reappraisal, *Administrative Science Quarterly* (1969: 378-379).

HININGS, C. R.; HICKSON, D. J.; PENNINGS, J. M.; and SCHNECK, R. E., Structural Conditions of Intraorganizational Power, *Administrative Science Quarterly* (1974: 22-44).

HLAVACEK, J. D., and THOMPSON, V. A., Bureaucracy and New Product Innovation, *Academy of Management Journal* (1973: 361-372).

HOLDAWAY, E. A.; NEWBERRY J. F.; HICKSON, D. J.; and HERON, R. P., Dimensions of Organizations in Complex Societies: The Educational Sector, *Administrative Science Quarterly* (1975: 37-58).

HOLDEN, P. E.; PEDERSON, C. A.; and GERMANE, G. E., *Top Management* (McGraw-Hill, 1968).

HOLSTEIN, W. K., and BERRY, W. L., Work Flow Structure: An Analysis for Planning and Control, *Management Science* (1970: B324-336). Used with permission.

HULIN, C. L. and BLOOD, M. R., Job Enlargement, Individual Differences, and Worker Responses, *Psychological Bulletin* (1968: 41-55).

HUNT, J. W., *The Restless Organization* (Wiley International, 1972).

HUNT, R. G., Technology and Organization, *Academy of Management Journal* (1970: 235-252).

INDIK, B. P., The Relationship Between Organization Size and Supervision Ratio, *Administrative Science Quarterly* (1964: 301-312).

INKSON, J. H. K.; PUGH, D. S.; and HICKSON, D. J., Organization, Context and Structure: An Abbreviated Replication, *Administrative Science Quarterly* (1970: 318-329).

IVANCEVICH, J. M., and DONNELLY, J. H., JR., Relation of Organizational Structure to Job Satisfaction, Anxiety-Stress, and Performance, *Administrative Science Quarterly* (1975: 272-280).

JACOBSON, E., and SEASHORE, S. E., Communication Practices in Complex Organizations, *Journal of Social Issues* (1951: 28-40).

JAY, A., *Management and Machiavelli* (Penguin, 1970). Used with permission.

JENNERGREN, L. P., *Decentralization in Organizations* (Working Paper, International Institute of Management, West Berlin, 1974); preliminary version of chapter to be published in *Handbook of Organizational Design*, W. H. Starbuck and P. Nystrom (eds.).

KAST, E. E., and ROSENZWEIG, J. E., *Organization and Management: A Systems Approach* (McGraw-Hill, 1970).

KATZ, D., and KAHN, R. L., *The Social Psychology of Organizations* (Wiley, 1966).

KAUFMAN, H., *The Forest Ranger: A Study in Administrative Behavior* (Johns Hopkins Press, 1960).

KAUFMAN, H., and SEIDMAN, D., The Morphology of Organization, *Administrative Science Quarterly* (1970: 439–445).

KELLER, R. T.; SLOCUM, J. W., JR.; and SUSMAN, G. J., Uncertainty and Type of Management System in Continuous Process Organizations, *Academy of Management Journal* (1974: 56–68).

KHANDWALLA, P. N., *Report on the Influence of the Techno-Economic Environment on Firms' Organization* (Report of research findings presented to participating corporations in a study of organizational structure, McGill University, 1971). Used with permission.

———, The Effect of Different Types of Competition on the Use of Management Controls, *Journal of Accounting Research* (1972: 275–285).

———, Effect of Competition on the Structure of Top Management Control, *Academy of Management Journal* (1973a: 285–295).

———, Viable and Effective Organizational Designs of Firms, *Academy of Management Journal* (1973b: 481–495).

———, Environment and "Optimal" Design of Organizations, *Productivity* (1973c: 540–552).

———, Mass Output Orientation of Operations Technology and Organizational Structure, *Administrative Science Quarterly* (1974: 74–97). Used with permission.

———, Organizational Design for Change, *Learning Systems, Conceptual Reading 5* (New Delhi, India, 1976).

———, *The Design of Organizations* (Harcourt Brace Jovanovich, 1977).

KIMBERLY, J. R., Organizational Size and the Structuralist Perspective: A Review, Critique, and Proposal, *Administrative Science Quarterly* (1976: 571–597).

KLAHR, D., and LEAVITT, H. J., "Tasks, Organization Structures, Computers, Programs," in C. A. Myers (ed.), *The Impact of Computers on Management* (MIT Press, 1967).

KLATZKY, S. P., Relationship of Organizational Size to Complexity and Coordination, *Administrative Science Quarterly* (1970: 428–438).

KNIGHT, K., Matrix Organization: A Review, *The Journal of Management Studies* (1976: 111–130).

KOCHEN, M., and DEUTSCH, K. W., Toward a Rational Theory of Decentralization: Some Implications of a Mathematical Approach, *American Political Science Review* (1969: 734–749).

———, Decentralization by Function and Location, *Management Science* (1973: 841–855).

KOVER, A. J., Reorganization in an Advertising Agency: A Case Study of a Decrease in Integration, *Human Organization* (1963-64: 252-259).

KUHN, T. S., *The Structure of Scientific Revolutions*, 2nd ed. (University of Chicago Press, 1970).

LANDSBERGER, H. A., The Horizontal Dimension in Bureaucracy, *Administration Science Quarterly* (1961-62: 299-332).

LAWRENCE, P. R., *The Changing of Organizational Behavior Patterns* (Riverside Press, 1958).

LAWRENCE, P.R. and LORSCH, J.W., *Adapter les structures de l'entreprise : intégration ou différenciation* (Les Éditions d'Organisation, épuisé).

LEAVITT, J. H., Some Effects of Certain Communication Patterns on Group Performance, *Journal of Abnormal and Social Psychology* (1951: 38-50).

LIKERT, R., *Le Gouvernement participatif de l'entreprise* (Gauthier-Villars, 1974).

LINDBLOM, C. E., *The Intelligence of Democracy: Decision Making Through Mutual Adjustment* (Free Press, 1965).

LITTERER, J. A., *The Analysis of Organizations* (Wiley, 1965); also 2nd ed., 1973. Used with permission.

LITZINGER, W.; MAYRINAC, A.; and WAGLE, J., The Manned Spacecraft Center in Houston: The Practice of Matrix Management, *International Review of Administrative Sciences* (1970: 1-8).

LOEVINGER, L., The Sociology of Bureaucracy, *The Business Lawyer* (November 1968: 7-18).

LONG, N. E., "The Administrative Organization as a Political System," in S. Mailick and E. Van Ness (eds.), *Concepts and Issues on Administrative Behavior* (Prentice-Hall, 1962).

LORSCH, J. W., and ALLEN, S. A. III, *Managing Diversity and Interdependence* (Division of Research, Graduate School of Business Administration, Harvard University, 1973.) Used with permission.

LOURENCO, S. V., and GLIDEWELL, J. C., A Dialectical Analysis of Organizational Conflict, *Administrative Science Quarterly* (1975: 489-508).

MACE, M. L., *Directors: Myth and Reality* (Division of Research, Harvard Business School, 1971).

MANNS, C., Review of "Formalization and Centralization: The Case of Polish Industry," by Lena Kolarska, in A. M. Jaeger (ed.), *Seminars on Organizations* (Stanford University, Winter and Spring 1976: 64-66).

MANSFIELD, R., Bureaucracy and Centralization: An Examination of Organizational Structure, *Administrative Science Quarterly* (1973: 477-488).

MARCH, J.G. and SIMON, H.A., *Les organisations* (Dunod, 1969).

MARTIN, L. G., How Beatrice Foods Sneaked Up on $5 Billion, *Fortune* (1976: 188-121, 124, 126, 129).

MARTIN, N. H., Differential Decisions in the Management of an Industrial Plant, *The Journal of Business* (1956: 249-260).

MARTYN, H., Effects of Multi-national Affiliation on Local Management, *Michigan Business Review* (March 1967: 15-20).

MASLOW, A. H., *Motivation and Personality* (Harper & Row, 1954).

McCLEERY, R. H., *Policy Change in Prison Management* (Michigan State University Press, 1957).

McWHINNEY, W. H., On the Geometry of Organizations, *Administrative Science Quarterly* (1965: 347–362).

MELCHER, A. J., *Structure and Process of Organizations: A Systems Approach* (Prentice-Hall, 1976).

MERTON, R. K., *Social Theory and Social Structure* (Free Press, 1957).

MEYER, M. W., The Two Authority Structures of Bureaucratic Organizations, *Administrative Science Quarterly* (1968: 211–228).

MILLER, E. J., Technology, Territory and Time: The Internal Differentiation of Complex Production Systems, *Human Relations* (1959: 243–272). Used with permission.

——, Socio-Technical Systems in Weaving, 1953–1970: A Follow-up Study, *Human Relations* (1975: 349–388).

MINTZBERG, H., *The Nature of Managerial Work* (Harper & Row, 1973a).

——, Strategy-making in Three Modes, *California Management Review* (Winter 1973b: 44–53).

——, *Impediments to the Use of Management Information* (National Association of Accountants Monograph, 1975).

——, Patterns in Strategy Formation, *Management Science* (1978: 934–948).

MINTZBERG, H.; RAISINGHANI, D.; and THÉORÊT, A., The Structure of "Unstructured" Decision Processes, *Administrative Science Quarterly* (1976: 246–275).

MONTAGNA, P. D., Professionalization and Bureaucratization in Large Professional Organizations, *The American Journal of Sociology* (1968: 138–145).

MORRIS, D., *Le singe nu* (Grasset, 1968).

MOYER, R. C., Berle and Means Revisited: The Conglomerate Merger, *Business and Society* (Spring 1970: 20–29).

NEUSTADT, R.E., *Les pouvoirs de la Maison Blanche* (Economica, 1980).

NORMANN, R., Organizational Innovativeness: Product Variation and Reorientation, *Administrative Science Quarterly* (1971: 203–215).

OUCHI, W. G., and DOWLING, J. B., Defining the Span of Control, *Administrative Science Quarterly* (1974: 357–365).

OUCHI, W. G., and McGUIRE, M. A., Organizational Control: Two Functions, *Administrative Science Quarterly* (1975: 559–569).

PALUMBO, D., Power and Role Specificity in Organization Theory, *Public Administration Review* (1969: 237–248).

PARKINSON, C. N., *Parkinson's Law* (John Murray, Ltd., and Houghton Mifflin, 1957). Used with permission.

——, *Big Business* (Weidenfeld and Nicolson, 1974).

PATERSON, T. T., *Management Theory* (Business Publications Ltd., 1969). Used with permission.

PAVEN, R. J., *Diversification and Divisional Structure in Italy* (Paper presented at the Annual Meeting of the Academy of Management, Seattle, 1974).

PENNINGS, J. M., The Relevance of the Structural-Contingency Model for Organizational Effectiveness, *Administrative Science Quarterly* (1975: 393–410).

PERROW, C., "Hospitals: Technology, Structure, and Goals," in J. G. March (ed.), *Handbook of Organizations* (Rand McNally, 1965), Chapter 22.

——, A Framework for the Comparative Analysis of Organizations, *American Sociological Review* (1967: 194–208).

——, *Organizational Analysis: A Sociological Review* (Wadsworth, 1970). Used with permission.

——, *Complex Organizations: A Critical Essay* (Scott, Foresman, 1972).

——, The Short and Glorious History of Organizational Theory, *Organizational Dynamics* (Summer 1973: 2–15).

——, Is Business Really Changing? *Organizational Dynamics* (Summer 1974: 31–44).

PETERSON, R. B., The Interaction of Technological Process and Perceived Organizational Climate in Norwegian Firms, *Academy of Management Journal* (1975: 288–299).

PETTIGREW, A. M., Information Control as a Power Resource, *Sociology* (1972: 188–204).

PFEFFER, J., and LEBLEBICI, H., The Effect of Competition on Some Dimensions of Organizational Structure, *Social Forces* (1973–74: 268–279).

PFIFFNER, J. M., Administrative Rationality, *Public Administration Review* (1960: 125–132).

PFIFFNER, J. M., and SHERWOOD, F., *Administrative Organization* (Prentice-Hall, 1960). Used with permission.

PIERCE, J. L., and DUNHAM, R. B., Task Design: A Literature Review, *Academy of Management Review* (October 1976: 83–97).

PONDY, L. R., Effects of Size, Complexity, and Ownership on Administrative Intensity, *Administrative Science Quarterly* (1969: 47–60).

PORTER, L. W., and LAWLER, E. E., The Effects of "Tall" vs. "Flat" Organization Structures on Managerial Job Satisfaction, *Personnel Psychology* (1964: 135–148).

PRICE, J. L., The Impact of Departmentalization on Interoccupational Cooperation, *Human Organization* (1968: 362–368).

PUGH, D. S.; HICKSON, D. J.; and HININGS, C. R., An Empirical Taxonomy of Structures of Work Organizations, *Administrative Science Quarterly* (1969a: 115–126).

PUGH, D. S.; HICKSON, D. J.; HININGS, C. R.; MACDONALD, K. M.; TURNER, C.; and LUPTON, T., A Conceptual Scheme for Organizational Analysis, *Administrative Science Quarterly* (1963–64; 289–315).

PUGH, D. S.; HICKSON, D. J.; HININGS, C. R.; and TURNER, C., Dimensions of Organization Structure, *Administrative Science Quarterly* (1968: 65–105).

PUGH, D. S.; HICKSON, D. J.; HININGS, C. R.; and TURNER, C., The Context of Organization Structures, *Administrative Science Quarterly* (1969b: 91–114).

REESER, C., Some Potential Human Problems of the Project Form of Organization, *Academy of Management Journal* (1969: 459–467).

REEVES, T. K., and WOODWARD, J., "The Study of Managerial Control," in J. Woodward (ed.), *Industrial Organization: Behaviour and Control* (Oxford University Press, 1970).

REIMANN, B. C., On the Dimensions of Bureaucratic Structure: An Empirical Reappraisal, *Administrative Science Quarterly* (1973: 462–476).

RICE, A. K., Productivity and Social Organization in an Indian Weaving Shed, *Human Relations* (1953: 297–329).

ROETHLISBERGER, F. J., and DICKSON, W. J., *Management and the Worker: An Account of a Research Program Conducted by the Western Electric Company, Hawthorne Works, Chicago* (Harvard University Press, 1939).

ROGERS, D. C., *Essentials of Business Policy* (Harper & Row, 1975).

RUMELT, R. P., *Strategy, Structure, and Economic Performance* (Division of Research, Graduate School of Business Administration, Harvard University, 1974). Used with permission.

RUSHING, W. A., The Effects of Industry Size and Division of Labor on Administration, *Administrative Science Quarterly* (1967–68: 273–295).

———, Two Patterns of Industrial Administration, *Human Organization* (1976: 32–39).

SALTER, M. S., Stages of Corporate Development, *Journal of Business Policy* (Autumn 1970: 23–37).

SAMUEL, Y., and MANNHEIM, B. F., A Multidimensional Approach Toward a Typology of Bureaucracy, *Administrative Science Quarterly* (1970: 216–228).

SAYLES, L. R., Matrix Organization: The Structure with a Future, *Organizational Dynamics* (Autumn 1976: 2–17). Used with permission.

SCHARPF, F. W., "Does Organization Matter? Task Structure and Interaction in the Ministerial Bureaucracy," in E. H. Burack and A. R. Negardhi, *Organization Design: Theoretical Perspectives and Empirical Findings*, (Kent State University Press, 1977: 149–167).

SCHEIN, E. H., Organizational Socialization and the Profession of Management, *Industrial Management Review* (Winter 1968: 1–16).

SCOTT, B. R., *Stages of Corporate Development, Part I* (Working Paper, Harvard Business School, 14-371-294; BP993, 1971).

———, The Industrial State: Old Myths and New Realities, *Harvard Business Review* (March–April 1973: 133–148). Copyright by the President and Fellows of Harvard College. Used with permission.

SCOTT, W. G., Organization Theory: An Overview and an Appraisal, *Academy of Management Journal* (1961: 7–26).

SEGAL, M., Organization and Environment: A Typology of Adaptability and Structure, *Public Administration Review* (1974: 212–220).

SHINODA, Y., "Japanese Management: Old Ways Become Modern," in B. Taylor and K. Macmillan (eds.), *Top Management* (Longman, 1973).

SIAR, *Management Survey of UNICEF,* (Stockholm: Scandinavian Institutes for Administrative Research, 1975). Used with permission.

SILLS, D. L., *The Volunteers* (Free Press, 1957).

SIMON, H. A., *Administrative Behavior,* 2nd ed. (Macmillan, 1957). Used with permission.

————, The Future of Information Processing Technology, *Management Science* (1968: 619–624).

————, *The Sciences of the Artificial* (MIT Press, 1969).

————, Applying Information Technology to Organization Design, *Public Administration Review* (1973a: 268–278).

————, Organization Man: Rational or Self-Actualizing, *Public Administration Review* (1973b: 346–353).

————, *The New Science of Management Decision,* rev. ed. (Prentice-Hall, 1977).

SLOAN, A. P., *My Years at General Motors* (Doubleday, 1963).

SMITH, A., *The Wealth of Nations* (London: Dent, 1910).

SORENSEN, J. E., and SORENSEN, T. L., The Conflict of Professionals in Bureaucratic Organizations, *Administrative Science Quarterly* (1974: 98–106).

SPENCER, F. C., Deductive Reasoning in the Lifelong Continuing Education of a Cardiovascular Surgeon, *Archives of Surgery* (1976: 1177–1183).

STANFIELD, G. G., Technology and Organization Structure as Theoretical Categories, *Administrative Science Quarterly* (1976: 489–493).

STARBUCK, W. H., "Organizational Growth and Development," in J. G. March (ed.), *Handbook of Organizations* (Rand McNally, 1965), Chapter 11.

————, *Organizational Growth and Development* (Penguin, 1971).

STARBUCK, W. H., and DUTTON, J. M., Designing Adaptive Organizations, *Journal of Business Policy* (Summer 1973: 21–28).

STEWART, R., *The Reality of Management* (Heinemann, 1963).

————, *The Reality of Organisations* (Macmillan of London, 1970).

STIEGLITZ, H., "Organization Structures—What's Been Happening," in H. E. Frank (ed.), *Organization Structuring* (McGraw-Hill, 1971).

STINCHCOMBE, A. L., Bureaucratic and Craft Administration of Production: A Comparative Study, *Administrative Science Quarterly* (1959-60: 168–187).

————, "Social Structure and Organizations," in J. G. March (ed.), *Handbook of Organizations* (Rand McNally, 1965), Chapter 4.

STOPFORD, J.M., and WELLS, L.T., JR., *Direction et gestion des entreprises multinationales* (Publi-Union, 1974).

STRAUSS, G., Tactics of Lateral Relationship: The Purchasing Agent, *Administrative Science Quarterly* (1962-63: 161–186).

————, Adolescence in Organization Growth: Problems, Pains, Possibilities, *Organizational Dynamics* (Spring 1974: 3–17).

STRAUSS, G., and ROSENSTEIN, R., Worker Participation: Critical View, *Industrial Relations* (1970: 197-214).

SUTTON, H., and PORTER, L. W., A Study of the Grapevine in a Governmental Organization, *Personnel Psychology* (1968: 223-230).

TAYLOR, F. W., *Scientific Management* (Harper & Row, 1947, first published in 1911).

TERKEL, S., *Working* (Pantheon, 1972, and Wildwood House, 1975). Used with permission.

TERRIEN, F. W., and MILLS, D. L., The Effect of Changing Size upon the Internal Structure of Organizations, *American Sociological Review* (1955: 11-13).

THOMASON, G. F., Managerial Work Roles and Relationships, Part I, *The Journal of Management Studies* (1966: 270-284).

———, Managerial Work Roles and Relationships, Part II, *The Journal of Management Studies* (1967: 17-30).

THOMPSON, J. D., *Organizations in Action* (McGraw-Hill, 1967).

THOMPSON, V. A., *Modern Organizations* (Knopf, 1961).

TINKER, A. M., A Note on "Environmental Uncertainty" and a Suggestion for our Editorial Function, *Administrative Science Quarterly* (1976: 506-508).

TOFFLER, A., *Future Shock* (Bantam Books, 1970).

TOPOFF, H. R., The Social Behavior of Army Ants, *Scientific American* (November 1972: 71-79).

TRIST, E. L., and BAMFORTH, K. W., Some Social and Psychological Consequences of the Long-Wall Method of Coal-Getting, *Human Relations* (1951: 3-38).

UDY, S. H., JR., *Organization of Work* (New Haven, Conn.: HRAF Press, 1959).

———, "The Comparative Analysis of Organizations," in J. G. March (ed.), *Handbook of Organizations* (Rand McNally, 1965), Chapter 16.

URWICK, L. F., The Manager's Span of Control, *Harvard Business Review* (May-June 1956: 39-47).

VAN DE VEN, A. H., A Framework for Organizational Assessment, *Academy of Management Review* (1976a: 64-78).

———, A Panel Study of Determinants of Authority Structures Within Organizational Units, *Proceedings of the National Meeting of the Academy of Management* (1976b: 256-262).

VAN DE VEN, A. H., and DELBECQ, A. L., A Task Contingent Model of Work-Unit Structure, *Administrative Science Quarterly* (1974: 183-197).

WALKER, A. H., and LORSCH, J. W., "Organizational Choice: Product Versus Function," in J. W. Lorsch and P. R. Lawrence (eds.), *Studies in Organization Design* (Irwin-Dorsey, 1970), 36-53.

WEICK, K. E., Educational Organizations as Loosely Coupled Systems, *Administrative Science Quarterly* (1976: 1-19).

WHISLER, T., *Organizational Research and the Strategist* (speech presented at conference on "Strategy and Structure," Stanford University, December, 1975). Used with permission.

WHYTE, W. F., *Organizational Behavior: Theory and Application* (Irwin-Dorsey, 1969). Used with permission.

WILD, R., Mass Production Work, *Journal of General Management* (Spring 1976: 30-40).

WILENSKY, H. L., *Organizational Intelligence* (Basic Books, 1967).

WILLIAMSON, O. E., Hierarchical Control and Optimum Firm Size, *The Journal of Political Economy* (1967: 123-138).

————, *Markets and Hierarchies: Analysis and Antitrust Implications* (Free Press, 1975).

WOODWARD, J., *Industrial Organization: Theory and Practice* (Oxford University Press, 1965). Used with permission.

WORTHY, J. C., Organizational Structure and Employee Morale, *American Sociological Review* (1950: 169-179).

————, *Big Business and Free Men* (Harper & Row, 1959). Used with permission.

WRAPP, H. E., Good Managers Don't Make Policy Decisions, *Harvard Business Review* (September-October 1967: 91-99).

WREN, D. A., Interface and Interorganizational Coordination, *Academy of Management Journal* (1967: 69-81).

WRIGLEY, L., *Diversification and Divisional Autonomy* (D.B.A. thesis, Harvard Business School, 1970). Used with permission.

Aux Éditions d'Organisation

Jacques BERNAD et Marko PAKER
Macroscopie de l'entreprise : *systémique appliquée.*

Robert R. BLAKE et Jane S. MOUTON
Les deux dimensions du management.

Jean-Claude DEVÉ et Jean-Yvon LE MOAL
Le guide du décideur.

Jean-Christian FAUVET et Jean-René FOURTOU
La passion d'entreprendre.

Jean-Christian FAUVET et Xavier STEFANI
La sociodynamique : *un art de gouverner.*

Jean-Paul FLIPO
Le management des entreprises de services.

Michel LIU
Approche socio-technique de l'organisation.

Bruno LUSSATO
Les structures de l'entreprise *(table).*

Richard Tanner PASCALE et Anthony G. ATHOS
Le management est-il un art japonais ?

Jean-Paul SALLENAVE
Direction générale et stratégie d'entreprise.

SOLVING
L'entreprise performante.

Aux Éditions Hommes et Techniques

H. Igor ANSOFF
Stratégie du développement de l'entreprise.

Roger P. DECLERCK, Jean-Pierre DEBOURSE
et Christian NAVARRE
Méthode de direction générale : *le management stratégique.*

Octave GELINIER
Nouvelle direction de l'entreprise
personnaliste et compétitive.

Octave GELINIER
Fonctions et tâches de direction générale.

Michel HAURANT
Pratique de la direction d'entreprise en pays neuf.

Jacques MELESE
Approches systémiques des organisations : *vers l'entreprise*
à complexité humaine.

Achevé d'imprimer
sur les presses SPPI
No d'éditeur : 520
No d'imprimeur : 7211
1re impression : 1982
2e impression : 1986
Dépôt légal : juin 1987
Imprimé en France